Die Meuterei der Elsinore

Jack london

Writat

Diese Ausgabe erschien im Jahr 2024

ISBN: 9789359944494

Herausgegeben von
Writat
E-Mail: info@writat.com

Inhalt

KAPITEL I.

Von Anfang an lief die Reise schief. Ich war an einem bitterkalten Märzmorgen von meinem Hotel weggelotst worden, hatte Baltimore durchquert und das Ende des Piers pünktlich erreicht. Um neun Uhr sollte mich der Schlepper in die Bucht bringen und an Bord der *Elsinore bringen* , und mit wachsender Verärgerung saß ich wie erstarrt in meinem Taxi und wartete. Draußen auf dem Sitz saßen der Fahrer und Wada zusammengekauert bei einer Temperatur, die vielleicht ein halbes Grad kälter war als bei mir. Und da war kein Schlepper.

Possum, der Foxterrierwelpe, den Galbraith mir so rücksichtslos untergejubelt hatte, winselte und zitterte auf meinem Schoß in meinem Mantel und unter dem Pelzmantel. Aber er ließ sich nicht beruhigen. Er winselte und kratzte unentwegt und versuchte, herauszukommen. Und als er erst einmal draußen war und von der Kälte gebissen wurde, winselte und kratzte er mit der gleichen Beharrlichkeit, um wieder zurückzukommen.

Sein unaufhörliches Klagen und seine Bewegung waren alles andere als beruhigend auf meine angespannten Nerven. Zunächst einmal interessierte mich das Tier nicht. Es bedeutete mir nichts. Ich kannte es nicht. Immer wieder, während ich trostlos wartete, war ich kurz davor, es dem Fahrer zu übergeben. Einmal, als zwei kleine Mädchen – offensichtlich die Töchter des Hafenarbeiters – vorbeigingen, streckte ich meine Hand nach der Tür aus, um sie zu öffnen, damit ich sie rufen und ihnen den weinenden kleinen Schurken präsentieren konnte.

Er war am Abend zuvor mit einem Überraschungspaket von Galbraith im Hotel eingetroffen, per Express aus New York. Das war Galbraiths Art. Dabei hätte er ganz einfach wie andere Leute sein und Obst schicken können ... oder sogar Blumen. Aber nein; seine liebevolle Inspiration musste die Form eines kläffenden, zwei Monate alten Welpen annehmen. Und mit der Ankunft des Terriers hatte der Ärger begonnen. Der Hotelangestellte hielt mich für einen Kriminellen, bevor ich die Tat beging, über die ich nicht einmal nachdenken konnte. Und dann hatte Wada aus eigener Initiative und aus seiner eigenen törichten Dummheit versucht, den Welpen in sein Zimmer zu schmuggeln, und war von einem Hausdetektiv erwischt worden. Prompt hatte Wada sein gesamtes Englisch vergessen und war in hysterisches Japanisch verfallen, und der Hausdetektiv erinnerte sich nur an sein Irisch; während der Hotelangestellte mir unmissverständlich zu verstehen gegeben hatte, dass er das nur von mir erwartet hatte.

Verdammt sei jedenfalls der Hund! Und verdammt sei Galbraith auch! Und während ich in der Kabine an diesem öden Ende des Piers weiterfror, verdammte ich mich selbst und den verrückten Kerl, der mich dazu gebracht hatte, auf einem Segelschiff um das Kap Hoorn zu segeln.

Gegen zehn Uhr kam ein unscheinbarer junger Mann zu Fuß mit einem Koffer, den mir der Hafenarbeiter wenige Minuten später überreichte. Er gehöre dem Lotsen, sagte er und wies den Chauffeur an, einen anderen Pier zu finden, von dem aus ich zu einem unbestimmten Zeitpunkt mit einem anderen Schlepper an Bord der *Elsinore gebracht werden sollte* . Das steigerte meine Verärgerung noch. Warum sollte ich nicht ebenso gut informiert sein wie der Lotse?

Eine Stunde später traf der Lotse ein, immer noch in meinem Taxi und am Uferende des neuen Piers stationiert. Etwas Untypischeres als einen Lotsen hätte ich mir nicht vorstellen können. Hier war kein wettergegerbter Seemann in blauer Jacke, sondern ein Gentleman mit sanfter Stimme, der Typ erfolgreicher Geschäftsmann, den man in allen Clubs trifft. Er stellte sich sofort vor, und ich lud ihn ein, mein eiskaltes Taxi mit Possum und dem Gepäck zu teilen. Dass Kapitän West einige Änderungen an den Arrangements vorgenommen hatte, war alles, was er wusste, obwohl er glaubte, der Schlepper würde jeden Moment kommen.

Und so geschah es, um ein Uhr nachmittags, nachdem ich gezwungen war, vier tödliche Stunden zu warten und zu frieren. Während dieser Zeit war mir völlig klar, dass ich diesen Kapitän West nicht mögen würde. Obwohl ich ihn nie getroffen hatte, war er mir gegenüber von Anfang an, gelinde gesagt, arrogant gewesen. Als die *Elsinore* im Eriebecken lag, gerade mit einer Ladung Gerste aus Kalifornien angekommen, war ich von New York herübergekommen, um das Schiff zu inspizieren, das für viele Monate mein Zuhause sein sollte. Ich war von dem Schiff und der Kabinenausstattung entzückt. Sogar die für mich ausgewählte Kabine war zufriedenstellend und weitaus geräumiger, als ich erwartet hatte. Aber als ich einen Blick in das Kapitänszimmer warf, war ich von seinem Komfort überrascht. Wenn ich sage, dass es direkt in ein Badezimmer führte und dass es unter anderem mit einem großen Messingbett ausgestattet war, wie man es auf See niemals vermuten würde, habe ich genug gesagt.

Natürlich hatte ich beschlossen, dass das Badezimmer und das große Messingbett mir gehören sollten. Als ich die Agenten bat, mit dem Kapitän zu arrangieren, schienen sie unverbindlich und unbehaglich. „Ich weiß nicht im Geringsten, was es wert ist", sagte ich. „Und es ist mir auch egal. Ob es einhundertfünfzig oder fünfhundert Dollar kostet, ich muss diese Quartiere haben."

Harrison und Gray, die Agenten, diskutierten schweigend miteinander und glaubten kaum, dass Kapitän West sich mit der Vereinbarung einverstanden erklären würde. „Dann ist er der erste Kapitän, von dem ich je gehört habe, der das nicht tun würde", behauptete ich voller Überzeugung. „Die Kapitäne aller Atlantikdampfer verkaufen regelmäßig ihre Quartiere."

„Aber Kapitän West ist nicht der Kapitän eines Atlantikdampfers", bemerkte Mr. Harrison sanft.

„Denken Sie daran, ich werde noch viele Monate auf diesem Schiff verbringen", erwiderte ich. „Um Himmels Willen, bieten Sie ihm, wenn nötig, bis zu tausend Dollar."

„Wir werden es versuchen", sagte Mr. Gray, „aber wir warnen Sie davor, sich zu sehr auf unsere Bemühungen zu verlassen. Kapitän West ist zur Zeit in Searsport und wir werden ihm heute schreiben."

Zu meiner Überraschung rief mich Mr. Gray einige Tage später an und teilte mir mit, dass Captain West mein Angebot abgelehnt hatte. „Haben Sie ihm bis zu tausend geboten?", fragte ich. „Was hat er gesagt?"

„Er bedauerte, dass er Ihre Forderung nicht erfüllen konnte", antwortete Mr. Gray.

Einen Tag später erhielt ich einen Brief von Kapitän West. Der Schreibstil und die Formulierungen waren altmodisch und förmlich. Er bedauerte, mich noch nicht kennengelernt zu haben, und versicherte mir, dass er persönlich dafür sorgen würde, dass meine Unterkunft komfortabel eingerichtet würde. Er hatte übrigens bereits Herrn Pike, dem ersten Maat der *Elsinore* , den Befehl gegeben, die Trennwand zwischen meiner Kabine und der angrenzenden Gästezimmerkabine herauszureißen. Außerdem – und hier begann meine Abneigung gegen Kapitän West – teilte er mir mit, dass er in diesem Fall gern mit mir die Unterkunft tauschen würde, wenn ich auf See unzufrieden sein sollte.

Natürlich wusste ich nach einer solchen Abfuhr, dass mich keine Umstände jemals dazu bewegen könnten, Kapitän Wests Messingbett zu belegen. Und es war dieser Kapitän Nathaniel West, den ich noch nicht kannte, der mich nun vier elende Stunden lang frierend am Pierende hatte liegen lassen. Je weniger ich ihn auf der Reise sah, desto besser, war meine Entscheidung; und mit einem kleinen Kribbeln der Freude dachte ich an die vielen Bücherkisten, die ich von New York an Bord geschickt hatte. Gott sei Dank war ich für meine Unterhaltung nicht auf Kapitäne angewiesen.

Ich übergab Possum Wada, der sich gerade mit dem Taxifahrer absetzte, und während die Matrosen des Schleppers mein Gepäck an Bord trugen, führte mich der Lotse zu Kapitän West. Auf den ersten Blick wusste ich, dass er ebenso wenig ein Kapitän war wie der Lotse ein Lotse. Ich hatte die besten ihrer Art gesehen, die Kapitäne der Linienschiffe, und er ähnelte ihnen ebenso wenig wie den Kapitänen mit den schelmischen Gesichtern und der rauen Stimme, von denen ich in Büchern gelesen hatte. Neben ihm stand eine Frau, von der man kaum etwas sah, und die einen warmen, prächtigen Farbklecks in dem riesigen Muff und der Boa aus Rotfuchs abgab, in der sie beinahe begraben war.

„Mein Gott! Seine Frau!", flüsterte ich dem Piloten zu. „Mit ihm mitkommen? ..."

Ich hatte mit Mr. Harrison bei der Buchung der Überfahrt ausdrücklich vereinbart, dass ich auf keinen Fall in Betracht ziehen würde, dass der Kapitän der *Elsinore* seine Frau mit auf die Reise nehmen würde. Und Mr. Harrison hatte mir lächelnd versichert, dass Kapitän West ohne Ehefrau segeln würde.

„Es ist seine Tochter", antwortete der Pilot leise. „Ich glaube, sie ist gekommen, um ihn zu verabschieden. Seine Frau ist vor über einem Jahr gestorben. Man sagt, das hat ihn zurück zur See getrieben. Er war nämlich im Ruhestand."

Captain West kam mir entgegen, und bevor sich unsere ausgestreckten Hände berührten, bevor sein Gesicht aus der Ruhe in eine Begrüßung überging und seine Lippen sich zum Sprechen bewegten, bekam ich den ersten verblüffenden Eindruck seiner Persönlichkeit. Lang, schlank, in seinem Gesicht ein Hauch von Rasse, den ich bis jetzt nur spüren konnte, war er so kühl wie der Tag kalt war, so selbstsicher wie ein König oder Kaiser, so distanziert wie der entfernteste Fixstern, so neutral wie ein Satz von Euklid. Und dann, gerade bevor sich unsere Hände trafen, ließ ein Funkeln von – oh – solch distanzierter und beherrschter Freundlichkeit die vielen kleinen Fältchen in den Augenwinkeln aufblitzen; das klare Blau der Augen war von einer fast farbenfrohen Wärme durchdrungen; auch das Gesicht schien sich ähnlich zu durchdringen; die dünnen Lippen, die im Augenblick zuvor noch hart zusammengepresst waren, waren so anmutig wie die von Bernhardt, wenn sie Laute zu Worten formt.

Dieser erste Blick auf Captain West hat mich so merkwürdig berührt, dass ich erwartete, ich wüsste nicht, welche Worte von unermesslicher Güte und Weisheit von seinen Lippen fallen würden. Doch er äußerte mit einer Stimme, die mich erneut überraschte, ganz banal sein Bedauern über die Verzögerung. Sie war leise und sanft, fast zu leise, aber dennoch klar wie eine Glocke und mit einem leichten Klang, der an das alte Neuengland erinnerte.

„Und das ist die junge Frau, die für die Verzögerung verantwortlich ist", schloss er meine Vorstellung bei seiner Tochter. „Margaret, das ist Mr. Pathurst."

Ihre behandschuhte Hand tauchte sofort aus dem Fuchsfell auf und traf meine, und ich sah in ein Paar grauer Augen, die fest und ernst auf mich gerichtet waren. Dieser kühle, durchdringende, forschende Blick war beunruhigend. Er war nicht herausfordernd, sondern unverschämt geschäftsmäßig. So ähnlich würde man einen neuen Kutscher ansehen, den man gerade anheuern will. Ich wusste damals noch nicht, dass sie die Reise antreten würde, und ihre Neugier auf den Mann, der für ein halbes Jahr ihr Mitreisender sein würde, war daher nur natürlich. Sie merkte sofort, was sie tat, und ihre Lippen und Augen lächelten, als sie sprach.

Als wir weitergingen, um die Kabine des Schleppers zu betreten, hörte ich Possums zitterndes Wimmern, das sich zu einem Kreischen steigerte, und ging nach vorne, um Wada zu sagen, er solle das Geschöpf aus der Kälte holen. Ich sah, wie er sich um mein Gepäck schlich und meinen Reisekoffer mit meinem kleinen automatischen Gewehr fest in die Höhe klemmte. Ich erschrak über den Berg an Gepäck, um den meins kaum mehr als ein Fransenrand war. Schiffsvorräte, war mein erster Gedanke, bis ich die Anzahl der Truhen, Kisten, Reisekoffer und Pakete und Bündel aller Art bemerkte. Die Initialen auf etwas, das verdächtig wie die Huttruhe einer Frau aussah, fielen mir ins Auge – „MW“. Doch Kapitän Wests Vorname war Nathaniel. Bei näherer Untersuchung fand ich mehrere „N.W.“s, aber überall konnte ich „M.W.“s sehen. Dann erinnerte ich mich, dass er sie Margaret genannt hatte.

Ich war zu wütend, um in die Kabine zurückzukehren, und ging auf dem kalten Deck auf und ab, während ich mir vor Ärger auf die Lippen biss. Ich hatte mit den Agenten ausdrücklich vereinbart, dass keine Kapitänsfrau mitkommen sollte. Das Letzte, was ich mir in den Kutschen eines Schiffes wünschte, war eine Frau. Aber an die Tochter eines Kapitäns hatte ich nie gedacht. Für zwei Cent war ich bereit, die Reise abzubrechen und mit dem Schlepper nach Baltimore zurückzukehren.

Als der Wind, der durch unsere Geschwindigkeit verursacht wurde, mich bitterkalt hatte, bemerkte ich Miss West, die das schmale Deck entlangkam, und ich konnte nicht umhin, von der Dynamik und Vitalität ihres Ganges beeindruckt zu sein. Ihr Gesicht hatte trotz seiner festen Konturen eine Andeutung von Zerbrechlichkeit, die durch die Robustheit ihres Körpers Lügen gestraft wurde. Zumindest könnte man aufgrund der Art und Weise, wie sie sich bewegte, argumentieren, dass ihr Körper robust sein musste, obwohl man seine Linien unter der Formlosigkeit des Fells kaum erahnen konnte.

Ich drehte mich auf dem Absatz um und begann trübsinnig, den Berg an Gepäck zu betrachten. Eine riesige Umzugskiste erregte meine Aufmerksamkeit und ich starrte sie an, als sie an meiner Schulter sprach.

„Das ist der eigentliche Grund für die Verzögerung“, sagte sie.

„Was ist es?“, fragte ich desinteressiert.

„Das Klavier *der Elsinore* , ganz renoviert. Als ich mich entschlossen hatte zu kommen, telegraphierte ich Mr. Pike – er ist der Maat, wissen Sie. Er tat sein Bestes. Es war die Schuld des Klavierhauses. Und während wir heute warteten, sagte ich ihnen meine Meinung, die sie nicht so schnell vergessen werden.“

Sie lachte bei dieser Erinnerung und begann, immer wieder in das Gepäck zu spähen, als suchte sie nach einem bestimmten Stück. Nachdem sie sich damit zufrieden gegeben hatte, ging sie gerade zurück, hielt dann inne und sagte:

„Willst du nicht in die Hütte kommen, wo es warm ist? Wir sind erst in einer halben Stunde dort.“

„Wann haben Sie beschlossen, diese Reise zu unternehmen?“, fragte ich abrupt.

Der Blick, den sie mir zuwarf, war so schnell, dass ich wusste, dass sie in diesem Moment all meine Missbilligung und Abscheu aufgefangen hatte.

„Vor zwei Tagen“, antwortete sie. „Warum?“

Ihre Bereitschaft zum Geben und Nehmen überraschte mich, und bevor ich etwas sagen konnte, fuhr sie fort:

„Nun, Sie dürfen sich nicht albern über mein Kommen verhalten, Mr. Pathurst. Ich weiß wahrscheinlich mehr über lange Reisen als Sie, und wir werden alle zufrieden und glücklich sein. Sie können mich nicht belästigen, und ich verspreche Ihnen, dass ich Sie nicht belästigen werde. Ich bin schon mit Passagieren gesegelt und habe gelernt, mehr auszuhalten, als sie jemals bewiesen haben, dass sie es aushalten konnten. Also gut. Lassen Sie uns richtig anfangen, und es wird kein Problem sein, richtig weiterzumachen. Ich weiß, was mit Ihnen los ist. Sie glauben, man wird Sie bitten, mich zu unterhalten. Bitte wissen Sie, dass ich keine Unterhaltung brauche. Ich habe noch nie eine längste Reise erlebt, die zu lang war, und am Ende habe ich immer zu viele Dinge unerledigt, als dass die Überfahrt jemals langweilig gewesen wäre, und … ich spiele nicht *Essstäbchen* .“

KAPITEL II.

Die *Elsinore* , frisch mit Kohle beladen, lag sehr tief im Wasser, als wir längsseits kamen. Ich wusste zu wenig über Schiffe, um ihre Linien bewundern zu können, und außerdem war ich nicht in der Stimmung für Bewunderung. Ich überlegte noch, ob ich das Ganze hinschmeißen und mit dem Schlepper zurückkehren sollte. Daraus darf man nicht schließen, dass ich ein unentschlossener Mensch bin. Im Gegenteil.

Das Problem war, dass ich vom ersten Gedanken an nie Lust auf die Reise gehabt hatte. Der eigentliche Grund, warum ich sie antrat, war, dass ich nichts anderes wollte. Seit einiger Zeit hatte das Leben seinen Reiz verloren. Ich war weder abgestumpft noch wirklich gelangweilt. Aber die Lebensfreude war verflogen. Ich hatte den Geschmack an meinen Mitmenschen und all ihren törichten, kleinen, ernsthaften Unternehmungen verloren. Schon viel länger war ich mit den Frauen unzufrieden. Ich hatte sie ertragen, aber ich hatte die Fehler ihrer Primitivität, ihrer beinahe wilden Hingabe an das Schicksal des Geschlechts zu sehr analysiert, um von ihnen bezaubert zu sein. Und ich war bedrückt von dem, was mir als Sinnlosigkeit der Kunst erschien – ein pompöser Taschenspielertrick, eine vollendete Scharlatanerie, die nicht nur ihre Anhänger, sondern auch ihre Praktiker täuschte.

Kurz gesagt, ich schiffte mich auf der *Elsinore* ein, weil es einfacher war, als es nicht zu tun; doch alles andere war ebenso gefährlich einfach. Das war der Fluch der Lage, in die ich geraten war. Deshalb war ich, als ich das Deck der *Elsinore betrat* , halb im Sinn, ihnen zu sagen, sie sollten mein Gepäck dort lassen, wo es war, und Kapitän West und seiner Tochter einen guten Tag zu wünschen.

Ich glaube fast, dass der Ausschlag für mich das einladende, gastfreundliche Lächeln war, das Miss West mir schenkte, als sie über das Deck direkt auf die Kabine zuging, und das Wissen, dass es in der Kabine ziemlich warm sein musste.

Mr. Pike, den Maat, hatte ich bereits kennengelernt, als ich das Schiff im Eriebecken besuchte. Er lächelte ein steifes, rissiges Lächeln, das, wie ich wusste, schmerzhaft sein musste, bot mir aber keinen Handschlag an, sondern drehte sich sofort um, um einem halben Dutzend erfroren wirkender Jugendlicher und alter Männer, die von irgendwo aus dem Mittelteil des Schiffes herbeigeschlurft kamen, Befehle zuzurufen. Mr. Pike hatte getrunken. Das war offensichtlich. Sein Gesicht war aufgedunsen und verfärbt, und seine großen grauen Augen waren bitter und blutunterlaufen.

Ich blieb stehen und sah mit sinkendem Herzen zu, wie meine Sachen an Bord kamen, und schalt meine Willensschwäche, die mich daran hinderte, die paar Worte auszusprechen, die dem ein Ende bereiten würden. Was das halbe Dutzend Männer anging, die jetzt das Gepäck nach achtern in die Kabine trugen, so hatten sie nichts mit der Vorstellung zu tun, die ich mir je von Seeleuten gemacht hatte. Auf den Linienschiffen hatte ich jedenfalls nichts gesehen, das ihnen ähnelte.

Einer von ihnen, ein achtzehnjähriger junger Mann mit lebhaftem Gesicht, lächelte mich aus einem Paar bemerkenswerter italienischer Augen an. Aber er war ein Zwerg. Er war so klein, dass er nur aus Seestiefeln und Südwestern bestand. Und doch war er kein reiner Italiener. Ich war mir so sicher, dass ich den Maat fragte, der mürrisch antwortete:

„Er? Shorty? Er ist ein Dago-Mischling. Die andere Hälfte ist Jap oder Malay."

Ein alter Mann, von dem ich erfuhr, dass er Bootsmann war, war so hinfällig, dass ich dachte, er hätte sich vor kurzem verletzt. Sein Gesicht war stur und ochsenhaft, und während er seine Stiefel über das Deck schleppte und schleifte, hielt er alle paar Schritte inne, um beide Hände auf seinen Bauch zu legen und eine seltsame, drückende, hebende Bewegung auszuführen. Monate vergingen, in denen ich ihn dies tausende Male tun sah, bevor ich erfuhr, dass ihm nichts fehlte und dass seine Handlung reine Gewohnheit war. Sein Gesicht erinnerte mich an den Mann mit der Hacke, nur dass es unvorstellbar und abgrundtief dümmer war. Und sein Name, wie ich erfuhr, war ausgerechnet Sundry Buyers. Und er war Bootsmann des schönen amerikanischen Segelschiffs *Elsinore* – eines der schönsten Segelschiffe auf See!

Von dieser Gruppe alter Männer und Jungen, die das Gepäck transportierten, sah ich nur einen, Henry, einen sechzehnjährigen Jungen, der ungefähr dem entsprach, was ich mir unter allen Matrosen vorgestellt hatte. Er kam von einem Schulschiff, erzählte mir der Maat, und dies war seine erste Seereise. Sein Gesicht war scharf geschnitten und wachsam, ebenso wie seine Körperbewegungen, und er trug seemannsähnliche Kleidung mit der Anmut eines Seemanns. Tatsächlich, wie ich erfuhr, war er das einzige Wesen vorn und hinten, das wie ein Seemann aussah.

Die Hauptmannschaft war noch nicht an Bord, wurde aber jeden Moment erwartet, knurrte der Maat voller Erwartung. Die bereits an Bord befindlichen Leute waren die verschiedenen, die sich in New York ohne Vermittlung der Pensionsmeister eingeschifft hatten. Und wie die Mannschaft selbst aussehen würde, konnte nur Gott sagen – sagte der Maat. Shorty, der japanische (oder malaiische) und italienische Mischling, erzählte mir der Maat, war ein fähiger Seemann, obwohl ihm die Kraft ausgegangen war und dies seine erste Segelreise war.

„Gewöhnliche Seeleute!", schnaubte Mr. Pike als Antwort auf eine Frage. „Wir haben keine Landsleute! – vergessen Sie es! Jeder Dummkopf und jeder Kuhfladenmann ist heutzutage ein Vollmatrose. So sind sie eingestuft und werden so bezahlt. Die Handelsflotte ist völlig im Eimer. Es gibt keine Seeleute mehr. Sie sind alle schon vor Jahren gestorben, noch bevor Sie geboren wurden."

Ich konnte den rohen Whisky im Atem des Maat riechen. Doch er taumelte nicht und zeigte auch keine Anzeichen von Trunkenheit. Erst später erfuhr ich, dass er höchst ungewöhnlich gesprächig war und dass der Alkohol ihn verriet.

„Es wäre eine Gnade gewesen, wenn ich schon vor Jahren gestorben wäre", sagte er, „anstatt noch zu erleben, wie Seeleute und Schiffe das Meer verlassen."

„Aber ich habe gehört, dass das *Elsinore* als eines der schönsten gilt", drängte ich.

„Das ist sie ... heute. Aber was ist sie? – ein verdammter Frachter. Sie ist nicht zum Segeln gebaut, und wenn sie es wäre, gäbe es keine Seeleute mehr, die sie segeln könnten. Herrgott! Herrgott! Die alten Klipper! Wenn ich an sie denke! – *The Gamecock* , *Shootin' Star* , *Flyin' Fish* , *Witch o' the Wave* , *Staghound* , *Harvey Birch* , *Canvas-back* , *Fleetwing* , *Sea Serpent* , *Northern Light* ! Und wenn ich an die Flotten der Teeklipper denke, die früher in Hongkong beladen wurden und die Ostpassagen befuhren. Ein schöner Anblick! Ein schöner Anblick!"

Ich war interessiert. Hier war ein Mann, ein lebendiger Mann. Ich hatte es nicht eilig, in die Kabine zu gehen, da Wada, wie ich wusste, gerade meine Sachen auspackte, also lief ich mit dem riesigen Mr. Pike auf dem Deck auf und ab. Er war wirklich riesig, breitschultrig, schwerknochig und trotz der tief hängenden Schultern volle sechs Fuß groß.

„Sie sind ein prächtiger Mann", machte ich Ihnen ein Kompliment.

„Das war ich, das war ich", murmelte er traurig und ich nahm den starken Hauch von Whiskey in der Luft wahr.

Ich warf einen verstohlenen Blick auf seine knorrigen Hände. Jeder Finger hätte drei meiner Hände ergeben. Sein Handgelenk hätte drei meiner Handgelenke ergeben.

„Wie viel wiegen Sie?", fragte ich.

„Zweihundertzehn. Aber zu meiner Zeit, als ich noch am besten war, brachte ich fast zweihundertvierzig auf die Waage.“

„Und die *Elsinore* kann nicht segeln“, sagte ich und kam auf das Thema zurück, das ihn aufgeweckt hatte.

„Ich nehme Sie sogar, egal was, von einem Pfund Tabak bis zu einem Monatslohn, sie wird es nicht in hundertfünfzig Tagen schaffen“, antwortete er. „Und doch bin ich mit der alten *Flyin' Cloud* in neunundachtzig Tagen – neunundachtzig Tagen, Sir – von Sandy Hook nach Frisco gekommen. Sechzig Mann vorn, das *waren* Männer, und acht Jungen, und los! los! los! los! Dreihundertvierundsiebzig Meilen für eine Tagesfahrt unter Bramsegeln, und in den Böen reichten achtzehn Knoten an der Leine nicht aus, um die Zeit zu messen. Neunundachtzig Tage – nie geschlagen und einmal von dem alten *Andrew Jackson* neun Jahre später erreicht. Das waren noch Zeiten!“

„Wann hat *Andrew Jackson* sie gefesselt?“, fragte ich, weil der Verdacht immer stärker wurde, dass er mich „verarschen“ wollte.

„Im Jahr 1860“, war seine prompte Antwort.

„Und Sie sind neun Jahre zuvor mit der *Flying Cloud gesegelt*, und zwar im Jahr 1913 – also vor zweiundsechzig Jahren“, erhob ich meinen Vorwurf.

„Und ich war sieben Jahre alt“, kicherte er. „Meine Mutter war Stewardess auf der *Flyin' Cloud* . Ich wurde auf See geboren. Ich war ein Junge, als ich zwölf war, auf der *Herald o' the Morn* , die in neunundneunzig Tagen um die Welt kam – die Hälfte der Mannschaft lag die meiste Zeit in Ketten, fünf Männer gingen von der Hoorn aus verloren, die Spitzen unserer Messer waren abgebrochen, Schlagringe und Belegnägel flogen durch die Luft, drei Männer wurden an einem Tag von den Offizieren erschossen, der zweite Maat wurde getötet und niemand wusste, wer es getan hatte, und los geht's! los geht's! los geht's! Neunundneunzig Tage von Land zu Land, eine Strecke von siebzehntausend Meilen, und von Ost nach West um Cape Stiff herum!“

„Aber dann wären Sie neunundsechzig Jahre alt“, beharrte ich.

„Das bin ich“, erwiderte er stolz, „und noch dazu ein besserer Mensch als die schäbigen jungen Leute von heute. Eine ganze Generation von ihnen würde unter dem, was ich durchgemacht habe, sterben. Haben Sie je von der *sonnigen Südstaatenfrau gehört* ? – von der, die in Havanna verkauft wurde, um Sklaven zu halten, und die ihren Namen in *Emanuela änderte* ?“

„Und Sie sind durch die Mittelpassage gesegelt!“, rief ich, als mir die alte Redensart in den Sinn kam.

„Ich war an jenem Tag auf der *Emanuela* im Kanal von Mosambik, als die *Brisk* uns mit neunhundert Sklaven zwischen Decks einholte. Sie hätte uns nicht einholen können, wenn sie nicht Dampf gehabt hätte."

Ich schlenderte weiter neben diesem massiven Relikt der Vergangenheit auf und ab und lauschte seinen Andeutungen und gemurmelten Erinnerungen an die Tage, als ich noch Männer tötete und Menschen jagte. Er war zu real, um wahr zu sein, und doch war ich, als ich seine gebeugten Schultern und das Alter seiner riesigen Füße betrachtete, davon überzeugt, dass er so alt war, wie er behauptete. Er sprach von einem Captain Sonurs.

„Er war ein großartiger Kapitän", sagte er. „Und in den zwei Jahren, die ich mit ihm als Kumpel segelte, gab es keinen Hafen, in dem ich nicht von Bord gegangen wäre und mich versteckt hätte, bis ich mich an Bord geschlichen hätte, als es wieder in See gestochen ist."

"Aber warum?"

„Die Männer, weil sie Blut und Rache schworen und Haftbefehle gegen mich erwirkten, weil ich ihnen beigebracht hatte, wie man Seeleute macht. Warum, weil ich oft erwischt wurde und weil der Kapitän Geldstrafen für mich bezahlte – und trotzdem war es meine Arbeit, die dem Schiff Geld einbrachte."

Er hielt seine riesigen Pfoten hoch und als ich auf die zerschundenen, missgebildeten Knöchel starrte, verstand ich die Natur seiner Arbeit.

„Aber das ist jetzt alles vorbei", klagte er. „Heutzutage ist ein Seemann ein Gentleman. Gegen sie kann man weder die Stimme noch die Hand erheben."

In diesem Moment wurde er von der Achterreling aus vom zweiten Maat angesprochen, einem mittelgroßen, kräftig gebauten, glattrasierten, blonden Mann.

„Der Schlepper ist mit der Besatzung in Sicht, Sir", verkündete er.

Der Maat grunzte zustimmend und fügte dann hinzu: „Kommen Sie runter, Mr. Mellaire, und lernen Sie unseren Passagier kennen."

Mir fiel sofort auf, wie Mr. Mellaire die Achterleiter herunterkam und sich an der Vorstellung beteiligte. Er war auf altmodische Weise höflich, sprach leise, gewandt und stammte unverkennbar aus dem Süden von Mason und Dixon.

„Ein Südstaatler", sagte ich.

„Georgia, Sir." Er verbeugte sich und lächelte, wie nur ein Südstaatler sich verbeugen und lächeln kann.

Seine Gesichtszüge und sein Ausdruck waren freundlich und sanft, und doch war sein Mund der grausamste Schnitt, den ich je in einem Männergesicht gesehen hatte. Es war ein Schnitt. Anders kann man diesen harten, schmallippigen, formlosen Mund nicht beschreiben, der so anmutige Dinge aussprach. Unwillkürlich blickte ich auf seine Hände. Wie die des Maat waren sie dickknochig, hatten gebrochene Knöchel und waren missgestaltet. Ich blickte wieder in seine blauen Augen. Auf ihrer Oberfläche lag ein Lichtschleier, ein Glanz sanfter Güte und Herzlichkeit, aber hinter diesem Glanz, das wusste ich, befand sich weder Aufrichtigkeit noch Gnade. Hinter diesem Glanz war etwas Kaltes und Schreckliches, das lauerte und wartete und beobachtete – etwas Katzenartiges, etwas Feindseliges und Tödliches. Hinter diesem Glanz aus sanftem Licht und geselligem Funkeln war das Lebendige, Furchterregende, das diesen Mund zu dem Schnitt geformt hatte, der er war. Was ich in diesen Augen spürte, ließ mich mit seiner Abstoßung und Fremdartigkeit erschauern.

Als ich Mr. Mellaire gegenüberstand, mit ihm sprach, ihn anlächelte und Höflichkeiten austauschte, war ich mir des Gefühls bewusst, das einen im Wald oder Dschungel überkommt, wenn er weiß, dass ihn die unsichtbaren wilden Augen jagender Tiere ausspionieren. Ehrlich gesagt hatte ich Angst vor dem Ding, das dort im Schädel von Mr. Mellaire lauerte. Man identifiziert so selbstverständlich Form und Gesichtszüge mit dem Geist im Inneren. Aber das konnte ich beim zweiten Maat nicht tun. Sein Gesicht und seine Form und sein Benehmen und seine lässige Gelassenheit waren eine Sache, hinter der er, etwas völlig anderes, verborgen lag.

Ich bemerkte, dass Wada in der Kabinentür stand und offensichtlich auf Anweisungen wartete. Ich nickte und machte mich bereit, ihm hinein zu folgen. Mr. Pike sah mich schnell an und sagte:

„Einen Moment, Mr. Pathurst.“

Er gab dem zweiten Maat einige Befehle, woraufhin dieser sich umdrehte und nach vorn ging. Ich blieb stehen und wartete auf Mr. Pikes Mitteilung, die er jedoch erst machte, als er sah, dass der zweite Maat außer Hörweite war. Dann beugte er sich dicht zu mir und sagte:

„Erwähne diese kleine Angelegenheit mit meinem Alter niemandem gegenüber. Jedes Jahr, wenn ich mich anmelde, unterschreibe ich mein Alter um ein Jahr niedriger. Laut der Satzung bin ich jetzt vierundfünfzig.“

„Und Sie sehen keinen Tag älter aus“, antwortete ich leichthin, obwohl ich es ganz aufrichtig meinte.

„Und ich fühle es nicht. Ich kann mehr arbeiten und mehr austeilen als die kräftigsten der jungen Leute. Und lassen Sie sich mein Alter nicht anmerken, Mr. Pathurst. Kapitäne sind nicht besonders an Kameraden interessiert, die um die siebzig sind. Und Eigner auch nicht. Ich habe meine Hoffnungen auf dieses Schiff gesetzt und ich glaube, ich hätte es auch bekommen, wenn der alte Mann nicht beschlossen hätte, wieder zur See zu fahren. Als ob er das Geld bräuchte! Der alte Geizhals!"

„Geht es ihm gut?", fragte ich.

„Gute Sache! Wenn ich ein Zehntel seines Geldes hätte, könnte ich auf einer Hühnerfarm in Kalifornien in Rente gehen und wie ein Kampfhahn leben – ja, wenn ich ein Fünfzigstel von dem hätte, was er auf die hohe Kante gelegt hat. Er besitzt mehr Anteile an allen Blackwood-Schiffen … und sie hatten immer Glück und haben immer Geld verdient. Ich werde alt und es ist an der Zeit, dass ich ein Kommando bekomme. Aber nein; der alte Kerl muss sich in den Kopf setzen, wieder zur See zu fahren, gerade als die Koje reif für mich ist."

Wieder wollte ich die Kabine betreten, wurde aber vom Maat aufgehalten.

„Mr. Pathurst? Sie wollen mein Alter nicht erwähnen?"

„Nein, sicher nicht, Mr. Pike", sagte ich.

KAPITEL III.

Ziemlich durchgefroren war ich sofort von der warmen Behaglichkeit der Kabine beeindruckt. Alle Verbindungstüren standen offen, was das Ganze zu einer Art großer Zimmerflucht oder Walfangkabine machte. Der Eingang zum Hauptdeck an der Backbordseite führte in einen breiten, mit Teppich ausgelegten Flur. In diesen Flur führten von der Backbordseite aus fünf Räume: zuerst der des Maat; dann die beiden Kabinen, die für mich zu einer zusammengelegt worden waren; dann das Zimmer des Stewards; und, angrenzend an sein Zimmer, die Reihe komplettierend, eine Kabine, die als Spülkasten genutzt wurde.

Auf der anderen Seite des Flurs befand sich ein Bereich, den ich noch nicht kannte, obwohl ich wusste, dass er das Esszimmer, die Badezimmer, die eigentliche Kabine, die in Wirklichkeit ein geräumiges Wohnzimmer war, die Kapitänskajüte und zweifellos Miss Wests Quartier enthielt. Ich konnte sie etwas summen hören, während sie geschäftig mit dem Auspacken beschäftigt war. Die Speisekammer des Stewards, durch Querflure und durch die Treppe, die in den Kartenraum oben auf dem Achterdeck führte, getrennt, war strategisch im Zentrum aller Vorgänge platziert. So befanden sich auf der Steuerbordseite die Kabinen des Kapitäns und von Miss West, vorne das Esszimmer und die Hauptkabine; während auf der Backbordseite die Reihe von Räumen war, die ich beschrieben habe, von denen zwei mir gehörten.

Ich wagte mich den Gang zum Heck hinunter und stellte fest, dass er zum Heck der *Elsinore führte und* einen einzigen großen Raum bildete, der mindestens 10 Meter von Seite zu Seite und 4,5 bis 5 Meter tief war und natürlich in die Linien des Schiffshecks passte. Dies schien ein Lagerraum zu sein. Ich bemerkte Waschzuber, Zeltbahnen, viele Schränke, hängende Schinken und Speck, eine Trittleiter, die durch eine kleine Luke zum Achterdeck führte, und im Boden eine weitere Luke.

Ich sprach mit dem Steward, einem alten Chinesen mit glatter Gesichtsform und flinken Bewegungen, dessen Namen ich nie erfuhr, dessen Alter aber laut Artikel sechsundfünfzig Jahre betrug.

„Was ist da unten?", fragte ich und zeigte auf die Luke im Boden.

„Ihn, Lazarett", antwortete er.

„Und wer isst dort?" Ich deutete auf einen Tisch mit zwei feststehenden Liegestühlen.

„Er ist der zweite Tisch. Der zweite Maat und Zimmermann essen an diesem Tisch."

Nachdem ich Wada Anweisungen zum Ordnen meiner Sachen gegeben hatte, schaute ich auf meine Uhr. Es war noch früh, erst einige Minuten nach drei, also ging ich wieder an Deck, um die Ankunft der Mannschaft mitzuerleben.

Ich hatte das eigentliche Anbordkommen vom Schlepper verpasst, aber vor dem Mittelschiffshaus begegnete ich ein paar Nachzüglern, die noch nicht ins Vorschiff gegangen waren. Diese waren vom Alkohol am meisten angefressen und eine noch elendere, jämmerlichere, abstoßendere Gruppe von Männern, die ich noch nie in einem Elendsviertel gesehen hatte. Ihre Kleidung bestand aus Lumpen. Ihre Gesichter waren aufgedunsen, blutig und schmutzig. Ich will nicht sagen, dass sie Schurken waren. Sie waren bloß schmutzig und gemein. Sie waren gemein in ihrem Aussehen, ihrer Sprache und ihrem Handeln.

„Kommt! Kommt! Bringt euer Stauholz ins Vorschiff!"

Mr. Pike sprach diese Worte scharf von der Brücke oben. Eine leichte und anmutige Brücke aus Stahlstangen und Planken verlief über die gesamte Länge der *Elsinore* , beginnend am Achterdeck, überquerte das Mittelschiffshaus und das Vorschiff und mündete in den Vorschiffskopf ganz am Bug des Schiffes.

Auf Befehl des Maat taumelten die Männer herum und starrten ihn finster an, ein oder zwei begannen unbeholfen zu gehorchen. Die anderen hörten mit ihrem betrunkenen Geplapper auf und sahen den Maat mürrisch an. Einer von ihnen, dessen Gesicht von einem verrückten Gott im Werden zertrümmert worden war und den ich später Larry nennen sollte, brach in lautes Gelächter aus und spuckte unverschämt auf das Deck. Dann wandte er sich mit äußerster Überlegung an seine Kameraden und verlangte laut und heiser:

„Wer zum Teufel ist überhaupt der alte Knacker?"

Ich sah, wie sich Mr. Pikes riesiger Körper krampfhaft und unwillkürlich anspannte, und ich bemerkte, wie sich seine riesigen Hände um das Brückengeländer klammerten. Ansonsten beherrschte er sich.

„Gehen Sie schon", sagte er. „Von Ihnen will ich nichts wissen. Gehen Sie ins Vorschiff."

Und dann drehte er sich zu meiner Überraschung um und ging die Brücke entlang nach achtern, wo der Schlepper gerade seine Leinen loswarf. Das war also sein großes Gerede von Töten und Treiben, dachte ich. Erst später, als ich mich nach achtern über das Deck drehte, fiel mir ein, dass ich Kapitän West am Heck an der Reling lehnen und nach vorn blicken sah.

Die Leinen des Schleppers wurden losgeworfen, und ich beobachtete das Manöver mit Interesse, bis er sich vom Schiff gelöst hatte. In diesem Moment erklang von vorn ein seltsames Gebrüll aus Geheul und Gekreische, als zahlreiche betrunkene Stimmen riefen, dass ein Mann über Bord sei. Der zweite Maat sprang die Achterleiter hinunter und huschte an mir vorbei das Deck entlang. Der Maat, der sich noch immer auf der schmalen, weiß gestrichenen Brücke befand, die nicht mehr als ein Spinnenfaden zu sein schien, überraschte mich durch die Schnelligkeit, mit der er die Brücke entlang zum Mittelschiff sauste, auf das mit Segeltuch bedeckte Langboot sprang und nach außen schwang, wo er sehen konnte. Bevor die Männer auf die Reling klettern konnten, war der zweite Maat unter ihnen, und er war es, der eine Rolle Leinen über Bord warf.

Was mich besonders beeindruckte, war die geistige und körperliche Überlegenheit dieser beiden Offiziere. Trotz ihres Alters – der Maat 69 und der zweite Maat mindestens 50 – hatten ihr Geist und ihr Körper mit der Schnelligkeit und Genauigkeit von Stahlfedern reagiert. Sie waren stark. Sie waren aus Eisen. Sie konnten wahrnehmen, wollen und handeln. Im Vergleich zu den Matrosen unter ihnen gehörten sie einer anderen Spezies an. Während letztere, die Zeugen des Geschehens und direkt vor Ort waren, in verwirrter Hilflosigkeit aufschrien und mit langsamem Verstand und langsameren Körpern auf die Reling kletterten, war der zweite Maat die steile Leiter vom Achterdeck heruntergestiegen, hatte 60 Meter Deck zurückgelegt, war auf die Reling gesprungen, hatte die unmittelbare Notwendigkeit der Situation erkannt und die Leinenrolle ins Wasser geworfen.

Und von gleicher Art und Qualität waren die Taten von Mr. Pike. Er und Mr. Mellaire waren aufgrund dieses bemerkenswerten Unterschieds in Leistungsfähigkeit und Willenskraft die Herren über die elenden Kreaturen der Seeleute. Sie unterschieden sich tatsächlich mehr von den Männern, die ihnen unterstanden, als diese sich von Hottentotten – ja, und von Affen – unterschieden.

Auch ich stand inzwischen auf den großen Trosse und sah einen Mann im Wasser, der absichtlich vom Schiff wegzuschwimmen schien. Er war ein dunkelhäutiger Mittelmeermensch, und sein Gesicht war, soweit ich es deutlich erkennen konnte, von Raserei verzerrt. Seine schwarzen Augen blickten wie ein Wahnsinniger. Der zweite Maat warf die Leine so präzise, dass sie über die Schultern des Mannes fiel und sich seine Arme mehrere Züge lang darin verhedderten, bevor er freischwimmen konnte. Nachdem er das geschafft hatte, schrie er eine wilde Tirade, und als er einmal die Arme zur Betonung in die Höhe warf, sah ich in seiner Hand die Klinge eines langen Messers.

Auf dem Schlepper läuteten die Glocken, als er zur Rettung aufbrach. Ich warf einen verstohlenen Blick auf Kapitän West. Er war zur Backbordseite des Achterdecks gegangen, wo er, die Hände in den Taschen, mal nach vorn auf den kämpfenden Mann, mal nach achtern auf den Schlepper blickte. Er gab keine Befehle, verriet keine Aufregung und schien, das darf ich wohl sagen, der beiläufigste aller Zuschauer zu sein.

Das Wesen im Wasser schien gerade dabei zu sein, seine Kleider auszuziehen. Ich sah, wie erst ein nackter Arm auftauchte, dann der andere. Während seines Kampfes sank es manchmal unter die Oberfläche, tauchte aber immer wieder auf, fuchtelte mit dem Messer herum und schrie seine wirren Worte. Es versuchte sogar, dem Sog zu entkommen, indem es tauchte und untertauchte.

Ich schlenderte nach vorn und kam gerade noch rechtzeitig an, um zu sehen, wie er über die Reling der *Elsinore gehievt* wurde. Er war splitternackt, blutüberströmt und rasend. Er hatte sich an zwanzig Stellen Schnitte und Schnittwunden zugefügt. Aus einer Wunde am Handgelenk spritzte das Blut bei jedem Pulsschlag. Er war ein abscheuliches, nicht menschliches Wesen. Ich habe schon einmal im Zoo einen verängstigten Orang-Utan gesehen, und dieses bestialisch dreinblickende, mähende, plappernde Ding erinnerte mich um alles in der Welt an den Orang-Utan. Die Matrosen umringten ihn, legten Hand an ihn, zerrten ihn und lachten und jubelten dabei. Rechts und links stießen die beiden Maaten sie von sich und schleppten den Verrückten das Deck hinunter in einen Raum im Mittschiffshaus. Die Stärke von Mr. Pike und Mr. Mellaire fiel mir unweigerlich auf. Ich hatte von der übermenschlichen Kraft von Verrückten gehört, aber dieser besondere Verrückte war wie ein Strohhalm in ihren Händen. Als er erst einmal in der Koje war, hielt Mr. Pike den sich wehrenden Narren mühelos mit einer Hand fest, während er den zweiten Maat losschickte, um einen Marlin zu holen, mit dem er die Arme des Kerls festband.

„Bughouse", grinste Mr. Pike mich an. „Ich habe in meinem Leben schon einige Bughouse-Crews gesehen, aber diese hier ist das Größte."

„Was werden Sie tun?", fragte ich. „Der Mann wird verbluten."

„Und auf Nimmerwiedersehen", antwortete er prompt. „Wir werden alle Hände voll mit ihm zu tun haben, bis wir ihn irgendwie loswerden. Wenn er sich beruhigt, werde ich ihn zunähen, das ist alles, und wenn ich ihn mit einem Kinnhaken beruhigen muss."

Ich warf einen Blick auf die riesige Pfote des Maat und war mir ihrer betäubenden Wirkung bewusst. Wieder draußen an Deck sah ich Kapitän West auf dem Achterdeck, die Hände noch immer in den Taschen, völlig desinteressiert, wie er auf eine blaue Lücke im Himmel im Nordosten starrte.

Mehr als die Maat und der Verrückte, mehr als die betrunkene Gefühllosigkeit der Männer machte mir diese ruhige Gestalt mit den Händen in den Taschen klar, dass ich mich in einer anderen Welt befand als der, die ich kannte.

Wada unterbrach meine Gedanken, indem er mir erzählte, er sei geschickt worden, um auszurichten, dass Miss West in der Kabine Tee serviere.

KAPITEL IV.

Der Kontrast war verblüffend, als ich die Kabine betrat. Alle Kontraste an Bord der *Elsinore* versprachen verblüffend zu sein. Statt des kalten, harten Decks sanken meine Füße in einen weichen Teppich. Anstelle des schäbigen und engen Raums aus blankem Eisen, in dem ich den Wahnsinnigen zurückgelassen hatte, befand ich mich in einem geräumigen und schönen Raum. Das Gebrüll der Männerstimmen noch in meinen Ohren und die Bilder ihrer alkoholgeschwollenen und schmutzigen Gesichter noch lebendig unter meinen Augenlidern, wurde ich von einer Frau mit zartem Gesicht und hübschem Kleid begrüßt, die neben einem lackierten orientalischen Tisch saß, auf dem ein exquisites Teeservice aus Kanton-Porzellan stand. Alles war ruhig und still. Der Steward, geräuschlos und ausdruckslos, war ein Schatten, den man kaum bemerkte, der auf irgendeinem Service in den Raum schwebte und wieder hinausschwebte.

Ich konnte mich nicht sofort entspannen, und Miss West, die mir den Tee servierte, lachte und sagte:

„Sie sehen aus, als hätten Sie Dinge gesehen. Der Steward hat mir erzählt, dass ein Mann über Bord gegangen ist. Ich nehme an, das kalte Wasser muss ihn nüchtern gemacht haben."

Ich nahm mir ihre Gleichgültigkeit übel.

„Der Mann ist verrückt", sagte ich. „Dieses Schiff ist nicht der richtige Ort für ihn. Er sollte an Land in ein Krankenhaus gebracht werden."

„Ich fürchte, wenn wir damit beginnen, müssten wir zwei Drittel unserer Besatzung an Land schicken – einen Brocken?

„Ja, bitte", antwortete ich. „Aber der Mann hat sich schrecklich verletzt. Er wird wahrscheinlich verbluten."

Sie sah mich einen Moment lang mit ernsten, prüfenden grauen Augen an, während sie mir meine Tasse reichte; dann stieg Lachen in ihre Augen und sie schüttelte vorwurfsvoll den Kopf.

„Bitte beginnen Sie die Reise nicht mit einem Schock, Mr. Pathurst. Solche Dinge sind ganz normale Vorkommnisse. Sie werden sich daran gewöhnen. Sie müssen bedenken, dass einige merkwürdige Kreaturen auf Schiffen zur See fahren. Der Mann ist in Sicherheit. Vertrauen Sie darauf, dass Mr. Pike sich um seine Wunden kümmert. Ich bin noch nie mit Mr. Pike gesegelt, aber ich habe genug über ihn gehört. Mr. Pike ist ein ausgezeichneter Chirurg. Auf seiner letzten Reise, so heißt es, führte er eine erfolgreiche Amputation durch und war so begeistert, dass er seine Aufmerksamkeit dem Zimmermann zuwandte, der zufällig an einer Art Verdauungsstörung litt.

Mr. Pike war von der Richtigkeit seiner Diagnose so überzeugt, dass er versuchte, den Zimmermann zu bestechen, damit er sich den Blinddarm entfernen ließ." Sie brach ab, um herzlich zu lachen, und fügte dann hinzu: „Es heißt, er habe dem armen Mann kiloweise Tabak angeboten, damit er der Operation zustimmte."

„Aber ist es sicher … für den … Betrieb des Schiffes", drängte ich, „so einen Verrückten mitzunehmen?"

Sie zuckte mit den Schultern, als wolle sie nicht antworten, und sagte dann:

„Dieser Vorfall ist nicht weiter schlimm. Auf jedem Schiff gibt es immer mehrere Verrückte oder Idioten. Und sie kommen immer vollgepumpt mit Whiskey und in Rage an Bord. Ich erinnere mich an einen solchen Verrückten, als wir vor langer Zeit einmal von Seattle losfuhren. Er zeigte überhaupt keine Anzeichen von Wahnsinn; er packte einfach seelenruhig zwei Pensionsläufer und sprang mit ihnen über Bord. Wir stachen noch am selben Tag in See, bevor die Leichen geborgen wurden."

Wieder zuckte sie mit den Schultern.

„Was würden Sie? Die See ist rau, Mr. Pathurst. Und unsere Seeleute bekommen die schlimmsten Typen. Ich frage mich manchmal, wo sie die herbekommen. Und wir tun unser Bestes mit ihnen und schaffen es irgendwie, dass sie uns helfen, unsere Arbeit in der Welt fortzusetzen. Aber sie sind niedrig … niedrig."

Als ich zuhörte und ihr Gesicht studierte, ihre weibliche Sensibilität und ihr weiches, hübsches Kleid mit den rohen Gesichtern und Lumpen der Männer verglich, die ich gesehen hatte, konnte ich nicht anders, als mich intellektuell von der Richtigkeit ihrer Haltung zu überzeugen. Trotzdem war ich emotional verletzt – hauptsächlich, glaube ich, wegen der Härte und Sorglosigkeit, mit der sie ihre Ansicht darlegte. Weil sie eine Frau war und sich so sehr von den Meeresgeschöpfen unterschied, ärgerte ich mich über ihre so harte Erziehung in der Schule des Meeres.

„Mir fiel die – äh, äh – *Kaltblütigkeit Ihres Vaters* während dieses Vorfalls auf", wagte ich zu sagen.

„Er hat seine Hände nicht einmal aus den Taschen genommen!", rief sie.

Ihre Augen funkelten, als ich bestätigend nickte.

„Ich wusste es! Das ist seine Art. Ich habe es so oft gesehen. Ich erinnere mich, als ich zwölf Jahre alt war – Mutter war allein –, liefen wir nach San Francisco. Wir waren auf der *Dixie* , einem Schiff, das fast so groß war wie dieses. Es wehte ein starker günstiger Wind, und Vater nahm keinen Schlepper. Wir segelten direkt durch die Golden Gate und die

Uferpromenade von San Francisco hinauf. Es gab auch eine starke Flut; und die Männer beider Wachen holten die Segel ein, so schnell sie konnten.

„Der Fehler lag nun beim Kapitän des Dampfschiffs. Er hatte unsere Geschwindigkeit falsch eingeschätzt und versuchte, unseren Bug zu kreuzen. Dann kam es zur Kollision, und der Bug *der Dixie* durchbohrte das Dampfschiff, die Kabine und den Rumpf. Hunderte von Passagieren waren dort, Männer, Frauen und Kinder. Vater nahm seine Hände nicht aus den Taschen. Er schickte den Maat nach vorn, um die Rettung der Passagiere zu überwachen, die bereits auf unseren Bugspriet und das Vorschiff kletterten, und mit einer Stimme, die sich nicht von der unterschied, die er verwenden würde, um jemanden zu bitten, ihm die Butter zu reichen, befahl er dem zweiten Maat, alle Segel zu setzen. Und er sagte ihm, mit welchen Segeln er beginnen sollte.“

„Aber warum noch mehr Segel setzen?“ unterbrach ich ihn.

„Weil er die Situation erkannte. Verstehen Sie nicht, das Dampfschiff war völlig aufgerissen. Das Einzige, was es vor dem sofortigen Untergang bewahrte, war der Bug der *Dixie*, der in ihrer Seite eingeklemmt war. Indem er mehr Segel setzte und vor dem Wind blieb, hielt er den Bug der *Dixie weiterhin* eingeklemmt.

„Ich hatte furchtbare Angst. Während wir am Hafen entlangfuhren, ertranken rechts und links von uns Leute, die über Bord gesprungen oder gefallen waren, direkt vor meinen Augen. Aber als ich Vater ansah, stand er da, genau wie ich ihn immer gekannt hatte, die Hände in den Taschen, langsam auf und ab gehend, mal gab er dem Steuerrad einen Befehl – er musste den Kurs *der Dixie* durch all die Schiffe lenken – mal beobachtete er die Passagiere, die über unseren Bug und unser Deck strömten, mal sah er nach vorn, um seinen Weg durch die vor Anker liegenden Schiffe zu finden. Manchmal warf er einen Blick auf die armen, ertrinkenden, aber sie kümmerten ihn nicht.

„Natürlich ertranken viele, aber indem er die Hände in den Taschen und einen kühlen Kopf behielt, rettete er Hunderte von Menschenleben. Erst als die letzte Person das Dampfschiff verlassen hatte – er schickte Männer an Bord, um sicherzugehen –, nahm er die Segel ab. Und das Dampfschiff sank sofort.“

Sie hielt inne und sah mich mit leuchtenden Augen an, die ihre Anerkennung ausdrückten.

„Es war großartig“, gab ich zu. „Ich bewundere diesen ruhigen, kraftvollen Mann, obwohl ich zugeben muss, dass mir eine solche Ruhe unter Stress fast unheimlich und unmenschlich vorkommt. Ich kann mir nicht vorstellen, dass ich mich so verhalten hätte, und ich bin überzeugt, dass ich mehr gelitten habe, als alle anderen Zuschauer zusammen, während dieser arme Teufel im Wasser war."

„Vater leidet!", verteidigte sie sich loyal. „Nur zeigt er es nicht."

Ich verbeugte mich, weil ich das Gefühl hatte, sie hätte meinen Standpunkt nicht verstanden.

KAPITEL V.

Ich kam vom Tee in der Kabine heraus und sah den Schlepper *Britannia* in Sicht. Es war das Schiff, das uns die Chesapeake Bay hinunter zum Meer schleppen sollte. Als ich nach vorn schlenderte, bemerkte ich, wie die Matrosen von Sundry Buyers aus dem Vorschiff gescheucht wurden, wobei er ihm immer zärtlich den Bauch mit den Händen drückte. Ein anderer Mann half Sundry Buyers dabei, die Matrosen hinauszuscheuchen. Ich fragte Mr. Pike, wer der Mann war.

„Nancy – mein Bootsmann, ist er nicht ein Schatz?" war die Antwort, die ich bekam, und an der Aussprache des Maat konnte ich erkennen, dass „Nancy" spöttisch gemeint war.

Nancy konnte nicht älter als dreißig sein, obwohl er aussah, als hätte er schon sehr lange gelebt. Er war zahnlos und traurig und bewegungsmüde. Seine Augen waren schieferfarben und schmutzig, sein rasiertes Gesicht kränklich gelb. Mit schmalen Schultern, eingefallener Brust und hohlen Wangen sah er aus wie ein Mann im letzten Stadium der Schwindsucht. So wenig Leben wie Sundry Buyers zeigte, so wenig Leben zeigte Nancy. Und das waren Bootsmänner! – Bootsmänner des schönen amerikanischen Segelschiffs *Elsinore*! Niemals war eine meiner Illusionen so schmerzlich in die Brüche gegangen.

Mir war klar, dass die beiden, ohne Rückgrat und Mut, Angst vor den Männern hatten, die sie eigentlich kommandieren sollten. Und vor den Männern! Doré hätte nie eine köstlichere Höllenbrühe zaubern können. Zum ersten Mal sah ich sie alle, und ich konnte es den beiden Bootsmännern nicht verdenken, dass sie Angst vor ihnen hatten. Sie gingen nicht. Sie schlurften und schlurften, manche wankten sogar, als wären sie schwach oder betrunken.

Aber es waren ihre Gesichter. Ich musste daran denken, was Miss West mir gerade erzählt hatte – dass Schiffe immer mit mehreren Geisteskranken oder Idioten in der Mannschaft unterwegs waren. Aber diese hier sahen aus, als wären sie alle verrückt oder schwachsinnig. Und auch ich fragte mich, wo eine solche Masse menschlicher Trümmer hergekommen sein könnte. Mit ihnen allen stimmte etwas nicht. Ihre Körper waren verkrümmt, ihre Gesichter verzerrt und fast ausnahmslos zu klein geraten. Die mehreren ziemlich großen Männer, die ich bemerkte, hatten ausdruckslose Gesichter. Ein Mann jedoch, groß und unverkennbar Ire, war auch unverkennbar verrückt. Er redete und murmelte vor sich hin, als er herauskam. Ein kleiner, kurviger, schiefer Mann mit schiefem Kopf und dem schlausten und bösartigsten Gesicht und blassblauen Augen richtete eine obszöne Bemerkung an den verrückten Iren und nannte ihn O'Sullivan. Aber

O'Sullivan schenkte ihm keine Beachtung und murmelte weiter. Hinter dem kleinen, asymmetrischen Mann erschien ein zu groß geratener, dicker Trottel, gefolgt von einem weiteren Jugendlichen, der so groß und körperlich so abgemagert war, dass es ein Wunder schien, dass sein Fleisch seinen Körper noch zusammenhalten konnte.

Als nächstes, nach diesem umherwandernden Skelett, kam das unheimlichste Wesen, das ich je gesehen habe. Er war ein verdrehter Trottel von einem Mann. Gesicht und Körper waren verzerrt, als ob sie von den Schmerzen tausender Jahre Folter gezeichnet wären. Sein Gesicht war das eines misshandelten und schwachsinnigen Fauns. Seine großen schwarzen Augen waren hell, eifrig und voller Schmerz; und sie blitzten fragend von Gesicht zu Gesicht und zu allem um ihn herum. Sie waren so erbärmlich wachsam, diese Augen, als ob sie sich ständig anstrengten, den Schlüssel zu einem verwirrenden und bedrohlichen Rätsel zu finden. Erst später erfuhr ich den Grund dafür. Er war stocktaub, da seine Trommelfelle bei der Kesselexplosion zerstört worden waren, die auch den Rest seines Körpers zerstört hatte.

Mir fiel der Steward auf, der an der Tür der Kombüse stand und die Männer aus der Ferne beobachtete. Sein scharfsinniges, asiatisches Gesicht, das vor Intelligenz nur so sprühte, war eine Wohltat für das Auge, ebenso wie Shortys lebhaftes Gesicht, der mit einem Sprung und gurgelndem Lachen aus dem Vorschiff kam. Aber auch mit ihm stimmte etwas nicht. Er war ein Zwerg, und wie ich später erfahren sollte, machten ihn seine gute Laune und seine niedere Mentalität zu einem Clown.

Mr. Pike blieb einen Moment neben mir stehen und während er die Männer beobachtete, beobachtete ich ihn. Sein Gesichtsausdruck war der eines Viehkäufers und es war klar, dass er von der Qualität des gelieferten Viehs angewidert war.

„Mit dem Sohn ihrer letzten Mutter stimmt etwas nicht", knurrte er.

Und sie kamen immer noch: einer, bleich und mit verstohlenem Blick, den ich sofort für einen Drogensüchtigen hielt; ein anderer, ein kleiner, runzliger alter Mann mit verkniffenem Gesicht und Falten, mit kleinen, bösartigen blauen Augen; ein dritter, ein kleiner, wohlgebauter Mann, der in meinen Augen das normalste und am wenigsten unintelligente Exemplar zu sein schien, das mir je begegnet war. Aber Mr. Pikes Auge war besser geschult als meines.

„Was ist los mit *dir*?", knurrte er den Mann an.

„Nichts, Sir", antwortete der Kerl und hielt sofort inne.

"Wie heißen Sie?"

Mr. Pike sprach niemals mit einem Seemann, außer mit einem Knurren.

„Charles Davis, Sir."

„Warum humpelst du?"

„Ich hinke nicht, Sir", antwortete der Mann respektvoll, und als der Maat abwinkte, marschierte er munter über das Deck, wobei er sich wie ein Rowdy auf die Schultern schlug.

„Er ist zwar ein Seemann", brummelte der Maat, „aber ich wette mit Ihnen um ein Pfund Tabak oder einen Monatslohn, dass mit ihm etwas nicht stimmt."

Das Vorschiff schien nun leer zu sein, doch der Maat wandte sich mit seinem üblichen Knurren den Bootsleuten zu.

„Was zum Teufel machst du da? Schläfst du? Glaubst du, das ist eine Erholungskur? Geh rein und reiß sie raus!"

Verschiedene Käufer drückten vorsichtig seinen Bauch und zögerten, während Nancy mit verbissener, leidgeprüfter Trostlosigkeit im Gesicht widerstrebend das Vorschiff betrat. Dann hörten wir von drinnen Flüche, gemeine und schmutzige, Drängen und Vorwürfe von Nancy, sanft und flehend ausgesprochen.

Ich bemerkte den grimmigen und wilden Ausdruck auf Mr. Pikes Gesicht und war darauf gefasst, dass ich nicht wusste, welche schrecklichen Monstrositäten aus dem Vorschiff kommen würden. Stattdessen kamen zu meiner Überraschung drei Kerle, die der Truppe, die ihnen vorausgegangen war, auffallend überlegen waren. Ich sah, wie sich das Gesicht des Maat zu einer Art Zustimmung entspannte. Im Gegenteil, seine blauen Augen verengten sich zu schmalen Schlitzen, das Knurren seiner Stimme drang bis zu seinen Lippen, so dass er wie ein Hund wirkte, der gleich zubeißen wird.

Aber die drei Burschen. Sie waren allesamt kleine Männer und junge Männer, irgendwo zwischen fünfundzwanzig und dreißig. Obwohl sie grob gekleidet waren, waren sie gut gekleidet, und ihre Körperbewegungen unter ihrer Kleidung zeugten von körperlichem Wohlbefinden. Ihre Gesichter waren scharf geschnitten und intelligent. Und obwohl ich spürte, dass etwas Seltsames an ihnen war, konnte ich nicht erraten, was es war.

Hier waren keine unterernährten, mit Whisky vergifteten Männer wie die übrigen Matrosen, die, nachdem sie ihren letzten Lohn versoffen hatten, an Land gehungert waren, bis sie ihren Vorschuss für die laufende Reise erhalten und versoffen hatten. Diese drei dagegen waren geschmeidig und kräftig. Ihre Bewegungen waren spontan schnell und präzise. Vielleicht war es die Art, wie sie mich mit ihren desinteressierten, aber berechnenden

Augen ansahen, dass mir nichts entging. Sie wirkten so lebenserfahren, so gleichgültig, so selbstsicher. Ich war überzeugt, dass sie keine Matrosen waren. Doch als Landbewohner konnte ich sie nicht einordnen. Sie waren ein Typ, dem ich noch nie begegnet war. Vielleicht kann ich eine bessere Vorstellung von ihnen vermitteln, indem ich beschreibe, was geschah.

Als sie an uns vorbeigingen, bedachten sie Mr. Pike mit den gleichen gleichgültigen, durchdringenden Blicken, die sie mir zuwarfen.

„Wie heißt du – du?", blaffte Mr. Pike den ersten des Trios an, offensichtlich ein irisch-jüdischer Mischling. Seine Nase war unverkennbar jüdisch. Ebenso unverkennbar war das Irische an seinen Augen, seinem Kiefer und seiner Oberlippe.

Die drei hatten sofort angehalten, und obwohl sie sich nicht direkt ansahen, schienen sie eine stille Besprechung abzuhalten. Ein anderer des Trios, in dessen Adern Gott allein weiß, welche semitischen, babylonischen und lateinischen Stämme flossen, gab ein Warnsignal. Oh, nichts so Krasses wie ein Augenzwinkern oder ein Nicken. Ich bezweifelte fast, dass ich es aufgefangen hatte, und doch wusste ich, dass er seinen Kameraden eine Warnung übermittelt hatte. Eher ein Farbton in seinem Gesichtsausdruck, der über seine Augen gehuscht war, oder ein plötzliches Aufblitzen darin – oder was auch immer es war, es übertrug die Botschaft.

„Murphy", antwortete der andere dem Maat.

„Sir!", knurrte Mr. Pike ihn an.

Murphy zuckte mit den Schultern, um zu signalisieren, dass er nicht verstand. Es war die Haltung des Mannes, der drei, die kühle Haltung, die mich beeindruckte.

„Wenn Sie einen Offizier auf diesem Schiff ansprechen, sagen Sie ‚Sir'", erklärte Mr. Pike, und seine Stimme war ebenso harsch wie sein Gesicht abweisend. „Haben Sie *das verstanden*?"

„Ja … Sir", sagte Murphy mit betonter Langsamkeit. „Ich hab Sie verstanden."

„Sir!", brüllte Mr. Pike.

„Sir", antwortete Murphy so leise und nachlässig, dass es den Maat reizte und ihn weiter schikanierte.

„Nun, Murphy ist zu lang", verkündete er. „Nosey bringt Sie an Bord dieses Schiffes. Verstanden?"

„Ich hab Sie verstanden … Sir", kam die Antwort, unverschämt in ihrer Sanftheit und Unbekümmertheit. „Der neugierige Murphy geht … Sir."

Und dann lachte er – alle drei lachten, wenn man das überhaupt Lachen nennen konnte, das ohne Laute oder Gesichtsbewegungen war. Nur die Augen lachten, freudlos und kaltblütig.

Mr. Pike hatte mit diesen verwirrenden Persönlichkeiten ganz bestimmt keinen Spaß. Er wandte sich dem Anführer zu, der die Warnung ausgesprochen hatte und der aussah wie eine Mischung aus allem, was mediterran und semitisch war.

"Wie heißen *Sie* ?"

„Bert Rhine ... Sir", war die Antwort in einem Ton, der ebenso sanft und sorglos und seidig irritierend war wie der des anderen.

„Und *Sie* ?", fragte er den Verbliebenen, den Jüngsten des Trios, einen dunkeläugigen, olivfarbenen Kerl mit einem Gesicht, das durch seine Kameen-ähnliche Schönheit besticht. Ich schätzte ihn als gebürtigen Amerikaner, als Sohn von Einwanderern aus Süditalien – aus Neapel oder sogar Sizilien.

„Twist ... Sir", antwortete er, genau wie die anderen.

„Zu lang", höhnte der Kumpel. „Das Kind wird dich fertigmachen. Verstanden *?* "

„Ich hab Sie kapiert, Sir. Kid Twist erledigt mich, Sir."

„Das Kind reicht!"

„Kind ... Sir."

Und die drei lachten ihr stilles, freudloses Lachen. Mr. Pike war inzwischen außer sich vor Wut und konnte sich nicht mehr durch Taten rechtfertigen.

„Jetzt werde ich euch allen etwas sagen, eurer Gesundheit zuliebe." Die Stimme des Maats klang knirschend vor Wut, die er unterdrückte. „Ich kenne eure Sorte. Ihr seid Dreck. Habt ihr *das kapiert* ? Ihr seid Dreck. Und auf diesem Schiff werdet ihr wie Dreck behandelt. Ihr werdet eure Arbeit wie Männer machen, oder ich werde den Grund dafür erfahren. Wenn einer von euch zum ersten Mal mit der Wimper zuckt oder auch nur so aussieht, als würde er mit der Wimper zucken, kriegt er seine Strafe. Habt ihr das kapiert? Und jetzt raus mit euch. Geht nach vorn zur Ankerwinde."

Mr. Pike drehte sich auf dem Absatz um, und ich schwang mich neben ihn, als er nach hinten ging.

„Was halten Sie von ihnen?", fragte ich.

„Das Limit", grunzte er. „Ich kenne ihre Nieren. Sie haben alle drei gesessen. Sie sind einfach nur Abschaum der Hölle –"

Hier wurde seine Rede durch das Schauspiel unterbrochen, das ihn auf Luke Nummer Zwei erwartete. Auf der Luke lagen ausgestreckt fünf oder sechs Männer, unter ihnen Larry, der Lump, der ihn früher am Nachmittag „alte Kiste" genannt hatte. Dass Larry den Befehlen nicht Folge geleistet hatte, war offensichtlich, denn er saß mit dem Rücken gegen seinen Seesack gelehnt da, der eigentlich im Vorschiff hätte sein sollen. Außerdem hätten er und die Gruppe, die bei ihm war, vorne sein und die Ankerwinde bedienen sollen.

Der Maat trat auf die Luke und überragte den Mann.

„Steh auf", befahl er.

Larry strengte sich an, stöhnte und schaffte es nicht aufzustehen.

„Ich kann nicht", sagte er.

"Herr!"

„Das kann ich nicht, Sir. Ich war letzte Nacht betrunken und habe im Jefferson Market geschlafen. Und heute Morgen war ich ganz durchgefroren, Sir. Sie mussten mich losreißen."

„Du warst ganz steif vor Kälte, was?", grinste der Kumpel.

„Das können Sie gut sagen, Sir", antwortete Larry.

„Und Sie fühlen sich wie ein alter Knacker, was?"

Larry blinzelte mit den besorgten, quengeligen Augen eines Affen. Er begann zu begreifen, wer weiß was, und er wusste, dass sich ein Herr über ihn beugte.

„Na ja, ich werde dir sowieso nur zeigen, wie sich ein alter Knacker anfühlt." Mr. Pike ahmte den Akzent des anderen nach.

Und jetzt werde ich erzählen, was ich geschehen sah. Bitte denken Sie daran, was ich über Mr. Pikes riesige Pfoten gesagt habe, seine Finger waren viel länger als meine und doppelt so dick, seine Handgelenke waren massiv und seine Arm- und Schulterknochen ebenso massiv. Mit einer Bewegung seiner rechten Hand, die ich als einen Schlag mit der flachen Hand bezeichnen könnte, hob er Larry in die Luft und ließ ihn rückwärts auf dem Rücken über seinen Seesack fallen.

Der Mann neben Larry stieß ein drohendes Knurren aus und sprang angriffslustig auf. Aber er kam nie auf die Füße. Mr. Pike schlug dem Mann mit dem Rücken seiner rechten Hand seitlich ins Gesicht. Der laute Knall des Aufpralls war erschreckend. Die Kraft des Maats war erstaunlich. Der Schlag sah so leicht und mühelos aus; er hatte wie der träge Hieb eines gutmütigen Bären gewirkt, aber er hatte eine solche Wucht aus Knochen und

Muskeln, dass der Mann seitlich zu Boden ging und von der Luke auf das Deck rollte.

In diesem Moment tauchte O'Sullivan auf, ziellos dahintorkelnd. Plötzlich drang ein Gemurmel seinerseits an Mr. Pikes Ohr, und Mr. Pike, der sofort wie ein wildes Tier auf ihn losging und gerade dabei war, O'Sullivan mit der Pfote zu treffen, schnellte wie ein Revolverschuss vor: „Was ist das?" Dann bemerkte er O'Sullivans verstörtes Gesicht und hielt den Schlag zurück. „Käferhaus", kommentierte Mr. Pike.

Unwillkürlich hatte ich nachgeschaut, ob Kapitän West auf dem Achterdeck war, und festgestellt, dass wir durch das Mittschiffshaus vom Achterdeck aus verborgen waren.

Mr. Pike schenkte dem Mann, der stöhnend auf dem Deck lag, keine Beachtung und stand über Larry, der ebenfalls stöhnte. Die anderen Männer, die da lagen, standen auf, ruhig und respektvoll. Auch ich hatte Respekt vor dieser schrecklichen, gealterten Gestalt. Die Vorführung hatte mich von der Wahrheit seiner früheren Tage als Fahrer und Töter überzeugt.

„Wer ist denn jetzt der alte Knacker?", wollte er wissen.

„Ich bin es, Sir", stöhnte Larry reumütig.

"Aufstehen!"

Larry stand ohne jegliche Schwierigkeiten auf.

„Und jetzt geht nach vorn zur Ankerwinde! Der Rest von euch!"

Und sie gingen, mürrisch und schlurfend, wie die eingeschüchterten Bestien, die sie waren.

KAPITEL VI.

Ich kletterte die Leiter an der Seite des Vorderhauses hinauf (in dem sich, wie ich herausfand, das Vorschiff, die Kombüse und der Maschinenraum befanden) und ging ein Stück die Brücke entlang bis zu einer Position am Fockmast, von wo aus ich die Mannschaft beim Ankern beobachten konnte. Die *Britannia* lag längsseits und wir machten uns auf den Weg.

Eine beträchtliche Anzahl von Männern lief mit der Ankerwinde herum oder war auf dem Vorschiff mit verschiedenen Arbeiten beschäftigt. Die eigentliche Mannschaft bestand aus zwei Wachen mit jeweils fünfzehn Mann. Dazu kamen Segelmacher, Jungen, Bootsmänner und der Zimmermann. Sie waren fast vierzig Mann, aber was für Männer! Sie waren traurig und leblos. Es gab keine Energie, kein Treiben, keine Aktivität. Jeder Schritt und jede Bewegung war eine Anstrengung, als wären sie Tote, die aus Särgen gehoben oder Kranke, die aus Krankenhausbetten gezerrt wurden. Sie waren krank – mit Whisky vergiftet. Sie waren ausgehungert und schwach von der schlechten Ernährung. Und das Schlimmste von allem: Sie waren schwachsinnig und verrückt.

Ich blickte nach oben auf die komplizierten Seile, auf die Stahlmasten, die sich erhoben und riesige Meter Stahl trugen, immer höher und höher, bis Stahlmasten und Rahen schlanken Holzspieren wichen, während Seile und Stagen sich in ein zartes Geflecht aus Spinnenfäden verwandelten, das sich gegen den Himmel abzeichnete. Dass solch ein erbärmlicher Haufen Menschen in der Lage sein sollte, dieses großartige Schiff durch alle Stürme und Dunkelheiten und Gefahren des Meeres zu steuern, war unvorstellbar. Ich erinnerte mich an die beiden Maaten, an die geistige und körperliche Höchstleistung von Mr. Mellaire und Mr. Pike – konnten sie dieses menschliche Wrack dazu bringen? Sie zumindest zweifelten nicht an ihrer Fähigkeit. Das Meer? Wenn diese Meisterleistung möglich war, dann war klar, dass ich nichts vom Meer verstand.

Ich blickte zurück auf die verunstalteten, ausgehungerten, kranken, stolpernden Rumpfe von Männern, die den trostlosen Kreis der Ankerwinde betraten. Mr. Pike hatte recht. Dies waren nicht die lebhaften, teuflischen, kräftigen Männer, die die Schiffe der alten Klipper-Tage bemannten; die gegen ihre Offiziere kämpften, denen die Spitzen ihrer Messer abgebrochen wurden, die töteten und getötet wurden, die aber ihre Arbeit als Menschen taten. Diese Männer, diese schlurfenden Kadaver an der Ankerwinde – ich schaute und schaute und versuchte vergeblich, mir ein Bild von ihnen vorzustellen, wie sie in Stürzen und Sturm in die Höhe schwangen und „die Lotterie abschlossen", wie Kipling es ausdrückt, „mit ihren Klappmessern in den Zähnen". Warum sangen sie kein Seemannslied, als sie den Anker hochzogen? In den alten Tagen, so hatte ich gelesen, wurde der Anker immer zu den ausgelassenen Seemannsliedern seemannsbewehrter Männer hochgezogen.

Ich hatte es satt, dieser geistlosen Vorstellung zuzusehen, und begab mich nach achtern, um die schmale Brücke zu erkunden. Es war ein wunderschönes Bauwerk, stark und doch leicht, das sich in drei Luftsprüngen über die gesamte Länge des Schiffes erstreckte. Es erstreckte sich vom Vorschiff zum Vorschiffshaus, daneben zum Mittelschiffshaus und dann zum Achterdeck. Das Achterdeck, das eigentlich das Dach oder Deck über dem gesamten Kabinenraum darunter war und das gesamte Achterdeck des Schiffes einnahm, war sehr groß. Es wurde nur durch das halbrunde und halb überdachte Steuerhaus ganz hinten und durch das Kartenhaus unterbrochen. Zu beiden Seiten des letzteren führten zwei Türen in einen winzigen Flur. Dieser wiederum bot Zugang zum Kartenraum und zu einer Treppe, die in die darunterliegenden Kabinen führte.

Ich spähte in den Kartenraum und wurde von Kapitän West mit einem Lächeln begrüßt. Er saß bequem in einem Schaukelstuhl zurückgelehnt und hatte seine Füße auf dem gegenüberliegenden Schreibtisch abgestützt. Auf einem breiten, gepolsterten Sofa saß der Lotse. Beide rauchten Zigarren. Als ich einen Moment verweilte, um dem Gespräch zuzuhören, begriff ich, dass der Lotse ein ehemaliger Kapitän war.

Als ich die Treppe hinunterging, hörte ich aus Miss Wests Zimmer ein Summen und Treiben, während sie ihre Sachen zurechtrückte. Die Energie, die sie ausstrahlte, war, den fröhlichen Geräuschen nach zu urteilen, beinahe beunruhigend.

Ich ging an der Speisekammer vorbei, steckte meinen Kopf durch die Tür, um den Steward zu begrüßen und ihn höflich wissen zu lassen, dass ich von seiner Anwesenheit wusste. Hier, in seinem kleinen Reich, herrschte eindeutig Effizienz. Alles war makellos und in Ordnung, und ich hätte mir vergeblich einen geräuschloseren Diener wünschen können als den an Land. Sein Gesicht, als er mich ansah, hatte so wenig oder so viel Ausdruck wie die Sphinx. Aber seine schrägen, schwarzen Augen strahlten vor Intelligenz.

„Was denkst du über die Mannschaft?", fragte ich, um meinem Einmarsch in sein Schloss Worte zu verleihen.

„Buggy-House", antwortete er prompt und schüttelte angewidert den Kopf. „Zu viel Buggy-House. Alles verrückt. Siehst du. Nicht gut. Verdorben. Ab in die Hölle."

Das war alles, aber es bestätigte mein eigenes Urteil. Obwohl es, wie Miss West gesagt hatte, wahr sein mochte, dass jede Schiffsbesatzung mehrere Verrückte und Idioten enthielt, war es eine ausgemachte Sache, dass unsere

Mannschaft weit mehr als nur ein paar Leute umfasste. Tatsächlich, und wie sich herausstellen sollte, war unsere Mannschaft, selbst in diesen degenerierten Segeltagen, eine ungewöhnliche Mannschaft, insofern, als ihre Hilflosigkeit und Wertlosigkeit über dem Durchschnitt lagen.

Ich fand mein eigenes Zimmer (in Wirklichkeit waren es zwei Zimmer) entzückend. Wada hatte meine gesamte Kleidung ausgepackt und verstaut und zahlreiche Regale mit der Bibliothek gefüllt, die ich mitgebracht hatte. Alles war an seinem Platz, von meinem Rasierzeug in der Schublade neben dem Waschbecken und meinen Seestiefeln und Ölzeug, die griffbereit hingen, bis zu meinen Schreibutensilien auf dem Schreibtisch, vor dem mich ein Schaukelsessel einlud, der mit Leder gepolstert und fest am Boden festgeschraubt war. Mein Pyjama und mein Morgenmantel lagen draußen. Meine Hausschuhe, die an ihrem gewohnten Platz neben dem Bett standen, luden mich ebenfalls ein.

Hier, achtern, herrschte Fitness und Intelligenz. An Deck war es, was ich beschrieben habe – eine alptraumhafte Brut von Kreaturen, vermutlich menschlich, aber geistig und körperlich zu Karikaturen von Menschen deformiert. Ja, es war eine ungewöhnliche Mannschaft; und dass Mr. Pike und Mr. Mellaire sie in die effiziente Form bringen konnten, die für die Arbeit an diesem riesigen, komplizierten und wunderschönen Schiffsgefüge erforderlich war, schien jenseits aller Vorstellungskraft.

Obwohl ich von dem, was ich gerade an Deck erlebt hatte, deprimiert war, überkam mich, als ich mich in meinem Stuhl zurücklehnte und den zweiten Band von George Moores *Hail and Farewell aufschlug* , eine Vorahnung, dass die Reise eine Katastrophe werden würde. Doch als ich mich dann im Raum umsah, seinen großzügigen Platz maß und feststellte, dass ich es bequemer hatte als jemals zuvor auf einem Passagierdampfer, verdrängte ich die düsteren Gedanken und bekam eine angenehme Vision von mir selbst, wie ich nach Wochen und Monaten all die notwendige Lektüre nachholte, die ich so lange vernachlässigt hatte.

Einmal fragte ich Wada, ob er die Mannschaft gesehen habe. Nein, das hatte er nicht, aber der Steward hatte gesagt, dass dies die schlimmste Mannschaft sei, die er in all seinen Jahren auf See je gesehen habe.

„Er sagt, alle sind verrückt, keine Seeleute, mies", sagte Wada. „Er sagt, alle sind große Idioten und haben viel Ärger. ‚Sehen Sie‘, sagt er die ganze Zeit. ‚Sehen Sie, sehen Sie‘. Er ist ein ziemlich alter Mann – fünfundfünfzig Jahre, sagt er. Ein sehr schlauer Mann für einen Chinesen. Gerade jetzt, zum ersten Mal seit langer Zeit, fährt er zur See. Vorher hat er große Geschäfte in San Francisco gemacht. Dann bekommt er viel Ärger – die Polizei. Sie sagen, er schmuggelt Opium. Oh, große, große Schwierigkeiten. Aber er erwischt einen guten Anwalt. Er kommt nicht ins Gefängnis. Aber er arbeitet lange

Zeit als Anwalt, und wenn alle Schwierigkeiten vorbei sind, bekommt der Anwalt sein ganzes Geschäft, sein ganzes Geld, alles. Dann fährt er zur See, wie vorher. Er verdient gutes Geld. Er bekommt 65 Dollar im Monat auf diesem Schiff. Aber das gefällt ihm nicht. Die Mannschaft ist völlig verrückt. Wenn diese Zeit vorbei ist, verlässt er das Schiff und geht zurück und beginnt sein Geschäft in San Francisco."

Später, als ich Wada anwies, eine der Luken zur Belüftung zu öffnen, konnte ich das Gurgeln und Rauschen des Wassers neben mir hören und wusste, dass der Anker gelichtet war und dass wir uns im Griff der *Britannia befanden* , die die Chesapeake Bay hinunter ins Meer schleppte. Der Gedanke drängte sich auf, dass es noch nicht zu spät war. Ich konnte das Abenteuer sehr leicht abbrechen und mit der *Britannia nach Baltimore zurückkehren, wenn sie die Elsinore* ablegte . Und dann hörte ich ein leises Klirren von Porzellan aus der Speisekammer, als der Steward begann, den Tisch zu decken, und außerdem war es so warm und gemütlich, und George Moore war so irritierend faszinierend.

KAPITEL VII.

Das Abendessen übertraf in jeder Hinsicht meine Erwartungen und ich merkte, dass der Koch, wer oder was auch immer er sein mochte, ein fähiger Mann seines Fachs war. Miss West bediente, und obwohl sie und der Steward sich nicht kannten, arbeiteten sie hervorragend zusammen. Angesichts der reibungslosen Bedienung hätte ich meinen sollen, dass es sich um einen alten Hausangestellten handelte, der sie seit Jahren in- und auswendig kannte.

Der Lotse aß im Kartenhaus, so dass wir zu viert am Tisch saßen, die sonst immer zusammen am Tisch sitzen würden. Kapitän West und seine Tochter saßen einander gegenüber, während ich, rechts vom Kapitän, Mr. Pike gegenübersaß. Dadurch saß Miss West rechts von mir um die Ecke.

Mr. Pike, dessen dunkler Sakko (den er zum Essen angezogen hatte) sich über den Muskelpaketen, die seine gebeugten Schultern polsterten, wölbte und faltig war, hatte überhaupt nichts zu sagen. Aber er hatte zu viele Jahre an Kapitänstischen gegessen, um keine anständigen Tischmanieren zu haben. Zuerst dachte ich, Miss Wests Anwesenheit schämte ihn. Später kam ich zu dem Schluss, dass es an der Anwesenheit des Kapitäns lag. Denn Kapitän West hatte eine Art mit ihm umzugehen, die ich allmählich kennenlernte. So weit entfernt Mr. Pike und Mr. Mellaire von den Matrosen waren, so verschieden und überlegen sie auch waren, so verschieden und weit entfernt war Kapitän West doch von seinen Offizieren. Er war ein gelassener und absoluter Aristokrat. Mit Mr. Pike sprach er weder über „das Schiff" noch sonst etwas.

Kapitän West hingegen verhielt sich mir gegenüber wie ein gesellschaftlich Gleichgestellter. Aber ich war ja auch ein Passagier. Miss West behandelte mich genauso, aber unnachgiebiger gegenüber Mr. Pike. Und Mr. Pike, der ihr mit „Ja, Miss" und „Nein, Miss" antwortete, aß mit guten Manieren und musterte mich mit seinen grauen Augen mit den zottigen Brauen über den Tisch hinweg. Auch ich musterte ihn. Trotz seiner gewalttätigen Vergangenheit, als Killer und Chauffeur, der er war, konnte ich den Mann nicht umhin, zu mögen. Er war ehrlich und aufrichtig. Fast noch mehr mochte ich ihn wegen seines spontanen jungenhaften Lachens, das er immer dann von sich gab, wenn ich den Kern einiger lustiger Geschichten erreichte. Kein Mann konnte so lachen und dabei ganz böse sein. Ich war froh, dass er und nicht Mr. Mellaire während der gesamten Reise mir gegenübersitzen sollte. Und ich war sehr froh, dass Mr. Mellaire überhaupt nicht mit uns essen musste.

Ich fürchte, Miss West und ich haben den Großteil des Gesprächs geführt. Sie war munter, lebhaft, beschwingt, und mir fiel wieder auf, dass ihr Körper die zarten, fast zerbrechlichen Ovale ihres Gesichts Lügen strafte. Sie war eine robuste, gesunde junge Frau. Das war unbestreitbar. Nicht dick – Gott bewahre! – nicht einmal mollig; und doch hatten ihre Linien jene geschwungene Rundung, die lange, lebendige Muskeln begleitet. Sie war vollmundig, kräftig; und doch nicht so vollmundig, wie sie schien. Ich weiß noch, wie überrascht ich war, als wir vom Tisch aufstanden und ihre schlanke Taille bemerkte. In diesem Moment hatte ich den Eindruck, dass sie gertenschlank war. Und sie war gertenschlank, mit einer normalen Taille und außerdem immer mit jener prägnanten körperlichen Kraft, die sie runder und kräftiger erscheinen ließ, als sie wirklich war.

Es war ihr Gesundheitszustand, der mich interessierte. Als ich ihr Gesicht genauer betrachtete, sah ich, dass nur die Linien des Ovals zart waren. Zart war es nicht, noch zerbrechlich. Das Fleisch war fest, und die Haut war fest und fein, als sie sich über die festen Muskeln von Gesicht und Hals bewegte. Der Hals war eine schöne und angemessene Säule aus Weiß. Sein Fleisch war fest, seine Haut fein und er war muskulös. Auch die Hände zogen mich an – nicht klein, sondern wohlgeformt, fein, weiß und stark und gut gepflegt. Ich konnte nur zu dem Schluss kommen, dass sie die Tochter eines ungewöhnlichen Kapitäns war, so wie ihr Vater ein ungewöhnlicher Kapitän und Mann war. Und ihre Nasen waren gleich, nur die Andeutung des Schnabels von Macht und Rasse.

Während Miss West von der Unvorhersehbarkeit der Reise erzählte, davon, wie plötzlich sie sich entschlossen hatte zu kommen – sie erklärte es für eine Laune – und von all den Komplikationen, die sie bei ihren hastigen Vorbereitungen erlebt hatte, zählte ich die tüchtigen Leute an Bord der *Elsinore auf*. Es waren Kapitän West und seine Tochter, die beiden Maat, ich natürlich, Wada und der Steward und ohne jeden Zweifel der Koch. Das Abendessen bürgte für ihn. So kam ich zu dem Schluss, dass wir insgesamt acht tüchtige Leute hatten. Aber der Koch, der Steward und Wada waren Bedienstete, keine Matrosen, während Miss West und ich Statisten waren. Zurück blieben nur drei tüchtige Leute von einer Gesamtbesatzung von fünfundvierzig Mann. Ich zweifelte nicht daran, dass es noch weitere tüchtige Leute gab; es schien unmöglich, dass mein erster Eindruck von der Mannschaft richtig war. Da war der Zimmermann. In seinem Handwerk konnte er genauso gut sein wie der Koch. Dann könnten sich vielleicht die beiden Segelmacher zeigen, die ich bisher noch nicht gesehen hatte.

Etwas später während des Essens wagte ich es, über das zu sprechen, was mich interessiert und bewundert hatte, nämlich die Meisterhaftigkeit, mit der Mr. Pike und Mr. Mellaire diese jämmerliche, wertlose Mannschaft im Griff hatten. Das war alles neu für mich, erklärte ich, aber ich erkannte, dass es notwendig war. Als ich auf den Vorfall an Luke Nummer Zwei zu sprechen kam, als Mr. Pike Larry hochgehoben und ihn mit einem bloßen Schlag seiner Fingerspitzen wieder zurückgeworfen hatte, sah ich in Mr. Pikes

Augen einen warnenden, fast drohenden Ausdruck. Trotzdem beendete ich meine Beschreibung der Episode.

Als ich fertig war, herrschte Schweigen. Miss West war damit beschäftigt, Kaffee aus einer Kupferkanne zu servieren. Mr. Pike, der ganz damit beschäftigt war, Walnüsse zu knacken, konnte den boshaften, kleinen, halb humorvollen, halb rachsüchtigen Glanz in seinen Augen nicht ganz verbergen. Captain West sah mich jedoch direkt an, aber aus oh! so großer Entfernung – Millionen und Abermillionen Meilen entfernt. Seine klaren blauen Augen waren so heiter wie immer, seine Stimme so leise und sanft.

„Ich bitte Sie, diese eine Regel einzuhalten, Mr. Pathurst: Wir reden nie über die Matrosen.“

Das war ein Schlag ins Gesicht für mich, und mit ziemlich ausgeprägtem Mitgefühl für Larry fügte ich hastig hinzu:

„Es war nicht nur die Disziplin, die mich interessierte. Es war der Kraftakt.“

„Matrosen machen schon genug Ärger, auch ohne dass wir von ihnen hören, Mr. Pathurst“, fuhr Kapitän West so ruhig und unerschütterlich fort, als hätte ich nicht gesprochen. „Den Umgang mit den Matrosen überlasse ich meinen Offizieren. Das ist ihre Aufgabe, und sie wissen ganz genau, dass ich keine unverdiente Härte oder Strenge dulde.“

Auf Mr. Pikes strengem Gesicht lag der Anflug eines amüsierten Grinsens, während er stur auf die Tischdecke starrte. Ich blickte Miss West an, um ihr Mitgefühl zu erwidern. Sie lachte offen und sagte:

„Weißt du, Vater hat nie Matrosen. Und es ist auch ein guter Plan.“

„Ein sehr guter Plan“, murmelte Mr. Pike.

Dann lenkte Miss West das Gespräch freundlich von diesem Thema ab und brachte uns bald mit einer temperamentvollen Schilderung einer jüngsten Begegnung zwischen ihr und einem Bostoner Taxifahrer zum Lachen.

Nach dem Abendessen ging ich auf der Suche nach Zigaretten in mein Zimmer und fragte Wada nebenbei nach dem Koch. Wada war immer ein großer Informationssammler.

„Sein Name ist Louis“, sagte er. „Er ist auch Chinese. Nein, nur halb Chinese. Die andere Hälfte Engländer. Kennen Sie eine Insel, auf der Napoleon lange Zeit blieb und auf dieser Insel lebte?“

„St. Helena“, fragte ich.

„Ja, dort ist Louis geboren. Er spricht sehr gut Englisch.“

In diesem Moment kam Mr. Mellaire, der gerade vom Maat abgelöst worden war, von Deck in die Halle und ging an mir vorbei in den großen Raum im Heck, wo der zweite Tisch stand. Sein „Guten Abend, Sir" war so würdevoll und höflich, wie es ein Gentleman aus dem Süden der alten Tage hätte sagen können. Und doch konnte ich den Mann nicht mögen. Sein äußeres Erscheinungsbild stand so im Widerspruch zu der Persönlichkeit, die in ihm steckte. Selbst während er sprach und lächelte, hatte ich das Gefühl, dass er mich aus seinem Innersten beobachtete und musterte. Und irgendwie, in einem Anflug von Intuition, ich wusste nicht warum, musste ich an die drei seltsamen jungen Männer denken, die als letzte vom Vorschiff geführt worden waren und denen Mr. Pike das Gesetz vorgelesen hatte. Auch sie hatten bei mir einen ähnlichen Eindruck hinterlassen.

Hinter Mr. Mellaire hockte ein verlegener, verlegener Mensch mit dem Gesicht eines dummen Jungen und dem Körper eines Riesen. Seine Füße waren sogar noch größer als die von Mr. Pike, aber die Hände – ich warf einen schnellen Blick darauf – waren nicht so groß wie die von Mr. Pike.

Als sie vorbeigingen, sah ich Wada fragend an.

„Er ist Zimmermann. Er saß am zweiten Tisch. Sein Name ist Sam Lavroff. Er kam mit dem Schiff aus New York. Der Steward sagt, er ist für einen Zimmermann sehr jung, vielleicht zweiundzwanzig, drei Jahre alt."

Als ich mich der offenen Luke über meinem Schreibtisch näherte, hörte ich wieder das Rauschen und Gurgeln des Wassers und mir wurde wieder klar, dass wir unterwegs waren. Unsere Fahrt verlief so gleichmäßig und geräuschlos, dass es einem, wenn man beispielsweise am Tisch saß, nie in den Sinn kam, dass wir uns bewegten oder uns irgendwo anders als auf festem Land befanden. Ich war mein ganzes Leben lang an Dampfschiffe gewöhnt, und es fiel mir schwer, mich sofort an die Abwesenheit der Propellerschubvibrationen zu gewöhnen.

„Nun, was meinen Sie?", fragte ich Wada, der wie ich noch nie eine Segelschiffreise gemacht hatte.

Er lächelte höflich.

„Ein sehr witziges Schiff. Sehr witzige Matrosen. Ich weiß nicht. Vielleicht ist alles in Ordnung. Mal sehen."

„Sie meinen, Ärger?", fragte ich spitz.

„Ich finde Seeleute sehr lustig", wich er aus.

KAPITEL VIII.

Nachdem ich meine Zigarette angezündet hatte, schlenderte ich nach vorn über das Deck, wo gearbeitet wurde. Über meinem Kopf zeichneten sich im Sternenlicht die Umrisse der Segel ab. Segel wurden gesegelt, und zwar langsam, wie ich als absoluter Anfänger in solchen Dingen beurteilen konnte. Die ununterscheidbaren Gestalten von Männern zogen in langen Reihen an Seilen. Sie zogen in krankem und verbissenem Schweigen, obwohl Mr. Pike, der überall zugegen war, ihnen aus allen Richtungen Befehle zubrüllte und Flüche auf ihre elenden Köpfe hämmerte.

Soweit ich gelesen hatte, stach in alten Zeiten kein Schiff so traurig und unbeholfen in See. Bald schloss sich Mr. Mellaire Mr. Pike an, um die Mannschaft zu lenken. Es war noch nicht einmal acht Uhr abends, und alle waren bei der Arbeit. Sie schienen die Seile nicht zu kennen. Immer wieder, wenn die halbherzigen Vorschläge der Bootsleute nichts bewirkt hatten, sah ich, wie einer der beiden Maaten an die Reling sprang und den Mannschaften das richtige Seil in die Hand gab.

Ich schloss daraus, dass dies die Hoffnungslosen auf dem Deck waren. An den Geräuschen und Schreien erkannte ich, dass sich weiter oben noch andere Männer befanden, zweifellos solche, die zumindest ein bisschen wie Seeleute wirkten und die Segel losließen.

Aber an Deck! Zwanzig oder dreißig der armen Teufel, die an einem Seil hingen, das einen Meter hoch war, zogen ohne konzertierte Anstrengung und mit quälend langsamen Bewegungen. „Geht weg damit!“, schrie Mr. Pike. Und vielleicht schafften sie es, zwei oder drei Meter mit dem Seil zu gehen, bevor sie zum Stehen kamen wie Pferde im Stall auf einem Hügel. Und doch, wenn einer der Kameraden einsprang und seine Kraft einsetzte, konnten sie sich ohne anzuhalten direkt über das Deck bewegen. Jeder der Kameraden, alte Männer, die sie waren, war muskulöser als ein halbes Dutzend der elenden Kreaturen.

„So weit ist das Segeln gekommen“, sagte Mr. Pike und schnaubte mir ins Ohr. „Das ist nicht der richtige Ort für einen Offizier, der hier unten zieht und schleppt. Aber was soll man machen, wenn die Bootsmänner schlimmer sind als die Männer?“

„Ich dachte, Seeleute singen Lieder, wenn sie ziehen“, sagte ich.

„Sicher tun sie das. Willst du sie hören?“

Ich wusste, dass in seiner Stimme eine Art Bosheit mitschwang, aber ich antwortete, dass ich das sehr gern tun würde.

„Hier, du Bootsmann!", knurrte Mr. Pike. „Wach auf! Fang ein Lied an! Toppsegelfall!"

In der darauf folgenden Pause hätte ich schwören können, dass Sundry Buyers seine Hände auf seinen Bauch presste, während Nancy, dem unendliche Trostlosigkeit im Gesicht gefror, sich zum Auftakt die Lippen befeuchtete.

Nancy war es, die den Anfang machte, denn kein anderer Mensch, da war ich überzeugt, hätte eine so grabesartige Klage vorbringen können. Sie war unmusikalisch, unschön, leblos und unbeschreiblich traurig. Doch der Text zeigte, dass er vor Übermut und Gesetzlosigkeit hätte knistern und krachen müssen, denn die Worte, die die arme Nancy sang, waren:

„Weg, weg, weg, Kumpel.
Wir bringen Paddy Doyle für Stiefel um."

„Hört auf! Hört auf!", brüllte Mr. Pike. „Das ist doch keine Beerdigung! Kann denn keiner von euch singen? Kommt schon! Das ist eine Toppsegel-Rah –"

Er brach ab, um auf die Pinnwand zu springen und den Männern die falschen Seile aus den Händen zu nehmen, um ihnen das richtige Seil zu geben.

„Komm, Bootsmann! Hol sie raus!"

Dann erklang aus der Dunkelheit die Stimme von Sundry Buyers, brüchig und verrückt und noch düsterer als die von Nancy:

„Dann muss dieser Hof da oben her,
Whiskey für meinen Johnny."

Die zweite Zeile sollte der Refrain sein, aber nicht mehr als zwei Männer murmelten sie schwach. Verschiedene Käufer zitterten bei der nächsten Zeile:

„Oh, Whiskey hat meine Schwester Sue getötet."

Dann nahm Mr. Pike eine Hand, packte das Zugteil neben dem Stift und erhob seine Stimme mit einem seltenen Knacken und einer teuflischen Bosheit:

„Und Whiskey hat auch den alten Mann getötet.
Whiskey für meinen Johnny."

Er sang immer wieder die unbekümmerten Zeilen und motivierte die Mannschaft so zur Arbeit und zum betonten Refrain von „Whiskey for my Johnny".

Und zu seiner Stimme zogen sie, sie bewegten sich, sie sangen und waren lebendig, bis er das Lied unterbrach, um „Sichern!" zu rufen.

Und dann war alles Leben und alle Stimmung aus ihnen gewichen, und sie waren wieder ratlos und sinnlos, standen einander im Weg, stolperten und schlurften durch die Dunkelheit, zögerten, Seile zu greifen, und wenn sie sie doch ergriffen, ergriffen sie ausnahmslos zuerst das falsche Seil. Es gab auch Schleicher unter ihnen, und einmal hörte ich von vorne aus dem Mittelschiffshaus Schläge, Flüche und Stöhnen, und aus der Dunkelheit traten eilig zwei Männer hervor, ihnen auf den Fersen Mr. Pike, der eine Aufzählung der schrecklichen Dinge vortrug, die ihnen widerfahren würden, wenn er sie noch einmal bei solchen Streichen ertappe.

Das Ganze war zu deprimierend, als dass ich es mir hätte ansehen wollen, also schlenderte ich nach achtern und kletterte auf das Achterdeck. Im Windschatten des Kartenhauses gingen Kapitän West und der Lotse langsam auf und ab. Als ich achtern vorbeiging, sah ich den schmächtigen alten Mann am Steuer, den ich schon früher am Tag bemerkt hatte. Im Licht des Kompasshauses sahen seine kleinen blauen Augen bösartiger aus als je zuvor. Er war so schmächtig und winzig und das messingbeschlagene Steuerrad so groß, dass sie hoch zu sein schienen. Sein Gesicht war verdorrt, versengt und faltig, und allem Anschein nach war er fünfzig Jahre älter als Mr. Pike. Er war die bemerkenswerteste Gestalt eines ausgebrannten, gealterten Mannes, wie man ihn als fähigen Seemann auf einem der stolzesten Segelschiffe erwarten würde. Später erfuhr ich durch Wada, dass sein Name Andy Fay war und dass er behauptete, nicht älter als dreiundsechzig zu sein.

Ich lehnte mich im Windschatten des Steuerhauses an die Reling und starrte hinauf zu den hohen Masten und unzähligen Seilen, die sich dort befanden. Nein, ich war nicht begeistert von der Reise. Die ganze Atmosphäre war falsch. Da waren die kalten Stunden, die ich am Ende der Pier gewartet hatte. Da war Miss West, die vorbeikam. Da war die Mannschaft aus gebrochenen Männern und Wahnsinnigen. Ich fragte mich, ob der verwundete Grieche im Mittelschiffshaus noch immer plapperte und ob Mr. Pike ihn schon genäht hatte; und ich war mir ganz sicher, dass ich so eine Operation in der Chirurgie nicht miterleben wollte.

Sogar Wada, der noch nie auf einem Segelschiff gewesen war, hegte seine Zweifel an der Reise. Dasselbe galt für den Steward, der den Großteil seines Lebens auf Segelschiffen verbracht hatte. Soweit es Kapitän West betraf, existierten keine Mannschaften. Und was Miss West betraf, so war sie so abscheulich robust, dass sie in solchen Dingen nichts anderes als eine Optimistin sein konnte. Sie hatte immer gelebt; ihr rotes Blut sang ihr nur vor, dass sie immer leben würde und dass ihrer herrlichen Persönlichkeit nie etwas Böses zustoßen würde.

Oh, glauben Sie mir, ich kannte den Weg des roten Blutes. Mein Zustand war so, dass Miss Wests rotblütige Gesundheit für mich geradezu eine Beleidigung war – denn ich wusste, wie gedankenlos und maßlos solches Blut sein konnte. Und für mindestens fünf Monate – da war Mr. Pike, der eine Wette auf ein Pfund Tabak oder einen Monatslohn in dieser Hinsicht angeboten hatte – sollte ich mit ihr auf demselben Schiff eingesperrt sein. So sicher wie kosmischer Saft kosmischer Saft war, so sicher war ich mir auch, dass ich vor Ende der Reise von ihr belästigt werden würde, wenn sie mit mir Liebe machte. Bitte verstehen Sie mich nicht falsch. Meine Gewissheit in dieser Angelegenheit beruhte nicht auf einem übersteigerten Gefühl meiner eigenen Begehrenswertigkeit für Frauen, sondern auf meiner alles andere als übersteigerten Vorstellung von Frauen als instinktiven Jägerinnen von Männern. Meiner Erfahrung nach jagten Frauen Männer mit genau demselben blinden Tropismus, der die Jagd nach der Sonne durch die Sonnenblume und die Jagd nach angreifbaren Oberflächen durch die Ranken der Weinrebe kennzeichnet.

Nennen Sie mich blasiert – mir macht das nichts aus, wenn ich mit blasiert die geistige, künstlerische und sensationelle Weltmüdigkeit meine, die einen jungen Mann von dreißig Jahren überkommen kann. Denn ich war dreißig und all dieser Dinge überdrüssig – überdrüssig und voller Zweifel. Aus diesem Grund unternahm ich die Reise. Ich wollte allein weg, weg von all diesen Dingen und mit der richtigen Perspektive über die Sache nachdenken.

Manchmal kam es mir so vor, als sei der Erfolg meines Stücks – meines ersten Stücks, wie jeder weiß – der Höhepunkt dieser Weltkrankheit gewesen. Aber es war ein solcher Erfolg gewesen, dass es in mir selbst Zweifel weckte, so wie der Erfolg meiner mehreren Gedichtbände Zweifel geweckt hatte. Hatte das Publikum recht? Hatten die Kritiker recht? Die Aufgabe des Künstlers bestand doch darin, dem Leben eine Stimme zu geben, aber was wusste ich schon vom Leben?

So können Sie sich vorstellen, was ich mit der Weltkrankheit meine, die mich plagte. Ich war wirklich sehr krank gewesen und war es auch. Wahnsinnige Gedanken, mich völlig von der Welt abzuschotten, verfolgten mich. Ich hatte sogar mit dem Gedanken gespielt, nach Molokai zu gehen und den Rest meines Lebens den Leprakranken zu widmen. Ich war dreißig Jahre alt, gesund und stark, hatte kein besonderes Unglück erlebt, hatte mehr Geld, als ich ausgeben konnte, hatte durch meine eigene Leistung meinen Namen in aller Munde gebracht und mich als eine Macht erwiesen, mit der man rechnen musste. Ich war so verrückt, dass ich das Lazarett als mein Schicksal betrachtete.

Vielleicht wird man behaupten, der Erfolg habe mir den Kopf verdreht. Gut. Zugegeben. Aber der Kopfverdrehung bleibt eine Tatsache, eine unumstößliche Tatsache – meine Krankheit, wenn Sie so wollen, und eine echte Krankheit und eine Tatsache. Das wusste ich: Ich hatte einen intellektuellen und künstlerischen Höhepunkt erreicht, einen Lebenshöhepunkt irgendeiner Art. Und ich hatte meinen eigenen Fall diagnostiziert und diese Reise verordnet. Und da war die furchtbar gesunde und zutiefst weibliche Miss West – die allerletzte Zutat, die ich in Betracht gezogen hätte, in mein Rezept aufzunehmen.

Eine Frau! Eine Frau! Weiß der Himmel, ich war durch ihre Verfolgungen so gequält worden, dass ich sie kannte. Ich überlasse es Ihnen: dreißig Jahre alt, nicht ganz unansehnlich, eine intellektuelle und künstlerische Stellung in der Welt und ein äußerst blendendes Einkommen – warum sollten Frauen mir nicht nachstellen? Sie hätten mir nachgestellt, wenn ich ein Buckliger gewesen wäre, nur wegen meiner künstlerischen Stellung, nur wegen meines Einkommens.

Ja, und Liebe! Kannte ich nicht Liebe – lyrische, leidenschaftliche, verrückte, romantische Liebe? Auch das war mir schon lange bekannt. Auch ich hatte geklopft und gesungen und geschluchzt und geseufzt – ja, und Kummer gekannt und meine Toten begraben. Aber es war so lange her. Wie jung ich war – ich wurde vierundzwanzig! Und danach hatte ich die bittere Lektion gelernt, dass selbst unsterblicher Kummer sterben kann; und ich hatte wieder gelacht und meinen Teil an Schürzenjägerei mit den hübschen, wilden Motten geleistet, die um das Licht meines Vermögens und meiner Kunstfertigkeit flatterten; und danach wiederum hatte ich mich angewidert von den Listen der Frauen zurückgezogen und mich auf lange, lanzenbrechende Abenteuer im Reich des Geistes begeben. Und hier war ich nun, an Bord der *Elsinore* , aus dem Sattel geworfen durch meine Begegnungen mit den Problemen des Letzten, mit gebrochenem Schädel vom Feld getragen.

Als ich mich an die Reling lehnte und die Vorahnungen des Unheils verdrängte, musste ich unweigerlich an Miss West unten denken, die geschäftig und summend ihr kleines Nest baute. Und von ihr wanderten meine Gedanken zum ewigen Mysterium der Frau. Ja, trotz all meiner futuristischen Verachtung für die Frau werde ich immer wieder von neuem vom Mysterium der Frau gepackt.

Oh, keine Illusionen, danke. Die Frau, die Liebessuchende, besessen und besitzergreifend, zerbrechlich und wild, sanft und giftig, stolzer als Luzifer und ebenso stolzlos, übt auf den Denker eine ständige, fast krankhafte Anziehungskraft aus. Was ist diese Flamme in ihr, die durch all ihre Widersprüche und Niederträchtigkeiten lodert? – diese unbarmherzige

Leidenschaft für das Leben, immer für das Leben, mehr Leben auf dem Planeten? Manchmal kommt sie mir unverschämt und schrecklich und seelenlos vor. Manchmal macht sie mich bockig. Und zu anderen Zeiten bin ich von ihrer Erhabenheit hingerissen. Nein, es gibt kein Entkommen vor der Frau. Immer, wie ein Wilder in ein dunkles Tal zurückkehrt, wo Kobolde und Götter sein können, so kehre auch ich zur Betrachtung der Frau zurück.

Mr. Pikes Stimme unterbrach meine Gedanken. Vom Vorschiff auf dem Hauptdeck hörte ich ihn knurren:

„Auf der Großmarsrah, da! – wenn du diese Dichtung zerschneidest, spalte ich dir den verdammten Schädel!"

Er rief erneut, mit deutlich veränderter Stimme, und ich schloss daraus, dass es sich bei dem Henry, den er rief, um den Schiffsschuljungen handelte.

„Du, Henry, Großsegelrah da!", rief er. „Mach diese Dichtungen nicht kaputt! Hol sie über die Rah herein und mach sie am Binde fest!"

So aus meinen Träumen gerissen, beschloss ich, nach unten ins Bett zu gehen. Als ich meine Hand wieder zum Türknauf des Kartenhauses ausstreckte, erklang die Stimme des Maat:

„Los, ihr verkleideten Gentlemen-Söhne! Wacht auf! Jetzt munter!"

KAPITEL IX.

Ich habe nicht gut geschlafen. Zunächst habe ich lange gelesen. Erst um zwei Uhr morgens habe ich die Kerosin-Leselampe ausgemacht, die Wada gekauft und für mich installiert hatte. Ich schlief sofort ein – perfekter Schlaf ist vielleicht mein größtes Geschenk; aber fast sofort war ich wieder wach. Und danach versuchte ich mit Nickerchen, Nickerchen und ruhelosem Hin- und Herwälzen, den Schlaf zu finden, gab es dann aber auf. Denn ausgerechnet in meinem Zustand mit angespannten Nerven hatte ich Nesselsucht! Und dann noch einmal, bei kaltem Winterwetter Nesselsucht!

Um vier zündete ich mir eine Zigarette an und begann zu lesen. Dabei vergaß ich meine gereizte Haut bei Vernon Lees entzückender Tirade gegen William James und seinen „Willen zu glauben". Ich befand mich auf der Wetterseite des Schiffes, und von oben, durch das Deck, drangen die gleichmäßigen Schritte eines wachsamen Offiziers. Ich wusste, dass es nicht die Schritte von Mr. Pike waren, und fragte mich, ob es die von Mr. Mellaire oder dem Lotsen waren. Jemand dort oben war wach. Die Arbeit ging weiter, das aufmerksame Beobachten und Überwachen, das, so war klar, jede Stunde der gesamten Reise andauern würde.

Um halb fünf hörte ich den Wecker des Stewards, der sofort unterdrückt wurde, und fünf Minuten später hob ich meine Hand, um ihn durch meine offene Tür hereinzuwinken. Ich wollte eine Tasse Kaffee, und Wada war schon zu viele Jahre bei mir, als dass ich daran zweifeln konnte, dass er dem Steward genaue Anweisungen gegeben und ihm meinen Kaffee und mein Kaffeezubereitungsgerät übergeben hatte.

Der Steward war ein Juwel. In zehn Minuten servierte er mir eine perfekte Tasse Kaffee. Ich las weiter, bis es Tag wurde, und um halb neun war ich mit dem Frühstück im Bett, angezogen und rasiert und an Deck. Wir schleppten noch immer, aber alle Segel waren auf eine leichte, günstige Brise aus Norden gesetzt. Im Kartenraum rauchten Kapitän West und der Lotse Zigarren. Am Steuer bemerkte ich, was mir sofort als effizient erschien. Er war kein großer Mann, eher untergroß. Aber er hatte breite Augenbrauen und war intelligent geformt. Später erfuhr ich, dass sein Name Tom war – Tom Spink, ein Engländer. Er hatte blaue Augen, helle Haut, war gut ergraut und für das Auge rüstige fünfzig Jahre alt. Seine Antwort „Guten Morgen, Sir" war fröhlich, und er lächelte, als er diese einfache Phrase aussprach. Er sah nicht wie ein Seemann aus wie Henry, der Schiffsschuljunge; und doch spürte ich sofort, dass er ein Seemann war, und zwar ein fähiger.

Es war Mr. Pikes Wache, und als ich ihn nach Tom fragte, gab er widerwillig zu, dass der Mann der „Beste von allen" sei.

Miss West kam mit rosigem Morgengesicht und ihren vitalen, federnden Gliederbewegungen aus dem Kartenhaus und begann sofort, ihre Kontakte zu knüpfen. Als sie mich fragte, wie ich geschlafen hätte, und ich elend antwortete, verlangte sie eine Erklärung. Ich erzählte ihr von meiner Nesselsucht und zeigte ihr die Beulen an meinen Handgelenken.

„Ihr Blut muss verdünnt und gekühlt werden", entschied sie prompt. „Warten Sie eine Minute. Ich werde sehen, was für Sie getan werden kann."

Und damit war sie im Nu weg und unten und wieder zurück, in der Hand ein Glas Wasser, in das sie einen Teelöffel Weinstein rührte.

„Trink es", befahl sie selbstverständlich.

Ich trank es. Und um elf Uhr morgens kam sie mit einer zweiten Dosis des Zeugs zu meinem Liegestuhl. Außerdem machte sie mir ernsthafte Vorwürfe, weil ich Wada erlaubt hatte, Possum Fleisch zu füttern. Von ihr lernten Wada und ich, was für eine Todsünde es war, einem jungen Welpen Fleisch zu geben. Außerdem legte sie nicht nur mir und Wada, sondern auch dem Steward, dem Zimmermann und Mr. Mellaire die Regeln und die Diät für Possum fest. Den beiden letzteren gegenüber war sie besonders misstrauisch, weil sie allein im großen Hinterzimmer aßen und Possum dort spielte; und sie sprach ihnen ihren Verdacht offen ins Gesicht. Der Zimmermann murmelte in gebrochenem Englisch verlegene Beteuerungen seiner vergangenen, gegenwärtigen und zukünftigen Unschuld, während er demütig auf seinen riesigen Füßen vor ihr hin und her scharrte und schlurfte. Mr. Mellaires Beteuerungen waren von derselben Art, nur dass sie mit der Anmut und Geschmeidigkeit eines Chesterfields vorgetragen wurden.

Kurz gesagt, Possums Diät sorgte für ziemlichen Wirbel im *Elsinore* - Teekessel, und als es vorbei war, hatte Miss West diesen besonderen Kontakt zu mir hergestellt und mir das Gefühl gegeben, dass wir die gemeinsamen Besitzer des Welpen waren. Später am Tag fiel mir auf, dass Wada zu Miss West ging, um Anweisungen zu erhalten, wie viel warmes Wasser er zum Verdünnen von Possums Kondensmilch verwenden musste.

Das Mittagessen brachte mir meine anhaltende Zustimmung zum Koch ein. Am Nachmittag machte ich einen Ausflug nach vorn in die Kombüse, um seine Bekanntschaft zu machen. Er war in jeder Hinsicht ein Chinese, bis er sprach, woraufhin er, nur an der Sprache gemessen, ein Engländer war. Tatsächlich war seine Sprache so kultiviert, dass ich mit Fug und Recht behaupten kann, sie sei von einem Oxford-Akzent geprägt. Auch er war alt, volle sechzig – er gab zu, neunundfünfzig zu sein. Drei Dinge fielen besonders an ihm auf: sein Lächeln, das sein glattrasiertes asiatisches Gesicht und seine asiatischen Augen einschloss; seine gleichmäßig angeordneten, weißen und perfekten Zähne, die ich für falsch hielt, bis Wada mir das

Gegenteil bewies; und seine Hände und Füße. Es waren seine Hände, lächerlich klein und wunderschön geformt, die meine Aufmerksamkeit auf seine Füße lenkten. Auch sie waren lächerlich klein und sehr ordentlich, fast dandyhaft, beschuht.

Wir hatten den Lotsen am Mittag losgeschickt, aber die *Britannia* schleppte uns bis weit in den Nachmittag hinein und warf uns erst los, als der Ozean weit um uns herum war und das Land nur noch ein schwacher Fleck am westlichen Horizont war. Hier, in dem Moment, als wir den Schlepper verließen, machten wir unsere „Abfahrt" – das heißt, technisch gesehen begannen wir die Reise, obwohl wir bereits volle 24 Stunden von Baltimore entfernt waren.

Es war etwa Zeit, die Leinen loszumachen. Ich lehnte an der Reling und starrte nach vorn, als Miss West zu mir kam. Sie war den ganzen Tag unten beschäftigt gewesen und war gerade, wie sie es nannte, heraufgekommen, um Luft zu schnappen. Sie musterte den Himmel volle fünf Minuten lang wettermäßig und bemerkte dann:

„Das Barometer steht sehr hoch – 30,60. Dieser leichte Nordwind wird nicht anhalten. Er wird entweder in eine Flaute übergehen oder sich zu einem Nordoststurm entwickeln."

„Was würden Sie bevorzugen?", fragte ich.

„Der Sturm, auf jeden Fall. Er wird uns helfen, vom Land wegzukommen, und er wird mich schneller von meiner Seekrankheit befreien. Oh ja", fügte sie hinzu, „ich bin eine gute Seefahrerin, aber ich leide zu Beginn jeder Reise schrecklich. Sie werden mich jetzt wahrscheinlich ein paar Tage lang nicht sehen. Deshalb war ich so damit beschäftigt, mich erst einmal einzurichten."

„Ich habe gelesen, dass Lord Nelson seine Empfindlichkeit gegenüber See nie überwunden hat", sagte ich.

„Und ich habe Vater gelegentlich seekrank gesehen", antwortete sie. „Ja, und einige der stärksten, härtesten Seeleute, die ich je gekannt habe."

Hier gesellte sich für einen Moment zu uns, unterbrach sein ewiges Auf- und Abgehen und lehnte sich mit uns an die Reling.

Viele der Besatzungsmitglieder waren deutlich zu sehen und zogen an Seilen auf dem Hauptdeck unter uns. Für mein unerfahrenes Auge wirkten sie unscheinbarer denn je.

„Eine ziemlich struppige Truppe, Mr. Pike", bemerkte Miss West.

„Die Schlimmsten überhaupt", knurrte er, „und ich habe schon einige ziemlich schlimme gesehen. Wir bringen ihnen gerade bei, wie es geht – den meisten von ihnen."

„Sie sehen verhungert aus", bemerkte ich.

„Das sind sie, das sind sie fast immer", antwortete Miss West und ließ ihre Augen in derselben abschätzenden Art und Weise wie bei einer Viehkäuferin über sie schweifen, die ich bei Mr. Pike bemerkt hatte. „Aber sie werden fetter, wenn sie regelmäßige Arbeitszeiten haben, keinen Whisky bekommen und feste Nahrung zu sich nehmen – nicht wahr, Mr. Pike?"

„Oh, sicher. Das tun sie immer. Und Sie werden sehen, wie sie lebendiger werden, wenn wir sie in die Hand bekommen ... vielleicht. Aber sie sind ein mickriger Haufen."

Ich blickte nach oben auf die riesigen Segeltürme. Unsere vier Masten schienen mit allen möglichen Segeln bespannt zu sein, doch die Matrosen unter uns setzten unter der Leitung von Herrn Mellaire dreieckige Segel, wie Klüver, zwischen den Masten, und es waren so viele, dass sie sich überlappten. Die Langsamkeit und Unbeholfenheit, mit der die Männer diese kleinen Segel handhabten, veranlasste mich zu der Frage:

„Aber was würden Sie tun, Mr. Pike, mit einer unerfahrenen Mannschaft wie dieser, wenn Sie jetzt mit all diesen ausgespannten Segeln in einen Sturm gerieten?"

Er zuckte mit den Schultern, als hätte ich ihn gefragt, was er bei einem Erdbeben tun würde, wenn ihm von beiden Seiten einer Straße zwei Reihen New Yorker Wolkenkratzer auf den Kopf fallen würden.

„Wir würden das Segel losmachen. Oh, das ist möglich, Mr. Pathurst, mit jeder Mannschaft. Wenn das nicht möglich wäre, wäre ich schon längst ertrunken."

„Sicher", bestätigte Mr. Pike. „Das würde ich auch."

„Die Offiziere können zur Not auch mit den nutzlosesten Matrosen Wunder vollbringen", fuhr Miss West fort.

Wieder nickte Mr. Pike zustimmend, und ich bemerkte, dass seine beiden großen Pfoten, die im Moment zuvor noch entspannt waren und über das Geländer hingen, sich nun ganz unbewusst anspannten und zu Fäusten ballten. Außerdem bemerkte ich frische Abschürfungen an den Knöcheln. Miss West lachte herzlich, als hätte sie sich an etwas erinnert.

„Ich erinnere mich noch an ein Mal, als wir mit einer völlig hoffnungslosen Mannschaft von San Francisco aus lossegelten. Es war auf der *Lallah Rookh* – erinnern Sie sich an sie, Mr. Pike?"

„Das fünfte Kommando deines Vaters", nickte er. „Danach an der Westküste untergegangen – bei dem großen Erdbeben und der Flutwelle an

Land gegangen. Die Anker rissen, und als sie unter der Klippe aufschlug, fiel die Klippe auf sie.“

„Das ist das Schiff. Nun, unsere Mannschaft bestand hauptsächlich aus Cowboys, Maurern und Landstreichern, und mehr Landstreichern als aus irgendwas anderem. Wohin die Pensionsbesitzer sie gebracht hatten, war unvorstellbar. Eine Anzahl von ihnen wurden entführt, das war sicher. Du hättest sie sehen sollen, als sie das erste Mal auf die Reise geschickt wurden.“ Wieder lachte sie. „Es war besser als Zirkusclowns. Und kaum hatte uns der Schlepper vor den Heads losgeschickt, als er anfing zu explodieren und wir kürzer wurden. Und dann vollbrachten unsere Kameraden Wunder. Erinnerst du dich an Mr. Harding – Silas Harding?“

„Das tue ich allerdings nicht!“, rief Mr. Pike begeistert. „Er war ein echter Mann und muss damals schon ein alter Mann gewesen sein.“

„Das war er, und zwar ein schrecklicher Mann“, stimmte sie zu und fügte fast ehrfürchtig hinzu: „Und ein wunderbarer Mann.“ Sie drehte ihr Gesicht zu mir. „Er war unser Maat. Die Männer waren seekrank und elend und grün. Aber Mr. Harding hat trotzdem das Segel von der *Lallah Rookh bekommen. Was ich Ihnen sagen wollte, war Folgendes:*

„Ich war auf dem Achterdeck, genau wie jetzt, und Mr. Harding hatte eine Menge dieser elenden, kranken Männer, die Dichtungen am Groß-Untermarssegel anbrachten. Wie weit würde das über dem Deck sein, Mr. Pike?“

„Lassen Sie mich sehen … den *Lallah Rookh* .“ Mr. Pike hielt inne, um nachzudenken. „Oh, sagen wir etwa dreißig Meter.“

„Ich habe es selbst gesehen. Einer der Neulinge, ein Landstreicher – und er muss schon eine Kostprobe von Mr. Harding bekommen haben – fiel von der unteren Topsegel-Rah. Ich war noch ein kleines Mädchen, aber es sah aus wie der sichere Tod, denn er fiel von der Luvseite der Rah direkt auf Deck. Aber er fiel in den Bauch des Großsegels, brach seinen Sturz ab, machte einen Purzelbaum und landete unverletzt auf seinen Füßen auf Deck. Und er landete direkt neben Mr. Harding, ihm gegenüber. Ich weiß nicht, wer mehr erstaunt war, aber ich glaube, Mr. Harding war es, denn er stand wie versteinert da. Er hatte erwartet, dass der Mann getötet würde. Der Mann war es nicht. Er warf einen Blick auf Mr. Harding, machte dann einen wilden Sprung auf die Takelage zu und kletterte direkt wieder hinauf zu dieser Topsegel-Rah.“

Miss West und der Maat lachten so herzlich, dass sie mich kaum sagen hörten:

„Erstaunlich! Stellen Sie sich vor, wie sehr der Mann mit den Nerven zu kämpfen hatte, als er auf diese Weise in den scheinbaren Tod stürzte.“

„Ich schätze, Silas Harding hat ihn noch stärker erschüttert“, bemerkte Mr. Pike und brach erneut in Gelächter aus, in das sich Miss West einschaltete.

Was in gewisser Weise auch ganz gut war. Schiffe waren Schiffe, und nach dem zu urteilen, was ich von unserer derzeitigen Mannschaft gesehen hatte, war eine harte Behandlung notwendig. Aber dass eine junge Frau mit der Nettigkeit von Miss West solche Dinge wusste und so sehr mit dieser Seite des Schiffslebens vertraut war, war nicht schön. Für mich war es nicht schön, obwohl es mich, das gebe ich zu, interessierte – und meinen Bezug zur Realität stärkte. Aber es bedeutete eine Verhärtung der eigenen Nerven, und ich mochte den Gedanken nicht, dass Miss West so verhärtet war.

Ich sah sie an und konnte nicht umhin, erneut die Feinheit und Festigkeit ihrer Haut zu bemerken. Ihr Haar war dunkel, ebenso wie ihre Augenbrauen, die fast gerade und ziemlich tief über ihren großen Augen lagen. Ihre Augen waren grau, ein warmes Grau, und sehr fest und direkt im Ausdruck, intelligent und lebendig. Vielleicht war der bemerkenswerteste Ausdruck ihres Gesichts, wenn man es als Ganzes betrachtete, eine große Ruhe. Sie schien immer in Ruhe, im Frieden mit sich selbst und mit der Außenwelt. Das schönste Merkmal waren ihre Augen, umrahmt von Wimpern, die so dunkel waren wie ihre Brauen und ihr Haar. Das bewundernswerteste Merkmal war ihre Nase, ganz gerade, sehr gerade und nur ein kleines bisschen zu lang. Darin erinnerte sie an die Nase ihres Vaters. Aber die perfekte Modellierung des Nasenrückens und der Nasenlöcher vermittelte eine unbeschreibliche Anzeige von Rasse und Blut.

Sie hatte schmallippige, sensible, vernünftige und großzügige Lippen – großzügig nicht so sehr in ihrer Größe, die ziemlich durchschnittlich war, sondern eher großzügig in ihrer Toleranz, ihrer Kraft und ihrem Lachen. Ihre ganze Gesundheit und Vitalität spiegelte sich in ihrem Mund und ihren Augen wider. Beim Lächeln zeigte sie selten ihre Zähne, zu diesem Zweck schien sie hauptsächlich ihre Augen zu benutzen; aber wenn sie lachte, zeigte sie starke weiße Zähne, sogar nicht kindlich klein, sondern genau von der festen, vernünftigen, normalen Größe, die man von einer so gesunden und normalen Frau wie ihr erwarten würde.

Ich hätte sie nie schön genannt, und doch besaß sie viele der Faktoren, die weibliche Schönheit ausmachen. Sie hatte all die Schönheit der Hautfarbe, eine weiße Haut, die gesund weiß war und durch die Dunkelheit ihrer Wimpern, Brauen und Haare betont wurde. Und auf die gleiche Weise hoben die Dunkelheit der Wimpern und Brauen und die Weiße der Haut das warme Grau ihrer Augen hervor. Die Stirn war, nun ja, mittelbreit und mittelhoch und ganz glatt. Es gab keine Linien oder Andeutungen von Linien, die auf

Nervosität hindeuteten, auf traurige Tage der Depression und weiße Nächte der Schlaflosigkeit. Oh, sie trug alle Merkmale der gesunden, menschlichen Frau, die sich nie Sorgen machte oder im Geiste verärgert war und in deren Körper jeder Prozess und jede Funktion reibungslos und automatisch ablief.

„Miss West hat sich mir gegenüber als eine echte Wetterprophetin ausgegeben“, sagte ich zu dem Maat. „Wie lautet nun Ihre Prognose für das kommende Wetter?“

„Das sollte sie auch“, war Mr. Pikes Antwort, als er seinen Blick über die sanfte Dünung des Meeres zum Himmel hob. „Das ist nicht das erste Mal, dass sie im Winter auf dem Nordatlantik unterwegs ist.“ Er überlegte einen Moment, während er das Meer und den Himmel betrachtete. „Ich würde sagen, angesichts des hohen Barometers sollten wir einen leichten Nordoststurm oder Windstille bekommen, wobei die Chancen für Windstille stehen.“

Sie schenkte mir ein triumphierendes Lächeln und klammerte sich plötzlich an die Reling, als die *Elsinore* auf einer ungewöhnlich großen Dünung anschwoll und mit einer Rolle aus dem Wind, die alle Segel mit einem hohlen Donnern flattern ließ, in das Wellental sank.

„Die Ruhe hat es geschafft“, sagte Miss West mit einem Anflug von Grimmigkeit. „Und wenn das so weitergeht, bin ich in etwa fünf Minuten in meiner Koje.“

Sie winkte alles Mitgefühl ab. „Ach, machen Sie sich keine Sorgen um mich, Mr. Pathurst. Seekrankheit ist genauso abscheulich und schrecklich wie Schneeregen, schlammiges Wetter und Giftefeu; außerdem wäre ich lieber seekrank als Nesselsucht.“

Irgendetwas stimmte mit den Männern unter uns auf dem Deck nicht, irgendeine Dummheit oder ein Fehler, auf den wir durch Mr. Mellaires erhobene Stimme aufmerksam wurden. Wie Mr. Pike hatte er eine Art, die Matrosen anzuknurren, die für das Ohr ausgesprochen unangenehm war.

Auf den Gesichtern mehrerer Seeleute waren blaue Flecken zu sehen. Einer von ihnen hatte ein Auge, das so geschwollen war, dass es zufiel.

„Sieht aus, als wäre er im Dunkeln gegen einen Pfosten gelaufen“, bemerkte ich.

Am beredtesten und unbewusstesten war der kurze Blick von Miss West auf Mr Pikes große Pfoten mit den frisch aufgeschürften Knöcheln, die auf dem Geländer ruhten. Es war ein stechender Schmerz für mich. *Sie wusste es …*

KAPITEL X.

An diesem Abend aßen wir drei Männer allein zu Abend, mit Gebäck auf dem Tisch, während die *Elsinore* in der Stille dahinrollte, die Miss West auf ihr Zimmer getrieben hatte.

„Sie werden sie ein paar Tage lang nicht sehen", erzählte mir Kapitän West. „Ihre Mutter war genauso – eine geborene Seefahrerin, aber immer zu Beginn einer Reise krank."

„Es ist das Durchschütteln." Mr. Pike überraschte mich mit der längsten Bemerkung, die ich ihn bisher bei Tisch hatte machen hören. „Jeder muss durchschütteln, wenn er das Land verlässt. Wir müssen die schönen Zeiten an Land vergessen und die guten Dinge, die man mit Geld kaufen kann, und anfangen, Wache zu halten, vier Stunden an Deck und vier unter Wasser. Und es ist hart, und wir sind alle aufgewühlt, bis wir die Veränderung vornehmen können. Haben Sie Caruso und Blanche Arral diesen Winter in New York gehört, Mr. Pathurst?"

Ich nickte und wunderte mich noch immer über diesen Redeschwall bei Tisch.

„Stellen Sie sich vor, Sie hören ihnen, Homer, Witherspoon und Amato jede Nacht, viele Nächte lang im Metropolitan zu, und dann lassen Sie es hinter sich, fahren Sie zur See und tauchen Sie ein, um zuzusehen und zuzusehen."

„Sie mögen das Meer nicht?", fragte ich.

Er seufzte.

„Ich weiß es nicht. Aber natürlich kenne ich nur das Meer ..."

„Außer Musik", warf ich ein.

„Ja, aber das Meer und die vielen langen Reisen haben mich um den Großteil der Musik betrogen, die mir zugestanden hätte."

„Ich nehme an, Sie haben Schumann Heink gehört?"

„Wunderbar, wunderbar!", murmelte er inbrünstig und betrachtete mich dann mit eifriger Wehmut. „Ich habe ein halbes Dutzend ihrer Aufzeichnungen und die zweite Hundewache unten. Wenn Kapitän West nichts dagegen hat ..." (Kapitän West nickte, um zu signalisieren, dass es ihm nichts ausmachte). „Und wenn Sie sie hören möchten? Die Maschine ist gut."

Und dann, zu meinem Erstaunen, als der Steward den Tisch abgeräumt hatte, brachte dieser uralte Relikt aus der Zeit des Menschentötens und -treibens, dieser ramponierte Seemann, der er war, aus seinem Zimmer eine höchst prächtige Sammlung von Grammophonplatten herein. Diese und das Gerät stellte er auf den Tisch. Die großen Türen öffneten sich und machten das Esszimmer und die Hauptkabine zu einem großen Raum. In der Kabine räkelten sich Kapitän West und ich in großen Ledersesseln, während Mr. Pike den Grammophon bediente. Sein Gesicht war im Licht der schwingenden Lampen gestrahlt, und ich konnte jede Schattierung seines Ausdrucks erkennen.

Vergeblich wartete ich darauf, dass er ein Schlagerlied anstimmte. Seine Platten waren nur vom Feinsten, und die Sorgfalt, mit der er sie behandelte, war eine Offenbarung. Er behandelte jede einzelne ehrfürchtig, als wäre sie etwas Heiliges, er löste und entpackte sie und bürstete sie mit einer feinen Kamelhaarbürste, während sie sich drehte, bevor er die Nadel daraufsetzte. Eine Zeit lang konnte ich nur die riesigen, rohen Hände eines rohen Fahrers sehen, mit Haut von den Knöcheln, die mit jeder Bewegung Liebe ausdrückten. Jede Berührung der Platten war eine Liebkosung, und während die Platte spielte, schwebte er darüber und träumte in einem ganz eigenen Himmel der Musik.

Währenddessen lehnte sich Kapitän West zurück und rauchte eine Zigarre. Sein Gesicht war ausdruckslos und er schien sehr weit weg, unberührt von der Musik. Ich bezweifelte fast, dass er sie hörte. Zwischendurch machte er keine Bemerkungen, verriet kein Zeichen von Zustimmung oder Missfallen. Er wirkte übernatürlich gelassen, übernatürlich distanziert. Und während ich ihn beobachtete, fragte ich mich, was seine Pflichten waren. Ich hatte ihn keine erfüllen sehen. Mr. Pike hatte sich um das Beladen des Schiffes gekümmert. Erst als es seeklar war, war Kapitän West an Bord gekommen. Ich hatte ihn keinen Befehl geben sehen. Es sah für mich so aus, als ob Mr. Pike und Mr. Mellaire die Arbeit erledigten. Kapitän West rauchte nur Zigarren und kümmerte sich in seliger Unwissenheit um die Besatzung der *Elsinore* .

Messias und „He Shall Feed His Flock" gespielt hatte , erwähnte er mir gegenüber fast entschuldigend, dass er geistliche Musik mochte, und zwar vielleicht aus dem Grund, dass er als Kind an Land in San Francisco eine kurze Zeit lang Chorknabe gewesen war.

„Und dann habe ich dem Pfarrer mit einem Baseballschläger auf den Kopf geschlagen und bin wieder zur See geschlichen", schloss er mit einem harschen Lachen.

Und dabei verfiel er in Träume, während er Meyerbeers „König des Himmels" und Mendelssohns „O Ruhe in dem Herrn" spielte.

Als es um Viertel vor acht schlug, trug er seine sorgfältig verpackten Noten zurück in sein Zimmer. Ich blieb bei ihm, während er sich eine Zigarette drehte, bevor es acht schlug.

„Ich habe noch viel mehr gute Sachen", sagte er vertraulich: „Coenens ‚Come Unto Me' und Faurés ‚Crucifix'; und dann sind da noch ‚O Salutaris' und ‚Lead, Kindly Light' vom Trinity Choir; und ‚Jesu, Lover of My Soul' würde einem das Herz zum Schmelzen bringen. Ich werde sie eines Abends für Sie spielen."

„Glauben Sie an sie?" Sein verzückter Gesichtsausdruck und das Bild seiner brutalen Hände, das ich nicht aus meinem Gedächtnis verdrängen konnte, veranlassten mich zu fragen.

Er zögerte merklich und antwortete dann:

„Das tue ich … wenn ich ihnen zuhöre."

* * * * *

Ich schlief in dieser Nacht miserabel. Da ich in der Nacht zuvor nicht geschlafen hatte, klappte ich mein Buch zu und machte das Licht früh aus. Doch kaum war ich eingeschlafen, wurde ich von der Wiederkehr meiner Nesselsucht geweckt. Den ganzen Tag über hatte sie mich nicht gestört, doch sobald ich das Licht ausmachte und schlief, begann der verdammt hartnäckige Juckreiz. Wada war noch nicht zu Bett gegangen, und von ihm bekam ich noch mehr Weinstein. Es war jedoch nutzlos, und als ich um Mitternacht hörte, wie die Uhr wechselte, zog ich mich teilweise an, schlüpfte in meinen Morgenmantel und ging aufs Achterdeck.

Ich sah, wie Mr. Mellaire seine vierstündige Wache antrat und an der Backbordseite des Achterdecks auf und ab ging. Ich schlich mich nach achtern, vorbei an dem Mann am Steuer, den ich nicht erkannte, und suchte Zuflucht im Windschatten des Steuerhauses.

Wieder einmal betrachtete ich die verschwommenen Linien und das Geflecht der komplizierten Takelage und der hohen, segeltragenden Masten, dachte an die verrückte, schwachsinnige Mannschaft und hatte Vorahnungen einer Katastrophe. Wie war eine solche Reise mit einer solchen Mannschaft auf der riesigen *Elsinore möglich* , einem Frachter, der nur aus einer einen halben Zoll dicken Stahlhülle bestand und mit fünftausend Tonnen Kohle beladen war? Der Gedanke daran war entsetzlich. Die Reise war von Anfang an schiefgelaufen. In der elenden Unausgeglichenheit, die Schlafmangel jedem guten Schläfer beschert, konnte ich nur zu dem Schluss kommen, dass die Reise zum Scheitern verurteilt war. Doch wie zum Scheitern verurteilt sie war, hätten weder ich noch ein Verrückter in der Tat ahnen können.

Ich dachte an die heißblütige Miss West, die immer gelebt hatte und keinen Zweifel daran hatte, dass sie immer leben würde. Ich dachte an den mörderischen, chauffierenden und musikliebenden Mr. Pike. Viele heilere Überreste als er waren auf eine letzte Reise gegangen. Kapitän West zählte nicht. Er war ein zu neutrales Wesen, zu weit weg, eine Art bevorzugter Passagier, der nichts zu tun hatte, als gelassen und passiv in einem Nirvana zu existieren, das er selbst geschaffen hatte.

Als nächstes fiel mir der selbstverwundete Grieche ein, der von Mr. Pike zusammengenäht worden war und stammelnd zwischen den Stahlwänden des Mittelschiffs lag. Dieses Bild war für mich beinahe entscheidend, denn in meiner fiebrigen Vorstellung verkörperte er die ganze verrückte, hilflose, idiotische Mannschaft. Natürlich konnte ich nach Baltimore zurückkehren. Gott sei Dank hatte ich das Geld, um meinen Launen nachzugeben. Hatte mir Mr. Pike nicht auf eine Frage hin gesagt, dass er die laufenden Kosten der *Elsinore* auf zweihundert Dollar pro Tag schätzte? Ich konnte es mir leisten, zweihundert Dollar pro Tag zu zahlen, oder zweitausend für die paar Tage, die nötig sein könnten, um mich zurück an Land, zu einem Lotsenschlepper oder einem anderen nach Baltimore fahrenden Schiff zu bringen.

Ich war fest entschlossen, hinunterzugehen und Kapitän West aufzuscheuchen, um ihm meinen Entschluss mitzuteilen, als mir ein anderer einfiel: „ *Dann fürchten Sie , der Denker und Philosoph , der Weltkranke , sich also davor, unterzugehen , in der Dunkelheit zu verweilen* ? Bäh! Mein eigener Stolz auf meine Lebensstolzlosigkeit bewahrte Kapitän Wests Schlaf vor Unterbrechung. Natürlich würde ich das Abenteuer fortsetzen, wenn man es Abenteuer nennen kann, und mit einem Schiff voller Narren und Wahnsinniger – oder Schlimmerem – um Kap Hoorn segeln; denn ich erinnerte mich an die drei Babylonier und Semiten, die Mr. Pikes Zorn erregt und so schrecklich und still gelacht hatten.“

Gedanken der Nacht! Schlaflose Gedanken! Ich verdrängte sie alle und ging nach unten, durchgefroren von der Kälte. Doch an der Tür des Kartenraums begegnete ich Mr. Mellaire.

„Einen schönen Abend, Sir“, begrüßte er mich. „Schade, dass nicht ein bisschen Wind weht, der uns vom Land hilft.“

„Was halten Sie von der Crew?“, fragte ich nach einer Weile.

Herr Mellaire zuckte mit den Schultern.

„Ich habe in meinem Leben schon viele merkwürdige Mannschaften gesehen, Mr. Pathurst. Aber eine so merkwürdige wie diese habe ich noch nie gesehen – Jungen, alte Männer, Krüppel und – haben Sie gestern gesehen, wie Tony der Grieche über Bord ging? Nun, das ist nur der Anfang.

Er ist ein Beispiel. Ich habe einen großen Iren unter meiner Aufsicht, dem es schlecht geht. Haben Sie einen kleinen, ausgetrockneten Schotten bemerkt?"

„Wer guckt die ganze Zeit böse und wütend und wer hat vorgestern Abend am Steuer gestanden?"

„Genau der – Andy Fay. Also, Andy Fay hat sich gerade bei mir über O'Sullivan beschwert. Er sagt, O'Sullivan habe ihm mit dem Tod gedroht. Als Andy Fay um acht Uhr seinen Dienst quittierte, fand er O'Sullivan gerade dabei, ein Rasiermesser zu schleifen. Ich gebe Ihnen das Gespräch so wieder, wie Andy es mir erzählt hat:

„O'Sullivan sagte zu mir: „Mr. Fay, ich möchte ein Wort mit Ihnen reden?" „Sicher", sagte ich. „Was kann ich für Sie tun?" „Verkaufen Sie mir Ihre Seestiefel, Mr. Fay", sagte O'Sullivan so höflich wie nur möglich. „Aber was wollen Sie davon?", sagte ich. „Das wäre mir ein großer Gefallen", sagte O'Sullivan. „Aber es ist mein einziges Paar", sagte ich. „Und Sie haben ein eigenes Paar", sagte ich. „Mr. Fay, ich werde mein eigenes bei schlechtem Wetter brauchen", sagte O'Sullivan. „Außerdem", sagte ich, „haben Sie kein Geld." „Ich bezahle sie, wenn wir in Seattle abrechnen", sagte O'Sullivan. „Das werde ich nicht tun", sagte ich. „Außerdem sagen Sie mir nicht, was Sie damit machen werden." „Aber ich werde es Ihnen sagen", sagte O'Sullivan. „Ich möchte sie über Bord werfen." Und damit drehe ich mich um, um wegzugehen, aber O'Sullivan sagt sehr höflich und verführerisch, immer noch das Rasiermesser ziehend: „Mr. Fay", sagt er, „würden Sie bitte hier her kommen und sich die Kehle durchschneiden lassen?" Und damit wusste ich, dass mein Leben in Gefahr war, und ich bin gekommen, um Ihnen zu melden, Sir, dass der Mann ein gewalttätiger Wahnsinniger ist.'

„Oder wird es bald sein", bemerkte ich. „Er ist mir gestern schon aufgefallen, ein großer Mann, der ununterbrochen vor sich hin murmelt?"

„Das ist der Mann", sagte Herr Mellaire.

„Haben Sie viele davon auf See?", fragte ich.

„Mehr als mir zusteht, glaube ich, Sir."

Er zündete sich gerade eine Zigarette an, nahm mit einer schnellen Bewegung seine Mütze ab, beugte den Kopf nach vorne und hielt das brennende Streichholz hoch, damit ich es sehen konnte.

Ich sah einen grauhaarigen Kopf, dessen Kopf nicht ganz kahl war, sondern teilweise mit ein paar spärlichen langen Haaren bedeckt war. Und quer über diesen Kopf, in den dickeren Fransen über den Ohren verschwindend, verlief die gewaltigste Narbe, die ich je gesehen hatte. Weil der Anblick so flüchtig war, bevor das Streichholz ausging, und weil die Narbe so gewaltig war, übertreibe ich vielleicht, aber ich hätte schwören können, dass ich zwei Finger tief in die schreckliche Spalte hineinstecken konnte und dass sie volle zwei Finger breit war. Es schien überhaupt keinen Knochen zu geben, nur einen großen Spalt, ein tiefes Tal, das mit Haut bedeckt war; und ich war überzeugt, dass das Gehirn direkt unter dieser Haut pulsierte.

Er setzte seine Mütze auf und lachte amüsiert und beruhigend.

„Das hat ein verrückter Seekoch gemacht, Mr. Pathurst, mit einem Fleischbeil. Wir waren zu der Zeit Tausende von Meilen von jedem Ort entfernt, im südlichen Indischen Ozean, und fuhren Richtung Osten, aber der Koch kam auf die Idee, dass wir im Hafen von Boston lagen und dass ich ihn nicht an Land gehen lassen würde. Ich stand ihm zu der Zeit mit dem Rücken zu, und ich weiß nicht, was mich da traf."

„Aber wie konnten Sie sich von einer so schrecklichen Verletzung erholen?", fragte ich. „Es muss ein großartiger Chirurg an Bord gewesen sein und Sie müssen eine wunderbare Vitalität gehabt haben."

Er schüttelte den Kopf.

„Es muss an der Vitalität gelegen haben … und an der Melasse."

"Melasse!"

„Ja, der Kapitän hatte altmodische Vorurteile gegen Antiseptika. Er verwendete immer Melasse für frische Wundverbände. Ich lag viele ermüdende Wochen in meiner Koje – wir hatten eine lange Überfahrt – und als wir Hongkong erreichten, war die Sache verheilt, ein Landarzt war nicht mehr nötig und ich übernahm die Wache meines dritten Maat – damals hatten wir dritte Maaten an Bord."

Erst viele lange Tage später wurde mir klar, welche schreckliche Rolle die Narbe in Mr. Mellaires Kopf für sein Schicksal und das Schicksal der *Elsinore spielen würde* . Hätte ich es damals gewusst, wäre Kapitän West auf die ungewöhnlichste Weise aus dem Schlaf geweckt worden, die er je erlebt hat; denn er wäre von einem sehr entschlossenen, halb bekleideten Passagier aufgescheucht worden, der ein Angebot machte, das so weit ging, die *Elsinore* mit ihrer gesamten Ladung komplett zu kaufen, damit sie direkt nach Baltimore zurücksegeln konnte.

Tatsächlich fand ich es einfach nur erstaunlich, dass Mr. Mellaire so viele Jahre mit einem solchen Loch im Kopf leben konnte.

Wir redeten weiter, und er erzählte mir viele Einzelheiten zu diesem besonderen Ereignis und zu anderen Vorkommnissen auf See, die mit den Verrückten zu tun hatten, die das Meer heimzusuchen scheinen.

Und doch konnte ich den Mann nicht mögen. An nichts, was er sagte, noch an der Art, wie er Dinge sagte, konnte ich etwas aussetzen. Er schien großzügig, aufgeschlossen und für einen Seemann sehr weltgewandt. Es fiel mir leicht, über seine übertriebene Geschmeidigkeit in der Sprache und seine übertriebene Höflichkeit in der Gesellschaft hinwegzusehen. Das war es nicht. Aber die ganze Zeit war ich mir beunruhigend und, wie ich annehme, intuitiv bewusst, obwohl ich in der Dunkelheit nicht einmal seine Augen sehen konnte, dass dort, hinter diesen Augen, in diesem Schädel, eine fremde Persönlichkeit lauerte, die mich ausspionierte, mich musterte, mich studierte und die das eine sagte, während sie das andere dachte.

Als ich gute Nacht sagte und nach unten ging, hatte ich das Gefühl, mit der einen Hälfte einer Art Doppelwesen gesprochen zu haben. Die andere Hälfte hatte nicht gesprochen. Doch ich spürte sie dort, flatternd und schnell, hinter der Maske aus Worten und Fleisch.

KAPITEL XI.

Aber ich konnte nicht schlafen. Ich nahm noch mehr Weinstein. Ich beschloss, dass es die Wärme der Bettwäsche sein musste, die meine Nesselsucht auslöste. Und doch ließ meine Hautreizung nach, wenn ich aufhörte, nach Schlaf zu ringen, die Lampe anzündete und las. Aber sobald ich die Lampe ausmachte und die Augen schloss, war ich wieder beunruhigt. So verging Stunde um Stunde, in der ich zwischen vergeblichen Versuchen zu schlafen viele Seiten von Rosnys *Le Termite durchforstete* – ein nicht sehr erfreuliches Unterfangen, muss ich sagen, da es sich um die mikroskopische und übertriebene Schilderung von Noël Servaises gequälten Nerven, körperlichen Schmerzen und intellektuellen Phantasmen handelt. Schließlich legte ich den Roman beiseite, verdammte alle analytischen Franzosen und fand ein gewisses Maß an Erleichterung im freundlicheren und zynischeren Stendhal.

Über meinem Kopf hörte ich, wie Mr. Mellaire stetig auf und ab ging. Um vier Uhr wurde die Wache gewechselt, und ich bemerkte die Altersverzögerung bei Mr. Pikes Promenade. Eine halbe Stunde später, gerade als der Wecker des Stewards losging, der sofort von diesem leicht schlafenden Asiaten gestoppt wurde, begann die *Elsinore* auf meine Seite zu kippen. Ich konnte Mr. Pike bellen und knurren hören, und manchmal ertönte ein Trampeln und Schlurfen vieler Füße über meinem Kopf, während die seltsame Mannschaft zog und zerrte. Die *Elsinore* kippte weiter, bis ich das Wasser an meiner Backbordseite sehen konnte, und dann nahm sie Fahrt auf und schoss mit einer solchen Geschwindigkeit vorwärts, dass ich das Stechen und Singen des Schaums durch den Kreis aus dickem Glas neben mir hören konnte.

Der Steward brachte mir Kaffee, und ich las bis zum Morgengrauen und danach, als Wada mir das Frühstück servierte und mir beim Anziehen half. Auch er klagte über Schlaflosigkeit. Er war mit Nancy in einem der Zimmer im Mittelschiff untergebracht. Wada beschrieb die Situation. Das winzige Zimmer aus Stahl war luftdicht, wenn die Stahltür geschlossen war. Und Nancy bestand darauf, die Tür geschlossen zu halten. Infolgedessen war Wada in der oberen Koje erstickt. Er erzählte mir, dass die Luft so schlecht geworden war, dass die Flamme der Lampe, egal wie hoch sie gedreht war, herunterflackerte und sich fast weigerte zu brennen. Nancy schnarchte die ganze Zeit über wunderbar, während er nicht in der Lage war, seine Augen zu schließen.

„Er ist nicht sauber", sagte Wada. „Er ist ein Schwein. Ich werde nie wieder an diesem Ort schlafen."

Auf dem Achterdeck fand ich die *Elsinore*, die mit vielen eingerollten Segeln unter einem bedeckten Himmel durch die aufgewühlte See pflügte. Auch Mr. Mellaire marschierte auf und ab, genau wie ich ihn Stunden zuvor verlassen hatte, und ich musste mich ziemlich anstrengen, um zu erkennen, dass er zwischen vier und acht Uhr keine Wache gehabt hatte. Selbst dann, erzählte er mir, hatte er von vier bis halb acht geschlafen.

„Das ist eine Sache, Mr. Pathurst, ich schlafe immer wie ein Baby … was ein gutes Gewissen bedeutet, Sir, ja, ein gutes Gewissen.“

Und während er diese Plattitüde ausgesprochen hat, war ich mir unangenehm bewusst, dass dieses fremde Ding in seinem Schädel mich beobachtete und musterte.

In der Kabine rauchte Kapitän West eine Zigarre und las in der Bibel. Miss West erschien nicht und ich war dankbar, dass zu meiner Schlaflosigkeit nicht noch der Fluch der Seekrankheit hinzukam.

Ohne irgendjemanden um Erlaubnis zu fragen, richtete sich Wada in einer entfernten Ecke des großen Nachraums einen Schlafplatz ein und schirmte die Ecke mit einer solide festgebundenen Wand aus meinen Reisekoffern und leeren Bücherkisten ab.

Es war ein ziemlich trüber Tag, keine Sonne, mit gelegentlichen Regenschauern und einem ständigen Krachen der Wellen über die Wetterreling und einem Plätschern des Wassers über das Deck. Meine Augen waren auf die Kajütluken gerichtet, die sich nach vorn entlang des Hauptdecks erstreckten, und ich konnte die elenden Matrosen sehen, wann immer sie eine Aufgabe zum Ziehen und Ziehen bekamen, durch und durch nass von den Wellen. Mehrmals sah ich, wie einige von ihnen von den Füßen gerissen und in der Schaumkrone herumgerollt wurden. Und doch bewegten sich Mr. Pike oder Mr. Mellaire, aufrecht, ohne zu taumeln, mit Gewissheit von Gewicht und Kraft, zwischen diesen gerollten Männern, diesen sich festklammernden, kauernden. Sie wurden nie von den Füßen gerissen. Sie schreckten nie vor einem Spritzer Gischt oder einer schwereren Masse herabfallenden Wassers zurück. Sie hatten sich von anderer Nahrung ernährt, waren mit einer anderen Einstellung unterrichtet, waren aus Eisen im Gegensatz zu den armen Elenden, die sie nach ihrem Willen trieben.

Am Nachmittag döste ich eine halbe Stunde lang in einem der großen Sessel in der Kabine. Wäre das Schiff nicht so heftig in Bewegung gewesen, hätte ich dort stundenlang schlafen können, denn die Nesselsucht machte mir keine Probleme. Kapitän West, der auf dem Sofa in der Kabine ausgestreckt lag und seine Füße in Pantoffeln steckte, schlief beneidenswert. Ich möchte sagen, durch einen Instinkt behielt er im Tiefschlaf seine Position und fiel nicht auf den Boden. Außerdem hielt er locker eine halb gerauchte Zigarre in einer Hand. Ich beobachtete ihn eine Stunde lang und wusste, dass er schlief, und wunderte mich, dass er seine entspannte Haltung beibehielt und die Zigarre nicht fallen ließ.

Nach dem Abendessen gab es keinen Grammophon mehr. Die zweite Hundewache war Mr. Pike an Deck. Außerdem, erklärte er, war das Rollen zu heftig. Es würde die Nadel zum Springen bringen und seine geliebten Schallplatten zerkratzen.

Und kein Schlaf! Eine weitere ermüdende Nacht voller Qualen und ein weiterer trüber, bewölkter Tag und eine bleierne, aufgewühlte See. Und keine Miss West. Auch Wada ist seekrank, obwohl er heldenhaft auf den Beinen blieb und versuchte, sich mit glasigen, blinden Augen um mich zu kümmern. Ich schickte ihn in seine Koje und las endlose Stunden, bis meine Augen müde waren und mein Gehirn, zwischen Schlafmangel und Überbeanspruchung, benebelt war.

Captain West ist kein guter Unterhalter. Je mehr ich von ihm sehe, desto mehr bin ich verblüfft. Ich habe noch keinen Grund für diesen ersten Eindruck gefunden, den ich von ihm hatte. Er hat die ganze Haltung und das Auftreten eines distanzierten und überlegenen Wesens, und doch frage ich mich, ob es nicht Haltung und Auftreten und nichts anderes ist. Genau wie ich bei dieser ersten Begegnung, bevor er ein Wort sprach, erwartet hatte, Worte von unermesslicher Güte und Weisheit über seine Lippen kommen zu hören und ihn dann bloße gesellschaftliche Gemeinplätze aussprechen zu hören, so bin ich jetzt fast gezwungen zu dem Schluss zu kommen, dass sein Hauch von Rasse, sein Schnabel von Macht und seine ganze große, aristokratische Schlankheit nichts hinter sich haben.

Und doch sehe ich andererseits keinen Grund, diesen ersten Eindruck abzulehnen. Er hat keine Stärke gezeigt, aber ebenso wenig Schwäche. Manchmal frage ich mich, was sich hinter diesen klaren blauen Augen verbirgt. Auf jeden Fall habe ich keine intellektuelle Unterstützung gefunden. Ich probierte ihn mit William James' *Varieties of Religious Experience aus* . Er warf einen Blick auf einige Seiten und gab es mir dann mit der freimütigen Erklärung zurück, es interessiere ihn nicht. Er hat keine eigenen Bücher. Offensichtlich ist er kein Leser. Was ist er dann? Ich wagte es, ihn in seiner politischen Meinung auszuhorchen. Er hörte höflich zu, sagte mal ja, mal nein, und als ich vor lauter Entmutigung aufhörte, sagte er nichts.

So distanziert die beiden Offiziere von den Männern sind, so distanziert ist Kapitän West seinen Offizieren gegenüber noch mehr. Ich habe ihn auf dem Achterdeck kein weiteres Wort an Mr. Mellaire richten sehen als „Guten Morgen". Und was Mr. Pike betrifft, der dreimal täglich mit ihm isst, so kommt es zwischen ihnen kaum zu mehr Gesprächen. Und ich bin überrascht über die offensichtliche Ehrfurcht, mit der Mr. Pike seinen Kommandanten zu betrachten scheint.

Noch etwas. Was sind Kapitän Wests Pflichten? Bisher hat er nichts getan, außer dreimal am Tag zu essen, viele Zigarren zu rauchen und jeden Tag insgesamt eine Meile um das Achterdeck herumzuspazieren. Die Kameraden machen die ganze Arbeit, und es ist harte Arbeit, vier Stunden an Deck und vier unter Deck, Tag und Nacht ohne jede Abwechslung. Ich beobachte Kapitän West und bin erstaunt. Er lehnt sich in der Kabine zurück und starrt stundenlang vor sich hin, bis ich fast verzweifelt bin und ihn fragen muss, was er denkt. Manchmal bezweifle ich, dass er überhaupt nachdenkt. Ich gebe ihn auf. Ich kann ihn nicht begreifen.

Alles in allem ein deprimierender Tag mit Regen, Spritzern und Wasserspritzern auf dem Deck. Jetzt erkenne ich, dass das Problem, ein Schiff mit fünftausend Tonnen Kohle um das Kap Hoorn zu segeln, ernster ist, als ich gedacht hatte. Die *Elsinore liegt so tief* im Wasser, dass sie wie ein überschwemmter Baumstamm ist. Ihre hohen, sechs Fuß hohen Stahlbollwerke können die See nicht davon abhalten, sie zu entern. Sie hat nicht den Auftrieb, den man Schiffen normalerweise zuschreibt. Im Gegenteil, sie wird bis zum Umfallen beschwert, sodass ich allein an diesem einen Tag entsetzt bin bei dem Gedanken, wie viele tausend Tonnen Nordatlantik sie enterten und durch ihre spritzenden Speigatten und klirrenden Luken ausströmten.

Ja, ein deprimierender Tag. Die beiden Kameraden haben sich an Deck und in ihren Kojen abgewechselt. Kapitän West hat auf dem Kajütensofa geschlummert oder die Bibel gelesen. Miss West ist immer noch seekrank. Ich habe mich mit Lesen erschöpft, und die Benommenheit meines schlaflosen Gehirns macht mich melancholisch. Sogar Wada ist alles andere als ein erheiternder Anblick, wie er in regelmäßigen Abständen aus seiner Koje kriecht und mit kranken, glasigen Augen versucht, zu erkennen, was ich brauche. Ich wünschte fast, ich könnte selbst seekrank werden. Ich hätte nie geglaubt, dass eine Seereise so unerfreulich sein könnte, wie diese sich gerade erweist.

KAPITEL XII.

Ein weiterer Morgen mit bedecktem Himmel und bleierner See, und die *Elsinore* , die zur Hälfte unter ihrer Plane steckt, klirrend mit ihren Decksluken, Wasser aus ihren Speigatten spritzend, ostwärts ins Herz des Atlantiks rast. Und ich habe insgesamt keine halbe Stunde geschlafen. Wenn es so weitergeht, werde ich in kürzester Zeit den gesamten Weinstein auf dem Schiff verbraucht haben. Ich hatte noch nie solche Nesselsucht. Ich kann es nicht verstehen. Solange ich meine Lampe brennen lasse und lese, bin ich unbekümmert. Sobald ich die Lampe ausmache und einnicke, beginnt die Reizung und die Beulen auf meiner Haut beginnen sich zu bilden.

Miss West ist vielleicht seekrank, aber sie kann nicht im Koma liegen, denn in regelmäßigen Abständen schickt sie den Steward mit mehr Weinstein zu mir.

Ich hatte heute eine Offenbarung. Ich habe Captain West entdeckt. Er ist ein Samurai. – Erinnern Sie sich an die Samurai, die H.G. Wells in seinem Werk *Modern Utopia beschreibt* – die überlegene Menschenrasse, die Dinge weiß und das Leben und ihre Mitmenschen auf eine überaus wohlwollende, überaus weise Weise beherrscht? Nun, genau das ist Captain West. Lassen Sie es mich Ihnen erzählen.

Heute hatten wir eine Winddrehung. Auf dem Höhepunkt eines Südweststurms drehte der Wind in diesem Moment um acht Punkte, was einem Viertel des Kreises entspricht. Stellen Sie sich das vor! Stellen Sie sich einen Sturm vor, der aus Südwesten heult. Und dann stellen Sie sich vor, der Wind würde Sie in einem stärkeren und heftigeren Sturm plötzlich aus Nordwesten treffen. Wir waren vor dem Ereignis durch einen kreisförmigen Sturm gesegelt, versicherte mir Kapitän West, und man konnte davon ausgehen, dass der Wind den Kompass durcheinander bringen würde.

In Seestiefeln, Ölzeug und Südwester gekleidet, hing ich eine Zeit lang an der Reling am Heck des Achterdecks und starrte fasziniert auf die armen Teufel von Matrosen, die wiederholt bis zum Hals im Wasser standen oder untertauchten oder wie Strohhalme über das Deck geschleudert wurden, während sie auf Befehl von Mr. Pike dumm, blind und in sichtlicher Angst zogen und zerrten.

Mr. Pike war bei ihnen, arbeitete mit ihnen und mit ihnen. Er nutzte jede Chance, die sie ergriffen, und doch entging er irgendwie der Gefahr, von den Füßen gespült zu werden, obwohl ich ihn mehrmals komplett aus dem Blickfeld verschwinden sah. Es war mehr als nur Glück dabei; ich sah ihn zweimal an der Spitze einer Reihe von Männern, sich selbst neben dem Stift. Und zweimal sah ich in dieser Position, wie sich die North Atlantic über die

Reling rollte und auf sie fiel. Und jedes Mal blieb er allein zurück und hielt
die Seilwindung am Stift fest, während der Rest von ihnen hilflos weggerollt
und ausgestreckt war.

Es kam mir fast wie ein Zirkus vor, als ich ihren Possen zusah. Aber ich
begriff den Ernst der Lage erst, als der Wind stärker denn je tobte und das
Meer rauchig und weiß vor Wut war und zwei Männer nicht vom Deck
aufstanden. Einer wurde mit einem gebrochenen Bein nach vorn getragen –
es war Iare Jacobson, ein begriffsstutziger Skandinavier; und der andere, Kid
Twist, wurde bewusstlos mit blutender Kopfhaut weggetragen.

Auf dem Höhepunkt der Böen, in meiner hohen Position, wo die See nicht
brach, musste ich mich fest an der Reling festklammern, um nicht
weggeweht zu werden. Mein Gesicht schmerzte heftig von dem
hochtreibenden Gischt, und ich hatte das Gefühl, der Wind würde die
Spinnweben aus meinem schlaflosen Gehirn blasen.

schlenderte Kapitän West auf und ab, schlank, aristokratisch, anmutig in
seinem strömenden Ölzeug, scheinbar unbekümmert, ohne Befehle zu
geben und seinen Körper mühelos dem heftigen Rollen der *Elsinore anpassend*.

In diesem Stadium des Sturms entspannte er sich soweit, dass er mir sagen
konnte, dass wir uns in einem kreisförmigen Sturm befanden und der Wind
den Kompass durchkreuzte. Mir fiel auf, dass er seinen Blick ziemlich
unverwandt auf den bedeckten, wolkenverhangenen Himmel gerichtet hielt.
Endlich, als der Wind scheinbar nicht stärker wehen konnte, fand er am
Himmel, was er suchte. In diesem Moment hörte ich zum ersten Mal seine
Stimme – eine Seemannsstimme, klar wie eine Glocke, deutlich wie Silber und
von einer unbeschreiblichen Süße und Lautstärke, als könnte es die Posaune
Gabriels sein. Diese Stimme! – mühelos, beherrschend! Die gewaltige
Drohung des Sturms, artikuliert durch den Widerstand der *Elsinore* , schrie
aus allen Stagen, brüllte aus den Wanten, die gespannten Seile trommelten
gegen die Stahlmasten und rief aus den unzähligen winzigen Seilen hoch
oben einen teuflischen Chor aus schrillem Pfeifen und Kreischen hervor.
Und doch ertönte durch dieses Chaos von Lärm die Stimme von Kapitän
West, wie die eines Geisterbesuchers, deutlich, ohne Bezug, sanft wie alle
Musik und mächtig wie der Ruf eines Erzengels zum Gericht. Und sie
brachte Verständnis und Befehle zu dem Mann am Steuer und zu Mr. Pike,
der hüfttief im Meeresrauschen unter uns stand. Und der Mann am Steuer
gehorchte, und Mr. Pike gehorchte, bellte und knurrte den armen, sich
wälzenden Teufeln Befehle, die sich wälzten und ihm wiederum gehorchten.
Und als Stimme war das Gesicht. Dieses Gesicht hatte ich noch nie zuvor
gesehen. Es war das Gesicht des Geisterbesuchers, keusch mit Weisheit,
erleuchtet von einer Pracht aus Kraft und Ruhe. Vielleicht war es die Ruhe,
die mich am meisten traf. Es war wie die Ruhe eines Menschen, der das

Chaos durchquert hatte, um arme, seemüde Männer mit dem Wort zu segnen, dass alles gut sei. Es war nicht das Gesicht des Kämpfers. In meiner aufgeregten Vorstellungskraft war es das Gesicht eines Menschen, der jenseits aller Bestrebungen der Elemente und aller grüblerischen Zwietracht des Blutes lebte.

Der Samurai war mit Blitz und Donner angekommen, auf den Flügeln des Sturms reitend, dirigierte die gigantische, mühevolle *Elsinore* in all ihrer komplizierten Massivität und gebot den Menschenfeinden, seinem Willen zu gehorchen, der der Wille der Weisheit war.

Und dann, seine wunderbare Gabriel-Stimme, stumm (während seine Geschöpfe seinen Willen durchsetzten), unbekümmert, distanziert und lässig, schlanker und aristokratischer denn je in seinem strömenden Ölzeug, berührte Kapitän West meine Schulter und deutete nach achtern über unser Wetterviertel. Ich schaute, und alles, was ich sehen konnte, war ein undeutlicher Rauch aus Meer und Luft und eine Wolkenbank am Himmel, die an der Brust des Ozeans zerrte. Und im selben Moment ließ der Sturm aus Südwest nach. Es gab keinen Sturm, keine sich bewegenden Zephyre, nichts als eine gewaltige Stille der Luft.

„Was ist los?", keuchte ich, aus dem Gleichgewicht gebracht durch das plötzliche Aufhören des Windes.

„Die Schicht", sagte er. „Da kommt sie."

Und dann kam es, aus Nordwesten, ein Windstoß, ein Schlag, ein atmosphärischer Aufprall, der verwirrte und betäubte und die *Elsinore*-Harfe erneut zum Protestieren brachte. Er drückte mich auf die Reling. Ich war wie ein Strohhalm. Als ich diesem neuen, plötzlichen Sturm ausgesetzt war, trieb er mir die Luft in die Lungen zurück, so dass ich erstickte und meinen Kopf zur Seite drehte, um im Windschatten des Tiefgangs zu atmen. Der Mann am Steuerrad lauschte wieder der Stimme Gabriels; und Mr. Pike auf dem Deck darunter lauschte und wiederholte den Willen der Stimme; und Kapitän West lehnte sich mit schlanker und würdevoller Haltung in den Wind und ging langsam auf dem Deck auf und ab.

Es war großartig. Jetzt, und zum ersten Mal, kannte ich das Meer und die Männer, die das Meer beherrschen. Kapitän West hatte sich gerechtfertigt und entlarvt. Auf dem Höhepunkt und im schlimmsten Sturm hatte er das Kommando über die *Elsinore übernommen* , und Mr. Pike war zu dem geworden, was er in Wahrheit war: der Vorarbeiter einer Männerbande, der Sklaventreiber, der dem von jenseits diente – dem Samurai.

Ungefähr eine Minute lang schlenderte Kapitän West noch auf und ab, lehnte sich mühelos in diesen neuen, abscheulichen Sturm oder lehnte sich mit dem Rücken dagegen, und dann ging er nach unten, hielt einen

Augenblick inne, die Hand auf der Klinke der Kartenraumtür, und warf einen letzten abschätzenden Blick auf das sturmweiße Meer und den zorndüsteren Himmel, den er beherrscht hatte.

Zehn Minuten später warf ich unten, als ich an der offenen Kabinentür vorbeikam, einen Blick hinein und sah ihn. Seestiefel und Sturmschutz waren verschwunden; seine Füße, in Pantoffeln steckend, ruhten auf einem Sitzkissen; er hingegen lag zurückgelehnt in dem großen Ledersessel und rauchte verträumt, seine Augen waren weit geöffnet, versunken, nicht sehend – oder, wenn sie sahen, Dinge jenseits der schwankenden Kabinenwände und jenseits meines Gesichtsfeldes. Ich habe einen enormen Respekt für Captain West entwickelt, obwohl ich ihn jetzt weniger kenne als das wenige, das ich dachte, dass ich ihn vorher kannte.

KAPITEL XIII.

Kein Wunder, dass Miss West auf einem Ozean wie diesem seekrank bleibt, der zu einer Fabrik geworden ist, in der die wechselnden Stürme die erlesensten und steilsten Marken von Überseeschiffen produzieren. Die Art und Weise, wie die arme *Elsinore* mit all ihren hohen Masten und Masten und all ihren fünftausend Tonnen Eigengewicht stampft, taucht, rollt und zittert, ist erstaunlich. Für mich ist sie das unberechenbarste Ding, das man sich vorstellen kann; doch Mr. Pike, mit dem ich jetzt gelegentlich auf dem Achterdeck herumfahre, sagt mir, dass Kohle eine gute Ladung ist und dass die *Elsinore* gut beladen ist, weil er selbst dafür gesorgt hat.

Er wird plötzlich innehalten, mitten in seinem endlosen Herumlaufen, um sie bei ihren verrücktesten Mätzchen zu beobachten. Der Anblick ist sehr angenehm für ihn, denn seine Augen glitzern und ein schwaches Glühen scheint sein Gesicht zu erhellen und ihm einen Hauch von Ekstase zu verleihen. Die *Elsinore* hat einen behaglichen Platz in seinem Herzen, da bin ich mir sicher. Er nennt ihr Verhalten bewundernswert und wiederholt mir in solchen Momenten, dass er es war, der für das Beladen gesorgt hat.

Es ist sehr merkwürdig, wie dieser Mann sich durch sein langes Leben auf See an die Bewegungen des Meeres gewöhnt hat. Dieses Chaos der sich kreuzenden, tosenden Wellen hat einen Rhythmus. Ich spüre diesen Rhythmus, kann ihn aber nicht entschlüsseln. Aber Mr. Pike *kennt ihn* . Immer wieder, als wir heute Nachmittag auf und ab gingen und mir nichts ungewöhnlich Possenhaftes bevorzustehen schien, packte er mich am Arm, wenn ich das Gleichgewicht verlor und die *Elsinore* auf die Seite knallte und sich immer wieder mit einer gewaltigen Rolle neigte, die kein Ende zu nehmen schien und die immer mit einem abrupten Peitschenknall endete, wenn sie die entsprechende Rolle nach Luv begann. Vergeblich versuchte ich herauszufinden, wie Mr. Pike diese Possen vorhersieht, und ich bin zu der Überzeugung gelangt, dass er sie überhaupt nicht bewusst vorhersieht. Er *spürt* sie, er kennt sie. Sie und das Meer sind ihm tief verwurzelt.

Gegen Ende unseres kleinen Spaziergangs musste ich ungeduldig einen plötzlichen Griff um meinen Arm in seiner großen Pranke abschütteln. Wenn die *Elsinore in einer Stunde jemals* weniger gymnastisch gewesen war als in diesem Moment, hatte ich es nicht bemerkt. Also schüttelte ich die Halteklammer ab, und im nächsten Moment war die *Elsinore* zusammengebrochen und hatte ein paar hundert Fuß ihrer Steuerbordreling unter Wasser vergraben, während ich über das Deck geschossen war und atemlos gegen die Wand des Kartenhauses geschleudert war. Meine Rippen und eine Schulter tun noch immer weh davon. Woher wusste er das?

Und er taumelt nie und scheint auch nicht in Gefahr zu sein, weggerollt zu werden. Im Gegenteil, er hat ein solches Übermaß an Sicherheit des Gleichgewichts, dass er mir immer wieder sein Übermaß lieh. Ich fange an, mehr Respekt zu haben, nicht vor dem Meer, sondern vor den Männern des Meeres, und nicht vor dem Haufen von Seeleuten, die wie Sklaven auf unseren Decks sind, sondern vor den echten Seeleuten, die ihre Herren sind – vor Kapitän West, vor Mr. Pike, ja, und vor Mr. Mellaire, obwohl ich ihn genauso wenig mag wie ich.

Schon um drei Uhr nachmittags drehte der immer noch stürmische Wind wieder auf Südwest. Mr. Mellaire hatte das Deck, ging nach unten und meldete Kapitän West die Veränderung.

„Wir werden um vier Uhr das Schiff verlassen, Mr. Pathurst", sagte mir der zweite Maat, als er zurückkam. „Sie werden feststellen, dass es ein interessantes Manöver ist."

„Aber warum bis vier warten?", fragte ich.

„Befehl des Kapitäns, Sir. Die Wachen werden wechseln, und wir können beide nutzen, ohne die Wache unten zu belasten, indem wir sie jetzt ausrufen."

Und als beide Wachen an Deck waren, kam Kapitän West, wieder in Ölzeug gekleidet, aus dem Kartenhaus. Mr. Pike, draußen auf der Brücke, übernahm die Leitung der vielen Männer, die an Deck und auf dem Achterdeck die Besanspannen zu bedienen hatten, während Mr. Mellaire mit seiner Wache nach vorn ging, um die Fock- und Großspannen zu bedienen. Es war ein hübsches Manöver, ein Spiel mit Hebelwirkung, mit dem sie die Kraft des Windes auf dem hinteren Teil der *Elsinore abmilderten* und die Kraft des Windes auf dem vorderen Teil nutzten.

Kapitän West gab keinerlei Befehle und war sich im Grunde nicht bewusst, was geschah. Er war wieder der bevorzugte Passagier, der seiner Gesundheit zuliebe einen Spaziergang machte. Und doch wusste ich, dass seine beiden Offiziere sich seiner Anwesenheit auf unangenehme Weise bewusst waren und sich auf ihre beste Seemannschaft konzentrierten. Jetzt kenne ich Kapitän Wests Position an Bord. Er ist das Gehirn der Elsinore . Er ist der Meisterstratege. Ein Schiff auf dem Meer zu dirigieren bedeutet mehr, als Wache zu stehen und Männern zu befehlen, zu ziehen und zu schleppen. Sie sind Bauern und die beiden Offiziere sind Figuren, mit denen Kapitän West das Spiel gegen Meer, Wind, Jahreszeit und Meeresströmung spielt. Er ist der Wissende. Sie sind seine Zunge, mit der er seinem Wissen Ausdruck verleiht.

* * * * *

Eine schlimme Nacht – für die *Elsinore* und für mich gleichermaßen schlimm. Sie wird vom winterlichen Nordatlantik heftig geschlagen. Ich schlief früh ein, erschöpft vom Schlafmangel, und erwachte nach einer Stunde, außer mir vor Wut wegen meiner verklumpten und brennenden Haut. Noch mehr Weinstein, noch mehr Lesen, noch mehr vergebliche Versuche zu schlafen, bis mir der Steward kurz vor fünf meinen Kaffee brachte, ich mich in meinen Morgenmantel hüllte und wie ein verwirrtes Wesen in die Kabine schlich. Ich döste in einem Ledersessel und wurde von einer heftigen Rollbewegung des Schiffes herausgeschleudert. Ich versuchte es auf dem Sofa, sank sofort in Schlaf und fiel gleich darauf auf den Boden. Ich bin überzeugt, dass Kapitän West, wenn er auf dem Sofa ein Nickerchen macht, nur halb schläft. Wie sonst kann er eine so prekäre Lage aufrechterhalten? – es sei denn, auch in ihm sind das Meer und seine Bewegungen tief verwurzelt.

Ich schlenderte ins Esszimmer, zwängte mich in einen verschraubten Stuhl und schlief ein, den Kopf auf den Armen, die Arme auf dem Tisch. Und um Viertel nach sieben weckte mich der Steward, indem er mich an den Schultern rüttelte. Es war Zeit, den Tisch zu decken.

Schwer von dem kurzen, schweren Schlaf, den ich gehabt hatte, zog ich mich an und stolperte auf das Achterdeck in der Hoffnung, dass der Wind meinen Kopf frei machen würde. Mr. Pike hatte die Wache und schritt mit sicherem, altersgemäßem Schritt auf und ab. Der Mann ist ein Wunder – neunundsechzig Jahre alt, ein Leben voller Entbehrungen und so robust wie ein Löwe. Doch allein in der vergangenen Nacht waren seine Arbeitszeiten: vier bis sechs Uhr nachmittags an Deck, acht bis zwölf an Deck und vier bis acht Uhr morgens an Deck. In wenigen Minuten würde er abgelöst werden, aber mittags würde er wieder an Deck sein.

Ich lehnte mich an die Reling und starrte nach vorn über die öde Wüste des Decks. Jede Backbordseite und jedes Speigatte arbeitete daran, das Gewicht des Nordatlantiks zu verringern, das unaufhörlich auf Bord fiel. Zwischen dem Rauschen der Kaskaden waren überall Roststreifen zu sehen. Eine Art hölzerner Relingstift war an der Steuerbordreling am Fuß der Besanwanten weggeschwemmt worden, und ein erstaunliches Durcheinander von Seilen und Taljen wurde umhergeschwemmt. Hier arbeiteten Nancy und ein halbes Dutzend Männer sporadisch und in Angst um ihr Leben daran, das Gewirr zu entwirren.

Die Trostlosigkeit, die schon lange auf ihm lastete, war auf Nancys Gesicht deutlich zu erkennen, und wenn sich die Wasserwände in ihrem drohenden Sturzflug über die Reling *der Elsinore auftürmten* , war er immer der Erste, der nach der Rettungsleine griff, die vorn und hinten über das weite Deck gespannt war.

Die übrigen Männer ließen ihre Arbeit kaum weniger lange liegen und sprangen in Sicherheit – wenn man es überhaupt Sicherheit nennen kann, denn sie klammerten sich mit beiden Händen an ein Seil, ließen sich die Beine wegziehen und wurden der Länge nach auf die kochende Oberfläche einer eiskalten Flut geworfen. Kein Wunder, dass sie elend aussehen. So schlimm ihr Zustand war, als sie in Baltimore an Bord kamen, so sehen sie jetzt, nach den letzten Tagen nasser und eisiger Strapazen, noch viel schlimmer aus.

Von Zeit zu Zeit, während er seinen Vorwärtsschritt entlang des Achterdecks vollendete, hielt Mr. Pike inne, bevor er den gleichen Weg einschlug, und schnaubte hämisch über das, was den armen Teufeln da unten passierte. Das Herz des Mannes ist hart. Er ist ein Ding aus Eisen, das er ertragen hat; und er hat weder Geduld noch Mitgefühl mit diesen Geschöpfen, denen sein eigenes überschüssiges Eisen fehlt.

Mir fiel der stocktaube Mann auf, der verdrehte Tölpel, dessen Gesicht ich als das eines misshandelten und schwachsinnigen Fauns beschrieben habe. Seine hellen, feuchten, schmerzerfüllten Augen waren noch schmerzerfüllter als je zuvor, sein Gesicht noch hagerer und vor Leiden gezeichneter. Und doch zeigte sein Gesicht ein Übermaß an Nervosität, Sensibilität und einen erbärmlichen Eifer, zu gefallen und zu tun. Ich konnte nicht umhin zu bemerken, dass er trotz seiner schrecklichen Sinnesbehinderung und seines zerstörten, gebrechlichen Körpers die meiste Arbeit leistete, immer der Letzte der Gruppe war, der zur Rettungsleine griff, und immer der Erste, der die Rettungsleine losließ und knietief oder hüfttief durch das aufgewühlte Wasser watete, um das riesige und deprimierende Gewirr aus Seilen und Takelage in Angriff zu nehmen.

Ich bemerkte gegenüber Mr. Pike, dass die Männer dünner und schwächer wirkten als bei ihrer Ankunft an Bord, und er zögerte einen Moment mit seiner Antwort, während er mit seinem Viehkäuferblick auf sie herabstarrte.

„Sicher sind sie das", sagte er angewidert. „Sie sind eine schwache Rasse, das ist es – sie haben nichts, worauf man aufbauen kann, keine Ausdauer. Die kleinste Kleinigkeit zieht sie runter. Zu meiner Zeit wurden wir bei solcher Arbeit fett – aber das taten wir nicht; wir arbeiteten so hart, dass wir keine Chance hatten, fett zu werden. Wir blieben kampfstark, das war alles. Aber was diesen Abschaum und dieses Elendsviertel betrifft – sagen Sie, Mr. Pathurst, erinnern Sie sich an den Mann, mit dem ich am ersten Tag sprach, der sagte, sein Name sei Charles Davis?"

„Der, mit dem Sie dachten, dass etwas nicht stimmt?"

„Ja, und das gab es auch. Er ist jetzt mit dem Griechen in dem Raum mittschiffs. Er wird während der ganzen Reise keinen Finger rühren. Er ist ein echter Lazarettfall, wenn es je einen gab. Man könnte fast sagen, er ist völlig zerschossen! Er hat Löcher in sich, durch die ich meine Faust rammen könnte. Ich weiß nicht, ob es perforierende Geschwüre oder Krebsgeschwüre oder Kanonenschusswunden oder sonst etwas sind. Und er hatte die Frechheit, mir zu sagen, dass sie aufgetaucht sind, nachdem er an Bord gekommen war!"

„Und er hatte sie die ganze Zeit?", fragte ich.

„Die ganze Zeit! Glauben Sie mir, Mr. Pathurst, sie sind Jahre alt. Aber er ist ein Wunder. Ich habe ihn in den ersten Tagen beobachtet, ihn aufs Schiff geschickt, ihn unten im Vorschiff ein paar Tonnen Kohle abmontieren lassen, alles mit ihm gemacht, und er hat nie mit der Wimper gezuckt. Dass er bis zum Hals im Salzwasser stand, hat ihm schließlich den Dienst verdorben, und jetzt hat er sich für die Reise außer Dienst gemeldet. Und er wird die ganze Zeit seinen Lohn beziehen, die ganze Nacht zu Hause bleiben und nie einen einzigen Tag zapfen. Oh, es ist ein heißer Kerl, dass er uns übergangen hat, und der *Elsinore* fehlt noch ein Mann."

„Noch einer!", rief ich. „Wird der Grieche sterben?"

„Keine Angst. Ich werde ihn in ein paar Tagen ans Steuer setzen. Ich meine die Außenseiter. Wenn wir ein Dutzend von ihnen zusammenbringen würden, würden sie keinen richtigen Mann ergeben. Ich sage das nicht, um Sie zu beunruhigen, denn es ist nichts Beunruhigendes daran; aber wir werden auf dieser Reise die Hölle erleben." Er unterbrach sich, um nachdenklich auf seine gebrochenen Knöchel zu starren, als würde er abschätzen, wie viel Tatkraft noch in ihnen steckte, dann seufzte er und schloss: „Nun, ich sehe, ich habe eine Menge Arbeit vor mir."

Mitleid mit Herrn Pike zu haben ist sinnlos; es bewirkt nur, dass seine Laune noch trüber wird. Ich habe es versucht und er revanchierte sich mit:

„Sie sollten sich den Kerl mit der Wirbelsäulenverkrümmung in Mr. Mellaires Uhr ansehen. Er ist ein richtiger Landstreicher und ein Landratte, wiegt nicht mehr als hundert Pfund und muss fünfzig Jahre alt sein, und er hat eine Wirbelsäulenverkrümmung, und er ist Vollmatrose, wenn Sie so wollen, auf der *Elsinore* . Und schlimmer als das alles, er spielt Ihnen das vor; er ist fies, er ist gemein, er ist eine Viper, eine Wespe. Er hat vor nichts Angst, weil er weiß, dass Sie ihn nicht schlagen, weil Sie Angst haben, ihn zu verprügeln. Oh, er ist eine Perle reinster Gelassenheit, falls jemand an einem Achterstag herunterrutschen und Sie fragen sollte. Wenn Sie ihn nicht anders identifizieren können, sein Name ist Mulligan Jacobs."

∗ ∗ ∗ ∗ ∗

Nach dem Frühstück entdeckte ich, als ich wieder an Deck war und Mr. Mellaires Wache hatte, einen weiteren Tüchtigen. Er saß am Steuer, ein kleiner, muskulöser Mann von etwa fünfundvierzig Jahren, mit schwarzem Haar, das an den Schläfen grau wurde, einem großen Adlergesicht, dunkler Haut und scharfen, intelligenten schwarzen Augen.

Herr Mellaire bestätigte mein Urteil, indem er mir sagte, der Mann sei der beste Seemann seiner Zeit, ein richtiger Seemann. Als er den Mann als den maltesischen Cockney bezeichnete und ich ihn nach dem Grund fragte, antwortete er:

„Erstens, weil er Malteser ist, Mr. Pathurst; und zweitens, weil er Cockney spricht wie ein Einheimischer. Und verlassen Sie sich darauf, er hat Bow Bells gehört, bevor er sein erstes Wort gelispelt hat."

„Und hat O'Sullivan schon Andy Fays Seestiefel gekauft?", fragte ich.

In diesem Moment tauchte Miss West auf dem Achterdeck auf. Sie war so rosig und vital wie immer, und wenn sie seekrank gewesen war, ließ sie sich das jedenfalls nicht anmerken. Als sie auf mich zukam und mich begrüßte, fiel mir erneut die geschmeidige und federnde Bewegung ihrer Gliedmaßen und ihre feine, feste Haut auf. Ihr Hals, der locker in einem Matrosenkragen steckte und der weiße Pullover am Hals offen stand, wirkte in meinen schlaflosen, gelbsüchtigen Augen fast furchterregend stark. Ihr Haar unter einer weißen Strickmütze war glatt und gepflegt. Tatsächlich machte sie einen Gesamteindruck von einem gepflegten Aussehen, das man von der Tochter eines Kapitäns nicht erwarten würde, geschweige denn von einer Frau, die seekrank gewesen war. Leben! – das ist ihr Schlüsselwort, ihr wesentliches Merkmal – Leben und Gesundheit. Ich wette, sie hat in ihrem praktischen, ausgeglichenen, vernünftigen Kopf nie einen krankhaften Gedanken gehegt.

„Und wie ist es dir ergangen?", fragte sie und plapperte dann voller Begeisterung weiter, bevor ich antworten konnte. „Ich habe wunderbar geschlafen. Ich hatte meine Krankheit gestern wirklich überwunden, aber ich habe mich einfach nur dem Ausruhen gewidmet. Ich habe zehn Stunden am Stück geschlafen – was denkst du darüber?"

„Ich wünschte, ich könnte dasselbe sagen", antwortete ich mit angemessener Niedergeschlagenheit, als ich mich neben sie schwang, denn sie hatte ihre Absicht zu promenieren deutlich gemacht.

„Oh, dann waren Sie krank?"

„Im Gegenteil", antwortete ich trocken. „Und ich wünschte, das wäre auch so gewesen. Ich habe insgesamt nicht einmal fünf Stunden geschlafen, seit ich an Bord gekommen bin. Diese widerlichen Bienenstöcke ..."

Ich hielt ein klumpiges Handgelenk hoch, um es zu zeigen. Sie warf einen Blick darauf, hielt abrupt inne, balancierte geschickt auf der Rolle, nahm mein Handgelenk in beide Hände und betrachtete es eingehend.

„Gnade!", rief sie und begann dann zu lachen.

Ich war hin- und hergerissen. Ihr Lachen war eine Wohltat für das Ohr, es war so sanft, gesund und offen. Andererseits war es ärgerlich, dass es sich gegen mein Unglück richtete. Ich nehme an, meine Verwirrung war mir deutlich anzusehen, denn als sie ihr Lachen eindämmte und mich mit ernüchternder Miene ansah, begann sie sofort wieder zu lärmen.

„Du armes Kind", gurgelte sie schließlich. „Und wenn ich daran denke, wie viel Weinstein ich dich habe essen lassen!"

Es war ziemlich anmaßend von ihr, mich als arme Kleine zu behandeln, und ich beschloss, die Daten, die ich bereits besaß, zu nutzen, um herauszufinden, wie viele Jahre sie jünger war als ich. Sie hatte mir erzählt, sie sei zwölf Jahre alt gewesen, als die *Dixie* in der Bucht von San Francisco mit dem Flussdampfer kollidierte. Nun gut, ich musste nur noch das Datum dieser Katastrophe herausfinden, und schon hatte ich sie. Aber in der Zwischenzeit lachte sie über mich und meinen Ausschlag.

„Ich schätze, es ist – äh – auf eine gewisse Art lustig", sagte ich ein wenig steif, nur um festzustellen, dass es keinen Sinn hatte, steif gegenüber Miss West zu sein, denn das brachte sie nur dazu, noch mehr zu lachen.

„Was Sie brauchten", verkündete sie mit erneutem Gurgeln, „war eine äußerliche Behandlung."

„Erzählen Sie mir nicht, dass ich Windpocken oder Masern habe", protestierte ich.

„Nein." Sie schüttelte energisch den Kopf, während sie einen weiteren Anfall genoss. „Sie leiden an einem schweren Anfall ..."

Sie hielt absichtlich inne und sah mir direkt in die Augen.

„Vor Bettwanzen", schloss sie. Und dann fuhr sie ganz ernsthaft und praktisch fort: „Aber das werden wir im Handumdrehen in Ordnung bringen. Ich werde das Achterkajüte *der Elsinore* auf den Kopf stellen, obwohl ich weiß, dass weder in Vaters Zimmer noch in meinem Zimmer welche sind. Und obwohl dies meine erste Reise mit Mr. Pike ist, weiß ich, dass er zu abgebrüht ist" (hier lachte ich über ihr unfreiwilliges Wortspiel) „alter Seemann, um nicht zu wissen, dass sein Zimmer sauber ist. Ihre" (ich war beunruhigt, weil ich befürchtete, sie würde sagen, ich hätte sie an Bord gebracht) „sind höchstwahrscheinlich von vorne hereingekommen. Sie haben sie immer vorne.

„Und jetzt, Mr. Pathurst, werde ich mich um Ihren Fall kümmern. Sie sollten Ihren Wada bitten, Ihnen ein Campingset zusammenzustellen. Die nächsten paar Nächte werden Sie in der Kabine oder im Kartenraum verbringen. Und stellen Sie sicher, dass Wada alles Silber und alle anlaufgefährdeten Metallteile aus Ihren Zimmern entfernt. Es wird allerhand ausgeräuchert, Holzteile herausgerissen und neu aufgebaut. Vertrauen Sie mir. Ich kenne das Ungeziefer."

KAPITEL XIV.

So ein Aufräumen und Umkrempeln! Zwei Nächte lang, eine im Kartenraum und eine auf dem Sofa in der Kajüte, habe ich mich in Schlaf gehüllt, und jetzt bin ich fast benommen vom Übermaß an Schlaf. Das Land scheint sehr weit weg. Durch eine seltsame Laune habe ich den Eindruck, dass Wochen oder Monate vergangen sind, seit ich Baltimore an jenem bitterkalten Märzmorgen verlassen habe. Und doch war es der 28. März und dies ist erst die erste Aprilwoche.

Ich hatte mit meiner ersten Einschätzung von Miss West vollkommen recht. Sie ist die fähigste, praktisch meisterhafteste Frau, die ich je kennengelernt habe. Was zwischen ihr und Mr. Pike vorgefallen ist, weiß ich nicht; aber was auch immer es war, sie war überzeugt, dass er nicht derjenige war, der sich irrte. Auf seltsame Weise sind meine beiden Zimmer die einzigen, die von dieser Ungezieferplage befallen wurden. Unter Miss Wests Anweisungen wurden Kojen, Schubladen, Regale und alle oberflächlichen Holzarbeiten herausgerissen. Sie arbeitete vom Morgengrauen bis zur Dunkelheit mit dem Zimmermann, und dann, nach einer Nacht des Ausräucherns, legten zwei der Matrosen mit Terpentin und Bleiweiß den letzten Schliff an die Reinigungsarbeiten. Der Zimmermann ist jetzt damit beschäftigt, meine Zimmer wieder aufzubauen. Dann kommt das Streichen, und in zwei oder drei weiteren Tagen erwarte ich, wieder in meinem Quartier zu sein.

Von den Männern, die das Terpentin- und Bleiweißverfahren durchführten, gab es vier. Zwei von ihnen wurden von Miss West schnell abgelehnt, da sie der Arbeit nicht gewachsen waren. Der erste, Steve Roberts, wie er mir sagte, war sein Name, ist ein interessanter Kerl. Ich habe ziemlich viel mit ihm gesprochen, bevor Miss West ihn wegschickte und Mr. Pike sagte, dass sie einen richtigen Seemann wollte.

Steve Roberts sieht das Meer zum ersten Mal. Wie er von den Viehweiden im Westen nach New York gelangte, erklärte er nicht, ebenso wenig wie er erklärte, wie er dazu kam, auf der *Elsinore zu segeln* . Doch hier ist er nun, kein Matrose zu Pferd, sondern ein Cowboy auf See. Er ist ein kleiner Mann, aber äußerst kräftig gebaut. Seine Schultern sind sehr breit, und seine Muskeln wölben sich unter seinem Hemd, und dennoch hat er eine schmale Taille, hagere Gliedmaßen und hohle Wangen. Letzteres liegt jedoch nicht an Krankheit oder schlechtem Gesundheitszustand. So unerfahren er auf See auch ist, Steve Roberts ist scharfsinnig und intelligent ... ja, und unehrlich. Er hat die Angewohnheit, einem beim Reden mit äußerster Offenheit direkt in die Augen zu blicken, und doch überkommt mich in solchen Momenten am stärksten der Eindruck von Unehrlichkeit. Doch sollte es Ärger geben, ist er ein Mann, mit dem man rechnen muss. In gewisser Weise deutet er auf eine Verwandtschaft mit den drei Männern hin, gegen die Mr. Pike so schnell Vorurteile hegte – Kid Twist, Nosey Murphy und Bert Rhine. Und mir ist bei den Hundebeobachtungen bereits aufgefallen, dass Steve Roberts mit diesem Trio befreundet ist.

Der zweite Matrose, den Miss West abwies, nachdem sie ihm fünf Minuten lang schweigend bei der Arbeit zugesehen hatte, war Mulligan Jacobs, ein dürrer Mann mit verkrümmter Wirbelsäule. Doch bevor sie ihn wegschickte, geschahen andere Dinge, die mich beunruhigten . Ich war im Zimmer, als Mulligan Jacobs zum ersten Mal zur Arbeit kam, und ich konnte nicht umhin, den erschrockenen, gierigen Blick zu bemerken, den er auf meine großen Bücherregale warf. Er näherte sich ihnen wie ein Räuber einem geheimen Goldschatz, und wie ein Geizhals Gold begrapscht, begrapschte Mulligan Jacobs diese Buchtitel mit seinen Augen.

Und solche Augen! All die Bitterkeit und das Gift, von denen Mr. Pike mir erzählt hatte, dass der Mann sie besaß, war in seinen Augen zu sehen. Sie waren klein, blassblau und glühten wie ein Loch in den Augen. Seine Augenlider waren entzündet und dienten nur dazu, die bittere und kalt lodernde Intensität der Pupillen zu bluten. Der Mann war von Natur aus ein Hasser, und ich erfuhr bald, dass er alles außer Büchern hasste.

„Möchten Sie einige davon lesen?", sagte ich gastfreundlich.

Alle Zärtlichkeit in seinen Augen für die Bücher verschwand, als er seinen Kopf drehte, um mich anzusehen, und bevor er sprach, wusste ich, dass auch ich gehasst wurde.

„Es ist die Hölle, nicht wahr? – Sie mit einem starken Körper und Dienern, die für Sie eine Last von Büchern wie diese tragen, und ich mit einem krummen Rücken, der mir die Haken des Höllenfeuers ins Gehirn rammt?"

Wie kann ich die schreckliche Gehässigkeit beschreiben, mit der er diese Worte aussprach? Ich weiß, dass Mr. Pike, als er den Flur entlang an meiner offenen Tür vorbeischlurfte, mir ein sehr angenehmes Gefühl der Sicherheit vermittelte. Allein mit diesem Mann im Zimmer zu sein, kam mir so vor, als wäre ich mit einer Tigerkatze in einem Käfig eingesperrt. Die Teuflieeerei, die Bosheit und vor allem der Grad des schreienden Hasses, mit dem der Mann mich ansah und ansprach, waren höchst unangenehm. Ich schwöre, ich kannte Angst – keine kalkulierte Vorsicht, keine schüchterne Besorgnis, sondern blinde Panik, unbegründete Angst. Die Bösartigkeit des Geschöpfs war markerschütternd; und es bedurfte keiner Worte, um sie auszudrücken: Sie strömte aus ihm heraus, aus seinen rotgeränderten, glühenden Augen, aus seinem verdorrten, verzerrten, gequälten Gesicht, aus seinen Händen mit den abgebrochenen Nägeln und den krummen Krallen seiner Hände. Und doch kam mir in diesem Moment des instinktiven Erschreckens und

Abscheus der Gedanke in den Sinn, dass ich mit einer Hand dem dünnen Hauch eines verkrüppelten Wesens die Kehle umschließen und ihm das missgestaltete Leben aus dem Leib würgen könnte.

Doch dieser Gedanke war nicht gerade ermutigend – nicht mehr als ein Mensch in einer Höhle voller Klapperschlangen oder in einer Grube voller Tausendfüßler empfinden würde, denn obwohl er sie mit seiner Masse zerquetschte, würden sie ihm trotzdem zuerst ihr Gift einflößen. Und so war es auch mit diesem Mulligan Jacobs. Meine Angst vor ihm war die Angst, mich mit seinem Gift anzustecken. Ich konnte nichts dagegen tun, denn ich sah kurz die schwarzen und abgebrochenen Zähne, die ich in seinem Mund gesehen hatte, in mein Fleisch eindringen, mich verunreinigen, mich mit ihrer Säure auffressen und mich zerstören.

Eines war völlig klar. Das Wesen hatte keine Angst. Es kannte absolut keine Angst. Es war so frei von Angst wie der stinkende Schleim, den man in Albträumen mit Füßen tritt. Herr, Herr! Das war es, was es war, ein Albtraum.

„Leiden Sie oft unter Schmerzen?", fragte ich und versuchte, mich durch gezielten Einsatz von Mitgefühl unter Kontrolle zu bringen.

„Die Haken sind in meinem Gehirn, weißglühende Haken, die brennen und brennen", war seine Antwort. „Aber mit welchem verdammten Recht hast du all diese Bücher und die Zeit, sie zu lesen, und die ganze Nacht damit zu verbringen, sie zu lesen und darin zu schwelgen, wenn mein Gehirn brennt und ich wachsam bin und wachsam, und mein gebrochenes Rückgrat es mir nicht erlaubt, einen halben Zentner Bücher mit mir herumzuschleppen?"

Noch ein Verrückter, war meine Schlussfolgerung; und doch war ich schnell gezwungen, sie zu abändern, denn in der Absicht, mit einem wirren Gehirn zu spielen, fragte ich ihn, welche Bücher bis zu einem halben Zentner er bei sich trage und welche Autoren er bevorzuge. Seine Bibliothek, erzählte er mir, enthalte unter anderem in erster Linie einen kompletten Byron. Als nächstes käme ein kompletter Shakespeare; außerdem ein kompletter Browning in einem Band. Ein ganzes Dutzend Bücher hatte er im Vorschiff der Renan, einen verlorenen Band von Lecky, Winwood Reades *Martyrdom of Man* , mehrere Bücher von Carlyle und acht oder zehn Bücher von Zola. Er schwor auf Zola, obwohl Anatole France sein größter Liebling war.

Er war vielleicht verrückt, war mein revidiertes Urteil, aber er war ganz anders verrückt als alle anderen Verrückten, denen ich je begegnet war. Ich unterhielt mich mit ihm über Bücher und Buchliebhaber. Er war sehr universell und eigen. Er mochte O. Henry. George Moore war ein Schuft und ein Volltrottel. Edgar Saltus' *Anatomie der Negation* war tiefgründiger als Kant. Maeterlinck war ein mystischer Schmollmund. Emerson war ein

Scharlatan. Ibsens *Gespenster* waren der Knüller, obwohl Ibsen ein bürgerlicher Speichellecker war. Heine war das einzig Wahre. Er zog Flaubert de Maupassant und Turgenieff Tolstoi vor; aber Gorki war der Beste der russischen Siedelei. John Masefield wusste, worüber er schrieb, und Joseph Conrad lebte zu fett, um das Zeug zu produzieren, das er zuerst produzierte.

Und so ging es weiter, der erstaunlichste fortlaufende Kommentar zur Literatur, den ich je gehört hatte. Ich war sehr interessiert und fragte ihn nach Soziologie. Ja, er war ein Roter und kannte Kropotkin, aber er war kein Anarchist. Andererseits war politisches Handeln eine Sackgasse, die zu Reformismus und Quietismus führte. Der politische Sozialismus war im Eimer, während der Industrieunionismus die logische Kulmination des Marxismus war. Er war ein Anhänger der direkten Aktion. Der Massenstreik war das Ding. Sabotage, nicht nur als Entzug der Effizienz, sondern als scharfe Politik der Profitvernichtung, war die Waffe. Natürlich glaubte er an die Propaganda der Tat, aber ein Mann war ein Narr, wenn er darüber sprach. Seine Aufgabe war es, es zu tun und den Mund zu halten, und die Art, es zu tun, bestand darin, die Beweise zu erschießen. Natürlich sprach *er*, aber was war dabei? Hatte er nicht eine Verkrümmung der Wirbelsäule? Es war ihm egal, wann er sie bekam, und wehe dem Mann, der versuchte, sie ihm zu geben.

Und während er redete, hasste er mich. Er schien die Dinge zu hassen, über die er sprach und die er vertrat. Ich schätzte, dass er irischer Abstammung war, und es war offensichtlich, dass er Autodidakt war. Als ich ihn fragte, wie er zur See gekommen war, antwortete er, dass die Haken in seinem Gehirn an einer Stelle genauso heiß waren wie an der anderen. Er war so locker, mir zu erzählen, dass er als junger Mann ein Athlet gewesen war, ein professioneller Läufer in Ostkanada. Und dann hatte ihn seine Krankheit gepackt, und ein Vierteljahrhundert lang war er ein gewöhnlicher Landstreicher und Vagabund gewesen, und er prahlte damit, dass er mehr Stadt- und Bezirksgefängnisse persönlich kannte als jeder andere Mensch, der je gelebt hatte.

An diesem Punkt unseres Gesprächs steckte Mr. Pike seinen Kopf in die Tür. Er sprach mich nicht an, sondern warf mir einen äußerst säuerlichen Blick voller Missbilligung zu. Mr. Pikes Gesicht ist fast versteinert. Jeder Ausdruck scheint es zu erschüttern – mit Ausnahme von Bitterkeit. Aber wenn Mr. Pike säuerlich aussehen will, hat er überhaupt keine Schwierigkeiten. Sein harthäutiges, muskulöses Gesicht verströmt einfach Bitterkeit. Offensichtlich verurteilte er es, dass ich Mulligan Jacobs' Zeit verschwendete. Zu Mulligan Jacobs sagte er mit seinem üblichen Knurren:

„Gehen Sie und machen Sie sich an die Arbeit. Kauen Sie unten auf dem Lappen in Ihrer Uhr herum.“

Und dann bekam ich eine Kostprobe von Mulligan Jacobs. Der Hass, den ich bereits in seinem Gesicht gesehen hatte, war nichts im Vergleich zu dem, was sich jetzt zeigte. Ich hatte das Gefühl, dass es, wie wenn ich bei kaltem Wetter eine Katze streichle, elektrische Funken sprühen würde, wenn ich sein Gesicht berührte.

„Ach, fahr zur Hölle, du alter Knacker“, sagte Mulligan Jacobs.

Wenn ich je Mordlust in den Augen eines Mannes gesehen habe, dann in denen des Maat. Er stürzte ins Zimmer, den Arm zum Schlag angespannt, die Hand nicht geöffnet, sondern geballt. Ein Schlag der Bärentatze und Mulligan Jacobs und all seine giftige Flamme wären in der ewigen Dunkelheit erloschen. Aber er hatte keine Angst. Wie eine in die Enge getriebene Ratte, wie eine Klapperschlange auf der Spur, unerschrocken, höhnisch und knurrend, stellte er sich dem wütenden Riesen entgegen. Mehr als das. Er stieß sogar sein Gesicht nach vorn auf seinen verdrehten Hals, um den Schlag abzuwehren.

Es war zu viel für Mr. Pike; es war zu unmöglich, dieses zerbrechliche, verkrüppelte, abstoßende Ding zu treffen.

„Ich bin derjenige, der dich den Langweiler nennen kann“, sagte Mulligan Jacobs. „Ich bin kein Larry. Geh und schlag mich. Warum schlägst du mich nicht?“

Und Mr. Pike war zu entsetzt, um das Geschöpf zu schlagen. Er, dessen ganze Karriere auf See die eines trostlosen Pferdetreibers gewesen war, konnte diesen zerbrochenen Splitter von einem Mann nicht schlagen. Ich schwöre, dass Mr. Pike tatsächlich mit sich selbst rang, um zuzuschlagen. Ich habe es gesehen. Aber er konnte nicht.

„Machen Sie weiter mit Ihrer Arbeit“, befahl er. „Die Reise ist noch jung, Mulligan. Ich werde Sie mir aus der Hand fressen lassen, bevor sie vorbei ist.“

Und Mulligan Jacobs Gesicht schob sich einen Zentimeter näher an seinen verdrehten Hals, während seine ganze konzentrierte Wut kurz davor zu sein schien, in Weißglut zu explodieren. Die Bitterkeit, die ihn verzehrte, war so gewaltig und gewaltig, dass er keine Worte fand, um sie auszudrücken. Alles, was er tun konnte, war, tief in seiner Kehle zu räuspern und zu kehlen, bis es mich nicht überrascht hätte, wenn er dem Maat Gift ins Gesicht gespuckt hätte.

Und Mr. Pike drehte sich auf dem Absatz um und verließ den Raum, geschlagen, völlig geschlagen.

* * * * *

Ich bekomme es nicht aus meinem Kopf. Immer wieder springt das Bild des Kameraden und des Krüppels, die einander gegenüberstehen, vor meinen Augenlidern auf. Das ist anders als in den Büchern und als das, was ich vom Leben weiß. Es ist eine Offenbarung. Das Leben ist eine zutiefst erstaunliche Sache. Was ist das für eine bittere Flamme, die Mulligan Jacobs durchdringt? Wie kann er es wagen – ohne Hoffnung auf irgendeinen Gewinn, kein Held, kein Anführer einer hoffnungslosen Hoffnung und kein Märtyrer Gottes, sondern nur eine dreckige, bösartige Ratte – wie kann er es wagen, frage ich mich, so trotzig, so den Tod herbeirufend zu sein? Sein Anblick lässt mich an allen Schulen der Metaphysiker und Realisten zweifeln. Keine Philosophie hat ein Bein, auf dem sie stehen kann, ohne Mulligan Jacobs zu erklären. Und all die nächtliche Philosophie, die ich verbrannt habe, ermöglicht es mir nicht, Mulligan Jacobs zu erklären … es sei denn, er ist verrückt. Und dann weiß ich es nicht.

Gab es jemals eine solche Fracht menschlicher Seelen auf dem Meer wie diese Menschen, mit denen ich auf der *Elsinore zusammengetrieben werde* ?

* * * * *

Und jetzt arbeitet in meiner Werkstatt ein weiterer von ihnen, Bleiweiß und Terpentin. Ich habe seinen Namen erfahren. Es ist Arthur Deacon. Er ist der bleiche Mann mit den verstohlenen Augen, den ich am ersten Tag bemerkte, als die Männer aus dem Vorschiff getrieben wurden, um die Ankerwinde zu bedienen – der Mann, den ich so schnell für einen Drogensüchtigen hielt. Und er sieht wirklich so aus.

Ich fragte Herrn Pike nach seiner Einschätzung des Mannes.

„Weißer Sklavenhändler", war seine Antwort. „Musste New York ausnehmen, um seine Haut zu retten. Er wird sich mit den anderen drei Larrakins zusammentun, denen ich meine Meinung gesagt habe."

„Und was halten Sie davon?", fragte ich.

„Ein Monatslohn für ein Pfund Tabak, das ein Bezirksstaatsanwalt oder eine Untersuchungskommission der New Yorker Polizei gerade für sie sucht. Ich hätte gern das Geld, das jemand in New York hinterlegt hat, um sie auf diese Flucht zu schicken. Oh, ich kenne die Sorte."

„Gangster?", fragte ich.

„Das ist es. Aber ich werde ihnen die schmutzigen Häute stutzen. Ich werde sie stutzen. Mr. Pathurst, diese Reise hat noch nicht begonnen, und dieser alte Knacker ist noch lange nicht am Ende seiner Kräfte. Ich werde ihnen das Leben schwer machen. Ich habe an Bord dieses Schiffes bessere Männer begraben als die Besten. Und ich werde einige von denen begraben, die mich für einen alten Knacker halten.“

Er hielt inne und sah mich eine halbe Minute lang ernst an.

„Mr. Pathurst, ich habe gehört, Sie sind ein Schriftsteller. Und als man mir bei der Agentur sagte, Sie würden als Passagier mitfahren, habe ich mir unbedingt Ihr Stück angesehen. Nun, ich sage nichts über dieses Stück, weder in der einen noch in der anderen Weise. Aber ich möchte Ihnen nur sagen, dass Sie als Schriftsteller auf dieser Reise jede Menge Stoff zum Schreiben bekommen werden. Die Hölle wird platzen, glauben Sie mir, und genau hier vor Ihnen ist der alte Knaller, der für viel davon sorgen wird. Einige und viele werden lernen, wer ein alter Knaller ist.“

Fünfzehntes Kapitel.

Wie ich geschlafen habe! Diese Erleichterung der wiedergewonnenen Normalität ist köstlich – dank Miss West. Warum haben Captain West oder Mr. Pike, beide erfahrene Männer, mein Problem nicht für mich diagnostiziert? Und dann war da noch Wada. Aber nein; dazu war Miss West nötig. Wieder denke ich über das Problem der Frau nach. Es ist genau solch ein Vorfall unter Millionen anderen, der den Blick des Denkers auf die Frauen gerichtet hält. Sie sind wirklich die Mütter und Bewahrerinnen der Rasse.

So sehr ich auch über Miss Wests selbstgefällige Lebensweise schimpfen will, ich muss mich doch vor ihrer Lebensspende verneigen. Sie ist praktisch, vernünftig, nüchtern, eine Trösterin und Nestbauerin, die alle quälenden Eigenschaften einer blinden, instinktiven Rassenmutter besitzt, und dennoch muss ich gestehen, dass ich sehr dankbar bin, dass sie bei mir ist. Wäre sie nicht auf der *Elsinore gewesen* , wäre ich inzwischen vom Schlafmangel so überwältigt, dass ich mir in die Adern beißen und heulen würde – ein ebenso verrückter Hutmacher wie jeder unserer verrückten Hutmacher. Und damit sind wir beim Thema – dem ewigen Mysterium der Frau. Man kann vielleicht nicht mit ihr auskommen; doch es ist seit jeher klar, dass man ohne sie nicht auskommen kann. Aber was Miss West betrifft, hege ich eine inbrünstige Hoffnung, nämlich, dass sie keine Suffragette ist. Das wäre zu viel.

Kapitän West ist zwar ein Samurai, aber er ist auch ein Mensch. Er war heute Morgen auf seine zurückhaltende, beherrschte Art wirklich ein wenig aufgeregt, als er die Ungezieferplage bedauerte, die ich in meinen Räumen angetroffen hatte. Es scheint, dass er einen ausgeprägten Sinn für Gastfreundschaft hat und dass er mein Gastgeber auf der *Elsinore ist* und dass er, obwohl er sich der Existenz der Besatzung nicht bewusst ist, mein Wohlbefinden nicht ignoriert. Aus seinen wenigen Bedauernsbekundungen scheint hervorzugehen, dass er sich nicht verzeihen kann, dass er die falsche Diagnose meiner Krankheit so leichtfertig hingenommen hat. Ja, Kapitän West ist ein echter Mensch. Ist er nicht der Vater der schmalgesichtigen, stämmigen Miss West?

„Gott sei Dank ist das geklärt", rief Miss West heute Morgen aus, als wir uns auf dem Achterdeck trafen und ich ihr erzählt hatte, wie herrlich ich geschlafen hatte.

Und dann, nachdem diese alptraumhafte Episode abgetan war, weil sie für alle praktischen Zwecke erledigt war, sagte sie als nächstes:

„Komm und sieh dir die Hühner an."

Und ich begleitete sie über die spinnenartige Brücke bis zum Dach des Mittschiffshauses, um mir den einen Hahn und die vier Dutzend fetten Hennen im Hühnerstall des Schiffes anzusehen.

Während ich sie begleitete und meine Augen genüsslich auf ihrem vitalen Gang ruhten, mit dem sie vor mir herging, musste ich daran denken, dass sie mir, als sie mit dem Schlepper aus Baltimore kam, versprochen hatte, mich nicht zu belästigen und auch keine Unterhaltung zu verlangen.

Kommen Sie und sehen Sie sich die Hühner an ! – Oh, die reine weibliche Besitzgier dieser einfachen Einladung! Gibt es an Unverschämtheit der Besitzgier etwas, das die nestbauende, planetenbevölkernde, weibliche, menschliche Frau übertreffen kann? – *Kommen Sie und sehen Sie sich die Hühner an* ! Na ja, die Matrosen vorn mögen hartgesottene Typen sein, aber ich kann Miss West versprechen, dass hier achtern ein männlicher Passagier ist, unverheiratet und nie verheiratet, der ein ebenso hartgesottener Abenteurer auf dem Meer der Ehe ist. Wenn ich die Volkszählung durchgehe, erinnere ich mich an mindestens mehrere Frauen, die Miss West überlegen waren, die ihr Sexlied trällerten und es nicht schafften, mich zum Schiffbruch zu bringen.

Beim Durchlesen meiner Texte fällt mir auf, wie sich die Terminologie des Meeres in meine Denkprozesse eingeschlichen hat. Unwillkürlich denke ich in Begriffen des Meeres. Außerdem fällt mir auf, dass ich übermäßig Superlative verwende. Aber an Bord der *Elsinore* ist alles superlativ. Ich ertappe mich dabei, wie ich meinen Wortschatz ständig auf der Suche nach richtigen und angemessenen Worten durchforste. Doch ich bin mir auch des Versagens bewusst. So könnten beispielsweise alle Wörter aller Wörterbücher nicht annähernd die überragende Furchtbarkeit von Mulligan Jacobs wiedergeben.

Doch zurück zu den Hühnern. Trotz aller Vorsicht war es offensichtlich, dass sie während der letzten Sturmtage nicht gut zurechtkamen. Ebenso offensichtlich war, dass Miss West sie selbst während ihrer Seekrankheit nicht vernachlässigt hatte. Unter ihrer Anleitung hatte der Steward tatsächlich einen kleinen Ölofen im großen Stall aufgestellt, und jetzt winkte sie ihn auf das Dach des Hauses, als er nach vorn zur Kombüse ging. Dies geschah, um ihm weitere Anweisungen zur Fütterung der Hühner zu geben.

Wo war der Maisbrei? Sie brauchten Maisbrei. Er wusste es nicht. Der Sack war zwischen den verschiedenen Vorräten verloren gegangen, aber Mr. Pike hatte ein paar Matrosen versprochen, die Lazarette am Nachmittag zu überholen.

„Viel Asche“, sagte sie zum Steward. „Denken Sie daran. Und wenn ein Matrose den Stall nicht jeden Tag säubert, melden Sie sich bei mir. Und geben Sie ihnen nur sauberes Futter – keine verdorbenen Essensreste, wohlgemerkt. Wie viele Eier gab es gestern?"

Die Augen des Verwalters glänzten vor Begeisterung, als er sagte, er habe am Tag zuvor neun gefangen und erwarte heute ein ganzes Dutzend.

„Die armen Dinger", sagte Miss West – zu mir. „Sie haben keine Ahnung, wie sehr schlechtes Wetter ihre Legereife reduziert." Sie wandte sich wieder dem Verwalter zu. „Passen Sie jetzt auf, beobachten Sie, welche Hühner nicht legen, und töten Sie sie zuerst. Und fragen Sie mich jedes Mal, bevor Sie eines töten."

Ich fand mich vernachlässigt da draußen auf dem zugigen Dach des Hauses wieder, während Miss West mit dem chinesischen Ex-Schmuggler über Hühner redete. Aber es gab mir Gelegenheit, sie zu beobachten. Es ist die Länge ihrer Augen, die ihren festen Blick betont – natürlich begünstigt durch die dunklen Brauen und Wimpern. Wieder fiel mir das warme Grau ihrer Augen auf. Und ich begann, sie zu identifizieren, sie zu orten. Sie ist ein körperlicher Typus der besten Weiblichkeit des alten Neuenglands. Nichts karges, nichts dürftiges, nichts gezüchtetes, sondern großzügig stark und doch nicht ganz das, was man robust nennen würde. Als ich sagte, sie sei stämmig, habe ich mich geirrt. Ich muss auf mein anderes Wort zurückgreifen, das das letzte sein muss: Miss West ist vital. Das ist das Schlüsselwort.

Als wir wieder auf dem Achterdeck waren und Miss West unter Deck gegangen war, wagte ich es, Mr. Mellaire wie gewohnt zu necken:

„Und hat O'Sullivan schon Andy Fays Seestiefel gekauft?"

„Noch nicht, Mr. Pathurst", war die Antwort, „obwohl er sie heute früh fast erwischt hätte. Kommen Sie mit, Sir, ich zeige es Ihnen."

Der zweite Maat gab keine weiteren Informationen preis und ging voran die Brücke entlang, über das Mittelschiff und das Vorderschiff. Vom Rand des Vorderschiffs aus, auf die Luke Nummer Eins hinunterblickend, sah ich zwei Japaner mit Segelnadeln und Bindfaden, die ein in Segeltuch gewickeltes Bündel zusammennähten, das unverkennbar einen menschlichen Körper enthielt.

„O'Sullivan hat ein Rasiermesser benutzt", sagte Herr Mellaire.

„Und das ist Andy Fay?", rief ich.

„Nein, Sir, nicht Andy. Das ist ein Holländer. Christian Jespersen war sein Name auf den Artikeln. Er stand O'Sullivan im Weg, als dieser hinter den Stiefeln her war. Das rettete Andy. Andy war aktiver. Jespersen konnte sich selbst nicht aus dem Weg gehen, geschweige denn O'Sullivan. Dort drüben sitzt Andy."

Ich folgte Mr. Mellaires Blick und sah den ausgebrannten, alten kleinen Schotten auf einer Ersatzsparre hocken und an einer Pfeife ziehen. Ein Arm steckte in einer Schlinge und sein Kopf war bandagiert. Neben ihm hockte Mulligan Jacobs. Sie waren ein Paar. Beide hatten blaue Augen und beide einen bösartigen Blick. Und sie waren gleichermaßen abgemagert. Es war leicht zu erkennen, dass sie schon früh auf der Reise ihre Verwandtschaft in der Bitterkeit entdeckt hatten. Andy Fay, das wusste ich, war dreiundsechzig Jahre alt, obwohl er aussah wie hundert; und Mulligan Jacobs, der erst etwa fünfzig war, machte diesen Unterschied durch die Gluthitze des Hasses wett, die in seinem Gesicht und seinen Augen brannte. Ich fragte mich, ob er aus Mitgefühl neben dem verletzten, verbitterten Mann saß oder ob er dort war, um zu prahlen.

Um die Ecke des Hauses schlenderte Shorty und warf mir sein unvermeidliches Clowngrinsen zu. Eine Hand war mit Bandagen umwickelt.

„Das muss Mr. Pike beschäftigt haben", war mein Kommentar zu Mr. Mellaire.

„Er war während seiner gesamten Wache von vier bis acht damit beschäftigt, Krüppel zu nähen."

„Was?", fragte ich. „Gibt es noch mehr?"

„Noch einer, Sir, ein Sheeny. Ich kannte seinen Namen nicht, aber Mr. Pike hat ihn gemerkt – Isaac B. Chantz. Ich habe in meinem ganzen Leben auf See noch nie so viele Sheenies gesehen wie jetzt an Bord der *Elsinore* . Sheenies fahren normalerweise nicht zur See. Wir haben sicherlich mehr als genug davon. Chantz ist nicht schwer verletzt, aber Sie sollten ihn wimmern hören."

„Wo ist O'Sullivan?", fragte ich.

„Im Mittelschiffshaus mit Davis und ohne eine Spur. Mr. Pike hat den Krawall gemacht und ihn mit einem Schlag aufs Kinn eingeschläfert. Und jetzt ist er festgebunden und spricht wie in Trance. Er hat Davis die Angst Gottes eingejagt. Davis sitzt mit einem Marlspieker in seiner Koje und droht, O'Sullivan den Schädel einzuschlagen, wenn er losbricht, und beschwert sich, dass man so kein Krankenhaus führen kann. Er hätte gepolsterte Zellen, Zwangsjacken, Tag- und Nachtschwestern und Gewaltstationen, nehme ich an – und ein Genesungsheim in einem Queen-Anne-Cottage auf dem Achterdeck.

„Oh je, oh je", seufzte Mr. Mellaire. „Das ist die komischste Reise und die komischste Crew, die ich je an Bord hatte. Sie wird kein gutes Ende nehmen.

Das kann jeder mit halbem Auge erkennen. Es wird tiefster Winter vor dem Kap Hoorn sein und ein Vorschiff voller Verrückter und Krüppel, die die Arbeit verrichten müssen. – Sehen Sie sich den nur an. Verrückt wie eine Bettwanze. Er wird wahrscheinlich jederzeit über Bord gehen."

Ich folgte seinem Blick und sah Tony, den Griechen, der am ersten Tag über Bord gesprungen war. Er war gerade um die Ecke des Hauses gekommen und schien, abgesehen von einem Arm in einer Schlinge, in guter Verfassung zu sein. Er ging leicht und kräftig, ein Beweis für die Vorzüge von Mr. Pikes harter Chirurgie.

Mein Blick wanderte immer wieder zu dem mit Segeltuch bedeckten Körper von Christian Jespersen und zu den Japanern, die mit Segelschnur sein Leichentuch nähten. Einer von ihnen hatte seine rechte Hand in eine dicke Umhüllung aus Baumwolle und Verband gewickelt.

„Wurde er auch verletzt?", fragte ich.

„Nein, Sir. Er ist der Segelmacher. Sie sind beide Segelmacher. Und er ist ein guter. Yatsuda ist sein Name. Aber er hatte gerade eine Blutvergiftung und lag achtzehn Monate im Krankenhaus in New York. Er hat sich kategorisch geweigert, sie amputieren zu lassen. Ihm geht es jetzt gut, aber die Hand ist bis auf Daumen und Zeigefinger tot, und er bringt sich selbst bei, mit der linken Hand zu nähen. Er ist der geschickteste Segelmacher, den man auf See finden kann."

„Ein Verrückter und ein Rasiermesser sind eine grausame Kombination", bemerkte ich.

„Fünf Männer sind außer Gefecht gesetzt", seufzte Mr. Mellaire. „O'Sullivan selbst ist weg, Christian Jespersen, Andy Fay, Shorty und der Sheeny. Und die Reise hat noch nicht begonnen. Und Lars hat sich das Bein gebrochen, und Davis ist für immer außer Gefecht gesetzt – Sir, wir werden bald so schwach sein, dass wir beide Wachen brauchen, um ein Stagsegel zu setzen."

Trotzdem war ich schockiert, als ich mich ganz sachlich mit Mr. Mellaire unterhielt – nein, nicht weil der Tod mit uns an Bord war. Ich habe zu lange zu meinen philosophischen Ansichten gestanden, um von Tod oder Mord schockiert zu sein. Was mich berührte, war die völlige, dumme Bestialität der Angelegenheit. Sogar Mord – Mord aus gutem Grund – kann ich verstehen. Es ist verständlich, dass Menschen einander aus Leidenschaft der Liebe, des Hasses, des Patriotismus oder der Religion töten. Aber das hier war anders. Hier wurde ohne Grund getötet, eine Orgie blinder Brutalität, eine ungeheuer irrationale Sache.

Als ich später mit Possum über das Hauptdeck schlenderte und an der offenen Tür des Krankenhauses vorbeikam, hörte ich O'Sullivans murmelnden Gesang und spähte hinein. Dort lag er, festgebunden auf dem Rücken in der unteren Koje, rollte mit den Augen und tobte. In der oberen Koje, direkt darüber, lag Charles Davis und rauchte seelenruhig eine Pfeife. Ich suchte nach dem Marlspieker. Da lag er, griffbereit, auf dem Bettzeug neben ihm.

„Es ist die Hölle, nicht wahr, Sir?", war seine Begrüßung. „Und wie soll ich schlafen, wenn dieser Pavian da vor sich hin schnattert? Er hört nie auf – er macht seine Kinnmusik weiter, wenn er schläft, nur schlimmer. Die Art, wie er die Zähne zusammenbeißt, ist furchtbar. Jetzt überlasse ich es Ihnen, Sir, ist es richtig, einen Verrückten wie ihn zu einem Kranken zu stecken? Und ich bin ein Kranker."

Während er redete, tauchte die gewaltige Gestalt von Mr. Pike neben mir auf und blieb knapp außerhalb des Blickfelds des Mannes in der Koje stehen. Und der Mann redete weiter.

„Eigentlich müsste ich die untere Koje haben. Es tut mir weh, hier hochzukriechen. Es ist unmenschlich, das ist es, und Seeleute sind durch das Gesetz besser geschützt als früher. Und ich werde Sie als Zeugen vor Gericht haben, wenn wir in Seattle ankommen."

Mr. Pike trat in die Tür.

„Halt die Klappe, du verdammter Seerechtsanwalt", knurrte er. „Hast du nicht schon genug dreckige Streiche gespielt, indem du in deinem Zustand an Bord dieses Schiffes gekommen bist? Und wenn ich noch etwas aus dir herausbekomme …"

Mr. Pike war so wütend, dass er seine Drohung nicht vollenden konnte. Nachdem er einen Moment lang gestammelt hatte, unternahm er einen neuen Versuch.

„Du … du … also, du gehst mir auf die Nerven, das ist deine Art."

„Ich kenne das Gesetz, Sir", antwortete Davis prompt. „Ich habe als Vollmatrose auf diesem Schiff gearbeitet. Das können alle bezeugen. Ich war von Anfang an auf dem Deck. Ja, Sir, und Tag und Nacht bis zum Hals im Salzwasser. Und Sie haben mich unter Deck Kohle schaufeln lassen. Ich habe meinen Dienst getan und mehr, bis mich diese Krankheit erwischt hat –"

„Sie waren versteinert und verfault, bevor Sie dieses Schiff überhaupt gesehen haben", unterbrach ihn Mr. Pike.

„Das Gericht wird darüber entscheiden, Sir", antwortete der unerschütterliche Davis.

„Und wenn Sie anfangen, mit Ihrem Seerechtsanwaltsmaul herumzubrüllen", fuhr Mr. Pike fort, „werde ich Sie da rausreißen und Ihnen zeigen, was richtige Arbeit ist."

„Und wenn wir da reinkommen, können wir den Besitzern schöne Schäden anrichten", höhnte Davis.

„Nicht, wenn ich Sie begrabe, bevor wir anlegen", war die schnelle, grimmige Erwiderung des Maats. „Und lassen Sie mich Ihnen sagen, Davis, Sie sind nicht der erste Seerechtsanwalt, den ich mit einem Sack Kohle vor den Füßen über Bord geworfen habe."

Mr. Pike drehte sich mit einem letzten „Verdammter Seerechtsanwalt!" um und ging das Deck entlang. Ich ging hinter ihm her, als er plötzlich stehen blieb.

"Herr. „Pathurst."

Er sprach mich nicht so an, wie ein Offizier einen Passagier anspricht. Sein Ton war gebieterisch, und ich schenkte ihm Beachtung.

„Mr. Pathurst. Von nun an ist es besser, wenn Sie an Bord dieses Schiffes nichts mehr sehen. Das ist alles."

Und wieder drehte er sich auf dem Absatz um und ging seines Weges.

KAPITEL XVI.

Nein, das Meer ist kein sanfter Ort. Es muss die Härte des Lebens sein, die alle Seeleute hart macht. Natürlich ist sich Kapitän West der Existenz seiner Mannschaft nicht bewusst, und Mr. Pike und Mr. Mellaire sprechen die Männer nie an, außer um Befehle zu erteilen. Aber Miss West, die eher wie ich ein Passagier ist, ignoriert die Männer. Sie sagt nicht einmal dem Mann am Steuerrad guten Morgen, als sie zum ersten Mal an Deck kommt. Trotzdem werde ich es tun, zumindest dem Mann am Steuerrad. Bin ich kein Passagier?

Was mich daran erinnert. Technisch gesehen bin ich kein Passagier. Die *Elsinore* hat keine Lizenz, Passagiere zu befördern, und ich bin als dritter Maat eingetragen und soll 35 Dollar im Monat bekommen. Wada ist als Schiffsjunge eingetragen, obwohl ich einen guten Preis für seine Überfahrt bezahlt habe und er mein Diener ist.

Auf See geht nicht viel Zeit verloren, um die Toten loszuwerden. Innerhalb einer Stunde, nachdem ich den Segelmachern bei der Arbeit zugesehen hatte, wurde Christian Jespersen mit den Füßen voran über Bord geschoben, ein Sack Kohle vor seinen Füßen, um ihn zu versenken. Es war ein milder, ruhiger Tag, und die *Elsinore* , die nur träge zwei Knoten zurücklegte, hatte zu diesem Anlass nicht beigelegt. Im letzten Moment kam Kapitän West mit einem Gebetbuch in der Hand nach vorn, las den kurzen Gottesdienst zur Seebestattung und kehrte sofort nach achtern zurück. Es war das erste Mal, dass ich ihn vorn sah.

Ich werde mir nicht die Mühe machen, die Beerdigung zu beschreiben. Ich werde nur sagen, dass sie ebenso schmutzig war wie Christian Jespersens Leben und sein Tod.

Miss West saß in einem Liegestuhl auf dem Achterdeck und war mit irgendeiner Handarbeit beschäftigt. Als Christian Jespersen mit seiner Kohle ins Meer klatschte, zerstreute sich die Mannschaft sofort. Die Wache unten ging in ihre Kojen, die Wache an Deck an die Arbeit. Es verging keine Minute, bevor Mr. Mellaire Befehle gab und die Männer zogen und schleppten. Also kehrte ich zum Achterdeck zurück und war von Miss Wests lächelnder Sorglosigkeit unangenehm beeindruckt.

„Nun, er ist begraben", bemerkte ich.

„Oh", sagte sie mit der ganzen Tonlosigkeit des Desinteresses und machte mit ihrer Näharbeit weiter.

Sie muss meine Gemütsverfassung gespürt haben, denn nach einem Moment hielt sie von ihrer Näharbeit inne und sah mich an.

Ihre erste Seebestattung, Mr. Pathurst?

„Der Tod auf See scheint Sie nicht zu beeinträchtigen“, sagte ich unverblümt.

„Nicht mehr als an Land.“ Sie zuckte mit den Schultern. „So viele Menschen sterben, wissen Sie. Und wenn es Fremde für Sie sind … also, was tun Sie an Land, wenn Sie erfahren, dass in einer Fabrik, an der Sie jeden Tag auf dem Weg in die Stadt vorbeikommen, Arbeiter getötet wurden? Auf dem Meer ist es dasselbe.“

„Es ist schade, dass uns eine Handvoll fehlt“, sagte ich absichtlich.

Es verfehlte sie nicht. Ebenso bewusst antwortete sie:

„Ja, nicht wahr? Und noch dazu so früh auf der Reise.“ Sie sah mich an, und als ich mir ein anerkennendes Lächeln nicht verkneifen konnte, lächelte sie zurück.

„Oh, ich weiß sehr wohl, Mr. Pathurst, dass Sie mich für einen herzlosen Schurken halten. Aber es liegt nicht daran … es liegt wohl am Meer. Und dennoch kannte ich diesen Mann nicht. Ich kann mich nicht erinnern, ihn je gesehen zu haben. Ich bezweifle, dass ich zu diesem Zeitpunkt der Reise ein halbes Dutzend der Seeleute als Männer erkennen könnte, die ich je gesehen habe. Warum also sollte ich mich damit quälen, auch nur an diesen dummen Fremden zu denken, der von einem anderen dummen Fremden getötet wurde? Man könnte genauso gut vor Kummer sterben, wenn man die Mordspalten in den Tageszeitungen liest.“

„Und doch scheint es irgendwie anders“, behauptete ich.

„Oh, du wirst dich daran gewöhnen“, versicherte sie mir fröhlich und wandte sich wieder ihrer Näharbeit zu.

Ich fragte sie, ob sie Moodys „ *Ship of Souls* “ *gelesen habe* , aber das hatte sie nicht. Ich suchte weiter nach ihr. Sie mochte Browning und mochte besonders „ *Der Ring und das Buch* “ . Das war der Schlüssel zu ihr. Sie interessierte sich nur für gesunde Literatur – für Literatur, die die wesentlichen Lügen des Lebens enthüllt.

So löste die Erwähnung Schopenhauers Lächeln und Gelächter aus. Für sie waren alle Philosophen des Pessimismus lächerlich. Ihr rotes Blut erlaubte es ihr nicht, sie ernst zu nehmen. Ich stellte sie auf die Probe mit einem Gespräch, das ich kurz vor meiner Abreise aus New York mit De Casseres geführt hatte. De Casseres hatte Jules de Gaultiers philosophische Genealogie bis auf Schopenhauer und Nietzsche zurückverfolgt und kam zu dem Schluss, dass de Gaultier aus ihren beiden Formeln eine noch tiefgründigere Formel konstruiert hatte. Der „Wille zum Leben“ des einen und der „Wille zur Macht" des anderen waren schließlich nur Teile von de Gaultiers höchster Verallgemeinerung, dem „Willen zur Illusion".

Ich schmeichle mir, dass selbst De Casseres mit der Art und Weise, wie ich seine Argumentation wiederholte, zufrieden gewesen wäre. Und als ich damit fertig war, fragte Miss West sofort, ob die Realisten nicht genauso oft und vollständig von ihren eigenen Phrasen getäuscht würden wie die armen Normalsterblichen mit ihren lebenswichtigen Lügen, die sie nie hinterfragten.

Und da waren wir. Eine gewöhnliche junge Frau, die sich nie den Kopf über die letzten Probleme zerbrochen hat, hört solche Dinge zum ersten Mal und wischt sie sofort und lachend beiseite. Ich zweifle nicht daran, dass De Casseres ihr zugestimmt hätte.

„Glauben Sie an Gott?", fragte ich ziemlich unvermittelt. Sie ließ ihre Näharbeit auf den Schoß fallen, sah mich nachdenklich an, blickte dann weiter über das glitzernde Meer und hinauf in die azurblaue Kuppel des Himmels. Und schließlich antwortete sie mit wahrhaft weiblicher Ausweichmanöver:

„Das tut mein Vater."

„Aber Sie?", beharrte ich.

„Ich weiß es wirklich nicht. Ich mache mir über solche Dinge keine Gedanken. Als kleines Mädchen habe ich das immer getan. Und doch ... ja, ich glaube ganz sicher an Gott. Manchmal, wenn ich gar nicht daran denke, bin ich mir ganz sicher, und mein Glaube, dass alles gut ist, ist genauso stark wie der Glaube Ihres jüdischen Freundes an die Worte der Philosophen. Das ist wohl alles, worauf es in jedem Fall ankommt – Glaube. Aber, wie gesagt, warum sich die Mühe machen?"

„Ah, jetzt habe ich Sie, Miss West!", rief ich. „Sie sind eine wahre Tochter der Herodias."

„Das hört sich nicht nett an", sagte sie und verzog das *Gesicht*.

„Und das ist es nicht", jubelte ich. „Trotzdem sind Sie es. Es ist Arthur Symons Gedicht *Die Töchter der Herodias*. Eines Tages werde ich es Ihnen vorlesen, und Sie werden antworten. Ich weiß, Sie werden antworten, dass auch Sie oft zu den Sternen geblickt haben."

Wir kamen gerade auf das Thema Musik zu sprechen, in dem sie überraschend fundierte Kenntnisse besitzt, und sie erzählte mir, dass Debussy und seine Schule keinen besonderen Reiz auf sie hätten, als Possum wild zu jaulen begann.

Der Welpe war die Brücke entlang zum Mittelschiffshaus gewandert und hatte offensichtlich die Hühner untersucht, als ihm das Unglück widerfuhr. Seine Angst war so schrill, dass wir beide aufstanden. Er raste mit voller Geschwindigkeit die Brücke entlang auf uns zu, jaulte bei jedem Sprung und drehte seinen Kopf ständig in die Richtung zurück, aus der er gekommen war.

Ich sprach ihn an und streckte ihm die Hand entgegen, worauf ich mit einem Schnappen und Zähneklappern belohnt wurde, als er vorbeihuschte. Immer noch mit zurückgedrehtem Kopf lief er am Achterdeck entlang. Bevor ich seine Gefahr begreifen konnte, waren Mr. Pike und Miss West hinter ihm her. Der Maat war der Nähere und erreichte mit einem gewaltigen Sprung gerade rechtzeitig die Reling, um Possum abzufangen, der blindlings unter der schmalen Reling über Bord ging. Mit einer Art Schaufeltritt schickte Mr. Pike das Tier halb über das Achterdeck rollen. Possum heulte und schnappte noch heftiger, kam wieder auf die Beine und taumelte auf die gegenüberliegende Reling zu.

„Fassen Sie ihn nicht an!", rief Mr. Pike, als Miss West ihre Absicht kundtat, das verrückte kleine Tier mit ihren Händen zu fangen. „Fassen Sie ihn nicht an! Er hat einen Anfall."

Aber sie ließ sich davon nicht abschrecken. Er war schon halb unter dem Geländer, als sie ihn auffing und auf Armeslänge von sich hielt, während er heulte, bellte und geiferte.

„Es ist ein Anfall", sagte Mr. Pike, als der Terrier zusammenbrach und krampfhaft zuckend auf dem Deck liegen blieb.

„Vielleicht hat ihn ein Huhn gepickt", sagte Miss West. „Holen Sie auf jeden Fall einen Eimer Wasser."

„Lassen Sie ihn lieber mich nehmen", sagte ich hilflos, denn ich kannte Anfälle nicht.

„Nein, es ist schon in Ordnung", antwortete sie. „Ich werde auf ihn aufpassen. Das kalte Wasser ist genau das, was er braucht. Er ist dem Hühnerstall zu nahe gekommen und ein Schnabelhieb auf die Nase hat ihm einen solchen Schrecken eingejagt, dass er einen Anfall bekam."

„Das ist das erste Mal, dass ich von einem solchen Anfall gehört habe", bemerkte Mr. Pike, während er unter Miss Wests Anleitung Wasser über den Welpen goss. „Es ist nur ein ganz normaler Welpenanfall. So einen bekommen sie alle auf See."

„Ich glaube, es waren die Segel, die das verursacht haben", argumentierte ich. „Mir ist aufgefallen, dass er große Angst vor ihnen hat. Wenn sie flattern, duckt er sich voller Angst und rennt los. Ist Ihnen aufgefallen, dass er mit zurückgedrehtem Kopf rannte?"

„Ich habe Hunde gesehen, die Anfälle hatten und das taten, obwohl es nichts gab, was sie erschrecken konnte", behauptete Mr. Pike.

„Es war ein Anfall, egal, was ihn verursacht hat", stellte Miss West abschließend fest. „Das heißt, er wurde nicht richtig gefüttert. Von nun an werde ich ihn füttern. Sagen Sie das Ihrem Jungen, Mr. Pathurst. Niemand darf Possum ohne meine Erlaubnis etwas zu essen geben."

In diesem Moment kam Wada mit Possums kleiner Schlafbox an und sie bereiteten sich darauf vor, ihn nach unten zu bringen.

„Das war großartig von Ihnen, Miss West", sagte ich, „und auch unüberlegt, und ich werde gar nicht erst versuchen, Ihnen zu danken. Aber ich sage Ihnen was – Sie nehmen ihn. Er ist jetzt Ihr Hund."

Sie lachte und schüttelte den Kopf, als ich ihr die Tür zum Kartenhaus öffnete.

„Nein, aber ich werde mich um ihn kümmern. Und jetzt brauchen Sie sich nicht die Mühe zu machen, nach unten zu kommen. Das ist meine Angelegenheit, und Sie würden nur im Weg sein. Wada wird mir helfen."

Und ich war ziemlich überrascht, als ich zu meinem Liegestuhl zurückkehrte und mich hinsetzte, wie sehr mich diese kleine Episode berührt hatte. Ich erinnerte mich, dass mein Puls vor lauter Aufregung über das, was geschehen war, deutlich schneller geworden war. Und als ich mich in meinem Stuhl zurücklehnte und mir eine Zigarette anzündete, wurde mir die ganze Seltsamkeit der Reise wieder bewusst. Miss West und ich unterhalten uns auf dem Achterdeck eines stattlichen Schiffs im blitzenden Meer über Philosophie und Kunst, während Kapitän West von seiner fernen Heimat träumt, Mr. Pike und Mr. Mellaire Wache stehen und Befehle knurren, die Sklaven der Menschen ziehen und zerren, Possum Anfälle bekommt, Andy Fay und Mulligan Jacobs vor unstillbarem Hass brennen, der kleinköpfige Mischlingschinesen für alle kocht, Sundry Buyers unaufhörlich auf seinen Bauch drückt, O'Sullivan in der Stahlzelle des Mittschiffshauses rast, Charles Davis lügt, er würde einen Marlspieker pflegen, und Christian Jespersen meilenweit achtern mit einem Sack Kohle zu seinen Füßen tief im Meer versunken ist.

KAPITEL XVII.

Heute sind es zwei Wochen auf See, auf lauem Meer, unter wolkenverhangenem Himmel, und wir gleiten mit leichten acht Knoten durch das Wasser bei leichtem Ostwind. Kapitän West sagte, er sei fast überzeugt, dass es der Nordost-Passagier sei. Außerdem habe ich erfahren, dass die *Elsinore* , um nicht am Kap San Roque an der brasilianischen Küste festzustecken, sich zunächst ostwärts bis fast an die Küste Afrikas vorkämpfen muss. Gelegentlich werden auf dieser Überfahrt die Kapverden gehoben. Kein Wunder, dass die Reise von Baltimore nach Seattle auf 18.000 Meilen geschätzt wird.

Als ich heute Morgen an Deck kam, fand ich Tony, den selbstmörderischen Griechen, am Steuer. Er schien vernünftig genug und nahm ganz vernünftig seinen Hut ab, als ich ihm guten Morgen sagte. Den kranken Männern geht es gut, mit Ausnahme von Charles Davis und O'Sullivan. Letzterer ist immer noch an seine Koje gefesselt, und Mr. Pike hat Davis gezwungen, sich um ihn zu kümmern. Infolgedessen läuft Davis auf dem Deck umher, holt Essen und Wasser aus der Kombüse und murrt jedem Mitglied der Mannschaft seine Ungerechtigkeiten vor.

Wada hat mir heute Morgen etwas Merkwürdiges erzählt. Er, der Steward und die beiden Segelmacher treffen sich anscheinend jeden Abend in der Küche – allesamt Asiaten – und unterhalten sich dort über Schiffsklatsch. Es scheint, als würde ihnen wenig entgehen, und Wada erzählt mir alles. Was Wada mir erzählt hat, war das merkwürdige Verhalten von Mr. Mellaire. Sie haben über ihn zu Gericht gesessen und sind mit seiner Vertrautheit mit den drei Gangstern vorn nicht einverstanden.

„Aber Wada", sagte ich, „er ist nicht so ein Mann. Er ist sehr hart und grob zu allen Matrosen. Er behandelt sie wie Hunde. Das weißt du."

„Sicher", stimmte Wada zu. „Andere Matrosen tun das auch. Aber diese drei sehr schlechten Männer sind gute Freunde. Louis sagt, der zweite Maat gehört nach achtern, so wie der erste Maat und der Kapitän. Es ist nicht gut für den zweiten Maat, mit Matrosen wie ein Freund zu reden. Das ist nicht gut für das Schiff. Kommt durch Ärger. Sehen Sie. Louis sagt, Mr. Mellaire ist verrückt, wenn er solche komischen Sachen macht."

All das, falls es wahr ist – und ich sah keinen Grund, daran zu zweifeln – veranlasste mich, der Sache auf den Grund zu gehen. Es scheint, dass die Gangster Kid Twist, Nosey Murphy und Bert Rhine sich zu Herrschern des Vorschiffs gemacht haben. Gemeinsam haben sie eine Schreckensherrschaft errichtet und regieren das Vorschiff. Ihre ganze Ausbildung in New York, in der sie die Slum-Schläger und Schwächlinge in ihren Gangs regieren, macht sie für diese Rolle prädestiniert. Soweit ich es Wadas Bericht entnehmen konnte, haben sie sich zuerst die beiden Italiener unter ihrer Aufsicht vorgenommen, Guido Bombini und Mike Cipriani. Auf mir unerklärliche Weise haben sie diese beiden Schurken zu zitternden Sklaven gemacht. So hat beispielsweise Bert Rhine laut den Schiffsklatschgeschichten Bombini neulich Nacht aus dem Bett geholt und ihm etwas Wasser gebracht.

Isaac Chantz steht ebenfalls unter ihrer Herrschaft, wird jedoch freundlicher behandelt. Herman Lunkenheimer, ein gutmütiger, aber einfältiger Deutscher, wurde von den dreien schwer verprügelt, weil er sich weigerte, einige der schmutzigen Kleidungsstücke von Nosey Murphy zu waschen. Die beiden Bootsmänner fürchten um ihr Leben bei dieser Clique, die wächst; denn Steve Roberts, der Ex-Cowboy, und der Sklavenhändler Arthur Deacon wurden in sie aufgenommen.

Ich bin der Einzige achtern, der diese Informationen besitzt, und ich gestehe, ich weiß nicht, was ich damit anfangen soll. Ich weiß, dass Mr. Pike mir sagen würde, ich solle mich um meinen eigenen Kram kümmern. Mr. Mellaire kommt nicht in Frage. Und Kapitän West hat keine Mannschaft. Und ich fürchte, Miss West würde mich für meine Mühen auslachen. Außerdem weiß ich, dass jedes Vorschiff seinen Schläger oder seine Schlägergruppe hat; das ist also nur eine Angelegenheit des Vorschiffs und geht die Achterwache nichts an. Die Arbeit auf dem Schiff geht weiter. Die einzige Auswirkung, die ich vermuten kann, ist eine Zunahme des Elends der Unglücklichen, die sich dieser kleinlichen Tyrannei vorn beugen müssen.

—Oh, und noch etwas hat mir Wada erzählt. Die Gangsterclique hat sich das Vorrecht gesichert, das erste Stück des gesalzenen Rindfleisches in den Fleischbällchen zu bekommen. Danach bekommt der Rest die aussortierten Stücke. Aber ich muss sagen, entgegen meinen Erwartungen ist das Vorschiff *der Elsinore* gut ausgestattet. Die Männer sind nicht überfordert. Sie haben alles, was sie essen wollen. Ein Fass mit gutem Schiffszwieback steht immer offen im Vorschiff. Louis backt dreimal wöchentlich frisches Brot für die Matrosen. Die Auswahl an Speisen ist ausgezeichnet, wenn auch nicht die Qualität. Es gibt keine Beschränkung hinsichtlich der Menge an Trinkwasser. Und ich kann nur sagen, dass sich das Aussehen der Männer bei diesem guten Wetter täglich verbessert.

Possum ist sehr krank. Er wird jeden Tag dünner. Ich kann ihn kaum ein herumlaufendes Skelett nennen, denn er ist zu schwach zum Gehen. Jeden Tag, bei diesem herrlichen Wetter, bringt Wada ihn unter Miss Wests Anleitung in seiner Kiste herauf und stellt ihn windgeschützt auf das überdachte Achterdeck. Sie hat sich voll und ganz um den Welpen gekümmert und lässt ihn jede Nacht in ihrem Zimmer schlafen. Ich fand sie gestern im Kartenraum, wo sie die medizinische Bibliothek *der Elsinore durchlas* . Später hat sie den Medizinschrank überarbeitet. Sie ist im Grunde das lebensspendende, lebenserhaltende weibliche Wesen dieser Art. Alle ihre Wege, für sich selbst und für andere, führen zum Leben.

Und doch – und das ist so merkwürdig, dass es mir zu denken gibt – zeigt sie keinerlei Interesse an den Kranken und Verletzten im Vorderland.

Sie sind für ihr Vieh oder weniger als Vieh. Als Lebensspenderin und Rassenerhalterin hätte ich sie mir als Lady Bountiful vorgestellt, die regelmäßig in das grausige, mit Stahlwänden versehene Krankenzimmer des Mittelschiffs stolpert und Haferbrei, Sonnenschein und sogar Traktate verteilt. Im Gegenteil, genau wie bei ihrem Vater existieren diese elenden Menschen nicht.

Und noch einmal, als der Steward einen Splitter unter seinen Fingernagel klemmte, war sie sehr besorgt, manipulierte die Pinzette und zog ihn heraus. Die Elsinore erinnert mich an eine Sklavenplantage vor dem Krieg; und Miss West ist die Dame der Plantage, die sich nur für die Haussklaven interessiert. Die Feldsklaven liegen außerhalb ihrer Kenntnis oder Rücksichtnahme, und die Seeleute sind die Feldsklaven der Elsinore. Als Wada vor einigen Tagen unter starken Kopfschmerzen litt, war sie ganz beunruhigt und verabreichte ihm Aspirin. Nun, ich nehme an, das liegt alles an ihrer Seeausbildung. Sie wurde hart trainiert.

Bei diesem schönen Wetter haben wir jeden zweiten Abend den Grammophon in der zweiten Hundewache. An den anderen Abenden ist dies Mr. Pikes Wache an Deck. Aber wenn er Abend unten ist, verrät er seine Vorfreude sogar beim Abendessen durch eine kaum zu unterdrückende Ungeduld. Und doch wartet er bei jeder solchen Gelegenheit peinlich genau, bis wir fragen, ob wir mit Musik beglückt werden wollen. Dann leuchtet sein hartgesottenes Gesicht auf, obwohl die Linien hart wie immer bleiben und seine Ekstase verbergen, und er bemerkt schroff und beiläufig, dass er wohl ein paar Platten überspielen kann. Und so sehen wir jeden zweiten Abend diesen Killer und Fahrer mit zerschundenen Fingerknöcheln und Gorillapfoten, wie er seine geliebten Platten streichelt und streichelt, hingerissen von der Musik, die sie machen, und, wie er mir zu Beginn der Reise erzählte, in solchen Momenten an Gott glaubt.

Dieses Leben auf der Elsinore ist eine seltsame Erfahrung. Ich gestehe, obwohl es mir vorkommt, als wäre ich schon seit vielen Monaten hier, bin ich mit jedem Detail des kleinen Lebenskreislaufs so vertraut, dass ich mich nicht orientieren kann. Meine Gedanken wandern ständig von unverständlichen Dingen zu unverständlichen – von unserem Samurai-Kapitän mit der exquisiten Gabriel-Stimme, die nur im Tumult und Donnern des Sturms zu hören ist; weiter zu dem misshandelten und schwachsinnigen Faun mit den hellen, feuchten, schmerzerfüllten Augen; zu den drei

Gangstern, die das Vorschiff beherrschen und den zweiten Maat verführen; zu dem ständig murmelnden O'Sullivan in dem Loch mit den Stahlwänden und dem nörgelnden Davis, der den Marlspieker in der oberen Koje pflegt; und zu Christian Jespersen, der irgendwo in dieser Weite des Ozeans treibt und einen Kohlensack zu seinen Füßen hat. In solchen Momenten wird das ganze Leben auf der *Elsinore* so unwirklich, wie das Leben für den Philosophen unwirklich ist.

Ich bin Philosoph. Deshalb ist es für mich unwirklich. Aber ist es auch für die Herren Pike und Mellaire unwirklich? Für die Wahnsinnigen und Idioten? Für den Rest der dummen Herde da draußen? Ich muss an eine Bemerkung von De Casseres denken. Es war bei einem Glas Wein bei Mouquin's. Er sagte: „Der tiefste Instinkt des Menschen ist es, gegen die Wahrheit zu kämpfen; das heißt, gegen das Reale. Er meidet Tatsachen von Kindheit an. Sein Leben ist ein ständiges Ausweichen. Wunder, Schimären und der Morgen halten ihn am Leben. Er lebt von Fiktion und Mythos. Es ist die Lüge, die ihn frei macht. Nur Tieren ist das Privileg zuteil, den Schleier der Isis zu lüften; Menschen wagen es nicht. Das wache Tier kann der Realität nicht auf fiktive Weise entfliehen, weil es keine Vorstellungskraft hat. Der wache Mensch ist gezwungen, ständig einen Ausweg in Hoffnung, Glauben, Fabeln, Kunst, Gott, Sozialismus, Unsterblichkeit, Alkohol, Liebe zu suchen. Von der Medusa-Wahrheit appelliert er an die Maya-Lüge."

Ben wird zustimmen, dass ich ihn zutreffend zitiert habe. Und so kommt mir der Gedanke, dass für all diese Sklaven der *Elsinore* das Reale real ist, weil sie ihm fiktiv entkommen. Sie alle sind besessen von dem Glauben, sie seien freie Wesen. Für mich ist das Reale unwirklich, weil ich die Schleier der Fiktion und des Mythos beiseite gerissen habe. Meine makellose fiktive Flucht vor dem Realen, die mich zum Philosophen gemacht hat, hat mich absolut an das Steuer des Realen gebunden. Ich, der Superrealist, bin der einzige Unrealist an Bord der *Elsinore*. Deshalb sehe ich, der ich am tiefsten in sie eindringe, in allen Phänomenen des Lebens auf der *Elsinore* nur eine Phantasmagorie.

Paradoxe? Ich gebe es zu. Alle tiefsinnigen Denker ertrinken im Meer der Widersprüche. Aber alle anderen auf der *Elsinore*, reine Oberflächenschwimmer, halten sich auf diesem Meer über Wasser — wahrlich, weil sie nie von seiner Tiefe geträumt haben. Und ich kann mir leicht vorstellen, wie Miss Wests praktisches, nüchternes Urteil über meine Spekulationen ausfallen würde. Schließlich sind Worte Fallen. Ich weiß weder, was ich weiß, noch, was ich zu denken glaube.

Eines weiß ich allerdings: Ich kann mich nicht orientieren. Ich bin die verrückteste und seeverlorenste Seele an Bord. Nehmen wir Miss West. Ich fange an, sie zu bewundern. Warum, weiß ich nicht, es sei denn, es liegt daran, dass sie so abscheulich gesund ist. Und doch ist es gerade diese Gesundheit, das Fehlen jeder Spur degenerativen Genies, die sie daran hindert, großartig zu sein … zum Beispiel in ihrer Musik.

Ich bin jetzt schon mehrmals tagsüber hergekommen, um ihr beim Spielen zuzuhören. Das Klavier ist gut und ihr Unterricht war offensichtlich der beste. Zu meinem Erstaunen erfahre ich, dass sie eine Absolventin von Bryn Mawr ist und dass ihr Vater vor langer Zeit einen Abschluss am alten Bowdoin gemacht hat. Und doch fehlt es ihr an Musik.

Ihr Anschlag ist meisterhaft. Sie hat die Festigkeit und das Gewicht (ohne Schärfe oder Hämmern) des Spiels eines Mannes – die Kraft und Sicherheit, die den meisten Frauen fehlt und von der manche Frauen wissen, dass sie fehlt. Wenn ihr ein Ausrutscher unterläuft, ist sie gnadenlos mit sich selbst und spielt weiter, bis die Schwierigkeit überwunden ist. Und sie überwindet sie schnell.

Ja, und es gibt eine Art Temperament in ihrer Arbeit, aber es gibt kein Gefühl, kein Feuer. Wenn sie Chopin spielt, interpretiert sie seine Sicherheit und Sauberkeit. Sie beherrscht Chopins Technik, aber sie wandelt nie dort, wo Chopin auf den Höhen wandelt. Irgendwie bleibt sie hinter der Fülle der Musik zurück.

Mir gefiel ihre Methode bei Brahms, und sie war auf meinen Vorschlag hin nicht abgeneigt, die Drei Rhapsodien immer wieder durchzugehen. Beim Dritten Intermezzo war sie in Höchstform, und es war wirklich Höchstform.

„Sie sprachen von Debussy", bemerkte sie. „Ich habe einige seiner Sachen hier. Aber ich komme nicht damit klar. Ich verstehe es nicht, und es hat keinen Sinn, es zu versuchen. Es scheint mir nicht ganz echte Musik zu sein. Es gelingt mir nicht, mich zu fesseln, genauso wenig wie ich es schaffe, es zu fesseln."

„Und doch mögen Sie MacDowell", widersprach ich.

„Jaaa", gab sie widerwillig zu. „Seine New England Idylls und Fireside Tales. Und ich mag auch die Sachen von diesem Finnen, Sibelius, obwohl sie mir zu weich, zu vollmundig weich, zu schön erscheinen, wenn Sie wissen, was ich meine. Sie scheinen mir zu süßlich."

Wie schade, dachte ich, dass sie trotz ihrer edlen, männlichen Art die Tiefen der Musik nicht wahrnimmt. Eines Tages werde ich versuchen, aus ihr herauszubekommen, was Beethoven und Chopin ihr bedeuten. Sie hat Shaws „Der *vollkommene Wagnerianer* " *nicht gelesen und auch Nietzsches* „*Die Geschichte des Wagner*" nicht gehört . Sie mag Mozart, den alten Boccherini und Leonardo Leo. Ebenso hat sie eine Vorliebe für Schumann, vor allem für die Waldszenen. Und seine „Papillons" hat sie ganz hervorragend gespielt. Als ich die Augen schloss, hätte ich schwören können, dass die Tasten von einem Mann gefingert wurden.

Und doch, das muss ich sagen, macht mich ihr Spiel auf Dauer nervös. Ich werde ständig zu falschen Erwartungen verleitet. Immer scheint sie kurz davor zu stehen, das Große zu erreichen, das Supergroße, und immer verfehlt sie es nur um einen Hauch. Gerade als ich auf den Höhepunkt und die Erleuchtung vorbereitet bin, erfahre ich mehr Perfektion in der Technik. Ihr ist kalt. Ihr muss kalt sein … Oder, und diese Theorie ist eine Überlegung wert, sie ist zu gesund.

Ich werde ihr auf jeden Fall „ *Die Töchter der Herodias* “ *vorlesen* .

KAPITEL XVIII.

Hat es jemals eine solche Reise gegeben? Als ich heute Morgen an Deck kam, fand ich niemanden am Steuer. Es war ein verblüffender Anblick – die große *Elsinore* , vom Wind unter einer alpinen Segelplane gespannt, alle Segel von Rahsegeln bis zu Stagsegeln und Besansegeln, glitt über die Oberfläche einer milden Passatsee, und keine Hand am Steuer, um sie zu lenken.

Auf dem Achterdeck war niemand. Es war Mr. Pikes Wache, und ich schlenderte die Brücke entlang, um ihn zu finden. Er war an Luke Nummer Eins und gab den Segelmachern einige Anweisungen. Ich wartete auf meine Chance, bis er aufblickte und mich begrüßte.

„Guten Morgen", antwortete ich. „Und welcher Mann sitzt jetzt am Steuer?"

„Dieser verrückte Grieche, Tony", antwortete er.

„Einen Monatslohn bekommt er nicht für ein Pfund Tabak", meinte ich.

Mr. Pike sah mich mit rascher Schärfe an.

„Wer sitzt am Steuer?"

„Niemand", antwortete ich.

Und dann brach er in Aktion. Der Altersrückstand ließ aus seinem massigen Körperbau nach, und er raste mit einer Geschwindigkeit über das Deck, die kein Mann an Bord hätte übertreffen können; und ich bezweifle, dass viele ihm hätten folgen können. Er kletterte die Achterleiter drei Stufen auf einmal hinauf und verschwand in Richtung des Steuerrads hinter dem Kartenhaus.

Dann folgte eine Reihe gebrüllter Befehle, und die ganze Wache ließ die Segel nach Steuerbord los und zog nach Backbord an. Ich hatte das Manöver bereits gelernt. Mr. Pike trug Schiff.

Als ich die Brücke entlang zurück nach achtern ging, kamen Mr. Mellaire und der Zimmermann aus der Kabinentür. Sie waren beim Frühstück unterbrochen worden, weil sie sich den Mund abwischten. Mr. Pike kam zur Heckklappe, rief dem zweiten Maat Anweisungen zu, der nach vorn ging, und befahl dem Zimmermann, das Steuer zu übernehmen.

Als die *Elsinore* sich auf der Ferse drehte, brachte Mr. Pike sie auf die Rückwärtsspur, um das Wasser abzudecken, das sie gerade überquert hatte. Er senkte das Glas, durch das er das Meer absuchte, und deutete auf die Luke, die in den großen Achterraum darunter führte. Die Leiter war verschwunden.

„Er muss die Leiter zur Backskiste mitgenommen haben", sagte Mr. Pike.

Kapitän West schlenderte aus dem Kartenraum. Er grüßte mich auf seine übliche Art höflich und den Maat förmlich „Guten Morgen" und schlenderte am Achterdeck entlang zum Steuerrad, wo er innehielt, um einen Blick ins Kompasshäuschen zu werfen. Er drehte sich um und ging gemächlich weiter zum Achterdeck. Wieder kam er zu uns zurück. Es mussten volle zwei Minuten vergangen sein, bevor er sprach.

„Was ist los, Mr. Pike? Mann über Bord?"

„Ja, Sir", war die Antwort.

„Und hat er die Leiter zur Lazarett mitgenommen?", fragte Captain West.

„Ja, Sir. Es ist der Grieche, der in Baltimore rübergesprungen ist."

Offenbar war die Angelegenheit nicht ernst genug, als dass Captain West der Samurai hätte sein können. Er zündete sich eine Zigarre an und setzte seinen Spaziergang fort. Und doch hatte er nichts vermisst, nicht einmal das Fehlen der Leiter.

Mr. Pike schickte zu jedem Segelmast einen Wachposten in die Lüfte, und die *Elsinore* glitt durch die ruhige See. Miss West kam herbei, blieb neben mir stehen und suchte mit ihren Augen das Meer ab, während ich ihr das wenige erzählte, was ich wusste. Sie zeigte keine Aufregung und beruhigte mich, indem sie mir erzählte, wie schwer es sei, einen Mann von Tonys selbstmörderischem Typ zu verlieren.

„Ihr Wahnsinn scheint sie immer bei schönem Wetter oder unter sicheren Umständen zu überfallen", lächelte sie, „wenn ein Boot zu Wasser gelassen werden kann oder ein Schlepper längsseits liegt. Und manchmal nehmen sie Rettungsringe mit, wie in diesem Fall."

Nach einer Stunde drehte Mr. Pike die *Elsinore* um und nahm wieder den Kurs, den sie gesegelt sein musste, als die Greek kenterte. Kapitän West schlenderte noch immer umher und rauchte, und Miss West machte einen kurzen Abstecher nach unten, um Wada vergessene Anweisungen bezüglich Possum zu geben. Andy Pay wurde ans Steuer gerufen, und der Zimmermann ging nach unten, um sein Frühstück zu beenden.

Das Ganze kam mir ziemlich herzlos vor. Niemand kümmerte sich groß um den Mann, der irgendwo auf diesem einsamen Ozean über Bord gegangen war. Und doch musste ich zugeben, dass alles Mögliche getan wurde, um ihn zu finden. Ich sprach ein wenig mit Mr. Pike, und er schien mehr verärgert als alles andere. Es gefiel ihm nicht, dass die Arbeit auf dem Schiff auf diese Weise unterbrochen wurde.

Die Haltung von Herrn Mellaire war anders.

„Wir haben schon genug Personalmangel", sagte er mir, als er zu uns aufs Achterdeck kam. „Wir können es uns nicht leisten, ihn zu verlieren, selbst wenn er verrückt ist. Wir brauchen ihn. Meistens ist er ein guter Seemann."

Der Ruf kam von der Besansegel-Rah. Der maltesische Cockney war es, der den Mann zuerst erblickte und die Information herunterrief. Der Maat, der nach Luv blickte, senkte plötzlich seine Brille, rieb sich verwirrt die Augen und schaute noch einmal hin. Dann schrie Miss West, die eine andere Brille benutzte, überrascht auf und begann zu lachen.

„Was halten Sie davon, Miss West?", fragte der Maat.

„Er scheint nicht im Wasser zu sein. Er steht."

Mr. Pike nickte.

„Er ist auf der Leiter", sagte er. „Das hatte ich vergessen. Zuerst hat es mich getäuscht. Ich konnte es nicht verstehen." Er wandte sich an den zweiten Maat. „Mr. Mellaire, würden Sie das Langboot zu Wasser lassen und eine Mannschaft hineinbringen, während ich die Großrah zurückziehe? Ich gehe ins Boot. Suchen Sie sich Männer aus, die ein Ruder ziehen können."

Elsinore auszusteigen und sie unter vollen Segeln zu sehen."

Mr. Pike nickte zustimmend, also ging ich mit und setzte mich neben ihn ins Achterdeck, wo er steuerte, während ein halbes Dutzend Leute uns auf den Selbstmörder zuruderten, der so unheimlich auf der Meeresoberfläche stand. Der maltesische Cockney zog das Schlagruder, und unter den anderen fünf Männern war einer, dessen Namen ich erst kürzlich erfahren hatte – Ditman Olansen, ein Norweger. Ein guter Seemann, hatte mir Mr. Mellaire erzählt, in dessen Wache er stand; ein guter Seemann, aber „schiefäugig". Als er nach einer Erklärung gedrängt wurde, hatte Mr. Mellaire gesagt, er sei die Art von Mann, die in blinde Wut gerate, und man könne nie wissen, welche Kleinigkeit eine solche Wut auslösen würde. Soweit ich es verstehen konnte, war Ditman Olansen ein Berserkertyp. Doch als ich ihn dabei beobachtete, wie er rechtzeitig das Ruder einzog, wirkten seine großen, blassblauen Augen fast wie Rinderaugen – der letzte Mann auf der Welt, meiner Meinung nach, der einen Berserkeranfall bekommen würde.

Als wir uns dem Griechen näherten, begann er uns drohend anzuschreien und ein Messer in der Scheide zu schwingen. Sein Gewicht ließ die Leiter sinken, bis das Wasser seine Knie umspülte, und auf dieser untergetauchten Stütze balancierte er mit wildem Winden und Ausstrecken der Arme. Sein Gesicht, das Grimassen wie das eines Affen verzog, war kein schöner Anblick. Und während er uns weiterhin mit dem Messer bedrohte, fragte ich mich, wie das Problem seiner Rettung gelöst werden sollte.

Aber das hätte ich Mr. Pike anvertrauen sollen. Er zog die Bootstrage unter den Füßen des Malteser Cockney hervor und legte sie griffbereit in die Heckschot. Dann ließ er die Männer das Boot wenden und auf den Griechen setzen. Mr. Pike wich einem Messerhieb aus und wartete auf seine Chance, bis eine vorbeiziehende Welle das Heck des Bootes hochhob, während Tony in Richtung Wellental sank. Das war der Moment. Wieder einmal wurde mir eine Kostprobe der blitzartigen Geschwindigkeit geboten, mit der dieser 69-jährige Mann seinen Körper handhaben konnte. Im genauen Moment, blitzschnell und mit Wucht ausgeführt, traf die Bootstrage den Kopf des Griechen. Das Messer fiel ins Meer, und das wahnsinnige Wesen brach zusammen und folgte ihm bewusstlos. Mr. Pike hob ihn heraus, ganz mühelos, wie es mir schien, und schleuderte ihn vor meinen Füßen auf den Boden des Bootes.

Im nächsten Moment legten die Männer ihre Ruder an, und der Maat steuerte zurück zur *Elsinore* . Mr. Pike hatte mit der Bootstrage einen kräftigen Schlag ausgeführt. Dünne Blutstreifen sickerten von der verletzten Kopfhaut auf das feuchte, verklebte Haar. Ich konnte nur auf den Klumpen bewusstlosen Fleisches starren, von dem das Meerwasser vor meine Füße tropfte. Ein Mann, der in einem Moment noch ganz Leben und Bewegung war und dem Universum trotzte, im nächsten Moment aber in Reglosigkeit und die Schwärze und Leere des Todes versetzt wurde, ist immer ein faszinierendes Objekt für das nachdenkliche Auge des Philosophen. Und in diesem Fall war es ganz einfach erreicht worden, mit Hilfe eines Holzstabs, der scharf auf seinen Schädel gedrückt wurde.

Erscheinung angesehen wird , was war er dann jetzt? - *Verschwinden* ? Und wenn ja, wohin war er verschwunden? Und von wo würde er zurückkehren, um diesen Körper wieder zu besetzen, wenn das, was wir Bewusstsein nennen, zu ihm zurückkehrte? Das erste Wort, geschweige denn das letzte, über die Phänomene der Persönlichkeit und des Bewusstseins muss noch von den Psychologen ausgesprochen werden.

Während ich so nachdachte, hob ich zufällig den Blick und der herrliche Anblick der *Elsinore* fiel mir ins Auge. Ich war so lange an Bord gewesen, dass ich vergessen hatte, dass es sich um ein weiß gestrichenes Schiff handelte. Ihr Rumpf war so tief im Wasser, so zart und schlank, dass die hohen, himmelhohen Spieren und Masten und die enorme Ausdehnung der Segeltuchbahn absurd und unmöglich erschienen, eine unverschämte Verhöhnung des Gravitationsgesetzes. Es erforderte Anstrengung, um zu begreifen, dass diese schlanke Rundung des Rumpfes fünftausend Tonnen Kohle umschloss und vom Meeresboden emporhob. Und wieder schien es ein Wunder, dass die Winzlinge von Menschen ein so stattliches und prachtvolles Bauwerk ersonnen und gebaut hatten, das den Elementen trotzte – Winzlinge von Menschen, die dem Griechen zu meinen Füßen am kläglichsten ähnelten und durch einen Schlag auf den Kopf mit einem Stück Holz in die Dunkelheit geworfen werden konnten.

Tony stieß ein kehliges Geräusch aus, dann hustete und stöhnte er. Von irgendwoher tauchte er wieder auf. Ich bemerkte, dass Mr. Pike ihn schnell ansah, als befürchtete er einen erneuten Ausbruch der Raserei, der eine weitere Bootstrage erfordern würde. Aber Tony öffnete nur flatternd seine großen schwarzen Augen und starrte mich eine lange Minute lang voller desinteressiertem Erstaunen an, bevor er sie wieder schloss.

„Was haben Sie mit ihm vor?", fragte ich den Maat.

„Setzen Sie ihn wieder an die Arbeit", war die Antwort. „Das ist alles, wozu er gut ist, und er ist nicht verletzt. Jemand muss dieses Schiff um das Kap herumbringen."

Als wir das Boot an Bord hievten, stellte ich fest, dass Miss West unter Deck gegangen war. Im Kartenraum zog Kapitän West die Chronometer auf. Mr. Mellaire hatte sich hingelegt, um ein oder zwei Stunden zu schlafen, bevor er mittags seine Wache an Deck antrat. Mr. Mellaire schläft übrigens, wie ich vergessen habe zu erwähnen, nicht achtern. Er teilt sich ein Zimmer im Mittelschiff mit Mr. Pikes Nancy.

Niemand zeigte Mitleid mit dem unglücklichen Griechen. Er wurde wie ein Aas auf die Luke Nummer Zwei geworfen und dort unbeaufsichtigt zurückgelassen, damit er nach Belieben wieder zu Bewusstsein kommen konnte. Ja, und ich bin so abgestumpft, dass ich gestehen muss, dass ich selbst kein Mitleid mit ihm empfand. Meine Augen waren noch immer erfüllt von der Schönheit der *Elsinore* . Auf See wird man hart.

Neunzehntes Kapitel.

Der Passat stört einen nicht. Wir halten den Nordostpassat nun schon seit Tagen, und die Meilen rollen hinter uns ab, während das Logbuch auf der Heckreling wirbelt und klingelt. Gestern haben Logbuch und Beobachtung eine Strecke von ungefähr zweihundertzweiundfünfzig Meilen ergeben; am Tag davor waren es zweihundertvierzig und am Tag davor zweihunderteinundsechzig. Aber die Kraft des Windes ist einem nicht bewusst. Er ist so mild und belebend, dass er einem atmosphärischen Wein gleicht. Ich freue mich, ihm meine Lungen und Poren zu öffnen. Und er fröstelt auch nicht. Zu jeder Stunde der Nacht, wenn die Kabine schläft, unterbreche ich meine Lektüre und gehe im dünnsten Tropenpyjama aufs Achterdeck.

Ich wusste vorher nie, was der Passatwind ist. Und jetzt bin ich ganz vernarrt in ihn. Ich schlendere eine Stunde lang auf und ab, mit dem Kumpel, der gerade Wache hat. Mr. Mellaire ist immer voll bekleidet, aber Mr. Pike steht in diesen herrlichen Nächten seine erste Wache nach Mitternacht im Pyjama. Er ist ein furchtbar muskulöser Mann. 69 Jahre scheinen unmöglich, wenn ich seine einzelnen, dünnen Kleidungsstücke sehe, die wie Fleisch gegen seinen Körper gedrückt und von schweren Knochen und riesigen Muskeln gewölbt sind. Eine prächtige Männergestalt! Was er in der Blütezeit seiner Jugend vor 200 Jahren und mehr gewesen sein muss, übersteigt jede Vorstellung.

Die Tage, die so von einfacher Routine erfüllt sind, vergehen wie im Traum. Hier, wo die Zeit streng gemessen und durch den Wechsel der Wachen betont wird, wo jede Stunde und halbe Stunde durch das Schlagen der Schiffsglocken vorn und hinten beharrlich in Erinnerung gerufen wird, steht die Zeit still. Tage verschwimmen zu Tagen und Wochen verschwimmen zu Wochen, und ich für meinen Teil kann mir nie den Wochentag oder den Monat merken.

Die *Elsinore* schläft nie ganz. Tag und Nacht, immer, sind die Männer auf Wache, der Ausguck auf dem Vorschiff, der Mann am Steuer und der Deckoffizier. Ich liege lesend in meiner Koje, die auf der Luvseite liegt, und während der langen Nachtstunden höre ich ständig über meinem Kopf die Schritte des einen oder anderen Maat, der auf und ab geht, und, wie ich genau weiß, späht der Mann selbst ständig von der Heckklappe nach vorn, wirft einen Blick ins Kompasshaus, spürt und schätzt die Stärke und Richtung des Windes auf seiner Wange oder beobachtet, wie die Wolkenmasse am Himmel vor den Sternen und dem Mond dahintreibt. Immer, immer sind wache Augen auf der *Elsinore* .

Gestern Abend, oder besser gesagt heute Morgen, gegen zwei Uhr, als ich dalag und die gedruckte Seite schläfrig vor mir schwamm, wurde ich durch ein plötzliches Knurren von Mr. Pike aufgeweckt. Ich fand ihn am Ende des Achterdecks; und der Mann, den er anknurrte, war Larry, der sich offensichtlich auf dem Hauptdeck unter ihm befand. Erst als Wada mir das Frühstück brachte, erfuhr ich, was geschehen war.

Larry mit seiner komischen Stupsnase, seinem seltsam flachen und verzerrten Gesicht und seinen quengeligen, klagenden Schimpansenaugen war durch eine unglückliche Laune dazu bewegt worden, im Schutz der Dunkelheit auf dem Hauptdeck eine unverschämte Bemerkung zu wagen. Aber Mr. Pike hatte von oben, beim Aufbrechen des Achterdecks, den Täter zielsicher ausgewählt. In diesem Moment ereignete sich die Explosion. Dann war der unglückliche Larry, wirklich halb Teufel und ganz Kind, mürrisch geworden und hatte noch unverschämtere Antworten gegeben; und im nächsten Moment hatte ihn der Maat, der wie ein Hurrikan über ihn herfiel, mit Handschellen an die Besanpfeifenreling gefesselt.

Stellen Sie sich vor, Mr. Pike hätte Larry einen Fehler gemacht und Kid Twist, Nosey Murphy und Bert Rhine mindestens zehn. Ich will nicht so absurd sein und behaupten, der Kumpel hätte Angst vor diesen Gangstern. Ich bezweifle, dass er jemals Angst hatte. Er hat sie nicht. Andererseits bin ich überzeugt, dass er Ärger mit diesen Männern befürchtet und dass er ihnen zuliebe dieses Exempel an Larry statuiert hat.

Larry konnte es nicht länger als eine Stunde in Ketten aushalten, aber dann war seine dumme Brutalität stärker als jede Angst, die er vielleicht gehabt haben mochte, denn er brüllte zum Achterdeck, man solle herunterkommen und ihn losmachen, um einen fairen Kampf zu führen. Sofort war Mr. Pike mit dem Schlüssel zu den Handschellen da. Als ob Larry auch nur den geringsten Vorteil gegen diesen furchterregenden alten Mann gehabt hätte! Wada berichtete, dass Larry unter anderem ein paar Vorderzähne verloren hatte und den ganzen Tag in seiner Koje verbrachte. Als ich Mr. Pike nach acht Uhr an Deck traf, warf ich einen Blick auf seine Fingerknöchel. Sie bestätigten Wadas Geschichte.

Ich kann nicht anders, als mich über das lebhafte Interesse zu amüsieren, das ich an kleinen Ereignissen wie den oben beschriebenen nehme. Nicht nur die Zeit ist stehen geblieben, sondern auch die Welt. Es ist seltsam, wenn ich darüber nachdenke, dass ich in all diesen Wochen keinen Brief, keinen Telefonanruf, kein Telegramm, keinen Besucher bekommen habe. Ich war nicht im Theater. Ich habe keine Zeitung gelesen. Soweit es mich betrifft, gibt es weder Theaterstücke noch Zeitungen. All diese Dinge sind mit der verschwundenen Welt verschwunden. Das Einzige, was existiert, ist die *Elsinore* mit ihrer merkwürdigen menschlichen Fracht und ihrer Ladung

Kohle, die einen Ozean durchschneidet, dessen Horizont Dutzende Meilen entfernt ist.

Ich erinnere mich an Captain Scott, der auf seiner Südpolexpedition eingefroren war und von dem die Welt zehn Monate nach seinem Tod glaubte, er sei noch am Leben. Erst als die Welt von seinem Tod erfuhr, war er für die Welt alles andere als lebendig. War er aus demselben Grund nicht am Leben? Und hat aus demselben Grund hier auf der *Elsinore* die Landwelt nicht aufgehört? Ist die Pupille des Auges nicht nicht nur der Mittelpunkt der Welt, sondern die Welt selbst? Es ist wahrlich haltbar, dass die Welt nur im Bewusstsein existiert. „Die Welt ist meine Idee", sagte Schopenhauer. Jules de Gaultier sagte: „Die Welt ist meine Erfindung." Sein Dogma war, dass die Vorstellungskraft das Reale erschaffe. Ach, ich weiß, dass die praktische Miss West meine Metaphysik als deprimierende und ungesunde Übung meines Verstandes bezeichnen würde.

Heute habe ich Miss West in unseren Liegestühlen auf dem Achterdeck *Die Töchter der Herodias vorgelesen*. Die Wirkung war großartig – genau das, was ich von ihr erwartet hatte. Während ich las, nähte sie ein feines weißes Leinentaschentuch für ihren Vater. (Sie ist nie untätig, da sie so sehr Nestbauerin, Trostspenderin und Rassenerhalterin ist; und sie hat einen ganzen Stapel dieser Taschentücher für ihren Vater.)

Sie lächelte, wie soll ich sagen? – oh, ungläubig, triumphierend, oh, mit all der sicheren Weisheit aller Frauengenerationen in ihren warmen, langen grauen Augen, als ich las:

„Aber sie lächeln unschuldig und tanzen weiter,
haben keinen anderen Gedanken als diesen nimmermüden Gedanken: ‚Bin ich nicht schön? Werde ich nicht geliebt?' Hab Geduld, denn sie werden es nicht verstehen. Erst am Ende der Zeit werden sie aufhören, mit langsamen Schritten um die Herzen der Menschen zu weben."

„Aber es ist gut für die Welt, dass es so ist", war ihr Kommentar.

Ah, Symons kannte sich mit Frauen aus! Seine vollkommene Kenntnis bezeugte sie, als ich diese wunderbare Passage las:

„Sie verstehen nicht, dass in der Welt
zwischen Sonnenlicht und Gras nichts wächst, außer ihnen selbst. Es scheint ihnen, dass die schnellen Augen der Menschen nur als Spiegel geschaffen sind, nicht um ferne, verhängnisvolle, unerreichbare Dinge zu sehen. ‚Sind wir nicht', sagen sie, ‚das Ende von allem? Warum solltest du über uns hinausblicken? Wenn du in die Nacht schaust, wirst du dort nichts finden: Auch wir haben oft zu den Sternen geblickt."

„Es ist wahr“, sagte Miss West in der Pause, die ich ihr gewährte, um zu sehen, wie sie den Gedanken aufgenommen hatte. „Wir haben auch oft die Sterne betrachtet.“

Es war genau das, was sie sagen würde, hatte ich ihr ins Gesicht gesagt.

„Aber warte“, rief ich. „Lass mich weiterlesen.“ Und ich las:

„Wir, wir allein unter allen schönen Dingen,
wir allein sind real: denn der Rest sind Träume. Warum wollt ihr wandernden Träumen folgen, wenn wir auf euch warten? Und ihr könnt nur von uns träumen und sie nach unserem Bilde gestalten.“

„Das stimmt, das stimmt ganz und gar“, murmelte sie, während in ihren Augen unbewusst Stolz und Macht aufstiegen.

„Ein wunderbares Gedicht“, gab sie zu – nein, verkündete es – als ich fertig war.

„Aber siehst du denn nicht …“, begann ich impulsiv, gab den Versuch dann aber auf. Denn wie konnte sie als Frau die „weit entfernten, verhängnisvollen, unerreichbaren Dinge“ sehen, wenn sie, wie sie so mutig behauptete, oft zu den Sternen geblickt hatte?

Sie? Was konnte sie sehen, außer dem, was alle Frauen sehen - dass nur sie real sind und alles andere Träume sind.

„Ich bin stolz, eine Tochter der Herodias zu sein“, sagte Miss West.

„Nun“, gab ich lahm zu, „wir sind uns einig. Du erinnerst dich, dass es das ist, was ich dir gesagt habe.“

„Ich bin dankbar für das Kompliment“, sagte sie, und in ihren großen grauen Augen war die ganze Zufriedenheit und Selbstgewissheit und die entsprechende Selbstgefälligkeit der Macht erkennbar, die einen so großen Teil des verführerischen Mysteriums und der Meisterschaft ausmachen, die eine Frau besitzt.

KAPITEL XX.

Himmel! – wie ich bei diesem schönen Wetter lese. Ich bewege mich so wenig, dass ich kaum Schlaf brauche; und es gibt so wenige Unterbrechungen, wie es das Leben an Land wimmelt, dass ich mich fast bis zur Besinnungslosigkeit lese. Einem Mann, der mit seiner Lektüre im Rückstand ist, kann man jederzeit eine Seereise empfehlen. Ich hole das nach, was ich jahrelang gemacht habe. Es ist eine Orgie, eine Ausschweifung; und ich bin sicher, die verwirrten Matrosen halten mich für das seltsamste Wesen an Bord.

Manchmal bin ich vom vielen Lesen so benebelt, dass ich für jede Ablenkung dankbar bin. Wenn wir in die Flaute geraten, die zwischen dem Nordost- und dem Südostpassat liegt, werde ich Wada mein kleines automatisches Gewehr Kaliber 22 zusammenbauen lassen und versuchen, das Schießen zu lernen. Ich habe schon als kleiner Junge geschossen. Ich kann mich erinnern, dass ich eine Schrotflinte über die Berge mit mir herumgeschleppt habe. Außerdem besaß ich ein Luftgewehr, mit dem ich bei großen Gelegenheiten sogar ein Rotkehlchen erlegen konnte.

Während das Achterdeck zum Spazierengehen groß genug ist, ist der Platz für Liegestühle auf die Markisen beschränkt, die sich zu beiden Seiten des Kartenhauses erstrecken und so breit sind wie das Kartenhaus. Dieser Platz ist wiederum auf die eine oder andere Seite beschränkt, je nach Einfall der Morgen- oder Nachmittagssonne und der Frische der Brise. Deshalb stehen Miss Wests Stuhl und meiner meistens nebeneinander. Kapitän West hat einen Stuhl, den er selten besetzt. Er hat bei der Führung des Schiffs so wenig zu tun, da er seine regelmäßigen Beobachtungen so schnell macht und sie verarbeitet, dass er sich selten längere Zeit im Kartenraum aufhält. Er verbringt seine Stunden lieber in der Hauptkabine, ohne zu lesen oder etwas anderes zu tun, als mit weit geöffneten Augen im Wind zu träumen, der durch die offenen Bullaugen und die Tür aus dem riesigen Krückensegel und den Stagsegeln strömt.

Miss West ist nie untätig. Unten, im großen Nachraum, wäscht sie ihre Wäsche selbst. Und sie lässt den Steward auch nicht die feine Wäsche ihres Vaters berühren. In der Hauptkabine hat sie eine Nähmaschine aufgestellt. Alle Handnäh-, Stick- und Handarbeiten erledigt sie im Liegestuhl neben mir. Sie beteuert, dass sie das Meer und die Atmosphäre des Meereslebens liebt, doch in Wahrheit hat sie ihre Sachen von zu Hause und vom Land mitgebracht – sogar ihr hübsches Geschirr für den Nachmittagstee.

In erster Linie ist sie eine Frau und Hausfrau. Sie ist eine geborene Köchin. Der Steward und Louis bereiten außergewöhnliche und *luxuriöse Gerichte* für den Kabinentisch zu; doch Miss West ist in der Lage, diese Gerichte im

Handumdrehen zu verbessern. Sie lässt nie eines ihrer Gerichte auf den Tisch kommen, ohne es vorher zu planen oder weiterzugeben. Sie hat ein schnelles Urteilsvermögen, einen untrüglichen Geschmack und besitzt die nötige Entschlossenheit. Es scheint, als müsse sie sich ein Gericht nur ansehen, ganz gleich, wer es gekocht hat, und sofort dessen Mangel oder Überfluss erkennen und eine Behandlung verschreiben, die es in etwas unbeschreiblich Anderes und Köstliches verwandelt – Meine Güte, wie ich esse! Ich bin ganz sprachlos über die unerschöpfliche Unersättlichkeit meines Appetits. Ich bin bereits ganz davon überzeugt, dass ich froh bin, dass Miss West die Reise macht.

Sie ist „nach Osten" gesegelt, wie sie es kurios nennt, und verfügt über ein enormes Repertoire an schmackhaften, würzigen Gerichten aus dem Osten. Im Reiskochen ist Louis ein Meister; aber im Zubereiten des dazugehörigen Currys verblasst er im Vergleich zu Miss West zu einem stümperhaften Amateur. In Sachen Curry ist sie ein reines Genie. Wie oft denkt man auf See über Essen nach!

Bei diesem Passatwetter sehe ich also viel von Miss West. Ich lese ständig und lese ihr oft Passagen vor, und sogar Bücher, die ich gerne ausprobieren würde. Außerdem gibt solche Lektüre Anlass zu Diskussionen, und sie hat bisher nichts gesagt, was mich dazu bringen würde, mein erstes Urteil über sie zu ändern. Sie ist eine echte Tochter der Herodias.

Und doch ist sie nicht das, was man ein süßes Mädchen nennen würde. Sie ist kein Mädchen, sie ist eine reife Frau mit der ganzen Frische eines Mädchens. Sie hat die Haltung, die Geisteshaltung, das Selbstbewusstsein einer Frau, und doch kann man sie nicht im Geringsten als stattlich beschreiben. Sie ist großzügig, zuverlässig, vernünftig – ja, und sensibel; und ihre überschwängliche Vitalität, die Vitalität, die ihren Gang so herrlich macht, lässt ihre Reife außer Acht. Manchmal kommt sie mir gerade mal dreißig vor; zu anderen Zeiten, wenn ihre Laune und ihr Humor geweckt sind, wirkt sie kaum wie dreizehn. Ich werde Kapitän West unbedingt nach dem Datum fragen, an dem die *Dixie* mit dem Flussdampfer in der Bucht von San Francisco kollidierte. Mit einem Wort, sie ist die normalste, gesündeste und natürlichste Frau, die ich je gekannt habe.

Ja, und sie ist feminin, obwohl ihr Haar, egal wie sie es trägt, immer glatt und gepflegt ist wie ihr gesamter Rest. Andererseits wird diese ständige Gepflegtheit durch die Freiheit in der Kleidung ausgeglichen, die sie sich erlaubt. Sie ist immer eine Frau. Ihr Geschlecht und die Verlockung, die es mit sich bringt, sind allgegenwärtig. Möglicherweise trägt sie hohe Kragen, aber ich habe sie an Bord noch nie mit einem gesehen. Ihre Blusen sind immer am Hals offen und geben einen ihrer erlesensten Vorzüge frei, den muskulösen, ansehnlichen Hals mit seinem feinen Hautgewand. Ich blamiere mich, indem ich lange Blicke auf ihren nackten Hals und die Andeutung ihrer schönen, straffen Schultern werfe.

Der Besuch bei den Hühnern hat sich zu einer regelmäßigen Routine entwickelt. Mindestens einmal am Tag machen wir uns auf den Weg nach vorn über die Brücke zum Dach des Mittelschiffs. Possum, der sich inzwischen erholt, begleitet uns. Der Steward legt Wert darauf, dort zu sein, um Anweisungen entgegenzunehmen und über die Eierproduktion und das Legeverhalten der vielen Hühner zu berichten. Zurzeit legen unsere vier Dutzend Hühner zwei Dutzend Eier pro Tag, worüber Miss West sich sehr freut.

Den meisten von ihnen hat sie bereits Namen gegeben. Der Hahn heißt natürlich Peter. Eine vielgefleckte Henne heißt Dolly Varden. Ein schlankes, zierliches Wesen, das Peter auf den Fersen ist, nennt sie Cleopatra. Eine andere Henne – die mit der sanftesten Stimme von allen – nennt sie Bernhardt. Eines ist mir aufgefallen: Wenn sie und der Verwalter ein Todesurteil über eine Henne verhängt haben, die keine Legehennen legt (was regelmäßig einmal pro Woche vorkommt), beteiligt sie sich nicht am Verzehr des Fleisches, nicht einmal, wenn es in eines ihrer köstlichen Currygerichte verwandelt wird. Zu solchen Zeiten lässt sie sich ein spezielles Curry aus Dosenhummer, Garnelen oder Dosenhühnchen zubereiten.

Ach, ich darf das nicht vergessen. Ich habe erfahren, dass es nicht das männliche Interesse war (an mir, wenn Sie so wollen), das ihr plötzliches Interesse an der Reise weckte. Sie kam wegen ihres Vaters. Irgendetwas stimmt nicht mit Kapitän West. In seltenen Augenblicken habe ich beobachtet, wie sie ihn mit einer Welt der Besorgnis und Angst in den Augen anstarrte.

Ich erzählte gestern Mittag bei Tisch eine amüsante Geschichte, als mein Blick zufällig auf Miss West fiel. Sie hörte nicht zu. Ihr Essen auf der Gabel schwebte einen Augenblick lang in der Luft, während sie ihren Vater mit allen Augen ansah. Es war ein Blick der Angst. Sie merkte, dass ich sie beobachtete, und mit größter Selbstbeherrschung, langsam und ganz natürlich, senkte sie die Gabel und legte sie auf ihren Teller, wobei sie sie weiterhin festhielt und das Gesicht ihres Vaters in ihrem Blick behielt.

Aber ich hatte es gesehen. Ja, ich hatte mehr gesehen. Ich hatte Captain Wests Gesicht in einem durchsichtigen Weiß gesehen, während seine Augenlider nach unten flatterten und seine Lippen sich geräuschlos bewegten. Dann hoben sich die Augenlider, die Lippen formten sich wieder mit ihrer gewohnten Disziplin, und die Farbe kehrte langsam in sein Gesicht zurück. Es war, als wäre er eine Zeit lang weg gewesen und gerade erst zurückgekehrt. Aber ich hatte es gesehen und ihr Geheimnis erraten.

Und doch war es derselbe Kapitän West, der sieben Stunden später Mr. Pikes stolzen Seemannsgeist tadelte. Es war die zweite Hundewache an diesem Abend, eine dunkle Nacht, und die Wache zog sich auf dem Hauptdeck zurück. Ich war gerade aus der Tür des Kartenhauses gekommen und sah Kapitän West mit den Händen in den Taschen an mir vorbeigehen, auf die Bruchkante des Achterdecks zu. Plötzlich ertönte ein Knacken und Krachen des Stoffes vom Besanmast. Im selben Augenblick fielen die Männer nach hinten und lagen der Länge nach auf dem Deck.

Es herrschte einen Moment Stille, und dann ertönte Captain Wests Stimme:

„Was hat Sie mitgerissen, Mr. Pike?"

„Die Fallen, Sir", ertönte die Antwort aus der Dunkelheit.

Es entstand eine Pause. Wieder erklang Captain Wests Stimme.

„Lass das nächste Mal erstmal dein Laken locker."

Nun ist Mr. Pike zweifellos ein ausgezeichneter Seemann. Doch in diesem Fall hatte er sich geirrt. Ich habe ihn kennengelernt und kann mir gut vorstellen, wie sehr sein Stolz verletzt war. Und mehr noch – er hat eine bösartige, nachtragende, primitive Natur, und obwohl er respektvoll genug mit „Ja, Sir" antwortete, konnte ich mir sicher sein, dass die armen Teufel unter ihm in den späteren Nachtwachen die Last seines Grolls zu spüren bekommen würden.

Offensichtlich war das so; denn heute Morgen bemerkte ich ein blaues Auge bei John Hackey, einem Gangster aus San Francisco, und Guido Bombini hatte ein frisch und furchtbar geschwollenes Kinn. Ich fragte Wada nach der Sache und er brachte mir bald die Neuigkeiten. Während der Nachtwachen, während wir von der Achterwache friedlich schlummern, kommt es vor den Deckshäusern zu ziemlichen Prügeln.

Auch heute noch läuft Mr. Pike mürrisch und übellaunig herum, knurrt die Männer mehr an als sonst und ist kaum höflich zu Miss West und mir, wenn wir ihn ansprechen. Seine Antworten sind einsilbige Grunzlaute und sein Gesicht ist äußerst säuerlich. Miss West, die von dem Vorfall nichts weiß, lacht und nennt ihn einen „Seemuffel" – ein Phänomen, mit dem sie angeblich viel Erfahrung hat.

Aber ich kenne Mr. Pike jetzt – den störrischen, wunderbaren alten Seebären. Es wird drei Tage dauern, bis er wieder der Alte ist. Er ist furchtbar stolz auf seine Seemannschaft, und was ihn am meisten schmerzt, ist das Wissen, dass er den Fehler begangen hat.

KAPITEL XXI.

Heute, 28 Tage später, am frühen Morgen, während ich meinen Kaffee trank und immer noch den Nordosthandel beförderte, überquerten wir die Grenze. Und Charles Davis markierte das Ereignis, indem er O'Sullivan ermordete. Es war Boney, der schlaksige Splitter eines jungen Mannes in Mr. Mellaires Wache, der die Nachricht überbrachte. Der zweite Maat und ich waren gerade im Krankenzimmer angekommen, als Mr. Pike eintrat.

O'Sullivans Probleme waren vorüber. Der Mann in der oberen Koje hatte mit dem Marlspieker den verrückten, traurigen Abschnitt seines Lebens beendet.

Ich kann diesen Charles Davis nicht verstehen. Er saß ruhig in seiner Koje und zündete in aller Ruhe seine Pfeife an, bevor er Mr. Mellaire antwortete. Er ist ganz sicher nicht verrückt. Und doch hat er absichtlich und kaltblütig einen hilflosen Mann ermordet.

„Warum haben Sie das getan?“, wollte Mr. Mellaire wissen.

„Weil, Sir“, sagte Charles Davis und hielt ein zweites Streichholz an seine Pfeife, „weil“ – puff, puff – „er meinen Schlaf störte.“ Dabei begegnete er Mr. Pikes finsterem Blick. „Weil“ – puff, puff – „er mich ärgerte. Das nächste Mal“ – puff, puff – „hoffe ich, dass man besser einschätzt, was für einen Mann man zu mir steckt. Außerdem“ – puff, puff – „ist diese obere Koje nichts für mich. Es tut mir weh, mich hineinzukriechen“ – puff, puff – „und ich gehe zurück in die untere Koje, sobald Sie O'Sullivan da rausgeholt haben.“

„Aber warum haben Sie es getan?“, knurrte Mr. Pike.

„Ich habe es Ihnen gesagt, Sir, weil er mich nervte. Ich hatte es satt und deshalb habe ich ihn heute Morgen von seinem Leid erlöst. Und was werden Sie jetzt tun? Der Mann ist doch tot, oder? Und ich habe ihn aus Selbstverteidigung getötet. Ich kenne das Gesetz. Mit welchem Recht haben Sie das Recht, einen Wahnsinnigen zu mir zu stecken, während ich krank und hilflos bin?“

„Bei Gott, Davis!“, platzte der Maat heraus. „In Seattle wirst du nie deinen Lohn bekommen. Dafür werde ich dich ausbezahlen, wenn du einen Verrückten tötest, der in seiner Koje festgebunden und unschädlich ist. Du wirst ihm nach draußen folgen, mein Lieber.“

„Wenn ich das tue, werden Sie dafür hängen, Sir“, erwiderte Davis. Er richtete seine kühlen Augen auf mich. „Und ich fordere Sie auf, Sir, die Drohungen zu bezeugen, die er ausgesprochen hat. Und Sie werden sie auch vor Gericht bezeugen. Und er wird so sicher hängen, wie ich über Bord gehe.

Oh, ich kenne seine Vergangenheit. Er hat Angst, damit vor Gericht zu stehen. Er ist schon zu oft wegen Mordes und Brutalität auf hoher See angeklagt worden. Und ein Mann könnte sich lebenslang zur Ruhe setzen und von den Zinsen der Geldstrafen leben, die er bezahlt hat oder die seine Besitzer für ihn bezahlt haben –"

„Halt den Mund, oder ich schlage ihn dir aus dem Gesicht!", brüllte Mr. Pike und sprang mit geballter, erhobener Faust auf ihn zu.

Davis wich unwillkürlich zurück. Sein Fleisch war schwach, aber sein Geist nicht. Er riss sich sofort zusammen und zündete ein weiteres Streichholz an.

„Sie können mich nicht aus der Ruhe bringen, Sir", höhnte er im Schatten des bevorstehenden Schlages. „Ich habe keine Angst vor dem Sterben. Ein Mann muss sowieso einmal sterben, und es ist kein so schwerer Trick, wenn man nicht anders kann. O'Sullivan starb so leicht, es war unglaublich. Außerdem werde ich nicht sterben. Ich werde diese Reise beenden und die Eigentümer verklagen, wenn ich in Seattle ankomme. Ich kenne meine Rechte und das Gesetz. Und ich habe Zeugen."

Ich war wirklich hin- und hergerissen zwischen meiner Bewunderung für den Mut dieses unglücklichen Seemanns und meinem Mitgefühl für Mr. Pike, der von einem kranken Mann bewacht wurde, den zu schlagen er sich nicht überwinden konnte.

Trotzdem stürzte er sich mit kalkulierter Wut auf den Mann, packte ihn mit seinen beiden knorrigen Pfoten zwischen Nacken und Schultern und schüttelte ihn eine ganze Minute lang heftig und furchtbar hin und her. Es war ein Wunder, dass der Hals des Mannes nicht ausgerenkt war.

„Ich rufe Sie als Zeugen auf, Sir", keuchte Davis, sobald er frei war.

Er hustete und würgte, betastete seine Kehle und machte schiefe Halsbewegungen, die auf eine Verletzung hindeuteten.

„In ein paar Minuten werden die Spuren sichtbar", murmelte er selbstgefällig, als der Schwindel nachließ und er wieder zu Atem kam.

Das war zu viel für Mr. Pike, der sich umdrehte und den Raum verließ, wobei er tief in seiner Kehle knurrte und unverständliche Fluchen ausstieß. Als ich einen Moment später ging, stopfte Davis gerade seine Pfeife nach und sagte Mr. Mellaire, dass er ihn in Seattle als Zeugen vorladen würde.

* * * * *

So hatten wir also eine weitere Seebestattung. Mr. Pike war darüber verärgert, weil die *Elsinore*, der Seemannstradition zufolge, zu schnell durch das Wasser fuhr, um eine angemessene Zeremonie abzuhalten. So gingen einige Minuten der Reise verloren, indem man das Großmarssegel der *Elsinore zurücksetzte* und sie so auf Trab hielt, während der Gottesdienst gelesen wurde und O'Sullivan mit dem unvermeidlichen Sack Kohle zu seinen Füßen über Bord geschoben wurde.

„Hoffentlich hält die Kohle", brummelte Mr. Pike fünf Minuten später trübsinnig zu mir.

* * * * *

Und wir sitzen auf dem Achterdeck, Miss West und ich, werden von Dienern versorgt, trinken Nachmittagstee, nähen Handarbeiten, diskutieren über Philosophie und Kunst, während sich ein paar Meter von uns entfernt auf dieser winzigen schwimmenden Welt die ganze schmutzige, schmutzige Tragödie des schmutzigen, missgestalteten, brutalen Lebens abspielt. Und Kapitän West, abgeschieden, unbekümmert, sitzt träumend in der Dämmerkabine, während der Wind des Kakerlakenboots durch die offenen Luken auf ihn bläst. Er hat keine Zweifel, keine Sorgen. Er glaubt an Gott. Alles ist geregelt und klar und gut, während er sich seinem fernen Zuhause nähert. Seine Gelassenheit ist groß und beneidenswert. Aber ich kann das Bild von ihm nicht aus meinen Augen schütteln, als das Leben seine Adern verließ, sein Mund erschlaffte und seine Augenlider sich schlossen, während sein Gesicht die weiße Transparenz des Todes annahm.

Ich frage mich, wer als Nächster das Spiel beenden und mit einem Sack Kohle davonkommen wird.

„Oh, das ist nichts, Sir", bemerkte Mr. Mellaire fröhlich zu mir, als wir während der ersten Wache auf dem Achterdeck herumschlenderten. „Ich war einmal auf einer Reise auf einem Trampdampfer, der mit vierhundert Schwarzen – entschuldigen Sie, Sir – Chinesen beladen war. Es waren Kulis, Vertragsarbeiter, die von ihrem Dienst zurückkamen.

„Und die Cholera brach aus. Wir warfen über dreihundert von ihnen über Bord, Sir, zusammen mit den beiden Bootsmännern, dem Großteil der Lascar-Mannschaft, dem Kapitän, dem Maat, dem dritten Maat und dem ersten und dritten Ingenieur. Der zweite und ein weißer Öler waren alles, was unten zurückblieb, und ich hatte das Kommando an Deck, als wir in den Hafen einliefen. Die Ärzte wollten nicht an Bord kommen. Sie ließen mich auf der Außenreede ankern und sagten mir, ich solle meine Toten herausholen. Zu dieser Zeit gab es einige schwere Begräbnisse, Mr. Pathurst, und sie gingen ohne Segeltuch, Kohle oder Eisen über Bord. Sie mussten. Ich hatte niemanden, der mir half, und die Schlitzaugen unten wollten keinen Finger rühren.

„Ich musste selbst hinuntergehen, die Leichen in die Schlingen ziehen, dann an Deck klettern und sie mit dem Esel hochheben. Und bei jeder Fahrt habe ich etwas getrunken. Als die Arbeit erledigt war, war ich ziemlich betrunken."

„Und Sie haben es nie selbst gefangen?", fragte ich. Mr. Mellaire hielt seine linke Hand hoch. Mir war schon oft aufgefallen, dass der Zeigefinger fehlte.

„Das ist alles, was mir passiert ist, Sir. Der alte Mann hatte einen Foxterrier wie Ihren. Und nachdem der alte Mann ohnmächtig geworden war, wurde der Welpe richtig kumpelhaft mit mir. Gerade als ich die letzte Ladung hochhob, sprang der Welpe auf mein Bein und schnüffelte an meiner Hand. Ich drehte mich um, um ihn zu streicheln, und im nächsten Moment war meine andere Hand ins Getriebe gerutscht und dieser Finger war nicht mehr da.

„Himmel!", rief ich. „Was für ein schreckliches Unglück, so etwas Schreckliches durchzumachen und dann noch den Finger zu verlieren!"

„Das dachte ich mir, Sir", stimmte Herr Mellaire zu.

„Was hast du getan?", fragte ich.

„Oh, ich habe es einfach hochgehalten und angeschaut und ‚Du meine Güte!' gesagt und noch einen Schluck genommen."

„Und Sie haben danach nicht die Cholera bekommen?"

„Nein, Sir. Ich schätze, ich war so vollgepumpt mit Alkohol, dass die Keime umfielen, bevor sie mich erreichen konnten." Er dachte einen Moment nach. „Ehrlich gesagt, Mr. Pathurst, ich weiß nichts über diese Alkoholtheorie. Der alte Mann und die Kameraden starben betrunken, ebenso der dritte Ingenieur. Aber der Chef war Abstinenzler und starb auch."

* * * * *

Ich werde mich nie wieder darüber wundern, dass die See rau ist. Ich ging vom zweiten Maat weg und starrte hinauf auf das prächtige Gewebe der *Elsinore* , das in großen, fleckigen Kurven der Dunkelheit über den Sternenhimmel strich.

KAPITEL XXII.

Es ist etwas passiert. Aber niemand weiß es, weder vorne noch hinten, außer den Interessierten, und die sagen nichts. Dennoch wimmelt es auf dem Schiff von Gerüchten und Vermutungen.

Das weiß ich: Mr. Pike hat einen furchtbaren Schlag auf den Kopf bekommen. Gestern Mittag kam ich zu spät zu Tisch, und als ich hinter seinem Stuhl vorbeiging, sah ich eine gewaltige Beule auf seinem Kopf. Als ich ihm gegenübersaß, bemerkte ich, dass seine Augen benommen wirkten; ja, und ich konnte Schmerzen darin sehen. Er beteiligte sich nicht an der Unterhaltung, aß oberflächlich, benahm sich manchmal dumm und es war offensichtlich, dass er sich mit eiserner Hand im Griff hatte.

Und niemand wagt es, ihn zu fragen, was passiert ist. Ich weiß, dass ich es nicht wagte, ihn zu fragen, und ich bin ein Passagier, eine privilegierte Person. Dieses furchterregende alte Seerelikt hat mir einen Respekt vor ihm eingeflößt, der halb aus Schüchternheit und halb aus Ehrfurcht besteht.

Er benimmt sich, als leide er an einer Gehirnerschütterung. Sein Schmerz ist nicht nur an seinen Augen und seinem angespannten Gesichtsausdruck zu erkennen, sondern auch an seinem Verhalten, wenn er glaubt, unbeobachtet zu sein. Letzte Nacht, nur um Luft zu schnappen und einen kurzen Blick auf die Sterne zu werfen, kam ich aus der Kabinentür und stand auf dem Hauptdeck unter der Heckklappe. Direkt über meinem Kopf ertönte ein leises und anhaltendes Stöhnen. Meine Neugier war geweckt, und ich zog mich in die Kabine zurück, kam leise über das Kartenhaus auf das Achterdeck und schlenderte geräuschlos in meinen Pantoffeln nach vorn. Es war Mr. Pike. Er lehnte zusammengesunken an der Reling, den Kopf auf die Arme gestützt. Er ließ im Verborgenen den Schmerz aus, der ihn quälte. Ein Dutzend Fuß entfernt konnte man ihn nicht hören. Aber dicht an seiner Schulter konnte ich sein stetiges, unterdrücktes Stöhnen hören, das die Form eines Gesangs anzunehmen schien. Außerdem murmelte er in regelmäßigen Abständen:

„Oh je, oh je, oh je, oh je, oh je, oh je." Er wiederholte den Satz jedes Mal fünfmal und fing dann wieder an zu stöhnen. Ich schlich mich so leise davon, wie ich gekommen war.

Dennoch steht er entschlossen zu seinen Wachen und erfüllt alle seine Pflichten als Erster Offizier. Oh, ich vergaß. Miss West wagte es, ihn auszufragen, und er antwortete, er habe Zahnschmerzen und wenn es nicht besser würde, würde er ihn herausziehen.

Wada kann nicht herausfinden, was passiert ist. Es gab keine Augenzeugen. Er sagt, dass die asiatische Clique, die die Angelegenheit in der Kochstube bespricht, glaubt, dass die drei Gangster dafür verantwortlich sind. Bert Rhine hat eine lahme Schulter. Nosey Murphy hinkt, als hätte er eine Verletzung an den Hüften. Und Kid Twist wurde so schlimm geschlagen, dass er seine Koje seit zwei Tagen nicht verlassen hat. Und das sind alle Daten, auf die man sich stützen kann. Die Gangster sind so verschlossen wie Mr. Pike. Die asiatische Clique ist zu dem Schluss gekommen, dass ein Mordversuch unternommen wurde und dass der Maat nur durch seinen harten Schädel gerettet wurde.

Gestern Abend, während der zweiten Hundewache, bekam ich einen weiteren Beweis dafür, dass Kapitän West nicht so ahnungslos ist, was an Bord der *Elsinore vor sich geht*, wie es scheint. Ich war die Brücke entlang nach vorn zum Besanmast gegangen, in dessen Schatten ich mich lehnte. Vom Hauptdeck, aus dem Durchgang zwischen dem Mittelschiff und der Reling, kamen die Stimmen von Bert Rhine, Nosey Murphy und Mr. Mellaire. Das war keine Schiffsarbeit. Sie unterhielten sich freundlich, ja sogar gesellig, denn ihre Stimmen summten fröhlich, und ab und zu lachte der eine oder andere, und manchmal lachten alle.

Ich erinnerte mich an Wadas Berichte über diese unseelische Vertrautheit des zweiten Maat mit den Gangstern und versuchte, den Charakter des Gesprächs zu verstehen. Aber die Gangster sprachen leise, und alles, was ich heraushörte, war ein freundlicher und gutmütiger Ton.

Plötzlich ertönte aus dem Achterdeck die Stimme von Kapitän West. Es war nicht die Stimme des Samurai, der den Sturm ritt, sondern die Stimme des Samurai, der ruhig und kalt war. Sie war klar, weich und sanft wie die sanfteste Glocke, die je von östlichen Handwerkern gegossen wurde, um Gläubige zum Gebet zu rufen. Ich weiß, dass ich ein wenig fröstelte, als sie sie hörte – sie war so herrlich süß und doch so leidenschaftslos wie das Klingen von Stahl in einer frostigen Nacht. Und ich wusste, dass die Wirkung auf die Männer unter mir elektrisierend war. Ich konnte *fühlen,* wie sie erstarrten und fröstelten, so wie ich erstarrt und fröstelt war. Und doch sagte er nur:

„Herr Mellaire.“

„Ja, Sir“, antwortete Mr. Mellaire nach einem Moment angespannten Schweigens.

„Kommen Sie nach achtern“, ertönte Kapitän Wests Stimme.

Ich hörte, wie der zweite Maat unter mir auf dem Deck entlangging und am Fuß der Achterleiter anhielt.

„Ihr Platz ist achtern auf dem Achterdeck, Mr. Mellaire“, sagte die kalte, leidenschaftslose Stimme.

„Jawohl, Sir", antwortete der zweite Maat.

Das war alles. Kein weiteres Wort wurde gesprochen. Kapitän West nahm seinen Spaziergang auf der Luvseite des Achterdecks wieder auf, und Mr. Mellaire stieg die Leiter hinauf und begann, auf der Leeseite auf und ab zu gehen.

Ich ging weiter die Brücke entlang zum Vorschiff und blieb dort absichtlich eine halbe Stunde, bevor ich über das Hauptdeck in die Kabine zurückkehrte. Obwohl ich mein Motiv nicht analysierte, wusste ich, dass ich nicht wollte, dass jemand erfuhr, dass ich den Vorfall belauscht hatte.

* * * * *

Ich habe eine Entdeckung gemacht. 90 Prozent unserer Mannschaft sind brünett. Achtern sind wir, mit Ausnahme von Wada und dem Steward, die unsere Diener sind, alle blond. Zu dieser Entdeckung führte mich Woodruffs Buch *„Effects of Tropical Light on White Men"*, das ich gerade lese. Major Woodruffs These ist, dass der weißhäutige, blauäugige Arier, geboren zum Regieren und Befehligen, seine urzeitliche, wolkenverhangene und neblige Heimat verlässt, stets über den Rest der Welt gebietet und regiert und stets wegen des zu weißen Lichts, dem er ausgesetzt ist, zugrunde geht. Dies ist eine sehr haltbare Hypothese, und es lohnt sich, sie näher zu untersuchen.

Aber zurück zum Thema. Jeder von uns, der hinten in den hohen Rängen sitzt, ist ein blonder Arier. Vorne, mit zehn Prozent degenerierter Blondinen vermischt, sind die restlichen neunzig Prozent der Sklaven, die für uns schuften, Brünette. Sie werden nicht untergehen. Woodruff zufolge werden sie die Erde erben, nicht wegen ihrer Fähigkeit zur Herrschaft und Regierung, sondern wegen ihrer Hautpigmentierung, die es ihrem Gewebe ermöglicht, den Verwüstungen der Sonne zu widerstehen.

Und ich sehe uns vier am Tisch – Captain West, seine Tochter, Mr. Pike und mich – alle hellhäutig, blauäugig und vergänglich, aber dennoch herrschend und befehligend, wie unsere Väter vor uns, bis ans Ende unserer Art auf der Erde. Nun gut, unsere Geschichte ist herrschaftlich, und obwohl wir vielleicht dem Untergang geweiht sind, werden wir zu unserer Zeit allen Völkern auf die Füße getreten sein, sie zum Gehorsam erzogen, ihnen das Regieren beigebracht und in den Palästen gewohnt haben, die wir sie mit der Last unserer eigenen rechten Arme gezwungen haben, für uns zu bauen.

Die *Elsinore* stellt dies im Miniaturformat dar. Wir haben das beste Essen und alle geräumigen und schönen Unterkünfte. Vorne gibt es einen Schweinestall und einen Sklavenstall.

Als König steht Captain West über allem. Als Hauptmann der Soldaten setzt Mr. Pike den Willen seines Königs durch. Miss West ist eine Prinzessin des Königshauses. Und ich? Bin ich nicht eine ehrenwerte Rentnerin aus edler Abstammung, die den Taten und Errungenschaften meines Vaters zu verdanken ist, der zu seiner Zeit Tausende von weniger bedeutenden Leuten dazu zwang, das Vermögen aufzubauen, das ich genieße?

KAPITEL XXIII.

Der Nordwest-Passat trug uns fast in den Südost-Passat hinein, ließ uns dann mehrere Tage lang in der Flaute treiben und schmoren.

Während dieser Zeit habe ich entdeckt, dass ich ein Genie für das Gewehrschießen bin. Mr. Pike schwor, ich müsse lange üben, und ich gestehe, ich war selbst überrascht, wie einfach die Sache ist. Natürlich ist es ein Kniff, aber ich nehme an, man muss dazu befähigt sein, um sich den Kniff anzueignen.

Nach einer halben Stunde stand ich auf dem wogenden Deck und schoss auf Flaschen, die auf der Dünung trieben. Dabei stellte ich fest, dass ich jede Flasche beim ersten Schuss zerbrach. Als der Vorrat an leeren Flaschen zur Neige ging, war Mr. Pike so interessiert, dass er mir vom Zimmermann viele kleine quadratische Blöcke aus Hartholz zuschneiden ließ. Diese waren zufriedenstellender. Ein gut gezielter Schuss schleuderte sie aus dem Wasser und wirbelte in die Luft, und ich konnte einen einzelnen Block verwenden, bis er außer Reichweite war. In einer Stunde konnte ich, indem ich schnell und auf kurze Distanz schoss, mein Magazin auf einen Block leeren und ihn neunmal und gelegentlich zehnmal von elf Malen treffen.

Ich hätte meine Begabung vielleicht nicht als außergewöhnlich eingeschätzt, wenn ich nicht Miss West und Wada dazu überredet hätte, es zu versuchen. Keine von beiden hatte so viel Glück wie ich. Schließlich überredete ich Mr. Pike, und er ging hinter das Steuerhaus, damit niemand aus der Mannschaft sehen konnte, was für ein schlechter Schütze er war. Er traf nie ins Schwarze und machte die lächerlichsten Fehlschüsse.

„Ich habe das Gewehrschießen nie richtig drauf", verkündete er angewidert, „aber wenn es um kurze Distanz mit einem Gewehr geht, bin ich ganz vorne mit dabei. Ich schätze, ich kann meins genauso gut überholen und laufruhig machen."

Er ging nach unten und kam mit einer riesigen automatischen 44er-Pistole und einer Handvoll geladener Magazine zurück.

„Von direkt am Körper bis zu drei oder vier Meter entfernt, auf den Bauch zielend, es ist erstaunlich, Mr. Pathurst, was man mit einer solchen Waffe alles anstellen kann. Ein Gewehr kann man in einer Verwechslung nicht verwenden. Ich war schon am Boden und habe eine Menge Leute erwischt, die mir den Hintern versohlt haben, als ich damit loslegte. Das ist mal ein Schaden! Sie wurden über die gesamte Körperlänge getroffen. Einer von ihnen hatte mir gerade seine Stiefel ins Gesicht geschlagen, als ich loslegte. Die Kugel drang knapp über seinem Knie ein, zertrümmerte das Schlüsselbein, wo sie wieder austrat, und schnitt ihm dann ein Ohr ab. Ich schätze, die Kugel geht noch. Es brauchte mehr als einen ausgewachsenen Mann, um sie aufzuhalten. Also sage ich: Geben Sie mir eine gute, handliche Waffe, wenn etwas los ist."

„Hast du keine Angst, dass dir die Munition ausgeht?", fragte er eine halbe Stunde später besorgt, während ich weiter mit meinem neuen Spielzeug herumballerte.

Er war ziemlich beruhigt, als ich ihm sagte, Wada hätte fünfzigtausend Schuss für mich mitgebracht.

Mitten in der Schießerei kamen zwei Haie vorbeigeschwommen. Sie waren ziemlich groß, sagte Mr. Pike, und er schätzte ihre Länge auf fünf Meter. Es war Sonntagmorgen, so dass die Mannschaft, abgesehen von der Arbeit am Schiff, Zeit für sich hatte, und bald fing der Zimmermann mit einem Seil als Angelschnur und einem großen Eisenhaken, der mit einem Stück gesalzenem Schweinefleisch in der Größe meines Kopfes als Köder bestückt war, erst das eine und dann das andere der Monster. Sie wurden auf das Hauptdeck gehievt. Und dann sah ich ein Schauspiel der Grausamkeit des Meeres.

Die gesamte Mannschaft versammelte sich mit Messern, Beilen, Keulen und großen Schlachtermessern, die sie von der Kombüse geliehen hatte. Ich werde nicht die Einzelheiten erzählen, sondern nur, dass sie sich freuten und lüsterten und ihre Freude über die Gräueltaten, die sie begangen hatten, herausbrüllten. Schließlich wurde der erste der beiden Fische zurück ins Meer geworfen, wobei ihm ein spitzer Pfahl in den Ober- und Unterkiefer gerammt wurde, so dass er sein Maul nicht schließen konnte. Unvermeidliches und langwieriges Hungern war das Schicksal, das ihm damit zuteil wurde.

„Ich werde euch etwas zeigen, Jungs", rief Andy Fay, als sie sich darauf vorbereiteten, den zweiten Hai in die Hand zu nehmen.

Der maltesische Cockney war beim ersten ein äußerst fähiger Zeremonienmeister gewesen. Ich glaube, das, was ich sie tun sah, hat mich mehr als alles andere gegen diese Bestien abgehärtet. Am Ende zappelte der misshandelte Fisch völlig ausgeweidet auf dem Deck herum. Von dem Tier war nichts übrig geblieben außer der bloße Fleischpanzer, aber es wollte nicht sterben. Es war erstaunlich, wie viel Leben noch übrig war, wenn alle lebenswichtigen Organe verschwunden waren. Aber es sollten noch erstaunlichere Dinge folgen.

Mulligan Jacobs, dessen Arme bis zu den Ellbogen wie die eines Metzgers waren, drückte mir plötzlich ein Stück Fleisch in die Hand, ohne auch nur „mit Ihrer Erlaubnis" zu sagen. Ich sprang erschrocken zurück und ließ es aufs Deck fallen, während ein fröhliches Geheul von den 200 Männern aufstieg. Ich war beschämt, obwohl ich es nicht wollte. Diese Bestien hatten wenig Respekt vor mir; und schließlich ist die menschliche Natur eine so seltsame Verbindung, dass selbst ein Philosoph es nicht mag, von den Bestien seiner eigenen Art geringgeschätzt zu werden.

Ich betrachtete, was ich fallen gelassen hatte. Es war das Herz des Hais, und als ich hinsah, pulsierte das Herz vor Leben, direkt unter meinen Augen auf dem glühend heißen Deck, wo das Pech aus den Nähten sickerte.

Und ich wagte es. Ich würde diesen Tieren nicht erlauben, über meine Anmaßung zu lachen. Ich bückte mich und hob das Herz auf, und während ich meine Bedenken verbarg und überwand, hielt ich es in meiner Hand und fühlte, wie es in meiner Hand schlug.

Jedenfalls hatte ich einen kleinen Sieg über Mulligan Jacobs errungen; denn er ließ mich im Stich, um sich dem köstlicheren Zeitvertreib zu widmen, den Hai zu quälen, der nicht sterben wollte. Mehrere Minuten lang lag er völlig bewegungslos da. Mulligan Jacobs versetzte ihm mit der flachen Seite einer Axt einen kräftigen Schlag auf die Nase, und als das Ding zum Leben erwachte und seinen Körper über das Deck schleuderte, schrie der kleine giftige Mann in Ekstase:

„Die Haken sind drin! – Die Haken sind drin! – und brennend heiß!"

Er wand und krümmte sich mit teuflischem Vergnügen, und noch einmal schlug er ihm auf die Nase und ließ es hochspringen.

Das war zu viel, und ich machte mich auf den Weg – wobei ich natürlich Langeweile oder fehlendes Interesse vortäuschte und geistesabwesend das immer noch pochende Herz in der Hand hielt.

Als ich das Achterdeck erreichte, sah ich Miss West mit ihrem Nähkorb aus der Backbordtür des Kartenhauses kommen. Die Liegestühle standen auf dieser Seite, also schlich ich mich an die Steuerbordseite des Kartenhauses, um das schreckliche Ding, das ich trug, unbemerkt über Bord zu werfen. Aber es trocknete in der tropischen Hitze an der Oberfläche und pulsierte noch immer im Inneren, sodass es an meiner Hand klebte und einen schlimmen Abdruck hinterließ. Anstatt über die Reling zu kommen, schlug es gegen die Reling und blieb dort im Schatten stecken, und als ich die Tür öffnete, um nach unten zu gehen und mir die Hände zu waschen, sah ich bei einem letzten Blick, wie es dort pulsierte, wo es hingefallen war.

Als ich zurückkam, pulsierte es immer noch. Ich hörte ein Platschen aus dem Mittelteil des Schiffes und wusste, dass der Kadaver über Bord geworfen worden war. Ich ging nicht um das Kartenhaus herum und gesellte mich zu Miss West, sondern stand gebannt da und schaute dem Schauspiel dieses Herzens zu, das in der tropischen Hitze schlug.

Das laute Geschrei der Matrosen erregte meine Aufmerksamkeit. Sie waren alle auf die Reling geklettert und beobachteten etwas draußen. Ich folgte ihrem Blick und sah das Erstaunliche. Der lange ausgeweidete Hai war nicht tot. Er bewegte sich, er schwamm, er schlug um sich und versuchte immer wieder, von der Meeresoberfläche zu entkommen. Manchmal schwamm er bis zu fünfzehn oder dreißig Meter tief und kämpfte sich dann, immer noch darum kämpfend, der Oberfläche zu entkommen, unwillkürlich an die Oberfläche. Jeder Fehlschlag löste bei den Männern wildes Gelächter aus. Aber warum lachten sie? Das Ding war erhaben, schrecklich, aber nicht lustig. Das überlasse ich Ihnen. Was ist denn lächerlich am Anblick eines schmerzverstörten Fisches, der hilflos auf der Meeresoberfläche dahinrollt und der Sonne seine ganze innere Leere preisgibt?

Ich wandte mich gerade ab, als erneutes Geschrei meinen Blick auf sich zog. Ein halbes Dutzend anderer Haie war aufgetaucht, kleinere, neun oder zehn Fuß lang. Sie griffen ihren hilflosen Kameraden an. Sie rissen ihn in Stücke, sie zerstörten ihn, verschlangen ihn. Ich sah, wie der letzte Fetzen von ihm in ihren Mäulern verschwand. Er war verschwunden, zersetzt, begraben in den lebenden Körpern seiner Artgenossen und bereits in den Verdauungsprozess versunken. Und doch schlug dort, im Schatten auf der Pinnwand, dieses unglaubliche und monströse Herz weiter.

KAPITEL XXIV.

Die Reise ist zum Scheitern verurteilt und endet tödlich. Ich kenne Mr. Pike jetzt, und wenn er jemals herausfindet, wer Mr. Mellaire ist, wird er ermordet. Mr. Mellaire ist nicht Mr. Mellaire. Er ist nicht aus Georgia. Er ist aus Virginia. Sein Name ist Waltham – Sidney Waltham. Er ist einer der Walthams von Virginia, ein schwarzes Schaf, das stimmt, aber ein Waltham. Davon bin ich überzeugt, genauso wie ich überzeugt bin, dass Mr. Pike ihn töten wird, wenn er herausfindet, wer er ist.

Lassen Sie mich erzählen, wie ich das alles entdeckt habe. Es war letzte Nacht, kurz vor Mitternacht, als ich auf das Achterdeck kam, um einen Hauch des Südostpasses zu genießen, in dem wir jetzt dicht am Wind dahinrollen, um Kap San Roque zu überholen. Mr. Pike hatte die Wache, und ich ging mit ihm auf und ab, während er mir alte Seiten aus seinem Leben erzählte. Er hat das oft getan, wenn er nicht gerade „seemüde" war, und oft hat er mit Stolz – ja, mit Ehrfurcht – einen Kapitän erwähnt, mit dem er fünf Jahre lang gesegelt ist. „Der alte Kapitän Somers", nannte er ihn – „der feinste, ehrlichste, edelste Mann, unter dem ich je gesegelt bin, Sir."

Nun, gestern Abend drehte sich unser Gespräch um traurige Themen, und Mr. Pike, der böse alte Mann, der er ist, äußerte sich über die Schlechtigkeit der Welt und die Schlechtigkeit des Mannes, der Captain Somers ermordet hatte.

„Er war ein alter Mann, über siebzig Jahre alt", fuhr Mr. Pike fort. „Und sie sagen, er litt an einer leichten Lähmung – ich hatte ihn jahrelang nicht gesehen. Ich musste nämlich wegen Problemen von der Küste weg. Und dieser Teufel von einem zweiten Maat hat ihn spät in der Nacht im Bett erwischt und totgeschlagen. Es war furchtbar. Sie haben es mir erzählt. Mitten in San Francisco, an Bord der *Jason Harrison*, geschah es vor elf Jahren.

„Und wissen Sie, was sie getan haben? Zuerst gaben sie dem Mörder das Leben, obwohl er hätte gehängt werden sollen. Er plädierte auf Unzurechnungsfähigkeit, weil ihm vor langer Zeit ein verrückter Seemann den Kopf abgehackt hatte. Und als er sieben Jahre seiner Strafe verbüßt hatte, begnadigte ihn der Gouverneur. Er war nichts wert, aber seine Leute waren eine mächtige alte virginische Familie, die Walthams – ich nehme an, Sie haben von ihnen gehört – und sie übten jede Menge Druck aus. Sein Name war Sidney Waltham."

In diesem Moment ertönte die Warnglocke, ein einzelner Schlag fünfzehn Minuten vor dem Wachwechsel, vom Steuerrad und wurde vom Ausguck auf dem Vorschiff wiederholt. Mr. Pike hatte unter seiner Gefühlsspannung angehalten und wir standen an der Heckkante. Wie es der Zufall wollte, war Mr. Mellaire eine Viertelstunde vor der Zeit, er kletterte die Heckleiter hinauf und blieb neben uns stehen, während der Maat seine Geschichte zu Ende erzählte.

„Mir hat es nichts ausgemacht", fuhr Mr. Pike fort, „solange er lebenslänglich bekam und seine Strafe absaß. Aber als sie ihn nach nur sieben Jahren begnadigten, schwor ich, ihn zu kriegen. Und das werde ich. Ich glaube weder an Gott noch an den Teufel, und die Welt ist ohnehin schon verdorben und verrückt; aber ich glaube an Ahnungen. Und ich weiß, dass ich ihn kriegen werde."

„Was wirst du tun?", fragte ich.

„Was hat er getan?" Mr. Pikes Stimme war voller Überraschung, die ich nicht wissen konnte. „Was hat er getan? Also, was hat er dem alten Kapitän Somers angetan? Und trotzdem ist er seit drei Jahren verschwunden. Ich habe nichts von ihm gehört. Aber er ist ein Seemann und wird wieder zur See fahren und eines Tages …"

Im Schein eines Streichholzes, mit dem der zweite Maat seine Pfeife anzündete, sah ich Mr. Pikes Gorillaarme und seine riesigen geballten Pfoten zum Himmel emporgestreckt, und sein Gesicht war verkrampft und bewegt. Außerdem sah ich in diesem kurzen Lichtmoment, dass die Hand des zweiten Maats, die das Streichholz hielt, zitterte.

„Und ich habe noch nicht einmal ein Foto von ihm gesehen", fügte Mr. Pike hinzu. „Aber ich habe eine ungefähre Vorstellung von seinem Aussehen und er hat ein unverkennbares Zeichen. Daran könnte ich ihn im Dunkeln erkennen. Ich müsste es nur ertasten. Eines Tages werde ich meine Finger in dieses Zeichen stecken."

„Wie hieß der Kapitän noch mal, Sir?", fragte Mr. Mellaire beiläufig.

„Somers – der alte Captain Somers", antwortete Mr. Pike.

Herr Mellaire wiederholte den Namen mehrere Male laut und wagte dann zu fragen:

„Hatte er nicht vor dreißig Jahren das Kommando über die *Lammermoor*?"

„Das ist der Mann."

„Ich dachte, ich kenne ihn. Ich lag vor einiger Zeit auf einem Schiff neben ihm in der Tafelbucht vor Anker."

„Oh, die Schlechtigkeit der Welt, die Schlechtigkeit der Welt", murmelte Mr. Pike, als er sich umdrehte und davonschritt.

Ich sagte dem zweiten Maat gute Nacht und wollte gerade nach unten gehen, als er mir leise zurief: „Mr. Pathurst!"

Ich hielt inne, und dann sagte er hastig und verwirrt:

„Macht nichts, Sir … Ich bitte um Verzeihung … ich – ich habe meine Meinung geändert."

Unten in meiner Koje konnte ich nicht lesen. Meine Gedanken waren darauf versessen, zu dem zurückzukehren, was gerade an Deck geschehen war, und gegen meinen Willen kamen mir immer wieder die grausamsten Spekulationen in den Sinn.

Und dann kam Mr. Mellaire. Er war durch die Sprengluke in das große Achterzimmer und von dort durch den Flur in mein Zimmer geschlüpft. Er kam geräuschlos, auf unbeholfenen Zehenspitzen, herein und legte warnend den Finger auf die Lippen. Erst als er neben meiner Koje stand, sprach er, und dann flüsterte er.

„Ich bitte um Verzeihung, Sir, Mr. Pathurst … Ich – ich bitte um Verzeihung, aber wissen Sie, Sir, ich war gerade auf der Durchreise, und als ich Sie wach sah, … ich dachte, es würde Ihnen keine Umstände machen, … wissen Sie, ich dachte, ich könnte Ihnen genauso gut einen kleinen Gefallen tun … da ich Ihnen keine Umstände machen möchte, Sir … ich … ich …"

Ich wartete, bis er fortfuhr, und in der darauf folgenden Pause, während er sich mit der Zunge über die trockenen Lippen leckte, spähte das Ding, das in seinem Schädel lauerte, durch seine Augen zu mir herüber und schien kurz davor zu sein, hervorzuspringen und sich auf mich zu stürzen.

„Nun, Sir", begann er erneut, diesmal zusammenhängender, „es ist nur eine Kleinigkeit – natürlich dumm von mir – eine Laune sozusagen – aber Sie werden sich erinnern, dass ich Ihnen zu Beginn der Reise eine Narbe auf meinem Kopf gezeigt habe … eine wirklich kleine Angelegenheit, Sir, die ich mir bei einem Missgeschick zugezogen habe. Es ist eine Missbildung, die ich mir einbilde zu verbergen. Um nichts in der Welt, Sir, möchte ich, dass zum Beispiel Miss West erfährt, dass ich eine solche Missbildung habe. Ein Mann ist ein Mann, Sir – verstehen Sie – und Sie haben nicht mit ihr darüber gesprochen?"

„Nein", antwortete ich. „Es ist einfach so, dass ich das nicht getan habe."

„Auch nicht an irgendjemand anderen? – An zum Beispiel Captain West? – Oder zum Beispiel Mr. Pike?"

„Nein, ich habe es niemandem erzählt", beteuerte ich.

Er konnte seine Erleichterung nicht verbergen. Die Verstörtheit wich aus seinem Gesicht und seinem Benehmen, und das aufgelauerte Ding zog sich noch tiefer in die Tiefen seines Schädels zurück.

„Der Gefallen, Sir, Mr. Pathurst, den ich Ihnen erweisen würde, wäre, dass Sie diese kleine Angelegenheit niemandem gegenüber erwähnen. Ich nehme an" (er lächelte und seine Stimme war überaus höflich) „es ist Eitelkeit meinerseits – das verstehen Sie sicher."

Ich nickte und machte eine unruhige Bewegung mit meinem Buch als Zeichen dafür, dass ich mit der Lektüre fortfahren wollte.

„Kann ich mich darauf verlassen, Mr. Pathurst?" Seine Stimme und sein ganzes Benehmen hatten sich verändert. Es war praktisch ein Befehl, und ich konnte fast sehen, wie die Reißzähne, gefletscht und bedrohlich, aus dem Maul dieses Wesens sprossen, das sich meiner Vorstellung nach hinter seinen Augen verbarg.

„Sicher", antwortete ich kalt.

„Danke, Sir – ich danke Ihnen", sagte er und schlich ohne weitere Umschweife auf Zehenspitzen aus dem Zimmer.

Natürlich las ich nicht. Wie auch? Ich schlief auch nicht. Meine Gedanken rasten und rasten, und erst als der Steward mir kurz vor fünf den Kaffee brachte, versank ich in meinen ersten Schlummer.

Eines ist ganz klar. Mr. Pike träumt nicht im Traum davon, dass der Mörder von Captain Somers an Bord der *Elsinore ist*. Er hat nie den gewaltigen Spalt gesehen, der Mr. Mellaires, oder besser Sidney Walthams, Schädel spaltet. Und ich für meinen Teil werde es Mr. Pike nie erzählen. Und ich weiß jetzt, warum ich den zweiten Maat von Anfang an nicht mochte. Und ich verstehe dieses lebendige Etwas, dieses andere Etwas, das im Inneren lauert und durch die Augen hervorlugt. Dasselbe habe ich bei den drei Gangstern vorn erkannt. Wie der zweite Maat sind sie Gefängnisvögel. Die Zurückhaltung, die Heimlichtuerei und die eiserne Kontrolle des Gefängnislebens haben in ihnen allen schreckliche andere Selbste entwickelt.

Ja, und noch etwas ist ganz offensichtlich. An Bord dieses Schiffes, das jetzt durch den Südatlantik fährt, um im Winter Kap Hoorn zu passieren, befinden sich alle Elemente einer Tragödie und eines Schreckens auf See. Wir sind mit menschlichem Dynamit beladen, das unsere kleine schwimmende Welt jederzeit in Stücke sprengen kann.

KAPITEL XXV.

Die Tage vergehen. Der Südost-Passagier ist lebhaft und gelegentlich dringen kleine Spritzer in meine offenen Luken. Mr. Pikes Zimmer wurde gestern durchnässt. Das ist das Aufregendste, was seit langem passiert ist. Die Gangster regieren im Vorschiff. Larry und Shorty haben sich einen harmlosen *Kampf geliefert* . Die Haken brennen noch immer in Mulligan Jacobs' Gehirn. Charles Davis lebt allein in seinem kleinen Stahlzimmer und kommt nur heraus, um sein Essen aus der Kombüse zu holen. Miss West spielt und singt, verarztet Possum, wäscht und ist sonst immer mit ihrer Fantasiearbeit beschäftigt. Mr. Pike bedient das Grammophon jeden zweiten Abend in der zweiten Hundewache. Mr. Mellaire verbirgt die Spalte in seinem Kopf. Ich bewahre sein Geheimnis. Und Captain West, distanzierter denn je, sitzt im Windzug in der Dämmerkabine.

Wir sind nun seit siebenunddreißig Tagen auf See und haben in dieser Zeit bis heute kein einziges Schiff gesichtet. Und heute waren vom Deck aus nicht weniger als sechs Schiffe gleichzeitig zu sehen. Erst als ich diese Schiffe sah, konnte ich mir wirklich vorstellen, wie einsam dieser Ozean ist.

Mr. Pike sagt mir, wir seien mehrere hundert Meilen vor der Küste Südamerikas. Und doch waren wir, so scheint es, erst vorgestern kaum weiter von Afrika entfernt. Heute Morgen ist eine große samtige Motte an Bord geflattert, und wir sind voller Vermutungen. Wie konnte sie nur Hunderte von Meilen von der Küste Südamerikas in den Wind geflogen sein?

Das Kreuz des Südens ist natürlich schon seit Wochen sichtbar; der Polarstern ist hinter der Erdwölbung verschwunden; und der Große Bär steht an seinem höchsten Punkt sehr niedrig. Bald wird auch er verschwunden sein und wir werden die Magellan-Wolken erreichen.

Ich erinnere mich an den Kampf zwischen Larry und Shorty. Wada berichtet, dass Mr. Pike eine Zeit lang zusah, bis er sich über ihre Ungeschicklichkeit ärgerte und ihnen beiden mit den flachen Händen eine Ohrfeige verpasste und sie zum Aufhören zwang. Er verkündete, dass er, bis sie sich besser präsentieren könnten, die Kämpfe auf der *Elsinore* selbst bestreiten wolle.

Es ist eine Leistung, die ich nicht begreifen kann, wenn ich mir vorstelle, dass er 69 Jahre alt ist. Und wenn ich seine gewaltige Statur und seine furchterregenden, menschenähnlichen Hände betrachte, stelle ich mir vor, wie er den Mord an Captain Somers rächt.

Das Leben ist grausam. Unter den fünftausend Tonnen Kohle *der Elsinore* befinden sich Tausende von Ratten. Sie können aus ihrem Gefängnis mit Stahlwänden nicht entkommen, denn alle Ventilatoren sind mit dickem Maschendraht geschützt. Auf ihrer letzten Reise, als sie mit Gerste beladen war, vermehrten sie sich und vermehrten sich. Jetzt sind sie in der Kohle gefangen und es kommt zwangsläufig zu Kannibalismus unter ihnen. Mr. Pike sagt, wenn wir Seattle erreichen, werden es ein Dutzend oder zwanzig Überlebende geben, riesige Kerle, die stärksten und wildesten. Manchmal, wenn ich an der Öffnung eines Ventilators in der hinteren Wand des Kartenhauses vorbeifahre, kann ich ihr klagendes Quietschen und Schreien tief unten in der Kohle hören.

Andere und glücklichere Ratten sind im Zwischendeck vorne, wo alle Ersatzsegel gelagert werden. Sie kommen nachts heraus und rennen auf dem Deck umher, stehlen Essen aus der Kombüse und lecken den Tau auf. Das erinnert mich daran, dass Mr. Pike Possum nicht mehr ansieht. Auf seine Vermutung hin hat Wada offenbar eine Ratte im Maschinenraum gefangen. Wada schwört, dass es der Vater aller Ratten war und dass sie nach tatsächlichen Messungen von der Nase bis zur Schwanzspitze 18 Zoll misst. Außerdem scheint es, dass Mr. Pike und Wada, als die Tür in der Kammer des ersteren geschlossen war, die Ratte gegen Possum aufgehetzt haben und dass Possum abgeleckt wurde. Sie waren gezwungen, die Ratte selbst zu töten, während Possum sich, als alles vorbei war, hinlegte und einen Anfall bekam.

Mr. Pike verabscheut Feiglinge und hat eine tiefe Abneigung gegen Possum. Er spielt nicht mehr mit dem Welpen, spricht nicht einmal mit ihm und blickt ihn jedes Mal, wenn er auf dem Deck an ihm vorbeigeht, finster an.

Ich habe die Segelanweisungen für den Südatlantik gelesen und festgestellt, dass wir jetzt in die Region mit den schönsten Sonnenuntergängen der Welt einfahren. Und heute Abend wurden wir mit einer Kostprobe beglückt. Ich war in meinem Quartier und las meine Bücher, als Miss West mir vom Fuß der Treppe zum Kartenhaus zurief:

„Mr. Pathurst! – Kommen Sie schnell! Oh, kommen Sie schnell! Das dürfen Sie sich nicht entgehen lassen!“

Der halbe Himmel, vom Zenit bis zur westlichen Meereslinie, war eine erstaunliche Fläche aus reinem, blassem, ebenmäßigem Gold. Und durch diesen Glanz brannte am Horizont die Sonne, eine Scheibe aus noch reicherem Gold. Das Gold des Himmels wurde goldener, dann trübte es sich vor unseren Augen und begann schwach rot zu glühen. Als das Rot tiefer wurde, breitete sich ein Nebel über der gesamten Goldfläche und der brennenden gelben Sonne aus. Turner war nie einer so kühnen Orgie im Goldnebel schuldig.

Bald begannen sich am Horizont, den Kreis aus Meer und Himmel vollständig zu schließen, die dicht gedrängten Formen der Passatwolken durch den Nebel zu zeigen; und als sie Gestalt annahmen, ergossen sie sich an ihren oberen Rändern in rosa Farbe, während ihre unteren Ränder pulsierend bläulich-weiß waren. Ich sage das mit Bedacht. Alle Farben dieses Schauspiels *pulsierten* .

Als der goldene Nebel sich weiter lichtete, wurden die Farben grell und kräftig; die Türkistöne gingen in Grün über und die Rosatöne nahmen das Rot des Blutes an. Und das Purpur und Indigo der langen Wogen des Meeres wurden durch die Farbenpracht des Himmels bronzefarben, während über das Wasser wie riesige Schlangen rote und grüne Spiegelbilder des Himmels krochen. Und dann verblasste all die Pracht schnell, und die warme, tropische Dunkelheit umgab uns.

KAPITEL XXVI.

Die *Elsinore* ist wahrhaftig das Schiff der Seelen, die Welt im Kleinen. Und weil sie eine so kleine Welt ist und diese Weiten des Ozeans durchschneidet, wie unsere größere Welt den Weltraum durchschneidet, sind die seltsamen Gegenüberstellungen, die immer wieder auftreten, verblüffend.

Zum Beispiel heute Nachmittag auf dem Achterdeck. Lassen Sie es mich beschreiben. Da war Miss West, in einem frischen Matrosenanzug, makellos weiß, am Hals offen, wo unter dem breiten Kragen ein schwarzes Seidenhalstuch geknotet war. Ihr glatt gepflegtes Haar, das in der Brise ein wenig widerspenstig war, war herrlich. Und hier war ich, in weißem Matrosenanzug, weißen Schuhen und weißem Seidenhemd, so makellos und gepflegt wie sie. Der Steward brachte gerade das hübsche Teeservice für Miss West, und im Hintergrund schwebte Wada.

Wir hatten über Philosophie gesprochen – oder vielmehr, ich hatte sie ausgehorcht, und von einer Skizze von Spinozas Vorausschau auf den modernen Geisteszustand über die spekulativen Interpretationen der neuesten physikalischen Errungenschaften von Sir Oliver Lodge und Sir William Ramsay war ich wie üblich zu De Casseres gelangt, den ich gerade zitierte, als Mr. Pike der Wache Befehle zuknurrte.

„„In diesem Aufstieg in das Azurblau der reinen Wahrnehmung, das nur sehr wenigen Menschen zugänglich ist, wird der spektakuläre Sinn geboren.“", zitierte ich. „„Das Leben ist nicht länger gut oder böse. Es ist ein fortwährendes Spiel der Kräfte ohne Anfang oder Ende. Der befreite Intellekt verschmilzt mit dem Weltwillen und nimmt an dessen Essenz teil, die keine moralische, sondern eine ästhetische Essenz ist …"

Und in diesem Moment strömte die Wache auf das Achterdeck, um die Backbordstreben des Besansegels, des Königs- und Bramsegels zu ziehen. Die Matrosen gingen an uns vorbei oder schleppten sich mit gesenktem Blick dicht an uns vorbei. Sie sahen uns nicht an, so weit waren wir von ihnen entfernt. Es war dieser Kontrast, der meine Aufmerksamkeit erregte. Hier waren Hohe und Niedrige, Sklaven und Herren, Schönheit und Hässlichkeit, Sauberkeit und Schmutz. Ihre Füße waren nackt und mit Teer- und Pechflecken bedeckt. Ihre ungewaschenen Körper waren in die ärmlichste Kleidung gehüllt, schmuddelig, schmutzig, zerlumpt und spärlich. Jeder von ihnen trug nur zwei Kleidungsstücke – Latzhosen und ein schäbiges Baumwollhemd.

Und wir, in unseren bequemen Liegestühlen, mit unseren beiden Dienern im Rücken, die Quintessenz eleganter Muße, schlürften feinen Tee aus schönen, zerbrechlichen Tassen und schauten diesen Elenden zu, deren Arbeit die

Reise unserer kleinen Welt erst möglich machte. Wir sprachen nicht mit ihnen und erkannten ihre Existenz nicht an, ebenso wenig wie sie es gewagt hätten, mit uns zu sprechen.

Und Miss West musterte sie mit dem abschätzenden Blick einer Plantagenbesitzerin, die den Zustand ihrer Feldsklaven beurteilt.

„Sie sehen, wie sie an Gewicht zugenommen haben", sagte sie, als sie die letzten Seilwindungen über die Pflöcke wickelten und sich nach vorn vom Achterdeck entfernten. „Das liegt an den regelmäßigen Arbeitszeiten, dem guten Wetter, der harten Arbeit, der frischen Luft, dem ausreichenden Essen und dem Fehlen von Whisky. Und sie werden in dieser Verfassung bleiben, bis sie das Horn verlassen. Und dann werden Sie sehen, wie sie von Tag zu Tag schwächer werden. Eine Winterpassage des Horns ist für die Männer immer eine schwere Belastung.

„Aber wenn wir erst einmal da sind und das gute Wetter des Pazifiks herrscht, werden Sie sehen, wie sie von Tag zu Tag wieder zunehmen. Und wenn wir Seattle erreichen, werden sie in prächtiger Verfassung sein. Nur werden sie an Land gehen, ihren Lohn in einigen Tagen versaufen und auf anderen Schiffen in genau demselben durchnässten, erbärmlichen Zustand abreisen, in dem sie mit uns von Baltimore aus in See gestochen sind."

Und genau in diesem Moment kam Kapitän West aus der Tür des Kartenhauses, schlenderte einmal auf und ab und ging mit einem Lächeln und einem Wort für uns und einem stets aufmerksamen Blick für das Schiff, die Segelstellung, den Wind und den Himmel und das Wetter wieder durch die Tür des Kartenhauses zurück – der blonde arische Kapitän, der König, der Samurai.

Und ich trank meinen Tee mit dem köstlichen und kostbarsten Aroma zu Ende, und unsere schlitzäugigen, dunkelhäutigen Diener trugen die hübsche Ausrüstung weg, und ich las und fuhr mit De Casseres fort:

„Der Instinkt will, erschafft und führt die Arbeit der Spezies aus. Der Intellekt zerstört, verneint, satirisiert und endet im reinen Nihilismus. Der Instinkt erschafft endlos Leben und schleudert verschwenderisch und blind seine Clowns, Tragödiendichter und Komödianten hervor. Der Intellekt bleibt der ewige Zuschauer des Spiels. Er nimmt nach Belieben teil, gibt sich aber nie ganz dem schönen Sport hin. Der Intellekt, befreit von den Fesseln des persönlichen Willens, erhebt sich in den Äther der Wahrnehmung, wo ihm der Instinkt in tausend Verkleidungen folgt und versucht, ihn auf die Erde zu ziehen."

KAPITEL XXVII.

Wir sind jetzt südlich von Rio und arbeiten uns Richtung Süden vor. Wir haben den Breitengrad der Passatwinde verlassen und der Wind ist launisch. Regen- und Windböen machen der *Elsinore zu schaffen* . In der einen Stunde rollen wir vielleicht bei völliger Windstille, und in der nächsten rasen wir mit vierzehn Knoten durchs Wasser und lichten die Segel, so schnell die Männer sie auf- und zu Wasser lassen können. Auf eine ruhige Nacht, in der Schlaf in der schwülen, stickigen Luft fast unmöglich ist, kann ein Tag mit gleißender Sonne und öliger Dünung aus Süd folgen, was auf große Stürme in dem Teil des Ozeans hindeutet, auf den wir zusegeln – oder den ganzen Tag lang kann die *Elsinore* unter einem bedeckten Himmel mit eingerollten Segeln und Sky Sails unter dem Winddruck in eine kurze und kabbelige Gegensee eintauchen und bocken.

Und all das bedeutet Arbeit für die Männer. Nach Mr. Pikes Einschätzung sind sie sehr unzulänglich, obwohl sie inzwischen wissen, wie es geht. Er knurrt und brummt, schnaubt und grinst höhnisch, wann immer er ihnen bei irgendetwas zusieht. Heute, um elf Uhr morgens, war der Wind so heftig und kam in stärkeren Böen, nachdem er in einer großen Böe gekommen war, dass Mr. Pike befahl, das Großsegel zu bergen. Das große Krückensegel war bereits bergab. Aber die Wache konnte das Großsegel nicht einholen, und nach viel vergeblichem Singen und Ziehen wurde die Wache unten herausgeschickt, um mit anzupacken.

„Mein Gott!", stöhnte Mr. Pike. „Zwei Wachen für so einen Lumpen, wenn das auch eine halbwegs anständige Wache schaffen würde! Sehen Sie sich meinen Bootsmann an!"

Die arme Nancy! Er sah aus wie das traurigste, kränkste, trostloseste Geschöpf, das ich je gesehen hatte. Er war so erbärmlich, so jämmerlich, so hilflos. Und Sundry Buyers war genauso hilflos. Sein Gesichtsausdruck war voller Schmerz und Hoffnungslosigkeit, und während er seinen Bauch presste, stolperte er vergeblich umher, immer auf der Suche nach etwas, das er tun könnte, und fand es nie. Er trödelte herum. Er stand da und starrte ein Seil etwa eine Minute lang an, folgte ihm mit den Augen durch das Labyrinth aus Seilen, Stichen und Zahnrädern, mit der ganzen Aufmerksamkeit eines Mannes, der ein kompliziertes Problem löst. Dann trottete er, die Hand auf den Bauch gedrückt, ein paar Schritte weiter und suchte sich ein anderes Seil zum Studieren aus.

„Oh je, oh je", klagte Mr. Pike. „Wie kann man mit solchen Bootsmännern und einer solchen Mannschaft fahren? Trotzdem, wenn ich Kapitän dieses Schiffes wäre, würde ich sie fahren. Ich würde ihnen zeigen, was Fahren ist, selbst wenn ich ein paar von ihnen verlieren müsste. Und wenn sie vor der

Küste von Kap Hoorn schwach werden, was sollen wir dann tun? Wir werden die ganze Zeit beide Wachen haben, was sie umso schneller schwächen wird."

Offensichtlich ist diese Winterpassage des Kap Hoorns alles, was man aus den Berichten der Seefahrer erwartet. Männer aus Eisen wie die beiden Kameraden haben großen Respekt vor „Cape Stiff", wie sie die äußerste Spitze des amerikanischen Kontinents nennen. Apropos der beiden Kameraden, die aus Eisen gebaut und mit eisernem Mund sind: Es ist amüsant, dass sie in wirklich ernsten Momenten beide mit „Oh je, oh je" fluchen.

In ruhigen Momenten habe ich viel Freude an dem kleinen Gewehr. Ich habe bereits fünftausend Schuss abgefeuert und halte mich für einen Experten. Was auch immer der Kniff beim Schießen sein mag, ich habe ihn drauf. Wenn ich zurückkomme, werde ich mit dem Zielschießen anfangen. Es ist ein netter, geschickter Sport.

Possum hat nicht nur Angst vor den Segeln und Ratten, sondern auch vor Gewehrfeuer und fängt beim ersten Schuss an zu jaulen und zu jaulen. Die Abneigung, die Mr. Pike gegenüber dem armen kleinen Welpen entwickelt hat, ist lächerlich. Er sagte mir sogar, wenn es sein Hund wäre, würde er ihn als Zielscheibe über Bord werfen. Trotzdem ist er ein liebevoller, herzerwärmender kleiner Schlingel und hat sich bereits so tief in mein Herz geschlichen, dass ich froh bin, dass Miss West ihn nicht akzeptiert hat.

Und – oh! – er besteht darauf, mit mir auf dem Bettzeug zu schlafen; ein Vorgehen, das den Kumpel schockiert hat. „Ich schätze, als nächstes wird er Ihre Zahnbürste benutzen", knurrte Mr. Pike mich an. Aber der Welpe liebt meine Gesellschaft und ist nie glücklicher, als wenn er mit mir im Bett liegt. Doch das Bett ist nicht ganz das Paradies, denn Possum hat große Angst, wenn unser Bett auf der Leeseite liegt und die See gegen die Glasfenster schlägt. Dann duckt sich der kleine Bettler, bis in die Haarspitze vor Angst elektrisiert, und knurrt bedrohlich und winselt fast gleichzeitig beschwichtigend das Sturmmonster draußen an.

„Vater *kennt* das Meer", sagte Miss West heute Nachmittag zu mir. „Er versteht es und er liebt es."

„Oder es ist Gewohnheit", wagte ich zu fragen.

Sie schüttelte den Kopf.

„Er kennt es. Und er liebt es. Deshalb ist er dorthin zurückgekehrt. Alle seine Leute vor ihm waren Seeleute. Sein Großvater, Anthony West, unternahm zwischen 1801 und 1847 46 Reisen. Und sein Vater, Robert, segelte vor der Zeit des Goldes als Kapitän an die Nordwestküste und war nach der

Goldentdeckung Kapitän einiger der schnellsten Kap-Hoorn-Klipper. Elijah West, Vaters Urgroßvater, war während der Revolution ein Freibeuter. Er kommandierte die bewaffnete Brigg *New Defence* . Und sogar davor waren Elijahs Vater und der Vater von Elijahs Vater Kapitän und Eigner auf langen Handelsabenteuern.

„Anthony West kommandierte 1813 und 1814 die *David Bruce* mit Kaperbriefen. Er war Halbeigentümer, die anderen Hälften gehörten Gracie & Sons. Es war ein 200-Tonnen-Schoner, der in Maine gebaut wurde. Er hatte eine lange 18-Pfünder-Kanone, zwei 10-Pfünder-Kanone und zehn 6-Pfünder-Kanone an Bord und segelte wie eine Hexe. Er durchbrach die Blockade vor Newport und gelangte in den Ärmelkanal und die Biskaya. Und wissen Sie, obwohl er insgesamt nur 12.000 Dollar kostete, erbeutete er britische Prisen im Wert von über 300.000 Dollar. Ein Bruder von ihm war auf der *Wasp* .

„Sie sehen also, das Meer liegt uns im Blut. Es ist unsere Mutter. Soweit wir zurückverfolgen können, wurde unsere gesamte Linie im Meer geboren." Sie lachte und fuhr fort. „Wir haben Piraten und Sklavenhändler in unserer Familie und alle möglichen verrufenen Seeräuber. Der alte Ezra West – ich weiß nicht mehr, wie lange das her ist – wurde wegen Piraterie hingerichtet und sein Körper in Ketten in Plymouth aufgehängt.

„Das Meer ist Vaters Blut. Und er kennt ein Schiff so gut, wie man einen Hund oder ein Pferd kennt. Jedes Schiff, das er segelt, hat für ihn eine ausgeprägte Persönlichkeit. Ich habe ihn in guten Momenten beobachtet und ihn denken *sehen* . Aber oh! Wie oft habe ich ihn gesehen, wenn er nicht denkt – wenn er alles *fühlt* und weiß, ohne überhaupt zu denken. In Wirklichkeit ist er mit allem, was mit dem Meer und Schiffen zu tun hat, ein Künstler. Es gibt kein anderes Wort dafür."

„Sie halten sehr viel von Ihrem Vater", bemerkte ich.

„Er ist der wunderbarste Mann, den ich je gekannt habe", antwortete sie. „Denken Sie daran, Sie sehen ihn nicht in Bestform. Seit dem Tod meiner Mutter ist er nicht mehr derselbe. Wenn Mann und Frau je eins waren, dann waren sie es." Sie brach ab und schloss dann abrupt. „Sie kennen ihn nicht. Sie kennen ihn überhaupt nicht."

KAPITEL XXVIII.

„Ich glaube, wir werden einen schönen Sonnenuntergang haben", bemerkte Kapitän West gestern Abend.

Miss West und ich ließen unser Cribbage-Spielzeug stehen und eilten an Deck. Die Sonne war noch nicht untergegangen, aber alles war im Gange. Wir sahen, wie der Himmel seine Materialien sammelte, die grauen Wolken in langen Reihen und hoch aufragenden Massen gruppierte und seine Palette mit langsam wachsenden, leuchtenden Farbtönen und plötzlichen Farbklecksen ausbreitete.

„Es ist die Golden Gate Bridge!", rief Miss West und deutete nach Westen. „Sehen Sie! Wir sind gerade im Hafen. Schauen Sie dort nach Süden. Wenn das nicht die Skyline von San Francisco ist! Dort ist das Call Building und dort, ganz weit unten, der Ferry Tower, und das ist ganz sicher der Fairmount." Ihr Blick wanderte durch die Öffnung zwischen den Wolkenmassen zurück und sie klatschte in die Hände. „Es ist ein Sonnenuntergang innerhalb eines Sonnenuntergangs! Sehen Sie! Die Farallones!" – sie schwammen in einem ganz eigenen Miniatur-Sonnenuntergang in Orange und Rot. „Ist es nicht die Golden Gate Bridge und San Francisco und die Farallones?", wandte sie sich an Mr. Pike, der, neben ihm an der Reling lehnend, hin- und hergerissen war zwischen einem säuerlichen Blick auf Nancy, die auf dem Hauptdeck herumtrödelte, und einem säuerlichen Blick auf Possum, der auf der Brücke jedes Mal voller Angst zusammenzuckte, wenn der Krokodil über ihm mit leeren Flügeln flatterte.

Der Maat drehte den Kopf und blickte mit ernstem Blick auf das Bild des Himmels.

„Oh, ich weiß nicht", knurrte er. „Für Sie sieht es vielleicht aus wie die Farallones, aber für mich sieht es aus wie ein Schlachtschiff, das mit einem Knochen zwischen den Zähnen und zwanzig Knoten Geschwindigkeit direkt auf das Tor zusteuert."

Und tatsächlich. Die schwimmenden Farallones hatten sich in ein riesiges Kriegsschiff verwandelt.

Dann kam die Farbenpracht, deren dominierender Farbton Grün war. Es war Grün, Grün, Grün – das Blaugrün des Frühlingsjahres und das trockene und gelbe Grün und das gelbbraune Grün des Herbstes. Es gab Orangegrün, Goldgrün und ein Kupfergrün. Und all diese Grüntöne waren ein unbeschreiblich sattes Grün; und doch verschwanden die Fülle und das Grün, während wir es betrachteten, aus den grauen Wolken ins Meer, das das exquisite goldene Rosa von poliertem Kupfer annahm, während die

Vertiefungen der glatten und seidigen Wellen von einem höchst ätherischen Erbsengrün berührt wurden.

Die grauen Wolken verwandelten sich in einen langen, niedrigen Streifen Rubinrot oder Granatrot – wie man ihn in einem Glas Burgunder sieht, wenn man es gegen das Licht hält. Dieses Rot hatte eine solche Tiefe! Und darunter, durch eine Linie grauweißen Nebels oder eine Linie des Meeres von der Hauptfarbmasse getrennt, war ein weiterer, kleinerer Streifen rötlich gefärbten Weins.

Ich schlenderte über das Achterdeck zur Backbordseite.

„Oh! Kommen Sie zurück! Schauen Sie! Schauen Sie!", rief Miss West mir zu.

„Was soll das?", antwortete ich. „Ich habe hier etwas ebenso Gutes."

Sie gesellte sich zu mir und als sie das tat, bemerkte ich ein saures Grinsen auf Mr. Pikes Gesicht.

Der östliche Himmel war ebenso spektakulär. Dieses Viertel des Himmels war eine reine und zarte blaue Schale, deren obere Teile verblassten und sich durch jede Harmonie in ein blasses, aber warmes Rosa verwandelten, alles zitternd, pulsierend, mit einem nebligen Blau, das ins Rosa überging. Die Reflexion dieser farbigen Himmelsschale auf dem Wasser machte aus dem Meer eine schimmernde, wässerige Seide, ganz veränderlich, blau, nilgrün und lachsrosa. Es war seidig, seidig, eine wunderbare Seide, die das sanft fließende, wellige Wasser überzog und schimmerte.

Und der blasse Mond sah aus wie eine nasse Perle, die durch den gefärbten Nebel der Himmelsmuschel schimmerte.

Im südlichen Quadranten des Himmels entdeckten wir einen völlig anderen Sonnenuntergang – einen Sonnenuntergang, der überall als ganz besonderer orange-roter Sonnenuntergang gelten würde, mit tief hängenden, an allen Rändern beleuchteten und gefärbten grauen Wolken.

„Hm!", murmelte Mr. Pike ruppig, während wir über unsere neue Entdeckung jubelten. „Sehen Sie sich den Sonnenuntergang an, den ich hier im Norden gesehen habe. Er ist jetzt gar nicht mehr so schlecht, das überlasse ich Ihnen."

Und das war es nicht. Der nördliche Quadrant war ein großes Sumpfgebiet aus Farben und Wolken, das sich vom Horizont bis zum Zenit in federleichten, rosa, mit Vlies gerüschten Streifen ausbreitete. Es war alles unglaublich. Vier Sonnenuntergänge gleichzeitig am Himmel! Jeder Quadrant glühte, brannte und pulsierte mit einem Sonnenuntergang, der eindeutig für ihn typisch war.

Und als die Farben in der langsamen Dämmerung verblassten, weinte der noch immer neblig wirkende Mond Tränen aus strahlendem, schwerem Silber in das trübe lila Meer. Und dann kam die Stille der Dunkelheit und der Nacht, und wir kamen zu uns, erwachten aus unseren Träumen, gesättigt von der Schönheit, und lehnten uns einander zu, während wir Seite an Seite an der Reling lehnten.

* * * * *

Ich werde nie müde, Captain West zu beobachten. In gewisser Weise weist er eine gewisse Ähnlichkeit mit mehreren Porträts von Washington auf. Er ist 1,80 m groß, aristokratisch schlank und bewegt sich mit einer sehr ausgeprägten, gemächlichen und würdevollen Anmut. Seine Schlankheit ist fast asketisch. In Aussehen und Benehmen ist er der perfekte Gentleman alter Prägung aus Neuengland.

Er hat die gleichen grauen Augen wie seine Tochter, obwohl seine eher freundlich als warm sind; und seine Augen haben die gleiche Art zu lächeln. Seine Haut ist rosiger als ihre und seine Brauen und Wimpern sind heller. Aber er scheint jenseits von Leidenschaft oder sogar einfacher Begeisterung zu sein. Miss West ist streng, wie ihr Vater; aber in ihrer Strenge liegt Wärme. Er ist sauber, er ist süß und höflich; aber er ist kühl süß, kühl höflich. Bei all seiner gewissen Anmut, in der Kabine oder an Deck, ist seine Anmut, soweit es seine gesellschaftlichen Ebenbürtigen betrifft, kühl, erhaben und dünn.

Er ist der perfekte Meister der Kunst des Nichtstuns. Er liest nie, außer der Bibel; und doch langweilt er sich nie. Oft sehe ich ihn in einem Liegestuhl sitzen, wie er seine perfekten Fingernägel betrachtet, und ich könnte schwören, dass er sie überhaupt nicht sieht. Miss West sagt, er liebt das Meer. Und ich frage mich tausendmal: „Aber wie?" Er zeigt keinerlei Interesse an irgendeinem Aspekt des Meeres. Obwohl er unsere Aufmerksamkeit auf den herrlichen Sonnenuntergang lenkte, den ich gerade beschrieben habe, blieb er nicht an Deck, um ihn zu genießen. Er saß unten in dem großen Ledersessel, las nicht, döste nicht, sondern starrte einfach geradeaus ins Nichts.

* * * * *

Die Tage vergehen, und die Jahreszeiten vergehen. Wir verließen Baltimore am Ende des Winters, kamen in den Frühling und durchliefen den Sommer, und jetzt haben wir Herbstwetter und drängen uns nach Süden zum Winter am Kap Hoorn. Und während wir das Kap umrunden und weiter nach Norden fahren, werden wir durch Frühling und Sommer gehen – einen langen Sommer –, der Sonne nach Norden durch ihre Deklination folgen und im Sommer in Seattle ankommen. Und all diese Jahreszeiten haben sich innerhalb von fünf Monaten abgespielt und werden sich abspielen.

Unsere weißen Enten sind weg, und wir tragen auf dem 35. Breitengrad die Kleidung eines gemäßigten Klimas. Ich bemerke, dass Wada mir dickere Unterwäsche und dickere Pyjamas gegeben hat, und dass Possum sich nachts nicht mehr mit dem Kopfende des Bettes zufrieden gibt, sondern unter die Bettdecke kriechen muss.

* * * * *

Wir haben jetzt die Plate hinter uns gelassen, eine für Stürme berüchtigte Region, und Mr. Pike hält Ausschau nach einem Pampero. Kapitän West scheint nach nichts Ausschau zu halten; dennoch fällt mir auf, dass er mehr Zeit an Deck verbringt, wenn der Himmel und das Barometer bedrohlich sind.

Gestern hatten wir einen Hauch von Plateauwetter und heute ein furchtbares Fiasko desselben. Der Hauch kam gestern Abend zwischen Dämmerung und Dunkelheit. Es gab praktisch keinen Wind, und die *Elsinore* , die mit Hilfe von zeitweiligen Luftfächern aus dem Norden gerade noch ihre Steuerbarkeit hielt, dümpelte verzweifelt in einer riesigen glasigen Dünung, die wie das Echo eines aufgeflammten Sturms aus dem Süden heranrollte.

Vor uns erhob sich mit der Schnelligkeit der Magie eine dichte, schieferschwarze Dunkelheit. Ich nehme an, es war eine Wolkenformation, aber sie hatte keine Ähnlichkeit mit Wolken. Es war einfach nur eine reine Schwärze, die sich immer höher auftürmte, bis sie über uns hing, während sie sich nach rechts und links ausbreitete und das halbe Meer auslöschte.

Und noch immer füllten die leichten Böen aus dem Norden unsere Segel; und noch immer, während die *Elsinore* auf den riesigen, glatten Wellen zappelte und die Segel sich leerten und ein hohles Donnern erklang, bewegten wir uns langsam auf diese bedrohliche Schwärze zu. Im Osten, in einer ganz deutlich aktiven Gewitterwolke, zuckten die Blitze, während die Schwärze vor uns von Blitzen und Blitzen zerrissen wurde.

Die letzten Züge ließen nach, und in der Stille zwischen dem Grollen des herannahenden Donners drangen die Stimmen der Männer oben auf den Rahen an unser Ohr, als stünden sie direkt neben uns und nicht Hunderte von Metern entfernt und in der Luft. Dass sie von dem, was da bevorstand, gebührend beeindruckt waren, zeigte sich an der Ernsthaftigkeit, mit der sie arbeiteten. Beide Wachen schufteten unter beiden Maaten, und Kapitän West schlenderte in seiner üblichen lässigen Art über das Achterdeck und gab überhaupt keine Befehle, außer in leiser Gesprächslaute, als Mr. Pike auf das Achterdeck kam und sich mit ihm beriet.

Miss West, die vor fünf Minuten vom Schauplatz verschwunden war, kam zurück, eine echte Seefrau, gekleidet in Ölzeug, Südwester und lange Seestiefel. Sie befahl mir ganz entschieden, dasselbe zu tun. Aber ich konnte mich nicht dazu durchringen, das Deck zu verlassen, aus Angst, etwas zu verpassen, also ging ich einen Kompromiss ein, indem ich Wada bat, mir meine Sturmausrüstung zu bringen.

Und dann kam der Wind, mitten aus der Dunkelheit, mit der Plötzlichkeit des Donners und begleitet von dem teuflischsten Donnern. Und mit dem Regen und dem Donner kam die Dunkelheit. Sie war greifbar. Sie fuhr im brüllenden Wind an uns vorbei wie so viel Zeug, das man spüren konnte. Dunkelheit und Wind beeinflussten uns. Es gibt keine andere Möglichkeit, es zu beschreiben, als die alte, uralte Art zu sagen, man könne seine Hand vor Augen nicht sehen.

„Ist das nicht großartig!", rief mir Miss West dicht neben mir ins Ohr, als wir uns an die Reling des Achterdecks klammerten.

„Großartig!", rief ich zurück und legte meine Lippen an ihr Ohr, sodass ihr Haar mein Gesicht kitzelte.

Und ich weiß nicht, warum – es muss bei uns beiden spontan passiert sein –, dass wir uns in dieser schreienden Schwärze des Windes an der Reling festhielten, um nicht weggeweht zu werden, und wir unsere Hände zueinander ausstreckten, und meine und ihre Hand packten und drückten und hielten uns dann gegenseitig an der Reling fest.

„Tochter der Herodias", sagte ich grimmig zu mir selbst, doch meine Hand ließ ihre nicht los.

„Was ist los?", schrie ich ihr ins Ohr.

„Wir haben die Richtung verloren", kam ihre Antwort. „Ich glaube, wir sind aufgeschmissen! Das Steuer ist oben, aber sie konnte nicht steuern!"

Die Gabriel-Stimme des Samurai erklang. „Hart rüber?", war sein sanfter Sturmruf an den Mann am Steuerrad. „Hart rüber, Sir", kam die Antwort des Steuermanns, vage, vor Anspannung brüchig und erstickt.

Der Blitz schlug vor uns ein, hinter uns, von allen Seiten, und tauchte uns minutenlang in flammendes Licht. Und die ganze Zeit über waren wir vom unaufhörlichen Donnergrollen betäubt. Es war ein unheimlicher Anblick – weit oben das schwarze Skelett aus Spieren und Masten, von denen die Segel entfernt worden waren; weiter unten die Matrosen, die sich wie monströse Käfer an den Dichtungen festklammerten und die Segel aufrollten; unter ihnen die wenigen gesetzten Segel, die nach hinten gegen die Masten geklappt waren und im furchtbaren Licht weiß, boshaft und böse schimmerten; und unten das Deck und die Brücke und die Häuser der *Elsinore* und ein wirres Durcheinander aus fliegenden Seilen und Klumpen und Bündel schwankender, ziehender und zerrender menschlicher Kreaturen.

Es war ein großer Moment, der Moment des Kapitäns – wir waren völlig verblüfft über all unsere Masse und Tonnage und die unendliche Ausrüstung und unsere himmelhohen Masten, die zweihundert Fuß über unseren Köpfen ragten. Und unser Kapitän war da, in Flammen getaucht, schlank, lässig, unerschütterlich, mit zwei Männern – einer von ihnen ein Mörder – unter ihm, um seinen Willen durchzusetzen und durchzusetzen, und mit einer Horde von Unfähigen und Schwächlingen, die diesem Willen gehorchten und zogen und zerrten und mit den schieren Kräften der Physik unsere schwimmende Welt so manipulierten, dass sie dieser Wut der Elemente standhielt.

Was dann geschah, was getan wurde, weiß ich nicht, außer dass ich ab und zu Gabriels Stimme hörte; denn die Dunkelheit kam und der Regen strömte in waagerechten Strömen. Er füllte meinen Mund und würgte meine Lungen, als wäre ich über Bord gefallen. Er schien sowohl nach oben als auch nach unten zu treiben, bohrte sich seinen Weg unter meinen Südwester, durch meine Öljacke, meinen eng zugeknöpften Kragen hinunter und in meine Seestiefel. Ich war benommen und benebelt von all diesem Ansturm aus Donner, Blitz, Wind, Dunkelheit und Wasser. Und doch lebte und bewegte sich der Kapitän, der neben mir auf dem Achterdeck saß, in all dem gelassen und sprach seine Weisheit und seinen Willen den Fünkchen von Geschöpfen aus, die gehorchten und mit ihrer rohen, mickrigen Kraft Spanner zogen, Schoten lockerten, Segel zogen, Rahen schwangen und zu Wasser ließen, an Bunt- und Schotleinen zog, die riesigen Segeltuchbahnen glättete und abdichtete.

Wie es geschah, weiß ich nicht, aber Miss West und ich kauerten uns zusammen, klammerten uns an die Reling und aneinander im Schutz des surrenden Wettertuchs. Mein Arm war um sie geschlungen und fest an der Reling befestigt; ihre Schulter drückte sich eng an mich, und mit einer Hand hielt sie das Revers meiner Öljacke fest.

Eine Stunde später machten wir uns auf den Weg über das Achterdeck zum Kartenhaus und halfen uns gegenseitig, auf den Beinen zu bleiben, während die *Elsinore* in der steigenden See taumelte und bockte und durch die Last des Windes auf ihren wenigen verbliebenen Segeln umgekippt und nach unten gedrückt wurde. Der Wind, der nach dem Regen nachgelassen hatte, war in wiederkehrenden Böen zu Sturmgewalt aufgefrischt. Aber mit dem tapferen Schiff war alles in Ordnung. Die Krise war vorüber, und das Schiff lebte, und wir lebten, und mit tränenden Gesichtern und strahlenden Augen sahen wir uns an und lachten im hellen Licht des Kartenraums.

„Wer kann es jemandem verdenken, dass er das Meer liebt?", rief Miss West triumphierend, während sie den Regen aus ihren Haarsträhnen rang, die in dem Tumult verloren gegangen waren. „Und die Männer des Meeres!", rief sie. „Die Herren des Meeres! Sie haben meinen Vater gesehen …"

„Er ist ein König", sagte ich.

„Er ist ein König", wiederholte sie mir nach.

Und die *Elsinore* hob sich auf der Woge der See und wurde auf die Seite geschleudert, so dass wir zusammengeschleudert und atemlos gegen die Wand gedrückt wurden.

Ich sagte ihr am Fuß der Treppe gute Nacht und warf einen Blick hinein, als ich an der offenen Tür zur Kabine vorbeikam. Dort saß Kapitän West, von dem ich geglaubt hatte, er sei noch an Deck. Er hatte seine Sturmkleidung abgelegt und seine Seestiefel durch Pantoffeln ersetzt. Er lehnte sich in seinem großen Ledersessel zurück, die Augen weit geöffnet, und erblickte Visionen im wirbelnden Rauch einer Zigarre vor dem Hintergrund der wild schwankenden Kabinenwände.

Heute Morgen um elf Uhr bescherte uns die Platte ein Fiasko. Der letzte Abend war ein echter Pampero – wenn auch ein milder. Der heutige versprach, noch viel schlimmer zu werden, und lachte uns dann aus wie einen echten kosmischen Scherz. Der Wind hatte während der Nacht so nachgelassen, dass wir um neun Uhr morgens alle unsere Bramsegel gesetzt hatten. Um zehn Uhr rollten wir in völliger Windstille. Um elf Uhr begann sich der Wind bedrohlich im Süden zu verdichten.

Der bedeckte Himmel verdunkelte sich. Unsere hohen Lastwagen schienen den Wolkenzenit zu berühren. Der Horizont kam näher, bis er kaum noch eine halbe Meile entfernt schien. Die *Elsinore* war in ein winziges Universum aus Nebel und Meer gehüllt. Blitze zuckten. Himmel und Horizont kamen sich so nahe, dass es schien, als ob die *Elsinore* gleich von ihnen absorbiert, eingesaugt und aufgesogen würde.

Dann war der Himmel vom Zenit bis zum Horizont von Blitzen durchzogen, und die feuchte Atmosphäre nahm ein grauenhaftes Grün an. Der Regen, der sanft und in völliger Windstille begann, wurde zu einer Flut gewaltiger Tropfen. Es wurde immer dunkler, eine grüne Dunkelheit, und in der Kabine zündeten Wada und der Steward Lampen an, obwohl es Mittag war. Die Blitze kamen immer näher, bis das Schiff von ihnen umhüllt war. Die grüne Dunkelheit zitterte ständig vor Flammen, durch die größere Blitze schossen. Diese wurden heftiger, als der Regen nachließ, und wir waren so fest in diesem elektrischen Mahlstrom gefangen, dass es keine Verbindung zwischen einer Kette, einem Blitz oder einer Blitzgabel und einem bestimmten Donnerschlag gab. Die Atmosphäre um uns herum wurde blass und flammte. Solch ein Krachen und Zerschmettern! Wir warteten jeden Moment darauf, dass die *Elsinore* getroffen würde. Und noch nie hatte ich

Blitze in solchen Farben gesehen. Obwohl wir von Augenblick zu Augenblick von den größeren Blitzen geblendet wurden, blieb da immer ein zitterndes, pulsierendes, schwächeres Lichtspiel, manchmal sanft blau, manchmal von einem dünnen Purpur, das in tausend Lavendeltöne überging.

Und es war kein Wind. Es kam kein Wind. Nichts geschah. Die *Elsinore*, mit nackten Masten, nur mit Untermarssegeln, mit eingerolltem Besan und Krücker, war auf alles vorbereitet. Ihre Untermarssegel hingen schlaff und leer von den Rahen, schwer vom Regen und flatterten matschig, wenn sie rollte. Die Wolkenmasse lichtete sich, der Tag wurde heller, die grüne Schwärze ging in graue Dämmerung über, die Blitze ließen nach, der Donner entfernte sich von uns, und es war kein Wind. Nach einer halben Stunde schien die Sonne, der Donner murmelte ab und zu am Horizont, und die *Elsinore* rollte noch immer in einer Stille der Luft.

„Das können Sie nicht sagen, Sir“, knurrte Mr. Pike. „Vor dreißig Jahren wurde ich genau hier vor der Südspitze bei einem Windstoß entmastet, der genau in diesem Moment aufkam.“

Es war Wachwechsel, und Mr. Mellaire, der aufs Achterdeck gekommen war, um den Maat abzulösen, stand neben mir.

„Eines der übelsten Gewässer der Welt“, stimmte er zu. „Vor 18 Jahren hat mir die Platte das Leben schwer gemacht – wir haben die Hälfte unserer Stöcke verloren, 20 Stunden auf dem Beiboot gesegelt, die Ladung ist verrutscht und wir sind gesunken. Ich war zwei Tage im Boot, bevor uns ein englischer Landstreicher aufgelesen hat. Und keines der anderen Boote wurde jemals aufgelesen.“

„Die *Elsinore* hat sich gestern Abend sehr gut benommen“, warf ich fröhlich ein.

„Ach, verdammt, das war nichts“, brummelte Mr. Pike. „Warten Sie, bis Sie einen echten Pampero sehen. Es ist eine schmutzige Strecke hier in der Gegend, und ich für meinen Teil werde froh sein, wenn wir sie überqueren. Ich würde lieber ein Dutzend Kap-Horn-Schnäpper nehmen als einen von diesen. Und Sie, Mr. Mellaire?“

„Hier ist es das Gleiche, Sir“, antwortete er. „Diese Südwester sind ehrlich. Sie wissen, was Sie erwartet. Aber hier weiß man nie. Selbst die besten Kapitäne können auf der Platte stolpern.“

„Wie ich herausgefunden habe …
ohne jeden Zweifel“,

Mr. Pike summte aus Newcombs *Celeste*, als er die Leiter hinunterstieg.

KAPITEL XXIX.

Die Sonnenuntergänge werden vor dieser Küste Argentiniens noch bizarrer und spektakulärer. Gestern Abend hatten wir hohe Wolken, gebrochen weiß und golden, die ungeordnet und großzügig über die westliche Hälfte des Himmels verteilt waren, während im Osten ein zweiter Sonnenuntergang gemalt war – vielleicht eine Spiegelung des ersten. Jedenfalls war der östliche Himmel eine Bank aus blassen Wolken, die weiche, breite Strahlen in Blau und Weiß auf ein blaugraues Meer warfen.

Und vorgestern Abend hatten wir im Westen einen herrlichen Arizona-Aufruhr. Über dem Ozean befestigt, türmte sich Wolkenschicht auf Wolkenschicht, weit und hoch, bis wir auf einen Grand Canyon blickten, der tausendmal größer und himmlischer war als der des Colorado. Die Wolken nahmen dieselbe geschichtete, gezackte, rosafarbene Felsformation an, und alle Täler waren mit dem opalblauen und violetten Dunst der Painted Lands gefüllt.

Den Segelanweisungen zufolge sind diese bemerkenswerten Sonnenuntergänge auf den Staub zurückzuführen, der durch die Winde, die über die argentinische Pampa wehen, hoch in die Luft getrieben wird.

Und unser Sonnenuntergang heute Abend – ich schreibe dies um Mitternacht, während ich in meine Decken gehüllt und von Kissen umschlossen sitze, während die *Elsinore* in einer verfluchten Flaute dahindümpelt und eine gewaltige Dünung aus der Kap-Hoorn-Region heranrollt, wo, wie es scheint, ständig Stürme wehen. Aber unser Sonnenuntergang. Turner hätte ihn gemalt. Der Westen war, als hätte ein Maler abseits gestanden und mit dem Pinsel Grau auf eine grüne Leinwand geklatscht. Auf diesem grünen Hintergrund des Himmels quollen die Wolken hervor und zerknitterten.

Aber was für ein Hintergrund! Was für eine Orgie von Grün! In den großen und kleinen Zwischenräumen zwischen den milchigen, geronnenen Wolken fehlte kein Grünton – Nilgrün in der Höhe und dann, der Reihe nach, jeweils mit tausend Schattierungen, Blaugrün, Braungrün, Graugrün und ein wunderbares Olivgrün, das in ein sattes Bronzegrün überging.

Während des Schauspiels glühte der restliche Horizont in breiten Streifen von Rosa, Blau, Hellgrün und Gelb. Etwas später, als die Sonne schon ganz untergegangen war, schwelte im Hintergrund der geronnenen Wolken eine weinrote Farbmasse, die zu Bronze verblasste und alle verblassenden Grüntöne mit ihrem blutigen Farbton färbte. Die Wolken selbst erröteten in allen Schattierungen von Rosa, während ein Fächer aus riesigen Streifen von Hellrosa zum Zenit strahlte. Diese vertieften sich rasch zu einer prachtvollen

Rosenflamme und brannten lange in der langsam hereinbrechenden Dämmerung.

Und während all dieses Wunder der Schönheit der Welt noch Stunden später in meinem Kopf glüht, höre ich das Knurren von Mr. Pike über meinem Kopf und das Trampeln und Schleifen der Füße, während die Männer von Seil zu Seil gehen und ziehen und ziehen. Das Wetter wird immer schlechter, und so, wie die Segel eingeholt werden, kann es nicht mehr lange dauern.

* * * * *

Doch heute Morgen trieben wir bei Tagesanbruch immer noch in derselben Flaute und bei kränklichem Wellengang. Miss West sagt, das Barometer sei unten, aber die Warnung sei zu lange her, als dass die Platte irgendetwas bewirken könnte. Pamperos passieren hier schnell, und obwohl die *Elsinore* mit ihren nackten Masten an den Obermarssegeln auf alles vorbereitet ist, kann es gut sein, dass sie in einer Stunde auf den Segeln liegen.

Mr. Pike war so getäuscht, dass er tatsächlich die Bramsegel gesetzt hatte und die Dichtungen von den Royals entfernt wurden, als der Samurai an Deck kam, fünf Minuten lang locker hin und her schlenderte und dann leise mit Mr. Pike sprach. Mr. Pike gefiel das nicht. Für mich, einen Anfänger, war es offensichtlich, dass er mit seinem Meister nicht einverstanden war. Trotzdem erhob sich seine Stimme in einem Knurren nach oben zu den Männern an den Royal-Rahen, damit sie alles wieder festmachten. Dann hieß es Schot- und Unterleinen und Rahholen, während die Bramsegel abgenommen wurden. Der Crojack wurde eingeholt, und einige der äußeren Schrat- und Achterhandsegel, deren Reihenfolge ich mir nie merken kann.

Eine Brise aus Südwesten wehte kräftig unter einem klaren Himmel. Ich konnte sehen, dass Mr. Pike insgeheim erfreut war. Der Samurai hatte sich geirrt. Und jedes Mal, wenn Mr. Pike nach oben auf die nackten Bram- und Königsrahen blickte, wusste ich, dass er dachte, sie könnten durchaus Segel tragen. Ich war fest davon überzeugt, dass die Platte Kapitän West getäuscht hatte. Miss West war ebenfalls davon überzeugt, und da sie eine bevorzugte Person wie ich war, sagte sie mir das offen.

„Vater wird in einer halben Stunde in See stechen", prophezeite sie.

Welchen überlegenen Sinn für das Wetter Captain West besitzt, weiß ich nicht, außer, dass er es ihm als Samurai zusteht. Der Himmel war, wie gesagt, klar. Die Luft war kühl – glitzerte herrlich im Wind der Sonne. Und doch, siehe da, in einer kurzen Viertelstunde fand eine Veränderung statt. Ich war gerade von einer Fahrt nach unten zurückgekehrt, und Miss West machte ihrem Spott am River Plate Luft und versprach, nach unten an die Nähmaschine zu gehen, als wir Mr. Pike stöhnen hörten. Es war ein launisches Stöhnen des Ekels, der Reue und des Eingeständnisses der Unterlegenheit vor dem Kapitän.

„Hier kommt der ganze River Plate", stöhnte er.

Wir folgten seinem Blick nach Südwesten und sahen es kommen. Es war eine Wolkenmasse, die das Sonnenlicht und den Tag verdunkelte. Sie schien sich aufzublähen und aufzustoßen und sich immer wieder zu überschlagen, während sie mit einer Geschwindigkeit näher kam, die von einem gewaltigen Wind hinter und in ihr zeugte. Ihre Geschwindigkeit war rasend, furchterregend; und darunter, das Meer bedeckend und mit ihr heranrückend, befand sich eine graue Nebelbank.

Kapitän West sprach mit dem Maat, der den Befehl weiterbrüllte, und die Wache, verstärkt durch die Wache unten, begann, Groß- und Focksegel einzuholen und in die Takelage zu klettern.

„Bleiben Sie weg! Legen Sie das Steuerrad um! Hart rüber!", rief Kapitän West dem Steuermann sanft zu.

Und das große Rad drehte sich, und der Bug *der Elsinore* fiel ab, damit sie nicht vom Sturm überrascht wurde.

In der rauschenden, rollenden Schwärze der Wolken raste der Donner, und als der Blitz auf uns einschlug, wurde er zerrissen.

Dann gab es Regen, Wind, Dunkelheit und Blitze. Ich konnte einen Blick auf die Männer auf den Unterrahen erhaschen, als sie aus dem Blickfeld verschwanden und die *Elsinore* sich neigte und unterging. Auf jeder Rah waren fünfzehn Männer, und die Dichtungen waren schon weit vorüber, als wir getroffen wurden. Wie sie wieder aufs Deck gelangten, weiß ich nicht, ich habe es nie gesehen; denn die *Elsinore*, die nur Ober- und Untermarssegel trug, lag auf der Seite, ihre Backbordreling war ins Wasser eingegraben, und sie erhob sich nicht mehr.

Auf diesem steilen Deckshang war es unmöglich, ohne Unterstützung aufrecht zu stehen. Alle hielten sich fest. Mr. Pike klammerte sich mit beiden Händen an die Reling, und Miss West und ich klammerten uns verzweifelt fest und versuchten, wieder auf die Beine zu kommen. Aber ich bemerkte, dass der Samurai, der wie ein Vogel im Flug leicht im Gleichgewicht war, nur eine Hand auf der Reling abstützte. Er gab keine Befehle. Wie ich vermutete, war nichts zu tun. Er wartete – das war alles – in Ruhe und Gelassenheit. Die Situation war einfach. Entweder würden die Masten fallen, oder die *Elsinore* würde mit intakten Masten aufsteigen, oder sie würde nie wieder aufsteigen.

Inzwischen lag sie tot da, ihre Lee-Rahs berührten beinahe das Wasser, die Gischt schäumte bis zu ihren Lukenkämmen über der vergrabenen, unsichtbaren Reling.

Die Minuten vergingen wie Jahrhunderte, bis der Bug einlenkte und die *Elsinore*, die zuvor das Heck gedreht hatte, wieder auf Kiel legte. Kaum war dies geschehen, ließ Kapitän West sie wieder an den Wind bringen. Und unmittelbar darauf löste sich das große Focksegel von seinen Dichtungen. Der Stoß, oder die Stoßfolge, die das Schiff durch die darauf folgenden gewaltigen Schläge erlitt, war furchtbar. Es schien, als würde es in Stücke gerissen. Kapitän und Maat standen Seite an Seite, als dies geschah, und ihre Gesichtsausdrücke waren typisch für sie. In keinem der beiden Gesichter war Besorgnis zu erkennen. Auf Mr. Pikes Gesicht spiegelte sich ein säuerliches Grinsen über die nichtsnutzigen Matrosen, die die Sache vermasselt hatten. Kapitän Wests Gesicht war heiter und nachdenklich.

Dennoch war nichts zu tun, nichts konnte getan werden, und fünf Minuten lang wurde die *Elsinore* wie im Schlund eines riesigen Ungeheuers geschüttelt, bis auch die letzten Fetzen des großen Segeltuchs herausgerissen waren.

„Unser Vorsegel ist in Richtung Afrika aufgebrochen", lachte mir Miss West ins Ohr.

Sie ist wie ihr Vater und kennt keine Angst.

„Und jetzt können wir auch gleich unter Deck gehen und es uns gemütlich machen", sagte sie fünf Minuten später. „Das Schlimmste ist vorbei. Es kommt nur noch ein heftiger Sturm und ein heftiger Seegang."

* * * * *

Den ganzen Tag stürmte es. Und die aufkommende See machte das Verhalten der *Elsinore* fast unerträglich. Mein einziger Trost war, mich in meine Koje zu legen und mich mit Kissen einzuklemmen, die von leeren Seifenkisten, die Wada aufgestellt hatte, gegen die Seiten der Koje gestützt wurden. Mr. Pike, der sich an meinen Türrahmen klammerte, während seine Beine in einer Reihe von schrecklichen Rollen trieben, hielt inne, um mir zu sagen, dass er in der Pampero-Reihe neu war. Es war von Anfang an alles falsch gewesen. Es war nicht richtig aufgegangen. Dafür gab es keinen Grund.

Er hielt noch einen Moment inne und enthüllte auf eine beiläufige, unter den gegebenen Umständen geradezu lächerliche Art, was in seinem Kopf gärte.

Zunächst war er so absurd, zu fragen, ob Possum Symptome von Seekrankheit zeige. Dann machte er seinem Ärger über die Unfähigen Luft, die das Focksegel verloren hatten, und bedauerte die Segelmacher wegen der zusätzlichen Arbeit, die ihnen aufgebürdet worden war. Dann bat er um

Erlaubnis, sich eines meiner Bücher ausleihen zu dürfen, und, sich an meine Koje klammernd, nahm er Büchners „ *Kraft und Materie* " aus meinem Regal und stopfte den leeren Platz sorgfältig mit der doppelten Zeitschrift aus, die ich für diesen Zweck verwende.

Trotzdem wollte er nicht gehen, und er zerbrach sich den Kopf über einen Vorwand und begann eine weitschweifige Rede über das Wetter am River Plate. Und die ganze Zeit über fragte ich mich, was hinter all dem steckte. Endlich kam es.

„Übrigens, Mr. Pathurst", bemerkte er, „erinnern Sie sich zufällig, wie viele Jahre es laut Mr. Mellaire her ist, dass er hier entmastet wurde und unterging?"

Ich verstand sofort, was er meinte.

„Das ist doch acht Jahre her, oder?", log ich.

Mr. Pike ließ dies sacken und verdaute es langsam, während die *Elsinore* dreimal gewaltig nach Backbord und wieder zurück rollte.

„Jetzt frage ich mich, welches Schiff vor acht Jahren vor der Südhalbkugel gesunken ist?", fragte er, als spräche er mit sich selbst. „Ich schätze, ich muss Mr. Mellaire nach ihrem Namen fragen. Sie können mich nach allen durchsuchen, an die ich mich erinnern kann."

Er dankte mir mit ungewohnter Ausführlichkeit für „ *Kraft und Materie* ", von dem er, wie ich wusste, keine Zeile lesen würde, und tastete sich zur Tür. Dort wartete er einen Moment, als hätte ihn eine neue, ganz zufällige Idee gepackt.

„Das war doch nicht zufällig das, was er vor achtzehn Jahren gesagt hat?", fragte er.

Ich schüttelte den Kopf.

„Vor acht Jahren", sagte ich. „So erinnere ich mich daran, obwohl ich nicht weiß, warum ich mich überhaupt daran erinnern sollte. Aber das hat er gesagt", fuhr ich mit wachsender Zuversicht fort. „Vor acht Jahren. Da bin ich mir sicher."

Mr. Pike sah mich nachdenklich an und wartete einen Augenblick, bis sich die *Elsinore* wieder aufgerichtet hatte, bevor er durch den Flur verschwand.

Ich glaube, ich habe seinen Gedankengang nachvollzogen. Ich habe schon vor langer Zeit gelernt, dass sein Gedächtnis für Schiffe, Offiziere, Ladungen, Stürme und Katastrophen bemerkenswert ist. Er ist eine wahre Enzyklopädie der Seefahrt. Außerdem ist es offensichtlich, dass er sich mit Sidney Walthams Geschichte auskennt. Bis jetzt träumt er nicht davon, dass

Mr. Mellaire Sidney Waltham ist, und er fragt sich lediglich, ob Mr. Mellaire vor achtzehn Jahren ein Schiffskamerad von Sidney Waltham auf dem vor der Südhalbkugel untergegangenen Schiff war.

Inzwischen werde ich Herrn Mellaire diesen Ausrutscher nie verzeihen. Er hätte vorsichtiger sein sollen.

KAPITEL XXX.

Eine abscheuliche Nacht! Eine wundervolle Nacht! Schlafen? Ich nehme an, ich habe geschlafen, in Nickerchen, aber ich schwöre, ich habe bis halb vier jede Glocke läuten hören. Dann kam eine Veränderung, eine Erleichterung. Es war kein hartnäckiger, zäher Kampf gegen den Druck mehr. Die *Elsinore* bewegte sich. Ich konnte fühlen, wie sie rutschte, schlitterte, schwankte und aufstieg. Während sie vorher ständig nach Backbord geschleudert worden war, rollte sie jetzt genauso weit nach der einen Seite wie nach der anderen.

Ich wusste, was geschehen war. Statt auf dem Pampero beizuliegen, hatte Kapitän West den Schwanz eingezogen und lief vor ihm her. Das bedeutete, wie ich begriff, einen wirklich schweren Sturm, denn Nordost war die letzte Richtung, in die Kapitän West fahren wollte. Aber jedenfalls war die Bewegung, obwohl wilder, leichter, und ich schlief. Um fünf Uhr wurde ich vom Donnern der Wellen geweckt, die an Bord fielen, über das Hauptdeck rasten und gegen die Kabinenwand krachten. Durch meine offene Tür konnte ich sehen, wie das Wasser den Gang auf und ab schwappte, während jedes Mal, wenn das Schiff nach Steuerbord rollte, ein halber Fuß Wasser unter meiner Koje auf dem Boden schäumte und gerann.

Der Steward brachte mir meinen Kaffee, und ich setzte mich wie ein Gleichgewichtskünstler zwischen Kisten und Kissen eingeklemmt auf und trank ihn. Glücklicherweise schaffte ich es, ihn rechtzeitig auszutrinken, denn eine Reihe von schrecklichen Brötchen leerte eines meiner Bücherregale. Possum, das von meinen Füßen unter der Bettdecke nach oben kroch, kläffte vor Angst, als die Meere tobten und donnerten und die Bücherlawine über uns hereinbrach. Und ich konnte nicht anders als grinsen, als mir die *Pappkrone auf den Kopf traf, während der Welpe von Chestertons „Was ist los mit der Welt?"* nach Luft schnappte.

„Nun, was meinen Sie?", fragte ich den Verwalter, der uns half, die Bücher in Ordnung zu bringen.

Er zuckte mit den Schultern und seine schrägen Augen leuchteten sehr hell, als er antwortete:

„Oft sehe ich so etwas. Ich alter Mann. Oft sehe ich noch mehr Schlechtes. Zu viel Wind, zu viel Arbeit. Verdammt schlecht."

Ich konnte mir vorstellen, dass die Szene an Deck ein Spektakel war, und um sechs Uhr, als graues Licht durch meine Luken fiel, wenn sie nicht unter Wasser waren, versuchte ich mich wie ein Turner an der Seitenwand meiner Koje, schnappte mir meine dahinschlendernden Pantoffeln und schauderte, als ich meine nackten Füße in ihre kalte Nässe stieß. Ich wartete nicht, bis ich mich angezogen hatte. Nur im Pyjama begab ich mich auf das Achterdeck, während Possum düster über meine Fahnenflucht jammerte.

Es war eine Meisterleistung, durch die engen Gänge zu gehen. Immer wieder blieb ich stehen und hielt mich fest, bis mir die Fingerspitzen weh taten. In den Momenten der Erleichterung kam ich voran. Doch ich verschätzte mich. Der Fuß der breiten Treppe zum Kartenhaus ruhte auf einem Quergang von zwölf Fuß Länge. Überheblichkeit und ein ungewöhnlich heftiger Ausraster der *Elsinore* verursachten das Unglück. Sie stürzte so plötzlich und mit solcher Wucht nach Steuerbord, dass der Boden unter mir wegzubrechen schien und ich hilflos den Abhang hinunterrannte. Ich verpasste einen hektischen Griff nach dem Treppenpfosten, riss meinen Arm gerade noch rechtzeitig hoch, um mein Gesicht zu wahren, und wirbelte glücklicherweise halb herum, prallte, während ich noch fiel, mit meinem Schultermuskelpolster gegen Kapitän Wests Tür.

Die Jugend wird ihren Weg gehen. Das gilt auch für ein Schiff auf hoher See. Und das gilt auch für einen 170 Pfund schweren Mann. Das schöne Hartholztürblatt zersplitterte, der Riegel wurde weggerissen und ich brach mir die Nägel an den vier Fingern meiner rechten Hand bei einem vergeblichen Griff nach der fliegenden Tür ab und verunstaltete die polierte Oberfläche mit vier parallelen Kratzern. Ich ging einfach weiter und stürmte in Captain Wests geräumiges Zimmer mit dem großen Messingbett.

Miss West, in einen wollenen Morgenmantel gehüllt, die Augen noch schlaftrunken, das Haar herrlich und für die damalige Zeit ungepflegt, stand in der Tür zur Hauptkabine und begegnete meinem erschrockenen Blick mit einem ebenso erschrockenen Blick.

Es war keine Zeit für Entschuldigungen. Ich setzte meinen verrückten Weg fort, verfing mich am Fußpfosten und wurde in einem Halbkreis herumgeschleudert, flach auf Captain Wests Messingbett.

Miss West begann zu lachen.

„Kommen Sie herein", gurgelte sie.

Eine Reihe von Erwiderungen, allesamt herrlich unratsam, kitzelten meine Zunge, also sagte ich nichts und begnügte mich damit, mich mit der linken Hand festzuhalten, während ich meine brennende rechte Hand unter meiner Achselhöhle streichelte. Hinter ihr, auf der anderen Seite des Fußbodens der Hauptkabine, sah ich den Steward, der gerade nach Kapitän Wests Bibel und einem Bündel von Miss Wests Noten suchte. Und während sie gurgelte und mich anlachte, als ich sie in dieser Vertrautheit des Sturms sah, schoss mir der Gedanke durch den Kopf:

Sie ist eine Frau . Sie ist begehrenswert .

Spürte sie nun diesen flüchtigen, unausgesprochenen Geistesblitz von mir? Ich weiß es nicht, außer dass ihr Lachen sie verließ und sich ihre langjährige, konventionelle Erziehung bewahrheitete, als sie sagte:

„Ich wusste einfach, dass in Vaters Zimmer alles durcheinander geraten war. Er war die ganze Nacht nicht darin. Ich konnte Dinge herumrollen hören … Was ist los? Bist du verletzt?"

„Ich habe mir die Finger gestoßen, das ist alles", antwortete ich, betrachtete meine abgebrochenen Nägel und richtete mich vorsichtig auf.

„Meine Güte, das *war* ein Brötchen", äußerte sie ihr Mitgefühl.

„Ja, ich wollte gerade nach oben gehen", sagte ich, „und mich nicht in das Bett deines Vaters legen. Ich fürchte, ich habe die Tür ruiniert."

Es folgte eine weitere Serie von heftigen Rollen. Ich setzte mich auf das Bett und hielt mich fest. Miss West, die sicher in der Tür stand, begann wieder zu gurgeln, während weiter hinten, über den Kabinenteppich, der Steward vorbeiraste und einen kleinen Schreibtisch umarmte, der sich offensichtlich aus seiner Halterung gelöst hatte, als er ihn zur Stütze festhielt. Weitere Wellen schlugen und krachten gegen die vordere Wand der Kabine; und der Steward, der sich nicht festhalten konnte, schoss über den Teppich zurück, den Schreibtisch immer noch vor Beschädigungen schützend.

Ich nutzte günstige Momente, um mich aus dem Staub zu machen und den Treppenpfosten zu erreichen, bevor die nächste Reihe von Rollen kam. Und während ich mich festklammerte und wartete, konnte ich nicht vergessen, was ich gerade gesehen hatte. Lebhaft brannte sich das Bild von Miss Wests schlaftrunkenen Augen, ihrem Haar und all ihrer Sanftheit unter meine Augenlider. *Eine begehrenswerte Frau* trommelte immer wieder in meinem Kopf.

Aber das alles vergaß ich, als ich fast oben angekommen den Treppenhang hinaufgeschleudert wurde, als ginge es plötzlich bergab. Meine Füße flogen von Stufe zu Stufe, um nicht zu fallen, und ich flog oder fiel scheinbar nach oben, bis ich mich oben festklammerte, während das Heck der *Elsinore* auf einer gewaltigen Woge himmelwärts geschleudert wurde.

Solche Mätzchen eines so riesigen Schiffes! Das alte Klischee „Spielzeug" beschreibt sie; denn ein Spielzeug war sie, der hauchdünne Splitter eines Spielzeugs im Griff der Elemente. Und doch, trotz dieses überwältigenden Gefühls mikroskopischer Hilflosigkeit, war ich mir einer gewissen Sicherheit bewusst. Da war der Samurai. Geprägt durch seinen Willen und seine Weisheit war die *Elsinore* kein Handlanger. Alles war geordnet und kontrolliert. Sie tat, was er ihr befahl, und egal, welche Sturmtitanen um sie herumbrüllten und sie traktierten, sie würde weiterhin tun, was er ihr befahl.

Ich warf einen Blick in den Kartenraum. Dort saß er, zurückgelehnt in einem Schraubstuhl, seine Beine in Seestiefeln gegen das Sofa geklemmt, was ihn in den heftigsten Rollen an Ort und Stelle hielt. Sein schwarzer Ölzeugmantel schimmerte im Lampenlicht mit unzähligen Meerestropfen, die darauf hindeuteten, dass er kürzlich von Deck zurückgekehrt war. Sein Südwester, schwarz und glänzend, war wie der Helm eines legendären Helden. Er rauchte eine Zigarre und lächelte und grüßte mich. Aber er wirkte sehr müde und sehr alt – alt allerdings mit Weisheit, nicht mit Schwäche. Das Fleisch seines Gesichts, dessen rosa Pigment ganz verwaschen und abgenutzt war, war durchsichtiger als je zuvor; und doch war er nie gelassener, nie mehr der absolute Herrscher unserer winzigen, zerbrechlichen Welt. Das Alter, das sich in ihm zeigte, war keine Frage der irdischen Jahre. Es war zeitlos, leidenschaftslos, jenseits des Menschlichen. Nie war er mir so groß erschienen, so weit weg, so sehr ein geistiger Besucher.

Und er warnte und beriet mich mit silbrig-weicher, wohlwollender Stimme, als ich es wagte, die Tür des Kartenhauses zu öffnen, um nach draußen zu gelangen. Er wusste, wann der richtige Moment gekommen war, obwohl ich ihn selbst nie hätte erraten können, und gab mir das Wort, das es mir ermöglichte, das Achterdeck zu gewinnen.

Überall war Wasser. Die *Elsinore* rauschte durch ein verschwommenes Surren des Wassers. Die Wellen wirbelten und leckten an der Kante des Achterdecks, mal an Steuerbord, mal an Backbord. Hoch in der Luft, überragend und gefährlich herabstürzend, verfolgten uns die Wellen am Heck. Die Luft war erfüllt von Gischt wie Nebel oder Gischt. Kein wachhabender Offizier war zu sehen. Das Achterdeck war verlassen, bis auf zwei Steuermänner in strömendem Ölzeug unter dem Halbschutz des offenen Steuerhauses. Ich nickte ihnen zu und wünschte ihnen einen guten Morgen.

Einer war Tom Spink, der ältere, aber eifrige und zuverlässige englische Seemann. Der andere war Bill Quigley, einer aus einer Gruppe von drei Männern auf dem Vorschiff, die sich auf einzigartige Weise zusammenhielten, obwohl die anderen beiden, Frank Fitzgibbon und Richard Giller, die Wache des zweiten Maat hatten. Die drei hatten sich als geschickt im Umgang mit Fäusten und als Clan-Mitglieder erwiesen; sie hatten sich auf dem Vorschiff offene Schlachten mit der Gangsterclique geliefert und sich eine Art neutrale Unabhängigkeit erkämpft. Sie waren nicht gerade Seeleute – Mr. Mellaire nannte sie höhnisch die „Maurer" –, aber sie hatten sich erfolgreich geweigert, der Gangstermeute zu gehorchen.

Das Deck vom Kartenhaus bis zum Heck zu überqueren war keine leichte Aufgabe, aber ich schaffte es und hielt mich an der Reling fest, während mir der Wind mit dem Flattern meines Pyjamas ins Fleisch stach. In diesem

Moment, und für den Moment, richtete sich die *Elsinore* auf und raste die Lawinenfront einer Welle entlang und hinunter. Und als sie sich so aufrichtete, war ihr Deck von Reling zu Reling mit Wasser gefüllt. Über dieser Flut oder knietief darin drängten sich Mr. Pike und ein halbes Dutzend Matrosen auf der Reling des Besanmastes. Auch der Zimmermann war dort, mit ein paar Gehilfen.

Bei der nächsten Rolle schwappten 5000 Tonnen Wasser über die Steuerbordreling, während sich alle Steuerbordpforten automatisch öffneten und gewaltige Wasserströme ausströmten. Dann kam die entgegengesetzte Rolle nach Backbord, wobei die Eisentüren klirrend ins Schloss fielen; und 100 Tonnen Seewasser schwappten über die Backbordreling, während sich alle Eisentüren auf dieser Seite weit öffneten und ausströmten. Und die ganze Zeit, das darf man nicht vergessen, raste die *Elsinore durch das Meer.*

Das einzige Segel, das sie trug, waren drei Obermarssegel. Sie hatte nicht das kleinste Dreieck eines Vorsegels an Bord. Ich hatte sie noch nie mit so wenig Windfläche gesehen, und die drei schmalen Segeltuchstreifen, die sich unter dem Druck des Windes zu Eisenblech aufbäumten, trieben sie mit erstaunlicher Geschwindigkeit vor dem Sturm.

Als das Wasser auf dem Deck zurückging, verließen die Männer auf der Reling ihren Unterschlupf. Eine Gruppe, angeführt vom furchtlosen Mr. Pike, versuchte, eine Masse aus Planken und verbogenem Stahl einzufangen. Im Moment erkannte ich nicht, was es war. Der Zimmermann sprang mit zwei Männern auf Luke Nummer Drei und arbeitete hastig und ängstlich. Und ich wusste, warum Kapitän West vor dem Sturm abgehauen war. Luke Nummer Drei war ein Wrack. Unter anderem war das große Holz, das „Strongback" genannt wurde, gebrochen. Er hatte fliehen oder untergehen müssen. Bevor unsere Decks wieder gefegt wurden, konnte ich die Notreparaturen des Zimmermanns erkennen. Mit frischem Holz verschraubte, verzurrte und verkeilte er Luke Nummer Drei, bis sie einigermaßen fest war.

Als die *Elsinore* ihre Backbordreling unter Wasser tauchte und mehrere hundert Tonnen Südatlantikwasser aufsaugte und dann, als sie sofort ihre Steuerbordreling unter Wasser rollte, weitere hundert Tonnen brechender See über sie herfielen, ließen alle Männer alles stehen und liegen und kämpften auf der Reling um ihr Leben. In der Gischt waren sie völlig verborgen; und dann sah ich sie und zählte sie alle, als sie in Sicht kamen. Wieder warteten sie, bis das Wasser zurückging.

Die von Mr. Pike und seinen Männern verfolgten Trümmer trieben dreißig Meter vorn über das Deck, und als das Heck *der Elsinore* in eine Tiefe sank, trieben sie wieder zurück und prallten gegen die Kajütenwand. Ich identifizierte dieses Zeug als Teil der Brücke. Der Teil, der vom Besanmast bis zum Mittelschiff reichte, fehlte, während das Steuerbordboot auf dem Mittelschiff ein zersplittertes Durcheinander war.

Als ich den Kampf um die Eroberung und Unterwerfung des Brückenabschnitts beobachtete, musste ich an Victor Hugos großartige Beschreibung des Kampfes des Seemanns mit einem Schiffsgeschütz denken, das in einer stürmischen Nacht abgetrieben wurde. Aber es gab einen Unterschied: Ich stellte fest, dass Hugos Erzählung mich tiefer berührt hatte als dieser tatsächliche Kampf vor meinen Augen.

Ich habe wiederholt gesagt, dass das Meer einen hart macht. Als ich in meinem windgepeitschten, spritznassen Pyjama am Heck stand, wurde mir jetzt klar, wie hart ich geworden war. Ich empfand kein Mitleid mit den Menschen auf dem Vorschiff, die unter mir in Lebensgefahr kämpften. Sie zählten nicht. Ach – ich war sogar neugierig, was passieren würde, ob sie von den tosenden Meereslawinen erfasst würden, bevor sie die Sicherheit der Reling erreichen konnten.

Und ich sah. Mr. Pike, natürlich an der Spitze, bis zur Hüfte im reißenden Wasser, stürzte hinein, fing das fliegende Wrack mit einer Seilwinde auf und holte es mit einer Windung um eine der Besanwanten an Backbord ein. Die *Elsinore* stürzte nach Backbord, und eine massive Wand aus herabstürzendem Grün erhob sich drei Meter über der Reling. Die Männer flohen zur Reling. Aber Mr. Pike, der seine Windung hielt, hielt sich fest, blickte direkt in die Wellenwand und wurde niedergeworfen. Er tauchte wieder auf, die Brücke noch immer an der Windung festhaltend.

Der schwachsinnige Faun (der stocktaube Mann) ging voran, um Mr. Pike zu Hilfe zu kommen, gefolgt von Tony, dem selbstmörderischen Griechen. Als nächstes kam Paddy, und in der Reihenfolge kamen Shorty, Henry, der Schuljunge, und Nancy, natürlich als Letztes, und er sah aus, als würde er zur Hinrichtung gehen.

Das Wasser auf dem Deck war kaum knietief, obwohl es mit reißender Kraft dahinströmte, als Mr. Pike und die sechs Männer den Brückenabschnitt anhoben und sich damit nach vorn in Bewegung setzten. Sie schwankten und stolperten, schafften es aber, weiterzufahren.

Der Zimmermann sah den herannahenden Ozeanberg als Erster. Ich sah, wie er seinen eigenen Männern und dann Mr. Pike zurief, bevor er zur Reling floh. Aber Mr. Pikes Männer hatten keine Chance. Auf der Steuerbordseite des Mittelschiffshauses, volle fünfzehn Fuß über der Reling und zwanzig über dem Deck, stürzte das Meer an Bord. Das Dach des Mittelschiffshauses wurde von dem zersplitterten Boot weggefegt. Das Wasser, das gegen die Seite des Hauses prallte, schoss bis zur Höhe des Crojack-Rahs in den

Himmel. Und all dies, zusätzlich zur Hauptmasse der Welle, schwappte über Mr. Pike und seine Männer hinweg.

Sie verschwanden. Die Brücke verschwand. Die *Elsinore* rollte nach Backbord und tauchte ihr Deck von Reling zu Reling voll ein. Dann stürzte sie mit dem Bug nach unten, und die ganze Wassermasse schoss nach vorn. Durch die schäumende, schaumige Oberfläche tauchte ab und zu ein Arm, ein Kopf oder ein Rücken auf, während grausame Kanten gezackter Planken und verdrehte Stahlstangen darauf hindeuteten, dass sich die Brücke immer wieder drehte. Ich fragte mich, welche Männer sich darunter befanden und wie sie traktiert wurden.

Und doch zählten diese Männer nicht. Ich war mir nur um Mr. Pike besorgt. Er gehörte in gewisser Weise meiner Kaste und Klasse an. Er und ich gehörten nach achtern in die oberen Ränge, aßen am selben Tisch. Ich wünschte mir sehnlichst, dass er nicht verletzt oder getötet würde. Der Rest war egal. Sie gehörten nicht zu meiner Welt. Ich kann mir vorstellen, dass die Kapitäne von früher auf der Mittelpassage gegenüber ihren Sklavenfrachten auf den stinkenden Zwischendecks ganz ähnlich empfanden.

Der Bug *der Elsinore* neigte sich himmelwärts, während ihr Heck in ein schäumendes Tal fiel. Kein Mann hatte sich wieder auf die Beine gebracht. Brücke und Mannschaften zogen sich auf mich zu und stießen gegen die Besanwanten. Und dann tauchte dieser gewaltige, unglaubliche alte Mann aus dem Wasser auf, auf beiden Beinen, aufrecht, und schleppte, einen Mann in jeder Hand, die hilflosen Gestalten von Nancy und dem Faun mit sich. Mein Herz hüpfte, als ich diese gewaltige Gestalt eines Menschenmörders und Sklaventreibers erblickte, das stimmt, der sich aber als Erster in die Gefahr stürzte, damit seine Sklaven ihm folgen konnten, und der mit einem halb ertrunkenen Sklaven in jeder Hand wieder auftauchte.

Ich spürte Erhabenheit und Stolz, als ich hinschaute – Stolz, dass meine Augen blau waren wie seine; dass meine Haut blond war wie seine; dass mein Platz hinter ihm und den Samurai war, in den hohen Positionen der Regierung und des Kommandos. Ich weinte beinahe vor Ehrfurcht, und der Schauer des Stolzes lief mir über den Rücken und ins Gehirn. Was den Rest betraf – die Schwächlinge und die Ausgestoßenen und die dunkel pigmentierten Wesen, die Mischlinge, die Bastarde und die Abschaum längst besiegter Rassen – wie konnten sie zählen? Meine Fersen waren aus Eisen, als ich sie in ihrer Gefahr und Schwäche ansah. Herr! Herr! Zehntausend Generationen und Jahrhunderte lang hatten wir ihre Gesichter zertrampelt und sie der Plackerei unseres Willens unterworfen.

Wieder rollte die *Elsinore* nach Steuerbord und Backbord, während die Gischt bis zu unseren Unterrahen spritzte und tausend Tonnen Südatlantik von Reling zu Reling schwappten. Und wieder waren alle unter Wasser, mit zackigen Planken und verdrehtem Stahl über ihnen. Und wieder tauchte dieser erstaunliche blonde Riese auf, auf beiden Beinen aufrecht, in jeder Hand ein gebrochenes, dürres Wesen wie eine Ratte. Er kämpfte sich durch das reißende, hüfthohe Wasser, legte seine Lasten mit dem Zimmermann auf der Reling ab und kam zurück, um Larry, der taumelnd auf die Füße kam, zu ziehen und ihm auf die Reling zu helfen. Tony, der Grieche, kroch auf Händen und Knien aus dem Wasser und sank hilflos an der Reling nieder. Seine Stimmung war jetzt nicht mehr selbstmörderisch. So sehr er sich auch wehrte, er konnte sich nicht erheben, bis der Maat, der ihn am Kragen seines Ölzeugs packte, ihn mit einer Hand durch die Luft in die Arme des Zimmermanns schleuderte.

Als nächstes kam Shorty, sein Gesicht war blutüberströmt, ein Arm hing nutzlos herab, seine Seestiefel waren ihm ausgezogen. Mr. Pike warf ihn in die Reling und kam zurück, um den letzten Mann zu holen. Es war Henry, der Schiffsschulterjunge. Ich hatte ihn gesehen, wie er sich wehrlos und reglos wie ein Ertrunkener an die Oberfläche tauchte und wieder unterging, als die Flut nach achtern strömte und ihn gegen die Kabine schleuderte. Mr. Pike, der bis zu den Schultern im Wasser stand und von der tosenden See zweimal auf die Knie und unter Wasser geschlagen worden war, fing den Jungen auf, packte ihn auf die Schulter und trug ihn nach vorn.

Eine Stunde später begegnete ich Mr. Pike in der Kabine, als er zum Frühstück ging. Er hatte sich umgezogen und rasiert! Wie könnte man einen Helden wie ihn anders behandeln als ich, als ich beiläufig bemerkte, dass er eine lebhafte Wache gehabt haben muss?

„Meine Güte", antwortete er ebenso beiläufig, „ich bin wirklich ordentlich durchnässt worden."

Das war alles. Er hatte keine Zeit gehabt, mich an der Achterreling zu sehen. Es war lediglich die Arbeit des Tages, die Arbeit des Schiffs, die Arbeit des MANNES – alles in Großbuchstaben, wenn Sie so wollen, in MANN. Ich war der Einzige achtern, der es wusste, und ich wusste es, weil ich es zufällig gesehen hatte. Wäre ich nicht zu dieser frühen Stunde auf dem Achterdeck gewesen, hätte niemand achtern jemals von seinen grauen Taten an einem stürmischen Morgen erfahren.

„Ist jemand verletzt?", fragte ich.

„Oh, einige der Männer sind nass geworden. Aber es sind keine Knochen gebrochen. Henry wird einen Tag lang freigestellt. Er wurde in der See umgedreht und hat sich den Kopf angeschlagen. Und Shorty hat sich, glaube ich, die Schulter verrenkt. – Aber sagen wir, wir haben Davis in die obere Koje gebracht! Die See hat ihn vollgestopft und er musste klettern. Er ist jetzt ganz überschwemmt und nass, und Sie hätten sehen sollen, wie ich um mehr gebetet habe." Er hielt inne und seufzte. „Ich werde wohl alt. Ich sollte ihm den Hals umdrehen, aber irgendwie fehlt mir der Mumm dazu. Trotzdem wird er über Bord sein, bevor wir reinkommen."

„Einen Monatslohn für ein Pfund Tabak wird er nicht hergeben", widersprach ich.

„Nein", sagte Mr. Pike langsam. „Aber ich sage Ihnen, was ich tun werde. Ich wette mit Ihnen um ein Pfund Tabak oder sogar einen Monatslohn, dass ich das Vergnügen haben werde, ihm einen Sack Kohle unter die Füße zu legen, der nie wieder herunterkommt."

„Erledigt", sagte ich.

„Fertig", sagte Mr. Pike. „Und jetzt werde ich wohl etwas essen."

KAPITEL XXXI.

Je mehr ich von Miss West sehe, desto mehr gefällt sie mir. Erklären Sie es mit Nähe, Isolation oder was auch immer Sie wollen; ich zumindest versuche keine Erklärung. Ich weiß nur, dass sie eine Frau und begehrenswert ist. Und ich bin in gewisser Weise ziemlich stolz darauf, dass ich ein Mann wie jeder andere bin. Die nächtliche Arbeit und die unerbittliche Werbung, die ich in der Vergangenheit von der ganzen Frauensippe ertragen musste, haben mich, das kann ich mit Freude sagen, nicht völlig verwöhnt.

Ich bin besessen von diesem Satz – eine *Frau und begehrenswert* . Er hämmert in meinem Kopf, in meinen Gedanken. Ich gebe mir alle Mühe, einen Blick auf Miss West durch eine Kabinentür oder einen Blick in den Flur zu erhaschen, wenn sie nicht weiß, dass ich zusehe. Eine Frau ist etwas Wunderbares. Das Haar einer Frau ist wundervoll. Die Sanftheit einer Frau ist magisch. – Oh, ich kenne sie als das, was sie sind, und doch macht sie gerade dieses Wissen nur noch wunderbarer. Ich weiß – ich würde meine Seele darauf verwetten –, dass Miss West mich tausendmal als Gefährtin in Betracht gezogen hat, während ich sie einmal in Betracht gezogen habe. Und doch – sie ist eine Frau und begehrenswert.

Und ich muss ständig an Richard Le Galliennes unnachahmlichen Vierzeiler denken:

„Wäre ich eine Frau, würde ich den ganzen Tag lang
meine eigene Schönheit in einem heiligen Lied besingen, mich tief davor beugen, still und halb verängstigt, und den ganzen Tag lang sagen: ‚Ich bin eine Frau'."

Ich möchte allen Philosophen, die unter der Weltkrankheit leiden, raten, eine lange Seereise mit einer Frau wie Miss West zu unternehmen.

In dieser Erzählung werde ich sie nicht mehr „Miss West" nennen. Sie hat aufgehört, Miss West zu sein. Sie ist Margaret. Ich denke nicht an sie als Miss West. Ich denke an sie als Margaret. Es ist ein hübsches Wort, ein Frauenwort. Welcher Dichter muss es geschaffen haben! Margaret! Ich werde es nie müde. Meine Zunge ist verliebt in es. Margaret West! Was für ein Name zum Beschwören! Ein Name, der Träume und mächtige Konnotationen hervorruft. Die Geschichte unserer westwärts ziehenden Rasse ist in ihm geschrieben. Es steckt Stolz darin und Herrschaft und Abenteuer und Eroberung. Wenn ich ihn murmele, sehe ich Visionen von schlanken, schnabelförmigen Schiffen, von geflügelten Helmen und eisenbeschlagenen Absätzen ruheloser Männer, königlicher Liebhaber, königlicher Abenteurer, königlicher Kämpfer. Ja, und sogar jetzt, in diesen letzten Tagen, in denen die Sonne uns verzehrt, sitzen wir noch immer auf dem hohen Thron der Regierung und des Kommandos.

Ach ja – und übrigens – sie ist vierundzwanzig Jahre alt. Ich fragte Mr. Pike nach dem Datum der Kollision der *Dixie* mit dem Flussdampfer in der Bucht von San Francisco. Das geschah im Jahr 1901. Margaret war damals zwölf Jahre alt. Wir schreiben das Jahr 1913. Segen auf dem Haupt des Mannes, der die Arithmetik erfunden hat! Sie ist vierundzwanzig. Ihr Name ist Margaret, und sie ist begehrenswert.

* * * * *

Es gibt so viel zu erzählen. Wo und wie diese verrückte Reise mit einer verrückten Mannschaft enden wird, ist jenseits aller Vermutungen. Aber die *Elsinore* fährt weiter, und Tag für Tag wird ihre blutige Geschichte geschrieben. Und während gemordet wird und während das ganze Drama auf der See sich dem öden Südpolarmeer und den eisigen Winden von Kap Hoorn nähert, sitze ich hoch oben bei den Kapitänen, ohne Furcht, das sage ich mit Stolz, in Ekstase, das sage ich mit Stolz, und ich murmle immer wieder vor *mich hin – Margaret*, *eine Frau*; *Margaret*, *und begehrenswert*.

Aber um es fortzusetzen. Es ist der erste Tag im Juni. Zehn Tage sind seit dem Pampero vergangen. Als das starke Heck an Luke Nummer Drei repariert war, kam Kapitän West mit dem Wind zurück, legte bei und ritt den Sturm aus. Seitdem sind wir bei Windstille, Nebel, Nässe und Sturm nach Süden vorgedrungen, bis wir heute fast auf gleicher Höhe mit den Falklandinseln sind. Die Küste Argentiniens liegt im Westen, unterhalb der Meereslinie, und irgendwann heute Morgen haben wir den fünfzigsten Breitengrad südlicher Breite überschritten. Hier beginnt die Passage von Kap Hoorn, denn so wird es von den Seefahrern berechnet – fünfzig südlich im Atlantik bis fünfzig südlich im Pazifik.

Und doch ist bei uns wettermäßig alles in Ordnung. Die *Elsinore* gleitet mit günstigem Wind dahin. Täglich wird es kälter. Der große Kajütofen brüllt und ist weißglühend, und alle Verbindungstüren sind offen, so dass es im gesamten Achterschiff warm und gemütlich ist. Aber auf dem Deck ist die Luft beißend, und Margaret und ich tragen Fäustlinge, wenn wir auf dem Achterdeck spazieren gehen oder über die reparierte Brücke nach vorn gehen, um die Hühner auf dem Mittelschiff zu sehen. Die armen, elenden Geschöpfe des Instinkts und des Klimas! Seht, wenn sie sich der südlichen Wintermitte des Horns nähern und alle ihre Federn brauchen, beginnen sie zu mausern, denn in dem Land, aus dem sie stammen, ist dies wahrlich Sommerzeit. Oder wird die Mauser von der Jahreszeit bestimmt, in der sie gerade geboren werden? Ich werde das untersuchen müssen. Margaret wird es wissen.

Gestern wurden ominöse Vorbereitungen für die Passage durch das Horn getroffen. Alle Streben wurden von den Relingschienen des Hauptdecks genommen und so ausgerichtet und angeordnet, dass sie von den Dächern der Häuser aus bedient werden können.

So verlaufen die Vorschiffsstreben bis zur Spitze des Vorschiffs, die Großschiffsstreben bis zur Spitze des Mittelschiffs und die Besanstreben bis zum Achterdeck. Es ist offensichtlich, dass sie damit rechnen, dass unser Hauptdeck häufig mit Wasser gefüllt wird. Es ist so offensichtlich, dass ein beladenes Schiff bei hohem Wellengang wie ein überschwemmter Baumstamm ist, dass vorn und hinten, auf beiden Seiten, entlang des Decks, schulterhohe Rettungsleinen angebracht wurden. Auch die beiden Eisentüren an Backbord und Steuerbord, die von der Kabine direkt auf dem Hauptdeck ausgehen, wurden verbarrikadiert und kalfatert. Erst wenn wir im Pazifik sind und nach Norden fliegen, werden sich diese Türen wieder öffnen.

Und während wir uns darauf vorbereiten, um die stürmischste Landzunge der Welt zu kämpfen, wird unsere Lage an Bord immer düsterer. Heute Morgen wurde Petro Marinkovich, ein Matrose in Mr. Mellaires Wache, tot auf Luke Nummer Eins aufgefunden. Der Körper wies mehrere Messerstiche auf und die Kehle war durchgeschnitten. Offenbar wurde dies von einem oder mehreren der Backarbeiter getan, aber es ist kein Wort herauszubekommen. Die Schuldigen schweigen natürlich, während andere, die es vielleicht wissen, sich nicht trauen, zu sprechen.

Noch vor Mittag wurde die Leiche mit dem üblichen Sack Kohle über Bord gebracht. Der Mann ist schon längst Geschichte. Aber die Menschen vorn sind voller Erwartung dessen, was kommen wird. Ich schlenderte heute Nachmittag nach vorn und bemerkte zum ersten Mal eine deutliche Feindseligkeit mir gegenüber. Sie wissen, dass ich zur Nachhut in der Höhe gehöre. Oh, es wurde nichts gesagt; aber es war offensichtlich, wie fast jeder Mann mich ansah oder sich weigerte, mich anzusehen. Nur Mulligan Jacobs und Charles Davis waren offen.

„Gute Reise", sagte Mulligan Jacobs. „Der Guinea hatte nicht den Mumm einer Laus. Und ihm geht es besser, nicht wahr? Er hat schmutzig gelebt, ist schmutzig gestorben, und jetzt hat er das ganze schmutzige Spiel hinter sich. Es gibt Männer an Bord, die sich wünschen sollten, sie hätten so viel Glück wie er. Ihr Verdienst steht ihnen noch bevor."

„Sie meinen...?", fragte ich.

„Was immer du denken willst, was ich meine", grinste mir der verdrehte Schuft bösartig ins Gesicht.

Als ich einen Blick in Charles Davis' Eisenzimmer warf, war er ausgelassen.

„Eine schöne Geschichte für das Gericht in Seattle", jubelte er. „Sie wird meinen Fall nur noch stärker machen. Und warten Sie, bis die Reporter davon erfahren! Das Höllenschiff *Elsinore* ! Die werden eine schöne Ausbeute haben!"

„Ich habe kein Höllenschiff gesehen", sagte ich kalt.

„Sie haben gesehen, wie ich behandelt wurde, oder?", erwiderte er. „Sie haben gesehen, was für eine Hölle ich durchmache, oder?"

„Ich weiß, dass Sie ein kaltblütiger Mörder sind", antwortete ich.

„Das wird das Gericht entscheiden, Sir. Sie müssen lediglich Tatsachen bezeugen."

„Ich bezeuge, dass ich Sie an der Stelle des Maat wegen Mordes gehängt hätte."

Seine Augen funkelten förmlich.

„Ich werde Sie bitten, sich an dieses Gespräch zu erinnern, wenn Sie unter Eid stehen, Sir", rief er eifrig.

Ich gestehe, der Mann weckte in mir widerwillige Bewunderung. Ich sah mich in seinem schäbigen Zimmer mit den Eisenwänden um. Während des Pampero war der Raum überschwemmt worden. Die weiße Farbe blätterte in großen Schorfen ab, und überall war Eisenrost. Der Boden war schmutzig. Der Raum stank nach seiner Krankheit. Sein Kochtopf und das ungewaschene Essgeschirr vom letzten Essen lagen verstreut auf dem Boden: Seine Decken waren nass, seine Kleidung war nass. In einer Ecke lag eine uneinheitliche Masse aus durchnässten, schmutzigen Kleidungsstücken. Er lag in derselben Koje, in der er O'Sullivan den Schädel eingeschlagen hatte. Er war Monate in diesem abscheulichen Loch gewesen. Um zu überleben, würde er noch Monate darin bleiben müssen. Und während seine rattengleiche Vitalität meine Bewunderung gewann, verabscheute und verabscheute ich ihn zutiefst.

„Hast du keine Angst?", fragte ich. „Wie kommst du darauf, dass du die Reise überstehst? Weißt du nicht, dass Wetten abgeschlossen werden, dass du es nicht schaffst?"

Sein Interesse war so groß, dass er die Ohren zu spitzen schien, als er sich auf seinen Ellbogen stützte.

„Ich schätze, Sie haben zu viel Angst, mir von den Wetten zu erzählen", höhnte er.

„Oh, ich wette, Sie halten durch", versicherte ich ihm.

„Das heißt, es gibt andere, die darauf wetten, dass ich es nicht tue“, plapperte er hastig weiter. „Und das bedeutet, dass es an Bord der *Elsinore Männer gibt* , die finanziell daran interessiert sind, dass ich abhaue.“

In diesem Moment blieb der Steward, der gerade aus der Kombüse nach achtern gekommen war, in der Tür stehen und lauschte grinsend. Was Charles Davis betraf, so hatte dieser Mann seine Berufung verfehlt. Er hätte Landanwalt werden sollen, nicht Seeanwalt.

„Also gut, Sir“, fuhr er fort. „Ich werde Sie das in Seattle aussagen lassen, es sei denn, Sie lügen einen hilflosen Kranken an oder begehen unter Eid einen Meineid.“

Er bekam, was er wollte, denn er brachte mich dazu, zu erwidern:

„Oh, ich werde es bezeugen. Allerdings sage ich Ihnen ganz offen, dass ich nicht glaube, dass ich meine Wette gewinnen werde.“

„Sie verlieren bestimmt“, unterbrach ihn der Steward und nickte mit dem Kopf. „Der Kerl wird verdammt bald sterben.“

„Wetten Sie mit ihnen, Sir“, forderte Davis mich heraus. „Das ist ein ehrliches Trinkgeld von mir und ein Kinderspiel.“

Die ganze Situation war so grausam und grotesk und ich war so absurd hineingezogen worden, dass ich im Moment nicht wusste, was ich tun oder sagen sollte.

„Das ist gutes Geld“, drängte Davis. „Ich werde nicht sterben. Hören Sie, Steward, wie viel wollen Sie wetten?“

„Fünf Dollar, zehn Dollar, zwanzig Dollar“, antwortete der Steward mit einem Schulterzucken, das bedeutete, dass die Summe unerheblich war.

„Also gut, Steward. Mr. Pathurst deckt Ihr Geld, sagen wir für zwanzig. Ist es ein Versuch, Sir?“

„Warum wetten Sie nicht selbst mit ihm?“, verlangte ich zu wissen.

„Natürlich werde ich das, Sir. Hier, Sie Steward, ich wette zwanzig mit Ihnen, dass selbst ich nicht sterbe.“

Der Steward schüttelte den Kopf.

„Ich wette zwanzig zu zehn“, beharrte der Kranke. „Was ist denn mit dir los?“

„Du lebst, ich verliere, ich bezahle dich“, erklärte der Steward. „Du stirbst, ich gewinne, du bist tot; ich bezahle dich nicht.“

Immer noch grinsend und kopfschüttelnd ging er seines Weges.

„Trotzdem, Sir, es wird eine wertvolle Aussage sein", kicherte Davis. „Und können Sie nicht sehen, wie die Reporter das aufsaugen?"

Die asiatische Clique in der Kochstube hegt ihre Vermutungen über den Tod von Marinkovich, äußert sie aber nicht. Außer Kopfschütteln und dunklem Gemurmel kann ich Wada und dem Steward nichts entlocken. Als ich mit dem Segelmacher sprach, klagte er, dass ihm seine verletzte Hand weh tue und dass er froh wäre, wenn er zu den Ärzten nach Seattle käme. Was den Mord angeht, so gab er mir auf mein Drängen zu verstehen, dass es sich nicht um eine Angelegenheit der Japaner oder Chinesen an Bord handele und dass er ein Japaner sei.

Doch Louis, der chinesische Mischling mit dem Oxford-Akzent, war offener. Ich traf ihn achtern von der Kombüse aus auf einem Gang zur Lazarette, um Proviant zu holen.

„Wir sind von einer anderen Rasse als diese Männer, Sir", sagte er, „und am sichersten ist es, sie in Ruhe zu lassen. Wir haben darüber gesprochen, und wir haben nichts zu sagen, Sir, überhaupt nichts zu sagen. Bedenken Sie meine Lage. Ich arbeite vorn in der Kombüse, ich stehe in ständigem Kontakt mit den Matrosen, ich schlafe sogar in ihrem Schiffsteil, und ich bin ein Mann gegen viele. Der einzige andere Landsmann, den ich an Bord habe, ist der Steward, und er schläft achtern. Ihr Diener und die beiden Segelmacher sind Japaner. Sie sind nur entfernt mit uns verwandt, obwohl wir vereinbart haben, zusammenzuhalten und uns von allem fernzuhalten, was passiert."

„Da ist Shorty", sagte ich und erinnerte mich an Mr. Pikes Diagnose seiner gemischten Nationalität.

„Aber wir erkennen ihn nicht an, Sir", antwortete Louis höflich. „Er ist Portugiese, er ist Malaye, er ist Japaner, das stimmt; aber er ist ein Bastard, Sir, ein Bastard und ein Bastard. Außerdem ist er ein Narr. Und bitte, Sir, bedenken Sie, dass wir sehr wenige sind und dass unsere Position uns zur Neutralität zwingt."

„Aber Ihre Aussichten sind düster", beharrte ich. „Wie glauben Sie, wird es enden?"

„Einige von uns werden höchstwahrscheinlich in Seattle ankommen. Aber eines kann ich Ihnen sagen, Sir: Ich habe ein langes Leben auf See verbracht, aber ich habe noch nie eine Mannschaft wie diese gesehen. Es sind nur wenige Seeleute dabei; es sind schlechte Menschen dabei; und der Rest sind Narren und noch schlimmer. Sie werden bemerken, dass ich keine Namen nenne, Sir; aber es sind Männer an Bord, die ich nicht verärgern möchte. Ich bin einfach Louis, der Koch. Ich mache meine Arbeit, so gut ich kann, und das ist alles, Sir."

„Und wird Charles Davis in Seattle ankommen?“, fragte ich und wechselte das Thema, da ich ihm zugestand, dass er das Recht hatte, zurückhaltend zu sein.

„Nein, das glaube ich nicht, Sir“, antwortete er, obwohl seine Augen mir für meine Höflichkeit dankten. „Der Steward sagt mir, Sie hätten darauf gewettet. Ich glaube, Sir, das ist keine gute Wette. Wir sind dabei, das Kap zu umrunden. Ich bin schon oft umrundet worden. Es ist Hochwinter, und wir fahren von Ost nach West. Davis‘ Zimmer wird wochenlang überschwemmt sein. Es wird nie trocken werden. Ein starker, gesunder Mann, der darin eingesperrt ist, könnte an den Strapazen sterben. Und Davis geht es alles andere als gut. Kurz gesagt, Sir, ich kenne seinen Zustand, und er ist in einem schockierenden Zustand. Chirurgen könnten sein Leben verlängern, aber hier in einem Windjammer verkürzt es sich sehr schnell. Ich habe viele Männer auf See sterben sehen. Ich weiß das, Sir. Danke, Sir.“

Und der eurasische Chinesisch-Engländer verbeugte sich.

KAPITEL XXXII.

Die Dinge stehen schlimmer, als ich es mir vorgestellt hatte. Hier sind zwei Episoden innerhalb der letzten 72 Stunden. Mr. Mellaire zum Beispiel ist am Ende. Er kann die Belastung nicht ertragen, auf demselben Schiff zu sein wie der Mann, der geschworen hat, den Mord an Captain Somers zu rächen, besonders wenn es sich bei diesem Mann um den furchtlosen Mr. Pike handelt.

Seit mehreren Tagen sind Margaret und mir die blutunterlaufenen Augen und das schmerzverzerrte Gesicht des zweiten Maat aufgefallen und wir haben uns gefragt, ob er krank ist. Und heute ist das Geheimnis ans Licht gekommen. Wada mag Mr. Mellaire nicht, und heute Morgen, als er mir das Frühstück brachte, sah ich an dem boshaften, schadenfrohen Funkeln in seinen mandelförmigen Augen, dass er vor frischem, köstlichem Schiffsklatsch übersprudelte.

Wie ich erfuhr, waren er und der Steward mehrere Tage damit beschäftigt, ein Kajütengeheimnis zu lösen. Eine Gallone Holzalkohol, die auf einem Regal im Achterraum stand, hatte einen großen Teil ihres Inhalts verloren. Sie verglichen ihre Notizen und machten sich dann zu einem Sherlock Holmes und einem Doktor Watson. Zuerst ermittelten sie den täglichen Alkoholverlust. Dann ermittelten sie ihn mehrmals täglich und fanden heraus, dass der Verlust, wann immer er auftrat, zum ersten Mal unmittelbar nach den Mahlzeiten sichtbar wurde. Dies richtete ihre Aufmerksamkeit auf zwei Verdächtige – den zweiten Maat und den Zimmermann, der allein im Achterraum saß. Der Rest war einfach. Immer wenn Mr. Mellaire vor dem Zimmermann ankam, fehlte mehr Alkohol. Wenn sie zusammen ankamen und abreisten, war der Alkohol unberührt. Der Zimmermann war nie allein im Raum. Der Syllogismus war perfekt. Und jetzt lagert der Steward den Alkohol unter seiner Koje.

Aber Holzalkohol ist ein tödliches Gift. Was für eine Konstitution dieser 50-jährige Mann haben muss! Kein Wunder, dass seine Augen blutunterlaufen sind. Das große Wunder ist, dass das Zeug ihn nicht zerstört hat.

Ich habe Margaret kein Wort davon zugeflüstert und werde es auch nicht zuflüstern. Ich möchte Mr. Pike warnen, und doch weiß ich, dass die Enthüllung von Mr. Mellaires Identität einen weiteren Mord auslösen würde. Und trotzdem fahren wir mit dicht am Wind nach Süden, auf die unwirtliche Spitze des Kontinents zu. Heute befinden wir uns südlich einer Linie zwischen der Magellanstraße und den Falklandinseln, und morgen, wenn der Wind anhält, werden wir die Küste von Feuerland nahe der Einfahrt zur Le Maire-Straße erreichen, die Kapitän West bei günstigem Wind durchqueren will.

Die andere Episode ereignete sich letzte Nacht. Mr. Pike sagt nichts, kennt aber die Situation der Mannschaft. Ich beobachte sie schon seit einiger Zeit, seit Marinkovichs Tod, und ich bin sicher, dass Mr. Pike sich nach Einbruch der Dunkelheit nie auf das Hauptdeck wagt. Doch er hält den Mund, vertraut sich niemandem an und spielt das bittere, gefährliche Spiel als alltägliche Selbstverständlichkeit und als Teil seiner täglichen Arbeit.

Und nun zur Episode. Kurz nach dem Ende der zweiten Hundewache gestern Abend ging ich nach vorn zu den Hühnern im Mittelschiff, um einen Botengang für Margaret zu machen. Ich sollte sicherstellen, dass die Stewardess ihre Befehle befolgt hatte. Die Plane des großen Hühnerstalls musste heruntergelassen, die Belüftung sichergestellt und der Petroleumofen richtig brennen. Als ich mich von der Zuverlässigkeit der Stewardess überzeugt hatte und gerade im Begriff war, zum Achterdeck zurückzukehren, wurde ich durch das unheimliche Geschrei von Pinguinen in der Dunkelheit und durch das unverkennbare Geräusch eines Wals, der nicht weit entfernt blies, abgelenkt.

Ich war um das Ende des Backbordboots herumgeklettert und stand dort, vollkommen verborgen in der Dunkelheit, als ich die unverkennbaren, trägen Schritte des Maats hörte, der vom Achterdeck die Brücke entlangging. Es war eine trübe, sternenklare Nacht, und die *Elsinore* glitt im ruhigen Ozean im Windschatten von Feuerland mit acht Knoten Geschwindigkeit sanft und lieblich durch das Wasser.

Mr. Pike blieb am vorderen Ende des Daches stehen und lauschte. Vom Hauptdeck unten, in der Nähe von Luke Nummer Zwei, konnte ich über das Gemurmel verschiedener Stimmen hinweg Kid Twist, Nosey Murphy und Bert Rhine erkennen – die drei Gangster. Aber Steve Roberts, der Cowboy, war auch da, ebenso wie Mr. Mellaire, die beide zur anderen Wache gehörten und hätten abgegeben werden sollen; denn um Mitternacht wäre ihre Wache an Deck. Besonders unpassend war Mr. Mellaires Anwesenheit, der sich mit Mitgliedern der Besatzung gesellig unterhielt – ein schwerwiegender Verstoß gegen die Schiffsethik.

Ich war schon immer mit Neugierde gesegnet. Ich wollte es immer wissen und auf der *Elsinore* war ich schon Zeuge vieler kleiner Szenen, die ein reines dramatisches Juwel waren. Ich entdeckte sie also nicht selbst, sondern lauerte hinter dem Boot.

Fünf Minuten vergingen. Zehn Minuten vergingen. Die Männer redeten immer noch. Ich war fasziniert vom Geschrei der Pinguine und vom Wal, der offensichtlich verspielt war und so nahe kam, dass er einen Keks ausspuckte und wegspritzte. Ich sah, wie Mr. Pike bei dem Geräusch den Kopf drehte; er blickte direkt in meine Richtung, sah mich aber nicht. Dann lauschte er wieder dem Stimmengewirr von unten.

Ob Mulligan Jacobs nun zufällig vorbeikam oder ob er absichtlich auf Erkundungstour war, weiß ich nicht. Ich erzähle, was geschah. An der Seite des Mittelschiffs ist eine Leiter angebracht. Und diese Leiter kletterte Mulligan Jacobs so geräuschlos hinauf, dass ich seine Anwesenheit nicht bemerkte, bis ich Mr. Pike knurren hörte:

„Was zum Teufel machst du hier?“

Dann sah ich Mulligan Jacobs in der Dunkelheit, keine zwei Meter vom Maat entfernt.

„Was geht dich das an?“, knurrte Mulligan Jacobs zurück. Die Stimmen unten verstummten. Ich wusste, dass jeder Mann dort stand, angespannt und lauschend. Nein, die Philosophen haben Mulligan Jacobs noch nicht erklärt. Es steckt mehr in ihm, als das letzte Wort in irgendeinem Buch sagt. Er stand dort in der Dunkelheit, ein zerbrechliches Wesen mit einer verkrümmten Wirbelsäule, dem Ersten Maat allein gegenüber, und er hatte keine Angst.

Mr. Pike verfluchte ihn mit furchtbaren, nicht wiederholbaren Worten und fragte erneut, was er dort mache.

„Ich habe meinen Tabakpfropfen hier liegen lassen, als ich das letzte Mal runtergerollt bin“, sagte der kleine verdrehte Mann – nein, er hat es nicht gesagt. Er hat es wie Gift ausgespuckt.

„Raus hier, oder ich werfe dich raus, dich und deinen Tabak“, tobte der Maat.

Mulligan Jacobs taumelte näher an Mr. Pike heran, und in der Dunkelheit und durch das Rollen des Schiffes schwankte er vor dem Gesicht des anderen.

„Bei Gott, Jacobs!“ war alles, was der Maat sagen konnte.

„Du alter Knacker“, war alles, was der schreckliche kleine Krüppel erwidern konnte.

Mr. Pike packte ihn am Kragen und schwang ihn durch die Luft.

„Gehst du unter? – Oder werfe ich dich hinunter?“, wollte der Maat wissen.

Ich kann die Art und Weise ihrer Äußerungen nicht beschreiben. Es war die von wilden Tieren.

„Ich habe Ihnen doch noch nicht aus der Hand gefressen, oder?“ war die Antwort.

Mr. Pike versuchte etwas zu sagen, während er den Krüppel noch immer in der Hand hielt, aber in seiner Ohnmacht vor Wut konnte er nichts anderes tun, als ihn zu erwürgen.

„Du bist ein alter Knacker, ein alter Knacker, ein alter Knacker", skandierte Mulligan Jacobs, gleichermaßen unzusammenhängend und einfallslos, vor brutaler Wut.

„Sag es noch einmal, und dann geh rüber", brachte der Maat mit schwerer Aussprache hervor.

„Du bist ein alter Knacker", keuchte Mulligan Jacobs. Er wurde geschleudert. Mit der Kraft des Wurfs flog er durch die Luft, und während er durch die Dunkelheit flog und fiel, wiederholte er:

„Alter Knacker! Alter Knacker!"

Er fiel zwischen die Männer auf Luke Nummer Zwei und unten herrschte Verwirrung, Bewegung und Stöhnen.

Mr. Pike ging in dem schmalen Haus auf und ab und biss die Zähne zusammen. Dann hielt er inne. Er stützte seine Arme auf das Brückengeländer, ließ seinen Kopf eine ganze Minute lang auf seinen Armen ruhen und stöhnte dann:

„Oh je, oh je, oh je, oh je." Das war alles. Dann ging er langsam nach achtern und schleifte seine Füße über die Brücke.

KAPITEL XXXIII.

Die Tage werden grau. Die Sonne hat ihre Wärme verloren und steht jeden Mittag zur Mittagszeit tiefer am nördlichen Himmel. Alle alten Sterne sind längst erloschen und es scheint, als würde die Sonne ihnen folgen. Die Welt – die einzige Welt, die ich kenne – ist weit im Norden zurückgeblieben und der Erdhügel liegt zwischen ihr und uns. Dieser traurige und einsame Ozean, grau und kalt, ist das Ende aller Dinge, der Ort des Absturzes, an dem alles aufhört. Nur wird er kälter und grauer, und Pinguine schreien in der Nacht, und riesige Amphibien stöhnen und schlurfen, und große Albatrosse, grau vom Sturmkampf des Horns, drehen und wenden sich.

* * * * *

„Land in Sicht!", rief es gestern Morgen. Ich fröstelte, als ich auf dieses erste Land seit Baltimore vor ein paar Jahrhunderten blickte. Es schien keine Sonne, und der Morgen war feucht und kalt, mit einem frischen Wind, der jedes Kleidungsstück durchdrang. Das Thermometer an Deck zeigte 30 Grad an – zwei Grad unter dem Gefrierpunkt; und ab und zu fegten leichte Schneeböen vorbei.

Das ganze Land, das zu sehen war, bestand aus Schnee. Lange, niedrige Bergketten, schneebedeckt, ragten aus dem Meer. Als wir näher kamen, sahen wir keine Lebenszeichen. Es war ein steiles, wildes, ödes, verlassenes Land. Gegen elf Uhr, vor der Einfahrt zur Le-Maire-Straße, ließen die Böen nach, der Wind wurde ruhiger und die Flut kam in die Richtung, in die wir wollten.

Kapitän West zögerte nicht. Seine Befehle an Mr. Pike waren schnell und ruhig. Der Mann am Steuer änderte den Kurs, während beide Wachen hochsprangen, um die Segel und Himmelssegel auszuschütteln. Und doch war sich Kapitän West jedes Zentimeters des Risikos bewusst, das er in diesem Schiffsfriedhof einging.

Als wir unter vollen Segeln und im Griff einer gewaltigen Flut die schmale Meerenge befuhren, rasten die zerklüfteten Landzungen Feuerlands mit schwindelerregender Geschwindigkeit an uns vorbei. Wir waren dicht an ihnen dran, und dicht an der zerklüfteten Küste von Staten Island am gegenüberliegenden Ufer. Hier, in einer wilden Bucht, zwischen zwei schwarzen, steilen Felswänden, an denen nicht einmal der Schnee Halt finden konnte, hielt Kapitän West inne, schwenkte beiläufig sein Fernglas und blickte unverwandt auf eine Stelle. Ich fand die Stelle mit meinem eigenen Fernglas und spürte einen augenblicklichen Schauer, als ich die vier Masten eines großen Schiffes aus dem Wasser ragen sah. Was auch immer es für ein Schiff war, es war so groß wie die *Elsinore* und erst vor kurzem gesunken.

„Eines der deutschen Salpeterschiffe", sagte Mr. Pike. Kapitän West nickte, während er das Wrack noch immer betrachtete, und sagte dann:

„Sie sieht völlig verlassen aus. Trotzdem, Mr. Pike, schicken Sie einige Ihrer besten Seeleute nach oben und halten Sie selbst gut Ausschau. Vielleicht sind einige Überlebende an Land und versuchen, uns Signale zu geben."

Aber wir segelten weiter, und wir sahen keine Signale. Mr. Pike war hocherfreut über unser Glück. Er machte sich aber auch schuldig, auf und ab zu gehen, sich die Hände zu reiben und in sich hinein zu lachen. Er erzählte mir, er sei seit 1888 nicht mehr durch die Straße von Le Maire gefahren. Auch sagte er, er kenne Kapitäne, die vierzig Reisen um das Kap Hoorn gemacht hätten und nicht ein einziges Mal das Glück gehabt hätten, erfolgreich durch die Meerenge zu kommen. Die reguläre Passage liegt weit im Osten um Staten Island herum, was einen Verlust an Westrichtung bedeutet, und hier, am Ende der Welt, wo der große Westwind, ungehindert von Land, rund um den schmalen Umfang der Erde fegt, muss man sich die Westrichtung Meile für Meile und Zoll für Zoll erkämpfen. Die Segelanweisungen raten Kapitänen für die Passage um das Kap Hoorn: *Fahren Sie nach West . Was auch immer Sie tun , fahren Sie nach West .*

Als wir am frühen Nachmittag aus der Meerenge herauskamen, wehte noch immer eine stetige Brise, und wir glitten mit einer Geschwindigkeit von acht Knoten durch die ruhigen Gewässer im Windschatten von Feuerland, das sich südwestlich bis zum Kap Hoorn erstreckt.

Mr. Pike war außer sich. Er konnte sich kaum vom Deck losreißen, als unten seine Wache war. Er kicherte, rieb sich die Hände und summte unaufhörlich Bruchstücke aus der Dreikönigsmesse. Außerdem war er redselig.

„Morgen früh werden wir mit dem Horn ankommen. Wir werden es um ein Dutzend oder fünfzehn Meilen verkürzen. Stell dir das vor! Wir werden einfach herumschleichen! Ich hatte noch nie so viel Glück und hätte es auch nie erwartet. Altes Mädchen *Elsinore* , du bist vorn furchtbar, aber die Hand Gottes ist an deinem Steuer."

Einmal begegnete ich ihm unter seiner Regenplane und sprach mit sich selbst. Es war eher ein Gebet.

„Wenn sie bloß nicht den Mund hält", wiederholte er immer wieder. „Wenn sie bloß nicht den Mund hält."

Herr Mellaire war ganz anders.

„Das passiert nie", sagte er mir. „So ist noch nie ein Schiff gefahren. Sieh nur, wie es kommt. Es kommt immer rauchend aus Südwest."

„Aber kann ein Schiff nicht auch einfach herumschleichen?", fragte ich.

„Die Chancen stehen sehr schlecht, Sir", antwortete er. „Ich wette, Sir, ich wette sogar ein Pfund Tabak, dass wir in vierundzwanzig Stunden unter Obermarssegeln beigelegt sein werden. Ich wette zehn Pfund zu fünf, dass wir in einer Woche nicht westlich des Kap Hoorn sind, und da die Überfahrt fünfzig zu fünfzig ist, wette ich zwanzig Pfund zu fünf, dass wir in zwei Wochen nicht mit fünfzig im Pazifik sind."

Kapitän West, der die Gefahren von Le Maire hinter sich hatte, saß unten, streckte seine Pantoffeln vor sich aus und rauchte eine Zigarre. Er hatte überhaupt nichts zu sagen, obwohl Margaret und ich jubelten und während der gesamten zweiten Hundewache Duette wagten.

* * * * *

Und heute Morgen, bei ruhiger See und leichter Brise, bewegte sich das Kap Hoorn fast genau nördlich von uns, nicht mehr als sechs Meilen entfernt. Hier waren wir, gut nebeneinander und segelten Richtung Westen.

„Was kostet Tabak heute Morgen?", fragte ich Herrn Mellaire.

„Es geht bergauf", erwiderte er. „Ich wünschte, ich hätte tausend Wetten wie die mit Ihnen, Sir."

Ich blickte aufs Meer und in den Himmel und schätzte die Geschwindigkeit unserer Fahrt anhand des Schaums ab, konnte aber nichts erkennen, was seine Bemerkung rechtfertigte. Es war zweifellos schönes Wetter, und der Steward versuchte, als Zeichen dafür, flatternde Kaptauben mit einer gebogenen Nadel an einem Stück Faden zu fangen.

Vorne auf dem Achterdeck begegnete ich Mr. Pike. Es *war* eine Begegnung, denn seine Begrüßung bestand aus einem Grunzen.

„Also, wir machen gleich weiter", wagte ich fröhlich.

Er antwortete nicht, sondern drehte sich um und starrte in den grauen Südwesten mit einem Ausdruck, der säuerlicher war als jeder andere, den ich je in seinem Gesicht gesehen hatte. Er murmelte etwas, das ich nicht verstand, und als ich ihn bat, es zu wiederholen, sagte er:

„Es ist Brutwetter. Siehst du es nicht?"

Ich schüttelte den Kopf.

„Warum, glaubst du, lassen wir die Drachen steigen?", knurrte er.

Ich blickte nach oben. Die Himmelssegel waren bereits eingerollt; Männer waren dabei, die Segel einzurollen; und die Bramsegel liefen herunter, während die Schot- und Buntleinen die Segel festhielten. Doch die Brise aus dem Norden wehte eher noch sanfter.

„Gott segne mich, wenn ich überhaupt Wetter sehen kann", sagte ich.

„Dann geh und sieh dir das Barometer an", grunzte er, drehte sich auf dem Absatz um und ging von mir weg.

Im Kartenraum war Kapitän West und zog seine langen Seestiefel an. Das hätte mir etwas gesagt, wenn es kein Barometer gegeben hätte, obwohl das Barometer selbst schon vielsagend genug war. Am Abend zuvor hatte es noch 30,10 Grad gestanden. Jetzt lag es bei 28,64. Selbst im Pampero war es nicht so niedrig gewesen.

„Das übliche Kap Hoorn-Programm", lächelte Kapitän West mir zu, als er in all seiner schlanken und anmutigen Erscheinung aufstand und nach seinem langen Ölzeugmantel griff.

Ich konnte es immer noch kaum glauben.

„Ist es sehr weit weg?", fragte ich.

Er schüttelte den Kopf und unterließ es, während des Sprechens die Hand zu heben, damit ich zuhören konnte. Die *Elsinore* rollte unruhig, und von draußen hörte man das leise, hohle Donnern der Segel, die sich gegen die Masten und die Ausrüstung wanden.

Wir hatten kaum fünf Minuten geplaudert, als er wieder den Kopf hob. Diesmal legte die *Elsinore* eine leichte Neigung an und blieb auf der Neigung, während das seufzende Pfeifen einer aufkommenden Brise in der Takelage erwachte.

„Es fängt an zu bröckeln", sagte er im guten alten Angelsächsischen der Seefahrt.

Und dann hörte ich Mr. Pike Befehle knurren und in meinem Herzen entwickelte sich ein wachsender Respekt für Kap Hoorn – Cape Stiff, wie die Seeleute es nennen.

Eine Stunde später lagen wir mit Obermars- und Focksegeln auf Backbordbug. Der Wind kam aus Südwest, und unsere Leeseite brachte uns auf Land. Kapitän West befahl dem Maat, sich bereitzuhalten, um das Schiff zu segeln. Beide Wachen hatten die Segel eingeholt, so dass beide Wachen für das Manöver an Deck waren.

Es war erstaunlich, wie hoch die See in so kurzer Zeit war. Der Wind war stürmisch und steigerte sich in wiederkehrenden Böen immer mehr. Hundert

Meter weit war nichts zu sehen. Der Tag war schwarzgrau geworden. In der Kajüte brannten Lampen. Die Aussicht vom Achterdeck über die Länge des großen, mühseligen Schiffes war großartig. Die Wellen brachen und brandeten über die Reling und hielten das Deck trotz der spritzenden Bullaugen und sprudelnden Speigatten halb gefüllt.

In jedem der beiden Häuser und auf dem Achterdeck befand sich die gesamte Schiffsbesatzung, alle in Ölzeug gekleidet, in Gruppen. Vorschiffs hatte Mr. Mellaire die Aufsicht. Mr. Pike war für das Mittschiffshaus und das Achterdeck zuständig. Kapitän West schlenderte auf und ab, sah alles und sagte nichts; denn es war die Angelegenheit des Maats.

Als Mr. Pike befahl, das Steuerrad ganz hochzuziehen, lockerte er alle Besanrahen und ließ anschließend die Großrahen teilweise locker, damit der Achterdruck nachließ. Das Focksegel und die Vor-, Unter- und Obermarssegel blieben flach, um das Vorsegel vor dem Wind zu glätten. All das brauchte Zeit. Die Männer waren langsam, nicht stark und ohne Biss. Die Art, wie sie sich bewegten und zogen, erinnerten mich an stumpfe Ochsen. Und der Sturm, der immer heftiger schnaubte, schnaubte jetzt teuflisch. Nur ab und zu konnte ich die Gruppe auf dem Vorschiffshaus erblicken. Immer wieder lehnten sich die Männer auf dem Mittschiffshaus dagegen und hielten ihre Köpfe gesenkt, und sie wurden von der Wucht der Wellen überrollt, die gegen die Reling prallten, auf die Unterrahen spritzten und in horizontalen Massen nach Lee herüberfegten. Und wie eine riesige Spinne in einem vom Wind aufgewirbelten Netz lief Mr. Pike auf der schmalen Brücke hin und her, die selbst nur aus einem Faden bestand, der vom Sturm in Bewegung gesetzt wurde.

Elsinore zunächst nicht reagieren wollte. Sie legte sich darauf, wurde von ihnen mitgerissen und geschüttelt, aber ihr Kopf konnte nicht vor ihnen zurückweichen, und die ganze Zeit trieben wir an dieser bitterkalten, eisernen Küste entlang. Und die Welt war schwarzgrau und stürmisch und sehr kalt, und die Gischt gefror in jeder Hütte zu Eis.

Wir warteten. Die Männergruppen warteten, die sich auf den Weg dorthin machten. Mr. Pike, ruhelos, wütend, seine blauen Augen so bitter wie die Kälte, sein Mund so knurrend wie das Knurren der Elemente, mit denen er kämpfte, wartete. Der Samurai wartete, ruhig, gelassen, distanziert. Und Kap Hoorn wartete dort in unserem Windschatten auf die Knochen unseres Schiffes und auf uns.

Und dann zahlte sich der Bug *der Elsinore* aus. Der Wind änderte seinen Winkel, und bald rasten wir mit furchtbarer Geschwindigkeit direkt davor und auf die Felsen zu, die wir nicht sehen konnten. Aber alle Zweifel waren vorüber. Der Erfolg des Manövers war gesichert. Mr. Mellaire, der von Mr. Pike durch einen Boten auf der Brücke informiert wurde, ließ die Vorrahen locker. Mr. Pike, den Steuermann im Auge und mit der Hand den Befehl gebend, ließ das Steuerrad nach Backbord legen, um den Ansturm der *Elsinore* in den Wind zu bremsen, als sie auf Steuerbordbug kam. Alles war in Bewegung. Groß- und Besanrah wurden hochgezogen, und die *Elsinore*, festgezurrt und beigelegt, hatte Tausende von Meilen Windschatten des Südpolarmeers.

Und all dies war im Revier der Stürme, am Ende der Welt, von einer Handvoll elender Schwächlinge geschafft worden, angetrieben von zwei starken Kameraden und dem ruhigen Willen der Samurai im Rücken.

Es hatte dreißig Minuten gedauert, das Schiff zu bergen, und ich hatte gelernt, wie die besten Schiffsführer ihre Schiffe ohne Tadel verlieren können. Angenommen, die *Elsinore* hätte sich weiterhin geweigert, auszulaufen? Angenommen, irgendetwas wäre weggespült worden? Und genau hier kommt Mr. Pike ins Spiel. Es ist seine Aufgabe, dafür zu sorgen, dass jedes Seil und jeder Block und all die unzähligen anderen Dinge in der riesigen und komplizierten Ausrüstung der *Elsinore* stark genug sind, um nicht weggespült zu werden. Die Kapitäne unserer Rasse haben schon immer Handlanger wie Mr. Pike benötigt, und es scheint, dass die Rasse diese Handlanger gut versorgt hat.

Bevor ich unter Deck ging, hörte ich, wie Kapitän West Mr. Pike sagte, dass es genauso gut wäre, das Focksegel zu reffen, bevor sie es einrollten, solange beide Wachen an Deck waren. Als das Großsegel und das Krötensegel entfernt waren, konnte ich die Männer schwarz auf der Fockrah sehen. Eine halbe Stunde lang blieb ich und beobachtete sie. Sie schienen mit dem Reff keine Fortschritte zu machen. Mr. Mellaire war bei ihnen und beaufsichtigte die Arbeit direkt, während Mr. Pike auf dem Achterdeck knurrte und brummte und endlose Gotteslästerungen in die Luft spuckte.

„Was ist los?", fragte ich.

„Zwei Wachen auf einer einzigen Rah und nicht in der Lage, ein Riff in so ein Taschentuch zu stecken!", schnaubte er. „Was wird es kosten, wenn wir einen Monat hier weg sind?"

„Einen Monat!", rief ich.

„Ein Monat ist für Cape Stiff nichts", sagte er grimmig. „Ich war sieben Wochen hier und habe dann den Schwanz eingezogen und bin in die andere Richtung gerannt."

„Um die Welt?", keuchte ich.

„Das war die einzige Möglichkeit, nach Frisco zu kommen", antwortete er. „Horn ist Horn, und ich habe in dieser Gegend noch nie Sommermeere gesehen."

Meine Finger waren taub und ich war durchgefroren, als ich einen letzten Blick auf die elenden Männer auf der Vorrah warf und nach unten ging, um mich aufzuwärmen.

Als ich etwas später an Bord ging, warf ich durch ein Kajütenfenster einen Blick nach vorn zwischen die Wellen und sah, wie die Männer noch immer auf der eiskalten Rah kämpften.

Wir saßen zu viert am Tisch, und es war trotz der wilden Mätzchen *der Elsinore sehr gemütlich* . Der Raum war warm. Die Sturmgestelle auf dem Tisch hielten jedes Gericht an seinem Platz. Der Steward servierte und bewegte sich mit Leichtigkeit und scheinbarer Unbekümmertheit, obwohl ich gelegentlich ein besorgtes Glitzern in seinen Augen bemerkte, wenn er ein Gericht in einem Moment in der Hand hielt, als das Schiff ungewöhnlich wild stampfte und schwankte.

Und ab und zu dachte ich an die armen Teufel auf der Rah. Nun, sie gehörten von Rechts wegen dorthin, so wie wir von Rechts wegen hierher gehörten, in diese Oase der Kabine. Ich sah Mr. Pike an und wettete mit mir selbst, dass ein halbes Dutzend wie er dieses störrische Focksegel meistern könnte. Und was den Samurai anging, so war ich überzeugt, dass er allein, ohne sich von seinem Sitz zu bewegen, mit ruhiger Willensanstrengung dasselbe schaffen könnte.

Die leuchtenden Seelaternen schwangen und hüpften in ihren Kardanringen, immer im Kampf mit den tanzenden Schatten im trüben Grau. Das Holzwerk knarrte und ächzte. Der Jiggermast, ein riesiger Zylinder aus hohlem Stahl, der das Apartment durch das Deck oben und den Boden darunter durchbohrte, war im Sturm schrecklich laut. Weit oben schlugen straff gespannte Seile gegen ihn, so dass er klirrte wie ein Kesselhaus. Es gab ein unaufhörliches Donnern der Wellen, die auf unser Deck fielen, und ein Krachen des Wassers gegen unsere Vorderwand; während die zehntausend Seile und Ausrüstungen oben brüllten und schrien, als der Sturm sie traf.

Und doch kam all dies von außen. Hier, an diesem wohl gedeckten Tisch, war kein Luftzug, kein Windhauch, keine Gischt, kein Wellengang. Wir waren im Herzen des Friedens, mitten im Sturm. Margaret war in Hochstimmung, und ihr Lachen wetteiferte mit dem Klirren des Jiggermastes. Mr. Pike war düster, aber ich kannte ihn gut genug, um seine Niedergeschlagenheit nicht den Elementen zuzuschreiben, sondern den Unfähigen, die vergeblich auf der Rah froren. Ich selbst sah mich um und sah uns vier an – blauäugig, grauäugig, alle hellhäutig und königlich blond – und irgendwie kam es mir so vor, als hätte ich dies alles schon lange erlebt, und mit mir und in mir waren alle meine Vorfahren, und ihr Leben und ihre Erinnerungen waren die meinen, und all dieser Ärger mit dem Meer, der Luft und dem mühseligen Schiff gehörte der alten Zeit an und war tausendmal vorher dagewesen.

KAPITEL XXXIV.

„Hast du Lust auf eine Klettertour?“, fragte mich Margaret, kurz nachdem wir den Tisch verlassen hatten.

Sie stand herausfordernd vor meiner offenen Tür, in Ölzeug, Südwester und Seestiefeln.

„Seit wir losgefahren sind, habe ich Sie noch nie mit einem Fuß über Deck gesehen“, fuhr sie fort. „Haben Sie einen guten Kopf?“

Ich markierte mein Buch, rollte mich aus der Koje, in der ich eingeklemmt war, und klatschte für Wada in die Hände.

„Wirst du?“, rief sie eifrig.

„Wenn Sie mich führen lassen“, antwortete ich leichthin, „und wenn Sie versprechen, mich gut festzuhalten. Wohin?“

„In den oberen Teil des Messbechers. Das ist am einfachsten. Und was das Festhalten betrifft, denken Sie bitte daran, dass ich das schon oft gemacht habe. Der Zweifel liegt bei Ihnen.“

„Also gut“, erwiderte ich. „Dann geh du voran. Ich werde mich gut festhalten.“

„Ich habe schon viele Landsleute gesehen, die es vermasselt haben“, neckte sie. „In unseren Oberteilen gibt es keine Löcher für Landstreicher.“

„Und höchstwahrscheinlich werde ich das auch“, stimmte ich zu. „Ich war noch nie in meinem Leben in der Luft, und da es kein Loch für einen Landratten gibt.“

Sie sah mich an und glaubte meinem Eingeständnis der Schwäche schon fast, während ich die Arme nach dem Ölzeug ausstreckte, das Wada mir mühsam übergestreift hatte.

Auf dem Achterdeck war es herrlich, schrecklich und düster. Das Universum war ganz unmittelbar um uns herum. Es hüllte uns in stürmischen Wind, Gischt und Grau. Unser Hauptdeck war unpassierbar, und das Steuerrad kam achtern entlang der Brücke an. Es war zwei Uhr, und über zwei Stunden lang lagen die erfrorenen Elenden auf der Vorrah. Sie waren immer noch dort, schwach, gebrechlich, hoffnungslos. Kapitän West, der in den Windschatten des Kartenhauses trat, betrachtete sie mehrere Minuten lang.

„Wir müssen das Riff aufgeben“, sagte er zu Mr. Pike. „Mach einfach das Segel fest. Am besten doppelte Dichtungen verwenden.“

Und mit schleppenden Füßen, von Zeit zu Zeit innehaltend und sich festhaltend, während Gischt und Wellenkämme über ihn hinwegfegten, ging der Maat nach vorn die Brücke entlang, um seinem Spott über die beiden Wachen eines Viermasters Luft zu machen, der kein Focksegel reffen konnte.

Es stimmt. Sie konnten es trotz ihrer Bereitschaft nicht tun, denn ich habe Folgendes gelernt: *Die Männer tun ihr Bestes, wenn der Befehl kommt, die Segel zu reffen* . Sie müssen Angst haben. Ihnen fehlt die Eisenheit eines Mr. Pike, die Weisheit und die Eisenheit eines Captain West. Sie reagieren immer mit aller Bereitwilligkeit, die sie haben, auf jeden Befehl, die Segel zu reffen, das ist mir aufgefallen. Deshalb liegen sie vorne in diesem Schweinestall von Vorschiff, weil ihnen die Eisenheit fehlt. Nun, ich kann nur dies sagen: Wenn nichts anderes die von Margaret angedeutete Angst hätte verhindern können, so war der traurige Anblick dieser eisen- und charakterlosen Kreaturen Schutz genug. Wie könnte ich angesichts ihrer Schwäche Angst haben – ich, der ich oben achtern lebte?

Margaret verschmähte die Hilfe meiner Hand nicht, als sie auf die Reling am Fuße der Luvsegel-Takelung kletterte. Aber es war nur die Anerkennung einer Höflichkeit ihrerseits, denn im nächsten Moment löste sie ihre behandschuhte Hand von meiner, schwang sich kühn nach außen in den Sturm und um die Webeleinen herum. Dann begann sie zu klettern. Ich folgte ihr, fast ohne zu wissen, wie heikel diese Heldentat für einen Anfänger war, so sehr beflügelte mich ihr Beispiel und meine Verachtung der Schwächlinge vorn. Wo Männer hingehen konnten, konnte ich hingehen. Was Männer tun konnten, konnte ich tun. Und keine Tochter der Samurai konnte mich übertrumpfen.

Doch es war eine langsame Arbeit. Beim Windrollen gegen die Sturmböen wurde man hilflos wie ein Schmetterling gegen die Takelage gedrückt. In solchen Momenten war der Druck so groß, dass man weder Hände noch Füße heben konnte. Außerdem war es nicht nötig, sich festzuhalten. Wie gesagt, man wurde vom Wind gegen die Takelage gedrückt.

Durch den Schnee, der zu treiben begann, wurde das Deck unter mir immer kleiner, und ein Sturz bedeutete einen gebrochenen Rücken oder den Tod, es sei denn, man landete im Meer, was ein eiskaltes Ertrinken zur Folge hätte. Und Margaret kletterte immer noch. Ohne Pause ging sie unter die überhängende Plattform des Dachs, verlagerte ihre Griffe auf die Takelage, die von dort hochging, schwang sich leicht und sorglos um diese Takelage herum, passte die Bewegung der Rolle an und stand sicher auf dem Dach.

Ich folgte ihr. Ich sprach keine Gebete, kannte keine Skrupel, als ich dem Deck den Rücken zuwandte und unter dem Überhang hervorkletterte und mit den Händen nach Halt tastete, den ich nicht sehen konnte. Ich war in Ekstase. Ich konnte alles wagen. Wäre sie in die Luft gesprungen, hätte ihre

Arme ausgestreckt und wäre auf der Brust des Sturms davongeflogen, wäre ich ihr ohne Zögern gefolgt.

Als mein Kopf über den Rand des Dachs hinausragte, sodass sie in mein Blickfeld kam, konnte ich sehen, dass sie mich mit sturmhellen Augen ansah. Und als ich mich leicht um die Takelage schwang und zu ihr kam, sah ich Zustimmung in ihren Augen, die schnell in Gereiztheit verdrängt wurde.

„Oh, so etwas haben Sie schon früher gemacht", warf sie mir vor und rief laut, damit ich es hören konnte, ihre Lippen dicht an meinem Ohr.

Ich schüttelte verneinend den Kopf, woraufhin ihre Augen wieder aufleuchteten. Sie nickte und lächelte und setzte sich, ließ ihre Seestiefel vom Rand des Decks in den schneebedeckten Raum baumeln. Ich saß neben ihr und blickte in den Schnee hinunter, der das Deck verbarg, während er die Tiefe, aus der wir geklettert waren, noch verstärkte.

Wir waren ganz allein dort, ein Paar Sturmschwalben, die in der Luft auf einem Stahlstab thronten, der aus dem Schnee aufstieg und oben im Schnee verschwand. Wir waren an der Spitze der Welt angekommen, und selbst diese Spitze hatte aufgehört zu existieren. Aber nein. Aus dem Schnee, mit dem Wind, mit reglosen Flügeln, die volle 130 oder 140 Stundenkilometer trieben, tauchte ein riesiger Albatros auf. Er musste von Flügelspitze zu Flügelspitze 4,5 Meter groß gewesen sein. Er hatte die Gefahr erkannt, bevor wir ihn sahen, und indem er seinen Körper im Wind neigte, wich er unvorsichtig einer Kollision aus. Sein Kopf und Hals waren von Alter oder Frost bedeckt – wir konnten nicht sagen, was von beidem – und sein helles Knopfauge bemerkte uns, als er an uns vorbeiflog und in einem großen Kreis in den Schnee in Lee davonwirbelte.

Margarets Hand schnellte zu meiner aus.

„Das allein war den Aufstieg wert!", rief sie. Und dann sank die *Elsinore* unter, und Margarets Hand umklammerte sie noch fester, während aus den verborgenen Tiefen das Krachen und Donnern des starken Westwindes auf unser Deck drang.

So schnell der Schneesturm gekommen war, so schnell zog er auch wieder vorbei, und wie im Nu konnten wir die schmale Länge des Schiffes unter uns sehen – das Hauptdeck voll mit kochender Flut, das Vorschiff in einer tosenden See begraben, den Ausguck, der um sein Leben auf dem Vorschiff stationiert war und sich mit gesenktem Kopf an den Wind des Ozeans klammerte, und direkt unter uns das strömende Achterdeck und Mr. Mellaire, der mit einer Handvoll Männer die Entlastungsanlagen an der Pinne befestigte. Und wir sahen den Samurai im Windschatten des Kartenhauses auftauchen, wie er mit lässiger Sicherheit auf dem verrückten

Deck schwankte, während er das, was wohl Anweisungen an Mr. Pike gewesen sein mussten, zusprach.

Der graue Kreis der Welt hatte sich mehrere hundert Meter von uns entfernt, und wir konnten die gewaltige Weite des Meeres sehen. Zottelige Graubärte, zwanzig Meter von Wellental bis Wellenkamm, sprangen aus dem trüben Grau des Windes und stürzten sich in einer nicht enden wollenden Prozession auf die *Elsinore* , wobei sie in einem Moment ihre schlanke Zerbrechlichkeit überwältigten, im nächsten Moment hundert Tonnen Wasser auf ihr Deck spritzten und sie himmelwärts schleuderten, während sie unter ihnen hindurchzogen und im trüben Grau des Windes in Lee aufschäumten und aus dem Blickfeld verschwanden. Und die großen Albatrosse drehten und umkreisten uns, kämpften sich in die bittere Gewalt des Sturms und rasten majestätisch davon, viel schneller als er wehte.

Margaret vermied es, mich mit beredten, fragenden Augen herauszufordern. Mit tauben Fingern in meinem dicken Fäustling zog ich die Ohrenklappe ihres Südwesters beiseite und rief:

„Das ist nichts Neues. Ich war schon einmal hier. Im Leben all meiner Väter war ich hier. Der Frost klebt an meinen Wangen, das Salz beißt in meiner Nase, der Wind singt in meinen Ohren, und das ist ein altes Geschehen. Ich weiß jetzt, dass meine Vorfahren Wikinger waren. Ich war zu ihrer Zeit ihr Same. Mit ihnen habe ich die englischen Küsten überfallen, die Säulen des Herkules bestiegen, das Mittelmeer erkundet und den hohen Regierungsposten über die sanften, sonnenwarmen Völker innegehabt. Ich bin Hengist und Horsa; ich gehöre zu den alten Helden, für sie sogar eine Legende. Ich habe die gefrorenen Meere bezwungen und darin gebissen, und davor, bevor es die Eiszeiten gab, habe ich meine Schultern mit Rentierblut benetzt, habe Mastodonten und Säbelzahntiger erschlagen, habe die Aufzeichnungen meiner Heldentaten in die Wände tief vergrabener Höhlen geritzt – ja, und habe Wölfinnen Seite an Seite mit meinen jungen Brüdern gesäugt, von denen ich jetzt die Narben ihrer Reißzähne trage.“

Sie lachte köstlich, und ein Schneesturm trieb uns an und schnitt uns in die Wangen, und die *Elsinore* kippte um und fiel hinab, als würde sie nie wieder aufsteigen, während wir uns festhielten und in einem schwindelerregenden Bogen durch die Luft rasten. Margaret ließ, immer noch lachend, eine Hand los und schob mir die Ohrenklappe beiseite.

„Ich weiß nichts darüber“, rief sie. „Es klingt wie Poesie. Aber ich glaube es. Es muss so sein, denn es ist so gewesen. Ich habe es schon früher gehört, als in Fell gekleidete Männer in Feuerkreisen sangen, die Frost und Nacht verdrängten.“

„Und die Bücher?", fragte sie boshaft, als wir uns zum Abstieg bereit machten.

„Die können zum Teufel scheren, zusammen mit all den hirnkranken, weltkranken Idioten, die sie geschrieben haben", antwortete ich.

Wieder lachte sie köstlich, obwohl der Wind das Geräusch vertrieb, als sie sich in die Luft hinausschwang, sich mit den Armen abstützte, während sie Halt unter sich suchte, den sie nicht sehen konnte, und unter dem gefährlichen Überhang der Spitze aus meinem Blickfeld verschwand.

KAPITEL XXXV.

„Was kostet Tabak?", begrüßte mich Mr. Mellaire, als ich heute Morgen an Deck kam, zerschrammt und erschöpft, mit Schmerzen in jedem Knochen und Muskel von den sechzig Stunden des Herumgeschütteltwerdens.

Gegen Morgen war der Wind völlig ruhig geworden, und die Elsinore, deren mehrere Segel blinzelten und flatterten, rollte noch jämmerlicher als je zuvor. Mr. Mellaire deutete nach vorn auf unsere Steuerbordseite. Ich konnte ein ödes Land mit weißen, zerklüfteten Gipfeln erkennen.

„Staten Island, das östliche Ende davon", sagte Mr. Mellaire.

Und ich wusste, dass wir uns in der Position eines Schiffes befanden, das gerade Staten Island umrundete und gerade dabei war, das Kap Hoorn zu erreichen. Und doch waren wir vor vier Tagen durch die Le Maire-Straße gefahren und uns langsam in Richtung Kap Hoorn geschlichen. Vor drei Tagen waren wir auf gleicher Höhe mit dem Kap Hoorn gewesen und sogar ein paar Meilen dahinter. Und jetzt waren wir hier, mussten wieder von vorne beginnen und weit hinter unserem ursprünglichen Ausgangspunkt.

* * * * *

Der Zustand der Männer ist wirklich erbärmlich. Während des Sturms wurde das Vorschiff zweimal unter Wasser geschwemmt. Das bedeutet, dass alles darin schwammen musste und dass jedes Kleidungsstück, einschließlich Matratzen und Decken, nass ist und bei diesem bitterkalten Wetter nass bleiben wird, bis wir um Kap Hoorn herum und weit oben in den Breitengraden mit gutem Wetter sind. Dasselbe gilt für das „Mittschiffshaus". Jeder Raum darin, mit Ausnahme des Koch- und Segelmacherraums (die nach vorn über Luke Nummer zwei zugänglich sind), ist durchnässt. Und sie haben in ihren Räumen keine Feuer, um die Sachen zu trocknen.

Ich spähte in Charles Davis' Zimmer. Es war schrecklich. Er grinste mich an und nickte mit dem Kopf.

„Es ist nur gut, dass O'Sullivan nicht hier war, Sir", sagte er. „Er ist in der unteren Koje ertrunken. Und ich muss Ihnen sagen, dass ich schwimmen war, bevor ich in die obere Koje konnte. Und Salzwasser ist schlecht für meine Wunden. Ich sollte bei Kap-Horn-Wetter nicht in so einem Loch sein. Sehen Sie sich das Eis dort auf dem Boden an. Es ist gerade unter Null in diesem Zimmer, und meine Decken sind nass, und ich bin ein kranker Mann, wie jeder Mann mit einer Nase sehen kann."

„Wenn Sie anständig zu Ihrem Kumpel gewesen wären, hätten Sie im Gegenzug vielleicht eine anständige Behandlung bekommen", sagte ich.

„Hm!", höhnte er. „Sie brauchen nicht zu glauben, dass Sie mich verlieren können, Sir. Mit so etwas kann ich fett werden. Aber Sir, wenn ich an die Gerichtsverhandlungen in Seattle denke, könnte ich einfach nicht sterben. Und wenn Sie mir zuhören, Sir, übernehmen Sie das Geld des Verwalters. Sie können nicht verlieren. Ich rate Ihnen, Sir, weil Sie ein ziemlich anständiger Typ sind. Jeder, der darauf wettet, dass ich über Bord gehe, ist ein sicherer Verlierer."

„Wie können Sie es in Ihrem Zustand wagen, eine solche Reise anzutreten?", fragte ich.

„Zustand?", fragte er mit einer feinen Unschuldsvermutung. „Nun, deshalb bin ich an Bord gegangen. Ich war in bester Verfassung, als ich losfuhr. All das musste ich mir später einhandeln. Sie erinnern sich, mich oben gesehen zu haben, bis zum Hals im Wasser. Und ich habe auch unten Kohle gestutzt. Ein kranker Mann könnte das nicht tun. Und denken Sie daran, Sir, Sie müssen bezeugen, wie ich meine Pflicht am Anfang erfüllt habe, bevor ich abstieg."

„Ich wette mit dir, ob du glaubst, dass ich sterben werde", rief er mir nach.

Schon jetzt zeigen die Matrosen die Spuren der Strapazen, die sie ertragen müssen. Es ist überraschend, wie hager ihre Gesichter in so kurzer Zeit geworden sind, wie zerfurcht und zersäumt. Sie müssen ihre Unterwäsche mit der Körperwärme trocknen. Ihre Oberbekleidung unter ihrem Ölzeug ist durchweicht. Und doch sind sie trotz ihrer hageren, eingefallenen Gesichter paradoxerweise sehr kräftig geworden. Ihr Gang ist ein Watscheln, und sie wölben sich scheinbar korpulent. Das liegt an der Menge an Kleidung, die sie tragen. Mir fiel auf, dass Larry heute zwei Westen, zwei Mäntel und einen Übermantel trug, und darüber sein Ölzeug. Ihr Gang ist elefantenartig, denn zusätzlich zu allem anderen haben sie ihre Füße über ihren Seestiefeln in Jute gehüllt.

Es *ist* kalt, obwohl das Deckthermometer heute Mittag dreiunddreißig Grad anzeigte. Ich ließ Wada die Kleidung wiegen, die ich an Deck trage. Ölzeug und Stiefel ausgenommen, waren es achtzehn Pfund. Und trotzdem ist mir in dieser ganzen Ausrüstung bei Wind nicht zu warm. Wie Seeleute, die einmal das Kap Hoorn erlebt haben, jemals wieder für eine Umrundung anheuern können, ist mir ein Rätsel. Es zeigt nur, wie dumm sie sein müssen.

Henry, der Schuljunge, tut mir leid. Er ist mehr mein Typ, und eines Tages wird er ein Gefolgsmann der Achterwache und ein Maat wie Mr. Pike. In der Zwischenzeit erleidet er zusammen mit Buckwheat, dem anderen Jungen, der mit ihm im Mittelschiffshaus liegt, dieselben Strapazen wie die Männer. Er hat sehr helle Haut, und heute Nachmittag, als er sich eine Stütze anzog, bemerkte ich, dass die Ärmel seiner Öljacke, unterstützt durch das

Salzwasser, seine Handgelenke so wund und blutig gerieben haben, dass sie in Seebeulen ausbrechen. Mr. Mellaire sagt mir, dass in einer Woche eine Plage dieser Beulen bei allen Mann vorn wimmeln wird.

„Wann, glauben Sie, werden wir wieder mit dem Horn oben sein?", fragte ich Mr. Pike unschuldig.

Er wandte sich wütend zu mir um, als hätte ich ihn beleidigt, und knurrte mir förmlich ins Gesicht, bevor er ohne höfliche Antwort davonschwenkte. Es ist offensichtlich, dass er das Meer ernst nimmt. Deshalb, glaube ich, ist er ein so ausgezeichneter Seemann.

* * * * *

Die Tage vergehen – wenn man die düstere Grauphase zwischen den Dunkelheiten überhaupt als Tag bezeichnen kann. Seit einer Woche haben wir die Sonne nicht mehr gesehen. Die Position unseres Schiffes in dieser Wüste aus Sturm und Meer ist nur eine Vermutung. Einmal haben wir nach Koppelnavigation Kap Hoorn erreicht und waren hundert Meilen südlich davon. Und dann kam ein weiterer Südweststurm, der unser Focksegel und unseren brandneuen Spencer aus den Gurtseilen riss und uns zu einem geschätzten Längengrad östlich von Staten Island mitriss.

Oh, ich kenne jetzt diesen großen Westwind, der südlich von 55 ewig um die Welt weht. Und ich weiß, warum die Kartenzeichner ihn großgeschrieben haben, wie zum Beispiel, als ich „The Great West Wind Drift" las. Und ich weiß, warum die *Segelanweisungen* raten: „ *Was auch immer Sie tun , fahren Sie nach Westen ! Fahren Sie nach Westen !*"

Und der Westwind und die Drift des Westwindes lassen es nicht zu, dass die *Elsinore* nach Westen fährt. Sturm folgt auf Sturm, immer aus Westen, und wir fahren nach Osten. Und es ist bitterkalt, und jeder Sturm schnauft heran, als Vorspiel zu peitschendem Schnee.

In der Kabine brennen den ganzen Tag lang die Lampen. Mr. Pike bedient nicht mehr den Grammophon, und Margaret berührt nie das Klavier. Sie klagt über Prellungen und Schmerzen. Ich habe mir die Schulter verrenkt, weil ich gegen die Wand geschleudert wurde. Und sowohl Wada als auch der Steward hinken. Der einzige Trost, den ich wirklich finden kann, ist meine Koje, die so mit Kisten und Kissen vollgestopft ist, dass mich selbst das wildeste Herumwälzen nicht herauswerfen kann. Dort liege ich, abgesehen von meinen Mahlzeiten und einem gelegentlichen Lauf an Deck, um mich zu bewegen und frische Luft zu schnappen, achtzehn bis neunzehn Stunden von den vierundzwanzig Stunden und lese. Aber die endlose körperliche Anstrengung ist sehr ermüdend.

Wie es den armen Teufeln da vorn ergehen muss, ist unvorstellbar. Das Vorschiff wurde mehrere Male überschwemmt und alles ist klatschnass. Außerdem sind sie schwächer geworden und es sind zwei Wachen nötig, um das zu tun, was eine normale Wache tun könnte. Daher müssen sie ebenso viele Stunden auf dem vom Meer überspülten Deck und oben auf den eiskalten Rahen verbringen wie ich in meiner warmen, trockenen Koje. Wada erzählt mir, dass sie sich nie ausziehen, sondern sich in ihren Ölmänteln, Seestiefeln und nasser Unterwäsche in ihre nassen Kojen legen.

Es genügt, sie an Deck oder in der Takelage herumkriechen zu sehen. Sie sind wirklich schwach. Sie haben hagere Wangen und eine hagergraue Haut, und sie haben große dunkle Ringe unter den Augen. Die vorhergesagte Plage der Seebeulen und Seeschnitte ist ausgebrochen, und ihre Hände, Handgelenke und Arme sind furchtbar heimgesucht. Mal legt sich der eine, mal der andere, manchmal sogar mehrere, entweder weil sie von der See niedergedrückt wurden oder weil sie sich allgemein elend fühlen, für einen oder zwei Tage in die Koje. Das bedeutet mehr Arbeit für die anderen, sodass die Männer, die noch stehen, die Kranken nicht dulden, und ein Mann muss schon sehr krank sein, um nicht von seinen Kameraden zur Arbeit gezerrt zu werden.

Ich kann nur über Andy Fay und Mulligan Jacobs staunen. So alt und zerbrechlich sie auch sind, es scheint unmöglich, dass sie das ertragen können, was sie tun. Und ich kann auch nicht verstehen, warum sie überhaupt arbeiten. Ich kann nicht verstehen, warum einer von ihnen in dieser eisigen Hölle des Horns schuftet und einem Befehl gehorcht. Ist es Todesangst, die sie dazu bringt, ihre Arbeit nicht einzustellen und uns allen den Tod zu bringen? Oder ist es, weil sie Sklavenbestien mit einer Sklavenpsychologie sind, die es ihr Leben lang so gewohnt waren, von ihren Herren getrieben zu werden, dass es ihre geistige Kraft übersteigt, den Gehorsam zu verweigern?

Und doch werden die meisten von ihnen eine Woche nach unserer Ankunft in Seattle an Bord anderer Schiffe sein, die in Richtung Kap Hoorn unterwegs sind. Margaret sagt, der Grund dafür sei, dass Seeleute vergessen. Mr. Pike stimmt zu. Er sagt, wenn wir ihnen eine Woche lang den Südostpassaten geben, während wir den Pazifik hinauffahren, werden sie vergessen haben, dass sie jemals um das Kap Hoorn herum waren. Ich frage mich: Können sie so dumm sein? Hinterlässt Schmerz keine Spuren bei ihnen? Fürchten sie sich nur vor dem Unmittelbaren? Haben sie keinen Horizont, der weiter reicht als ein Tag? Dann gehören sie tatsächlich dorthin, wo sie sind.

Sie *sind* feige. Das zeigte sich heute Morgen um zwei Uhr endgültig. Noch nie habe ich eine solche panische Angst erlebt, und es war Angst vor dem unmittelbaren Ereignis – Angst, dumm und tierisch. Es war Mr. Mellaires Wache. Wie es der Zufall wollte, las ich gerade Boas' *Mind of Primitive Man* , als ich das Getrappel über meinem Kopf hörte. Die *Elsinore* lag zu diesem Zeitpunkt auf Backbordbug, unter sehr kurzer Plane. Ich fragte mich gerade, welcher Notfall die Wache auf das Achterdeck gebracht hatte, als ich ein weiteres Getrappel hörte, das die zweite Wache bedeutete. Ich hörte kein Ziehen und Ziehen, und der Gedanke an Meuterei schoss mir durch den Kopf.

Immer noch geschah nichts, und neugierig geworden, schlüpfte ich in meine Seestiefel, meinen Schaffellmantel und meine Ölzeugjacke, zog meinen Südwester und meine Fäustlinge an und ging an Deck. Mr. Pike hatte sich bereits angezogen und war vor mir. Kapitän West, der bei diesem schlechten Wetter im Kartenraum schläft, stand in der Leetür des Hauses, durch die das Lampenlicht auf die verängstigten Gesichter der Männer fiel.

Die Leute vom Mittelschiff waren nicht anwesend, aber alle Männer vom Vorschiff, mit Ausnahme von Andy Fay und Mulligan Jacobs, wie ich später erfuhr, hatten sich der Flucht nach achtern angeschlossen. Andy Fay, der zur Wache unten gehörte, war ruhig in seiner Koje geblieben, während Mulligan Jacobs die Gelegenheit genutzt hatte, sich ins Vorschiff zu schleichen und seine Pfeife zu stopfen.

„Was ist los, Mr. Pike?", fragte Captain West.

Bevor der Maat antworten konnte, kicherte Bert Rhine:

„Der Teufel ist an Bord gekommen, Sir."

Aber sein Kichern war offensichtlich eine gespielte Unbekümmertheit, die er nicht besaß. Je mehr ich darüber nachdenke, desto mehr wundere ich mich, dass so schlaue Männer wie die Gangster durch das, was geschehen war, erschreckt worden sein sollen. Aber sie alle drei waren erschrocken, als sie aus ihren Kojen und aus der kostbaren Ruhepause ihrer kurzen Wache unten herauskamen.

Larry war so von Angst erfüllt, dass er schnatterte und Grimassen schnitt wie ein Affe und sich mit den Schultern und Armen abmühte, aus der Dunkelheit in die Sicherheit des Lichtstrahls zu gelangen, der aus dem Kartenhaus schien. Tony, der Grieche, war genauso schlimm, murmelte vor sich hin und bekreuzigte sich ständig. Ihm schlossen sich, als eine Art Chor, die beiden Italiener Guido Bombini und Mike Cipriani an. Arthur Deacon war fast zusammengebrochen, und er und Chantz, der Jude, klammerten sich schamlos aneinander, um Halt zu finden. Bob, der dicke und zu groß geratene Junge, schluchzte, während der andere Junge, Bony the Splinter, zitterte und mit den Zähnen klapperte. Ja, und die beiden besten Matrosen vorn, Tom Spink und der maltesische Cockney, standen im Hintergrund, mit dem Rücken zur Dunkelheit, ihre Gesichter dem Licht entgegengestreckt.

Mehr als alle anderen verachtenswerten Dinge auf dieser Welt verabscheue und verachte ich zwei Dinge: Hysterie bei einer Frau; Angst und Feigheit bei einem Mann. Ersteres lässt mich erstarren. Ich kann Hysterie nicht nachvollziehen. Letzteres dreht mir den Magen um. Feigheit bei einem Mann ist mir geradezu übel. Und diese angsterfüllte Masse menschlicher Tiere auf unserem taumelnden Achterdeck ließ mir den Magen hochgehen. Wäre ich in diesem Moment wahrlich ein Gott gewesen, hätte ich die ganze Masse vernichtet. Nein, ich hätte einem gegenüber gnädig sein sollen. Er war der Faun. Seine hellen, schmerzfeuchten und blitzenden Augen blickten von Gesicht zu Gesicht, um zu verstehen. Er wusste nicht, was geschehen war, und da er stocktaub war, hatte er den Ansturm nach hinten für eine Antwort auf einen Ruf nach allen Mann gehalten.

Mir fiel Mr. Mellaire auf. Er hat vielleicht Angst vor Mr. Pike, und er ist ein Mörder; aber jedenfalls hat er keine Angst vor dem Übernatürlichen. Obwohl er gerade Wache hatte, war er mit zwei Männern über ihm, die die Autorität hatten, nicht dazu verpflichtet, etwas zu tun. Er schwankte im Gleichgewicht mit den heftigen Bewegungen der *Elsinore hin und her* und sah mit amüsiertem und zynischem Blick zu.

„Wie sieht der Teufel aus, mein Mann?", fragte Captain West.

Bert Rhine grinste verlegen.

„Antworten Sie dem Kapitän!", knurrte Mr. Pike ihn an.

Oh, es war Mord, reiner Mord, der dem Gangster in die Augen sprang, als er das Knurren erwiderte. Dann antwortete er Captain West:

„Ich habe nicht gewartet, um es zu sehen, Sir. Aber es ist ein richtiger Teufel."

„Er ist so groß wie ein Elefant, Sir", meldete sich Bill Quigley freiwillig. „Ich habe ihn von Angesicht zu Angesicht gesehen, Sir. Er hätte mich fast erwischt, als ich aus dem Vorschiff rannte."

„O Herr, Sir!", stöhnte Larry. „Die Art, wie er das Haus traf, Sir. Das war der Ruf nach dem Jüngsten Gericht."

„Ihre Theologie ist gemischt, mein Mann", lächelte Captain West ruhig, obwohl ich nicht umhin konnte zu sehen, wie müde sein Gesicht und wie müde seine wundervollen Samurai-Augen waren.

Er wandte sich an den Maat.

„Mr. Pike, würden Sie bitte nach vorn gehen und diesen Teufel befragen? Fesseln Sie ihn und binden Sie ihn fest. Morgen früh werde ich ihn mir ansehen.“

„Ja, Sir“, sagte Mr. Pike, und mir fiel Kiplings Satz ein:

„Frau, Mann, Gott oder Teufel, gab es etwas, wovor wir Angst hatten?“

Und als ich hinter Mr. Pike und Mr. Mellaire durch die Wand der Dunkelheit nach vorn ging, die eiskalte, schmale, vom Meer umspülte Brücke entlang – kein einziger Matrose wagte es, uns zu begleiten –, gingen mir andere Zeilen aus „The Galley Slave“ durch den Kopf, wie zum Beispiel:

„Unsere Schotten waren mit Baumwolle gewölbt und unsere Masten waren mit   Gold   besetzt.
Wir führten eine gewaltige Menge Nigger im Laderaum …“

Und:

„Bei dem Brandmal auf meiner Schulter, bei der Galle des anhaftenden Stahls,
bei den Striemen, die mir die Peitschenhiebe zugefügt haben, bei den Narben, die niemals heilen …“

Und:

„Geschlagene Sträflingskolonnen des Orlop, ergraute Säufer aus längst vergangenen Zeiten …“

Und ich hatte eine große, strahlende Vision von Mr. Pike, dem Galeerensklaven der Rasse und dem Führer von Männern, die Männern unterstanden, die größer waren als er; dem treuen Handlanger, dem fähigen Seemann, geschlagen und grauhaarig, gebrandmarkt und wundgescheuert, dem Diener des Kahns, der die See beherrschte. Ich kenne ihn jetzt. Er kann mich nie wieder beleidigen. Ich verzeihe ihm alles – den rohen Whiskeygeruch in seinem Atem an dem Tag, als ich in Baltimore an Bord kam, seine Verdrossenheit, wenn Meer und Wind nicht günstig waren, seine Wildheit gegenüber den Männern, sein Knurren und sein Grinsen.

Auf dem Dach des Mittelschiffshauses mussten wir uns so ducken, dass es mir schaudert, wenn ich daran zurückdenke. Ich hatte mich zu hastig angezogen, um meine Öljacke um den Hals zu binden, sodass ich bis auf die Haut nass war. Wir überquerten den nächsten Brückenabschnitt durch peitschende Gischt und waren schon weit oben auf dem Dach des Vorderhauses, als etwas, das auf dem Deck trieb, mit einem fürchterlichen Knall gegen die Vorderwand prallte.

„Was auch immer es ist, es spielt den Teufel", schrie mir Mr. Pike ins Ohr, während er versuchte, das Ding mit dem Leuchtstab mit Trockenbatterie, den er bei sich trug, zu orten.

Der Lichtstrahl glitt über das dunkle, weiße Wasser, das auf dem Deck brodelte.

„Da geht es!", rief Mr. Pike, als die *Elsinore* mit dem Bug abtauchte und nach vorn ins Wasser stürzte.

Das Licht ging aus, als wir drei uns festhielten und uns vor einer Flut von Wasser duckten, die von oben herab auf uns herabprasselte. Als wir auftauchten, hörten wir unter dem Vorschiff ein gewaltiges Klopfen und Schlagen. Dann, als sich der Bug hob, erhaschte ich für einen Augenblick im Lichtstrahl, der ihn sofort wieder verlor, einen flüchtigen Blick auf ein undeutliches schwarzes Objekt, das das geneigte Deck hinuntersprang, wo es kein Wasser gab. Was daraus wurde, konnten wir nicht sehen.

Mr. Pike stieg auf das Deck hinab, gefolgt von Mr. Mellaire. Als die *Elsinore wieder* mit dem Bug nach vorn abtauchte und eine Woge Seewasser von achtern entlang der Landebahn aufnahm, sah ich, wie das dunkle Objekt nach vorn direkt auf die Kameraden zusteuerte. Sie sprangen in Sicherheit, um sich vor seinem Angriff zu retten, das Licht ging aus, während eine weitere eisige See an Bord brach.

Eine Zeit lang konnte ich von den beiden Männern nichts sehen. Dann vermutete ich im Licht des Steuerknüppels, dass Mr. Pike das Ding verfolgte. Er musste es offensichtlich an der Reling an der Steuerbordtakelung gefangen und mit einem losen Seilende darum herumgewunden haben. Als das Schiff nach Luv rollte, schien eine Art Kampf im Gange zu sein. Der zweite Maat eilte dem Maat zu Hilfe, und gemeinsam, mit weiteren losen Seilenden, schienen sie das Ding zu bezwingen.

Ich stieg hinab, um nachzusehen. Anhand des Leuchtstabs erkannten wir, dass es sich um ein großes, mit Seepocken verkrustetes Fass handelte.

„Sie ist seit vierzig Jahren auf dem Wasser", lautete Mr. Pikes Urteil. „Sehen Sie sich die Größe der Seepocken an und sehen Sie sich die Schnurrhaare an."

„Und es ist mit etwas gefüllt", sagte Mr. Mellaire. „Hoffentlich ist es kein Wasser."

Ich habe voreilig mitgeholfen, als sie begannen, das Fass nach vorn zu bewegen, zwischen den Wellen und unter Ausnutzung der Roll- und Stampfbewegungen, um unter dem Vorschiff Schutz zu finden. Infolgedessen wurde ich trotz meiner Handschuhe von den scharfen Kanten der zerbrochenen Muschel geschnitten.

„Es ist irgendeine Art von Alkohol“, sagte der Maat, „aber wir werden es nicht riskieren, ihn vor dem Morgen anzuschneiden.“

„Aber woher kam es?“, fragte ich.

„Es kann nur von der Seite gekommen sein.“ Mr. Pike richtete das Licht darauf. „Sehen Sie es sich an! Es schwimmt schon seit vielen Jahren.“

„Das Zeug sollte gut gewürzt sein“, bemerkte Herr Mellaire.

Ich ließ sie das Fass festbinden, schlich über das Deck zum Vorschiff und spähte hinein. Die Männer hatten auf ihrer stürmischen Flucht vergessen, die Türen zu schließen, und das Schiff schwamm. Im flackernden Licht einer kleinen, sehr rauchenden Meereslampe bot sich ein düsterer Anblick. Kein anständiger Höhlenmensch, da bin ich mir sicher, hätte in so einem Loch gelebt.

Während ich hinsah, füllte eine reißende Flut die Laufbahn zwischen Haus und Geländer, und durch die Tür, in der ich stand, strömte das eiskalte Wasser hüfthoch. Ich musste mich festhalten, um nicht ins Zimmer gespült zu werden. Von einem oberen Bett aus, auf der Seite liegend, betrachtete mich Andy Fay mit seinen bitterblauen Augen. Mulligan Jacobs saß auf dem groben Tisch aus schweren Brettern, seine Füße in Seestiefeln baumelten im Wasser, und zog an seiner Pfeife. Als er mich bemerkte, deutete er auf breiige Buchseiten, die herumschwammen.

„Meine Bibliothek ist zur Hölle gefahren“, klagte er und deutete auf das Treibgut. „Da bin ich, Byron. Und da sind Zola und Browning mit einem Stück Shakespeare, Kopf an Kopf, und was vom *Antichristen übrig ist*, hat ein schlechtes Ende. Und da sind Carlyle und Zola, die so dicht an dicht stehen, dass man sie nicht auseinanderhalten kann.“

Hier legte die *Elsinore* nach Steuerbord, und das Wasser im Vorschiff strömte mir gegen Beine und Hüften. Meine nassen Handschuhe rutschten auf dem Eisenwerk aus, und ich rutschte die Landebahn hinunter in die Speigatte, wo ich von einer weiteren Flut, die gerade von der Luvseite her eingedrungen war, immer wieder umgeworfen wurde.

Ich weiß, dass ich ziemlich verwirrt war und ziemlich viel Salzwasser geschluckt hatte, bevor ich die Sprossen der Leiter in die Hände bekam und auf das Dach des Hauses kletterte. Auf meinem Weg nach achtern entlang der Brücke begegnete ich der Mannschaft, die von vorn kam. Mr. Mellaire und Mr. Pike unterhielten sich im Windschatten des Kartenhauses, und drinnen, als ich nach unten ging, rauchte Kapitän West eine Zigarre.

Nach einer gründlichen Massage im trockenen Pyjama war ich kaum wieder in meiner Koje mit dem *Geist des Urmenschen* vor mir, als sich die Massenpanik über meinem Kopf wiederholte. Ich wartete auf den zweiten Ansturm. Er kam und ich begann mich anzuziehen.

Die Szene auf dem Achterdeck war die gleiche wie die vorherige, nur dass die Männer aufgeregter und verängstigter waren. Sie plapperten und schnatterten durcheinander.

„Haltet den Mund!“, knurrte Mr. Pike, als ich auf sie zukam. „Einer nach dem anderen und beantwortet die Frage des Kapitäns.“

„Diesmal ist es kein Fass, Sir“, sagte Tom Spink. „Es lebt. Und wenn es nicht der Teufel ist, dann ist es der Geist eines Ertrunkenen. Ich sehe es ganz klar und deutlich. Er ist ein Mann, oder war einmal ein Mann –“

„Es waren zwei, Sir“, unterbrach ihn Richard Giller, einer der „Maurer“.

„Ich glaube, er sah aus wie Petro Marinkovich, Sir“, fuhr Tom Spink fort.

„Und der andere war Jespersen – ich habe ihn gesehen“, fügte Giller hinzu.

„Es waren drei, Sir“, sagte Nosey Murphy. „O’Sullivan, Sir, war der andere. Es sind keine Teufel, Sir. Es sind Ertrunkene. Sie kommen direkt über den Bug an Bord und bewegen sich langsam wie Ertrunkene. Sorensen hat den ersten zuerst gesehen. Er hat meinen Arm gepackt und gezeigt, und dann habe ich ihn gesehen. Er war oben auf dem Vorderhaus. Und Olansen hat ihn gesehen, und Deacon, Sir, und Hackey. Wir haben ihn alle gesehen, Sir … und den zweiten; und als die anderen weggelaufen sind, bin ich lange genug geblieben, um den dritten zu sehen. Vielleicht gibt es noch mehr. Ich habe nicht gewartet, um ihn zu sehen.“

Captain West stoppte den Mann.

„Mr. Pike“, sagte er müde, „können Sie diesen Unsinn endlich aufklären?“

„Ja, Sir“, antwortete Mr. Pike und wandte sich dann den Männern zu. „Kommt alle! Diesmal müssen drei Teufel gefesselt werden.“

Aber die Männer schreckten vor dem Befehl und vor ihm zurück.

„Für zwei Cent …“, hörte ich Mr. Pike vor sich hin knurren, dann würgte er die Worte hervor.

Er drehte sich auf dem Absatz um und ging auf die Brücke zu. In derselben Reihenfolge wie bei der vorherigen Fahrt folgten wir, Mr. Mellaire als Zweiter und ich als Nachhut. Es war eine ähnliche Fahrt, außer dass wir auf halbem Weg auf dem ersten Brückenabschnitt und auf dem Mittelschiff einen Sturzflug machten.

Wir hielten auf dem Vorschiff an. Vergeblich ließ Mr. Pike seinen Leuchtstab aufblitzen. Außer dem weiß gesprenkelten dunklen Wasser auf unserem

Deck, dem Tosen des Sturms in unserer Takelage und dem Krachen und Donnern der Wellen, die an Bord schlugen, war nichts zu sehen oder zu hören. Wir waren bis zur Hälfte des letzten Brückenabschnitts zum Vorschiff vorgerückt und wurden von der brechenden See gezwungen, anzuhalten und uns am Vormast festzuhalten.

Zwischen den Gischtwellen ließ Mr. Pike seinen Steuerknüppel blitzen. Ich hörte ihn etwas rufen. Dann ging er zum Vorschiff, gefolgt von Mr. Mellaire, während ich am Fockmast wartete, mich festklammerte und ein weiteres Untertauchen ertrug. Durch die Notsituation konnte ich den Lichtstrahl sehen, der auftauchte und verschwand und hierhin und dorthin huschte. Einige Minuten später waren die Kameraden wieder bei mir.

„Die Hälfte unserer Kopfbedeckungen ist weg", erzählte mir Mr. Pike. „Wir müssen gegen etwas gelaufen sein."

„Ich habe beim letzten Mal einen Stoß gespürt, gleich nachdem Sie unter Deck gegangen sind, Sir", sagte Mr. Mellaire. „Ich dachte nur, es wäre ein Schlag vom Meer."

„Das habe ich auch gespürt", stimmte der Maat zu. „Ich zog gerade meine Stiefel aus. Ich dachte, es wäre ein Meer. Aber wo sind die drei Teufel?"

„Das Fass anstechen", schlug der zweite Maat vor.

Wir erreichten das Vorschiff, stiegen die Eisenleiter hinab und gingen nach vorn, hinein, darunter, aus Wind und See. Dort lag das Fass, sicher verzurrt. Die Größe der Seepocken darauf war erstaunlich. Sie waren so groß wie Äpfel und zentimetertief. Ein Runterziehen des Buges brachte einen Fuß Wasser bis zu unseren Stiefeln; und als der Bug sich hob und das Wasser abfloss, zog er aus dem mit Muscheln verkrusteten Fass etwa einen Fuß lange Seetangstreifen hervor.

Unter der Führung von Mr. Pike suchten wir das Deck und die Reling zwischen dem Vorschiff und dem Vorderhaus ab, aber wir fanden keine Teufel. Der Maat trat in die Tür des Vorschiffs, und sein Leuchtstab schnitt wie ein Dolch durch das schwache Licht der trüben Seelaterne. Und wir sahen die Teufel. Nosey Murphy hatte recht gehabt. Es waren drei.

Ich möchte Ihnen ein Bild davon geben: Ein durchnässter und eiskalter Raum aus rostigem, farbverkrustetem Eisen, mit niedrigem Dach, zweistöckigen Kojen, die trotz der Seegangswunden vom Schmutz von dreißig Männern stinken. In einer oberen Koje, auf der Seite, in Seestiefeln und Ölzeug, starrt Andy Fay mit blauen, bitteren Augen unverwandt in die Gegend; auf dem Tisch zieht Mulligan Jacobs an einem Rohr, seine baumelnden Beine werden vom Wasser hin und her gezogen, und betrachtet ernst drei Männer, in Seestiefeln und blutüberströmt, die Seite an Seite stehen, groß und nicht gerade groß, und sich im Gleichklang mit dem Herunterwerfen und Aufsteigen der *Elsinore wiegen*.

Aber solche Männer! Ich kenne meine East Side und mein East End, und ich bin an die Gesichter aller Rassen gewöhnt, doch bei diesen drei Männern war ich im Unrecht. Der Mittelmeerraum hatte sicher nie eine solche Rasse hervorgebracht, ebenso wenig wie Skandinavien. Sie waren nicht blond. Sie waren nicht brünett. Sie waren auch nicht braun, schwarz oder gelb. Ihre Haut war weiß unter dem Bronzeton des Wetters. So nass ihr Haar auch war, es war eindeutig farbloses, sandfarbenes Haar. Doch ihre Augen waren dunkel – und doch nicht dunkel. Sie waren weder blau, noch grau, noch grün, noch haselnussbraun. Und sie waren auch nicht schwarz. Sie waren topasfarben, blass topasfarben; und sie glänzten und träumten wie die Augen großer Katzen. Sie betrachteten uns wie Spaziergänger in einem Traum, diese hellhaarigen Sturmwaisen mit den blassen, topasfarbenen Augen. Sie verneigten sich nicht, sie lächelten nicht, sie erkannten unsere Anwesenheit in keiner Weise, außer dass sie uns ansahen und träumten.

Aber Andy Fay hat uns begrüßt.

„Das ist eine höllische Nacht und wegen all dem, was gerade passiert, kann ich kein Auge zutun“, sagte er.

„Wo sind sie denn in einer Nacht wie dieser hergekommen?“, beschwerte sich Mulligan Jacobs.

„Du hast eine Zunge im Mund“, knurrte Mr. Pike. „Warum hast du sie nicht gefragt?“

„Als ob du nicht wüsstest, dass ich die Zunge in meinem Mund benutzen kann, du alter Knacker“, knurrte Jacobs zurück.

Aber es war nicht die Zeit für ihre Privatfehde. Mr. Pike wandte sich den träumenden Neuankömmlingen zu und sprach sie in den verstümmelten und abgebrochenen Ausdrücken eines Dutzends Sprachen an, wie sie das weltumspannende Angelsächsische jede Gelegenheit hatte zu lernen, aber zu sturköpfig und eigensinnig ist, um sie auszusprechen.

Die Besucher antworteten nicht. Sie schüttelten nicht einmal den Kopf. Ihre Gesichter blieben eigentümlich entspannt und ruhig, gleichgültig und freundlich, während in ihren Augen tiefere Träume schwebten. Doch sie waren Menschen. Das Blut ihrer Verletzungen befleckte sie und klumpte auf ihren Kleidern.

„Holländer“, schnaubte Mr. Pike mit aller gebotenen Verachtung für andere Rassen, während er ihnen mit einer Handbewegung bedeutete, es sich in einer der Kojen gemütlich zu machen.

Mr. Pikes Ethnologie ist eng. Außerhalb seiner eigenen Rasse kennt er nur drei Rassen: Nigger, Holländer und Dagoes.

Wieder einmal erwiesen sich unsere Besucher als Menschen. Sie verstanden die Einladung des Maat, kletterten, nachdem sie sich zuerst angeschaut hatten, in die drei oberen Betten und schlossen die Augen. Ich könnte schwören, dass der erste von ihnen nach einer halben Minute eingeschlafen war.

„Wir müssen vorn aufräumen, sonst kriegen wir Pech", sagte der Maat, der schon im Aufbruch war. „Holen Sie die Männer her, Mr. Mellaire, und rufen Sie den Zimmermann."

KAPITEL XXXVI.

Und keine Westrichtung! Seit der Nacht, in der unsere Besucher an Bord kamen, sind wir drei Grad nach Osten zurückgedrängt worden. Sie sind das große Mysterium, diese drei Männer des Meeres. „Horn-Zigeuner" nennt Margaret sie, und Mr. Pike nennt sie „Holländer". Eines ist sicher, sie haben eine eigene Sprache, in der sie miteinander sprechen. Aber von unserem bunten Durcheinander von Nationalitäten vorn und hinten gibt es niemanden, der eine Ahnung von ihrer Sprache oder Nationalität hat.

Mr. Mellaire brachte die Theorie auf, dass es sich um Finnen handelte, doch dies wurde von unserem großfüßigen jungen Zimmermann empört zurückgewiesen, der schwört, dass er selbst Finne ist. Louis, der Koch, beteuert, dass er irgendwo auf der Welt auf einer vergessenen Reise Menschen dieser Art begegnet sei; doch er kann sich weder an die Reise noch an ihre Rasse erinnern. Er und der Rest der Asiaten akzeptieren ihre Anwesenheit als selbstverständlich; doch die Mannschaft, mit Ausnahme von Andy Fay und Mulligan Jacobs, ist sehr abergläubig gegenüber den Neuankömmlingen und will nichts mit ihnen zu tun haben.

„Nichts Gutes wird aus ihnen entstehen, Sir", sagte uns Tom Spink am Steuer und schüttelte düster den Kopf.

Margarets behandschuhte Hand ruhte auf meinem Arm, während wir uns auf dem sanften Rollen des Schiffes ausbalancierten. Wir hatten unseren Spaziergang, den wir jetzt jeden Tag zwischen elf und zwölf als religiöses Ritual zum Spazierengehen machen, unterbrochen.

„Warum, was ist mit ihnen los?", fragte sie und stieß mich heimlich an, um mich vor dem zu warnen, was kommen würde.

„Weil es keine Männer sind, Miss, im Sinne des Wortes. Es sind keine normalen Männer."

„Die Art und Weise, wie sie an Bord kamen, war etwas ungewöhnlich", gurgelte sie.

„Genau das ist es, Miss", rief Tom Spink aus, und seine Miene hellte sich bei dem Anflug von Verständnis merklich auf. „Wo kommen sie her? Sie werden es nicht sagen. Natürlich werden sie es nicht sagen. Es sind keine Menschen. Es sind Geister – Gespenster von Matrosen, die schon vor langer Zeit ertranken, als dieses Fass von einem sinkenden Schiff abgetrieben wurde, und das ist Jahre her, Miss, wie jeder sehen kann, wenn man sich die Größe der Seepocken darauf ansieht."

„Meinen Sie?", fragte Margaret.

„Das denken wir alle, Miss. Wir haben unser Leben nicht umsonst auf See verbracht. Es gibt unzählige Landsleute, die nicht an den Fliegenden Holländer glauben. Aber was wissen sie schon? Sie sind doch nur Landsleute, oder? Sie wurden noch nie von einem Geist am Bein gepackt, so wie mir auf der *Kathleen* vor 35 Jahren, unten im Loch zwischen den Wasserfässern. Und hat mir dieser Geist nicht den Schuh vom Leib gerissen? Und bin ich nicht zwei Tage später durch die Luke gefallen und habe mir die Schulter gebrochen?"

„Nun, Miss, ich habe gesehen, wie sie Mr. Pike Zeichen gaben, dass wir auf ihr Schiff treffen würden, das auf der anderen Seite des Windes lag. Glauben Sie es nicht. Da war kein Schiff."

„Aber wie erklären Sie das Mitnehmen unserer Kopfbedeckung?", fragte ich.

„Es gibt viele Dinge, die man nicht erklären kann, Sir", war Tom Spinks Antwort. „Wer kann erklären, wie die Finnen mit dem Wetter ihre albernen Streiche spielen? Und doch weiß es jeder. Warum haben wir eine so schwierige Passage um das Kap Hoorn, Sir? Das frage ich Sie. Warum, Sir?"

Ich schüttelte den Kopf.

„Wegen des Zimmermanns, Sir. Wir haben herausgefunden, dass er ein Finne ist. Warum hat er den ganzen Weg von Baltimore hierher nichts gesagt?"

„Warum hat er es erzählt?", fragte Margaret herausfordernd.

„Er hat es nicht gesagt, Miss – jedenfalls nicht, bis die drei anderen an Bord gekommen waren. Ich habe den Verdacht, dass er mehr über ihn weiß, als er zugibt. Und sehen Sie sich das Wetter und die Verzögerung an, die wir haben. Und weiß nicht jeder, dass die Finnen richtige Hexenmeister und Wetterbrüter sind?"

Ich war hellhörig.

„Woher haben Sie das Wort ,*Hexenmeister*'?", fragte ich.

Tom Spink sah verwirrt aus.

„Was ist daran falsch, Sir?", fragte er.

„Nichts. Es ist alles in Ordnung. Aber wo hast du es her?"

„Ich habe es nie verstanden, Sir. Ich hatte es immer. Das sind Finnen – Hexenmeister."

„Und diese drei Neuankömmlinge – sind sie keine Finnen?", fragte Margaret.

Der alte Engländer schüttelte ernst seinen Kopf.

„Nein, Miss. Es sind ertrunkene Seeleute, die schon lange ertrunken sind. Sie brauchen sie sich nur anzusehen. Und der Zimmermann könnte uns ein paar nennen, wenn er Lust hätte."

* * * * *

Dennoch sind unsere geheimnisvollen Besucher eine willkommene Ergänzung unserer geschwächten Mannschaft. Ich beobachte sie bei der Arbeit. Sie sind stark und willig. Mr. Pike sagt, sie seien echte Seeleute, auch wenn er ihren Jargon nicht versteht. Seine Theorie ist, dass sie von einem kleinen Schiff aus der alten Heimat oder von Fremden stammen, das, als es auf dem Gegenkurs zur *Elsinore beidrehte* , heruntergekommen und gesunken ist.

Ich habe vergessen zu erwähnen, dass wir das mit Seepocken übersäte Fass fast voll mit einem köstlichen Wein vorfanden, dessen Namen keiner von uns nennen kann. Sobald der Sturm nachließ, ließ Mr. Pike das Fass nach achtern bringen und anstechen, und jetzt haben der Steward und Wada alles in Flaschen und Reserve-Korbflaschen. Es ist wunderbar gealtert, und Mr. Pike ist sich sicher, dass es sich um eine Art milden und unbekannten Brandy handelt. Mr. Mellaire schmatzt nur mit den Lippen darüber, während Captain West, Margaret und ich fest davon überzeugt sind, dass es Wein ist.

Der Zustand der Männer wird immer beklagenswerter. Sie waren schon immer schlecht darin, Seile zu ziehen, aber jetzt braucht man zwei oder drei, um so viel zu ziehen wie früher einer. Ein Vorteil für sie ist, dass sie gut, wenn auch dürftig, ernährt sind. Sie haben so viel zu essen, wie sie wollen, aber es ist die Kälte und Nässe, der schreckliche Zustand des Vorschiffs, der Schlafmangel und die fast ununterbrochene Plackerei beider Wachen an Deck. Jede Wache ist so schwach und wertlos, dass jede schwere Aufgabe die Hilfe der anderen Wache erfordert. So gelang es uns beispielsweise endlich, mitten in einem Sturm das Focksegel zu reffen. Beide Wachen brauchten dafür zwei Stunden, doch Mr. Pike erzählt mir, dass er unter ähnlichen Umständen mit einer durchschnittlichen Mannschaft aus alten Zeiten gesehen hat, wie eine einzige Wache das Focksegel in zwanzig Minuten reffte.

Ich habe einen der wichtigsten Vorzüge eines Segelschiffs aus Stahl kennengelernt. Ein solches Schiff, schwer beladen, reißt bei schlechtem Wetter und hoher See seine Nähte nicht auf. Abgesehen von einem winzigen Leck unten in der Vorpiek, mit dem wir von Baltimore aus losfuhren und das alle paar Wochen mit einem Eimer ausgeschöpft wird, ist die *Elsinore* knochentrocken. Mr. Pike erzählt mir, dass ein Holzschiff dieser Größe und Ladung, das die Turbulenzen überstanden hätte, die wir ertragen haben, lecken würde wie ein Sieb.

Und Herr Mellaire hat aus eigener Erfahrung meinen Respekt vor dem Kap Hoorn noch verstärkt. Als junger Mann war er einmal acht Wochen unterwegs, um von 50 Meilen im Atlantik auf 50 Meilen im Pazifik zu kommen. Ein anderes Mal musste sein Schiff zweimal zu den Falklandinseln zurückkehren, um repariert zu werden. Und ein anderes Mal ging sein Schiff, als es in Seenot auf die Falklandinseln zurückkehrte, bei einem Sturm direkt am Eingang zum Port Stanley verloren. Er erzählte mir:

„Und nachdem wir einen Monat dort waren, Sir, wer kam da, wenn nicht die alte *Lucy Powers* ? Sie war ein Anblick! – ihr Fockmast war komplett abgerissen und die Hälfte ihrer Masten, der alte Mann war tot, weil eine der Masten auf ihn gefallen war, der Maat mit zwei gebrochenen Armen, der zweite Maat krank und was von der Mannschaft übrig war, an den Pumpen. Wir hatten unser Schiff verloren, also übernahm mein Kapitän das Kommando, rüstete es wieder aus, verdoppelte die Mannschaft und wir fuhren in die andere Richtung, pumpten in jeder Wache zwei Stunden bis nach Honolulu."

Die armen, elenden Hühner! Aufgrund ihrer unüberlegten Mauser haben sie keine Federn mehr. Es ist ein Wunder, dass eines von ihnen überlebt, obwohl wir bisher nur sechs verloren haben. Margaret hält den Petroleumofen in Gang, und obwohl sie aufgehört haben zu legen, behauptet sie voller Überzeugung, dass sie alle Eier legen und wir reichlich Eier haben werden, sobald wir im Pazifik schönes Wetter haben.

Es hat wenig Sinn, diese monotonen und ewigen Weststürme zu beschreiben. Einer gleicht dem anderen sehr und sie folgen einander so schnell auf den Fersen, dass das Meer nie eine Chance hat, sich zu beruhigen. Wir haben uns so lange herumgerollt und geworfen, dass der Gedanke an einen festen, unbeweglichen Billardtisch unvorstellbar ist. In früheren Inkarnationen bin ich Dingen begegnet, die sich nicht bewegten, aber ... sie waren es in früheren Inkarnationen.

Wir waren in den letzten zehn Tagen zweimal bei den Diego Ramirez Rocks. Im Augenblick sind wir nach grober Koppelnavigation zweihundert Meilen östlich davon. Wir haben in der letzten Woche dreimal unsere Luken geschlossen. Sechs robuste Segel aus dem schwersten Segeltuch, aufgerollt und doppelt abgedichtet, wurden losgerissen und von den Rahen genommen. Manchmal sind unsere Männer so schwach, dass nicht mehr als die Hälfte von ihnen auf den Ruf nach allen Mann reagieren kann.

Lars Jacobson, der sich zu Beginn der Reise das Bein gebrochen hatte, wurde vor einigen Tagen von der See niedergeschlagen und erlitt einen erneuten Beinbruch. Ditman Olansen, der Norweger mit den schielenden Augen, drehte gestern Abend in der zweiten Hundewache durch und räumte seine Hälfte des Vorschiffs ziemlich gründlich leer. Wada berichtet, dass die

Maurer, Fitzgibbon und Gilder, der maltesische Cockney, und Steve Roberts, der Cowboy, den Verrückten schließlich überwältigten. Dies sind alles Männer aus Mr. Mellaires Wache. In Mr. Pikes Wache hat John Hackey, der Gangster aus San Francisco, der sich gegen die Gangster gestellt hat, schließlich nachgegeben und sich ihnen angeschlossen. Und erst heute Morgen hat Mr. Pike Charles Davis am Genick aus dem Vorschiff gezerrt, wo er ihn dabei erwischt hatte, wie er den elenden Kreaturen das Seerecht erklärte. Mr. Mellaire, wie ich gelegentlich bemerke, bleibt mit der Gangsterclique übermäßig vertraut. Und dennoch passiert nichts Ernstes.

Und Charles Davis stirbt nicht. Er scheint sogar an Gewicht zuzunehmen. Er lässt nie eine Mahlzeit aus. Von der Heckkabine aus, im Schutz der Wetterplane, während unsere Decks von eiskaltem Wasser überflutet werden, beobachte ich ihn oft, wie er mit Becher und Teller in der Hand aus seinem Zimmer zwischen den Wellen schlüpft und nach vorn in die Kombüse humpelt, um sein Essen zu holen. Er ist ein guter Beobachter der Schiffsbewegungen, denn ich habe ihn noch nie ernsthaft untertauchen sehen. Manchmal wird er natürlich mit Gischt bespritzt oder bis zu den Knien nass, aber er schafft es, aus dem Weg zu gehen, wenn ein großer Graubart an Bord fällt.

KAPITEL XXXVII.

Heute war ein wunderbares Ereignis! Fünf Minuten lang, mittags, war die Sonne tatsächlich sichtbar. Aber was für eine Sonne! – ein bleicher, kalter und kränklicher Himmelskörper, der im Meridian nur 90 Grad und 18 Minuten über dem Horizont stand. Und innerhalb einer Stunde holten wir die Segel ein und legten uns in die Schneeböen eines frischen Südweststurms.

Was auch immer Sie tun , fahren Sie nach Westen ! fahren Sie nach Westen ! – diese Segelregel der Seefahrer um das Kap Hoorn ist aus Eisen gehauen. Ich kann verstehen, warum Schiffsführer bei günstigem Wind über Bord gefallene Seeleute ertrinken ließen, ohne beizudrehen und ein Boot zu Wasser zu lassen. Kap Hoorn ist aus Eisen, und es braucht Meister aus Eisen, um von Ost nach West zu siegen.

Und wir machen Ostwind! Dieser Westwind ist ewig. Ich höre ungläubig zu, wenn Mr. Pike oder Mr. Mellaire von Zeiten erzählen, in denen in diesen Breiten Ostwinde geweht haben. Das ist unmöglich. Immer weht der Westwind, Sturm auf Sturm und ewig anhaltende Stürme, sonst wäre auf den Karten die „Große Westwinddrift" abgedruckt! Wir von der Nachhut sind dieses ewige Hin und Her müde. Unsere Männer sind zu matschigen, ausgewaschenen, wundgefressenen Schatten von Menschen geworden. Es würde mich nicht überraschen, wenn Captain West am Ende den Schwanz einziehen und ostwärts um die Welt nach Seattle segeln würde. Aber Margaret lächelt voller Überzeugung, nickt mit dem Kopf und versichert, dass ihr Vater im Pazifik bis zu 50 gewinnen wird.

Wie Charles Davis in diesem nassen, eiskalten, mit Farbe verkrusteten Eisenraum im Mittelschiffshaus überlebt, ist mir ein Rätsel – ebenso wie es mir ein Rätsel ist, warum die elenden Matrosen im elenden Vorschiff sich nicht in ihre Kojen legen und sterben oder zumindest den Ruf der Wache nicht beantworten.

Eine weitere Woche ist vergangen, und wir befinden uns heute unserer Beobachtung nach sechzig Meilen genau südlich der Le Maire-Straße, und wir liegen bei einem heftigen Sturm auf Backbordbug. Das Glas ist auf 28,58 gesunken, und selbst Mr. Pike gibt zu, dass dies einer der schlimmsten Kap-Horn-Schnüffler ist, die er je erlebt hat.

Früher versuchten die Seefahrer, bis zum 64. oder 65. Grad ins südliche Treibeis der Antarktis vorzudringen, in der Hoffnung, in einer günstigen Phase mit erstaunlicher Geschwindigkeit nach Westen über die immer enger werdenden Längengrade zu kommen. Doch in den letzten Jahren haben sich alle Kapitäne damit abgefunden, rundherum dicht am Land entlang zu fahren. Sie sind zu dem Schluss gekommen, dass dies bei zehntausend

Passagen von Cape Stiff von Ost nach West die beste Strategie ist. Also fährt Kapitän West dicht am Land entlang. Er dreht auf Backbordbug bei, bis die Leedrift das Land in gefährliche Nähe bringt, dann wendet er das Schiff, dreht auf Backbordbug bei und gewinnt Lee vor der Küste.

Ich bin vielleicht müde von all dieser erbitterten Bewegung eines mühseligen Schiffes auf einem eisigen Meer, aber gleichzeitig macht es mir nichts aus. In meinem Gehirn brennt die Flamme einer großen Entdeckung und einer großen Leistung. Ich habe gefunden, was alle Bücher zum Leuchten bringt; ich habe erreicht, was meiner Philosophie nach die größte Leistung ist, die ein Mann vollbringen kann. Ich habe die Liebe einer Frau gefunden. Ich weiß nicht, ob sie sich um mich kümmert. Und das ist auch nicht der Punkt. Der Punkt ist, dass ich in mir selbst die größte Höhe erreicht habe, zu der das menschliche männliche Tier aufsteigen kann.

Ich kenne eine Frau, und ihr Name ist Margaret. Sie ist Margaret, eine Frau und begehrenswert. Mein Blut ist rot. Ich bin nicht der blasse Gelehrte, für den ich mich so stolz hielt. Ich bin ein Mann und ein Liebhaber, trotz der Bücher. Was De Casseres betrifft – wenn ich jemals nach New York zurückkehre, so ausgerüstet wie ich jetzt bin, werde ich ihn mit derselben Leichtigkeit widerlegen, mit der er alle Schulen widerlegt hat. Die Liebe ist das letzte Wort. Dem rationalen Menschen gibt sie allein die überrationale Rechtfertigung für das Leben. Wie Bergson in seinem überhängenden Himmel der Intuition oder wie jemand, der im Pfingstfeuer gebadet und das Neue Jerusalem gesehen hat, so habe ich die materialistischen Lehrsätze der Wissenschaft mit Füßen getreten, den letzten Gipfel der Philosophie erklommen und bin in meinen Himmel gesprungen, der schließlich in mir selbst ist. Der Stoff, aus dem ich bestehe, das heißt ich, ist so beschaffen, dass er seine höchste Verwirklichung in der Liebe zur Frau findet. Sie ist die Rechtfertigung des Seins. Ja, und es ist der Lohn des Seins, die vollständige Bezahlung für alle Sprödigkeit und Gebrechlichkeit von Fleisch und Atem.

Und sie ist nur eine Frau, wie jede andere Frau, und der Herr weiß, dass ich weiß, was Frauen sind. Und ich kenne Margaret als das, was sie ist – eine bloße Frau; und doch weiß ich in meiner Liebesseele, dass sie irgendwie anders ist. Ihre Art ist nicht wie die anderer Frauen, und all ihre Art ist für mich entzückend. Am Ende, so denke ich, werde ich eine Nestbauerin, denn Nestbauen ist ganz sicher eine ihrer hübschen Arten. Und wer soll sagen, was würdiger ist – das Schreiben einer ganzen Bibliothek oder der Bau eines Nestes?

Die eintönigen Tage, öde, grau und feuchtkalt, ziehen sich dahin. Es ist nun einen Monat her, dass wir die Passage des Kap Hoorn begonnen haben, und hier sind wir, nicht so weit vorgerückt wie vor einem Monat, denn wir sind etwa hundert Meilen südlich der Le Maire-Straße. Selbst diese Position ist nur eine Vermutung, sie wurde durch Koppelnavigation ermittelt, basierend auf der Abdrift eines beigelegten Schiffes, mal auf der einen Seite, mal auf der anderen, wobei uns immer der große Westwind entgegenwirkt. Es sind vier Tage vergangen, seit wir die Sonne das letzte Mal per Instrument gesehen haben.

Dieser sturmgepeitschte Ozean ist überfüllt. Kein Schiff kommt herum, und jeden Tag werden es mehr. Es vergeht kein Tag, an dem wir nicht zwei oder drei bis ein Dutzend Schiffe sehen, die auf Backbord- oder Steuerbordbug beiliegen. Kapitän West schätzt, dass wir mindestens zweihundert Segel haben. Ein Schiff, das mit Preventer-Takelage am Ruderkopf beiliegt, ist unkontrollierbar. Jede Nacht riskieren wir eine unvermeidliche und verheerende Kollision. Und manchmal sehen wir durch die Schneeböen hindurch die Schiffe, die ostwärts fahren und mit Westwind und Westwinddrift im Rücken an uns vorbeifahren, und verfluchen sie . Und so wild ist der Geist des Menschen, dass Mr. Pike und Mr. Mellaire immer noch behaupten, sie hätten gelegentlich erlebt, wie Stürme Schiffe von Ost nach West um das Kap Hoorn herumtrieben. Es ist sicher ein Jahr her, seit wir von der *Elsinore* aus dem Windschatten von Feuerland in die schnaubenden Südweststürme kamen. Mindestens ein Jahrhundert ist vergangen, seit wir von Baltimore aus in See stach.

* * * * *

Und ich gebe keinen Fingerschnippen für all die Wut und Raserei dieses düstergrauen Meeres an der Spitze der Erde. Ich habe Margaret gesagt, dass ich sie liebe. Die Geschichte wurde im Schutz des Wettertuchs erzählt, wo wir uns gestern Abend bei der zweiten Hundewache aneinander klammerten. Und sie wurde noch einmal erzählt, und zwar von uns beiden, im hell erleuchteten Kartenraum, nachdem die Wachen um acht Glockenschläge gewechselt worden waren. Ja, und ihr Gesicht war sturmhell, und sie war ganz stolz, außer dass ihre Augen warm und weich waren und mit Lidern flatterten, die einfach mädchenhaft und weiblich flatterten. Es war eine große Stunde – unsere große Stunde.

Ein armer Teufel von einem Mann hat das größte Glück, wenn er geliebt wird, obwohl er liebt. Das Schicksal eines Liebhabers, der nicht geliebt wird, muss wahrlich schmerzlich sein. Und ich, für einen und noch aus anderen Gründen, gratuliere mir selbst zu meinem großen Glück. Denn sehen Sie, wäre Margaret eine andere Art von Frau, wäre sie … nun, genau die schöne und liebenswerte und hinreißend anschmiegsame Art, die genau dafür geschaffen scheint, zu lieben und sich in die starken Arme eines Mannes zu schmiegen – nun, es wäre nichts Bemerkenswertes oder Wunderbares daran, dass sie mich liebte. Aber Margaret ist Margaret, stark, selbstbeherrscht, gelassen, beherrscht, eine wahre Herrin ihrer selbst. Und da ist das Wunder

– dass eine solche Frau von mir zur Liebe erweckt wurde. Es ist fast unglaublich. Ich gebe mir alle Mühe, noch einmal einen Blick in ihre langen, kühlen, grauen Augen zu werfen und sehe, wie sie schmelzend weich werden, als sie mich ansieht. Sie ist keine Julia, Gott sei Dank; und Gott sei Dank bin ich kein Romeo. Und doch gehe ich allein auf das eiskalte Achterdeck und rufe dem schnaubenden Sturm und den Graubärten, die auf uns herabdonnern, trotzig zu, dass ich ein Liebhaber bin. Und ich sende den einsamen Albatrossen, die durch die Dunkelheit segeln, die Botschaft, dass ich ein Liebhaber bin. Und ich schaue auf die elenden Seeleute, die über die spritzwasserüberströmte Brücke kriechen, und weiß, dass sie in zehntausend elenden Leben nie die Liebe erfahren konnten, die ich erfahre, und ich frage mich, warum Gott sie jemals erschaffen hat.

✳ ✳ ✳ ✳ ✳

„Und eines hatte ich von Anfang an fest beschlossen", gestand mir Margaret heute Morgen in der Kabine, als ich sie aus meinen Armen ließ, „war, dass ich dir nicht erlauben würde, mit mir zu schlafen."

„Echte Tochter der Herodias", spottete ich fröhlich, „das war also schon von Anfang an der Sinn deiner Gedanken. Schon damals sahst du mich mit einem nachdenklichen weiblichen Auge an."

Sie lachte stolz und antwortete nicht.

„Wie bist du nur auf die Idee gekommen, dass ich mit dir schlafen würde?", beharrte ich.

„Weil das die Art junger männlicher Passagiere auf langen Reisen ist", antwortete sie.

„Dann haben andere …?"

„Das tun sie immer", versicherte sie mir ernst.

Und in diesem Augenblick verspürte ich den ersten lächerlichen Anflug von Eifersucht; aber ich lachte darüber und erwiderte:

„Von einem alten chinesischen Philosophen ist als Erster überliefert, dass er das gesagt hat, was zweifellos schon die Höhlenmenschen vor ihm plapperten: Eine Frau verfolgt einen Mann, indem sie vor ihm davonflattert."

„Elender!", rief sie. „Ich habe nie geflattert. Wann habe ich jemals geflattert?"

„Es ist ein heikles Thema …", begann ich mit gespielter Zurückhaltung.

„Wann habe ich jemals geflattert?", wollte sie wissen.

Ich habe mir eine List Schopenhauers zunutze gemacht und eine Verschiebung vorgenommen.

„Von Anfang an hast du nichts bemerkt, was einer Frau entgehen könnte", warf ich ihr vor. „Ich wette, du wusstest es genauso schnell wie ich in dem Moment, als ich dich zum ersten Mal liebte."

„Ich wusste es vom ersten Mal an, als du mich gehasst hast", wich sie aus.

„Ja, ich weiß es, als ich dich das erste Mal sah und erfuhr, dass du mit auf die Reise kommst", sagte ich. „Aber jetzt wiederhole ich meine Herausforderung. Du wusstest genauso schnell wie ich im ersten Augenblick, dass ich dich liebe."

Oh, ihre Augen waren wunderschön, und ihre Ruhe und Gewissheit waren überwältigend, als sie ihre Hand für einen Moment auf meinen Arm legte und mit leiser, ruhiger Stimme sagte:

„Ja, ich … ich glaube, ich weiß es. Es war der Morgen des Pampero von der Platte, als du durch die Tür in die Kabine meines Vaters geworfen wurdest. Ich habe es in deinen Augen gesehen. Ich wusste es. Ich glaube, es war das erste Mal, genau in diesem Augenblick."

Ich konnte nur nicken und sie an mich ziehen. Und sie sah zu mir auf und fügte hinzu:

„Du warst wirklich lächerlich. Da saßt du, auf dem Bett, hieltest dich mit einer Hand fest und hieltst die andere Hand unter deinem Arm, starrtest mich an, irritiert, erschrocken, völlig albern, und dann … wie, weiß ich nicht … ich wusste, dass du es gerade erfahren hattest …"

„Und im nächsten Moment sind Sie wie angewurzelt erstarrt", erwiderte ich ungalant.

„Und das war der Grund", gab sie schamlos zu, lehnte sich dann von mir weg, ihre Hände ruhten auf meinen Schultern, während sie gurgelte und ihre Lippen sich über ihren schönen weißen Zähnen öffneten.

Eines weiß ich, John Pathurst: Ihr gurgelndes Lachen ist das bezauberndste Lachen, das man je gehört hat.

KAPITEL XXXVIII.

Ich frage mich. Ich frage mich. Hat der Samurai einen Fehler gemacht? Oder war es die Dunkelheit des nahenden Todes, die sein sternenklares Gehirn erkalten und vernebeln ließ und all seine Weisheit in den Schatten stellte? Oder war es der Fehler, der ihm den Tod im Voraus bescherte? Ich weiß es nicht, ich werde es nie erfahren; denn es ist eine Angelegenheit, die niemand von uns auch nur im Traum andeuten, geschweige denn diskutieren würde.

Ich werde am Anfang beginnen – gestern Nachmittag. Denn gestern Nachmittag, fünf Wochen nach unserer Ankunft in der Le Maire-Straße in diesem grauen Sturmmeer, befanden wir uns wieder einmal direkt vor der Hoorn-Straße. Beim Wachwechsel um vier Uhr gab Kapitän West Mr. Pike den Befehl, das Schiff abzuziehen. Wir waren zu diesem Zeitpunkt auf Steuerbordbug und machten Lee vor der Küste. Dieses Manöver brachte uns auf Backbordbug, und der daraus resultierende Lee vor der Küste schien mir, wenn auch in einem spitzen Winkel.

Im Kartenraum warf ich einen neugierigen Blick auf die Karte, maß mit dem Auge die Entfernung und kam zu dem Schluss, dass wir uns etwa fünfzehn Meilen vor Kap Hoorn befanden.

„Mit unserer Drift werden wir bis zum Morgen dicht unter der Landoberfläche sein, oder?“, wagte ich vorsichtig zu fragen.

„Ja“, nickte Kapitän West. „Und wenn es nicht die Westwinddrift gäbe und das Land nicht nach Nordosten tendieren würde, wären wir bis zum Morgengrauen an Land. So wie es ist, werden wir bei Tagesanbruch weit darunter sein, bereit, herumzuschleichen, wenn sich etwas ändert, und bereit, das Schiff zu schleppen, wenn sich nichts ändert.“

Es kam mir nicht in den Sinn, sein Urteil in Frage zu stellen. Was er sagte, musste sein. War er nicht der Samurai?

Und doch bemerkte ich, als Mr. Pike einige Minuten später, als er unter Deck gegangen war, das Kartenhaus betrat. Nach einigen Schritten auf und ab und einer kurzen Pause, um Nancy und mehreren Männern dabei zuzusehen, wie sie das Wettertuch von Lee nach Luv verlagerten, schlenderte ich nach achtern zum Kartenhaus. Ich weiß nicht, was mich dazu veranlasste, durch eines der Glasfenster zu spähen.

Da stand Mr. Pike, seinen Südwester abgelegt, aus seinem Ölzeug flossen Rinnsale auf den Boden, während er, Zirkel und Parallellineal in der Hand, über die Karte gebeugt war. Es war der Ausdruck seines Gesichts, der mich erschreckte. Die gewohnte Verbitterung war verschwunden. Alles, was ich sehen konnte, waren Angst und Besorgnis ... ja, und Alter. Ich hatte ihn noch nie so alt gesehen; denn dort, in diesem Moment, sah ich die Erschöpfung und Müdigkeit all seiner neunundsechzig Jahre des Seekampfs und Seestarrens.

Ich schlich mich von der Backbordseite weg und ging das Deck entlang bis zur Klippe des Achterdecks, wo ich mich festhielt und durch das Grau und die Gischt in die mutmaßliche Richtung unserer Drift starrte. Irgendwo dort, im Nordosten und Norden, wusste ich, befand sich eine zerklüftete, eiserne Felsküste, auf die die Graubärte donnerten. Und dort, im Kartenraum, beugte sich ein furchtloser Seemann besorgt über eine Karte, während er unsere Position und unsere Drift maß und berechnete, maß und berechnete.

Und ich wusste, dass das nicht sein konnte. Nicht der Samurai, sondern sein Gefolgsmann war schwach und hatte Unrecht. Das Alter machte sich bei ihm bemerkbar, was nicht anders als zu erwarten war, wenn man bedenkt, dass kein anderer Mensch unter zehntausend Jahren das Alter so erfolgreich überstanden hatte wie er.

Ich lachte über meinen momentanen Zweifel an der Dummheit und ging nach unten, zufrieden damit, meine Liebste zu treffen und mich auf die Weisheit ihres Vaters verlassen zu können. Natürlich hatte er recht. Er hatte auf der langen Reise von Baltimore schon zu oft bewiesen, dass er recht hatte.

Beim Abendessen war Mr. Pike völlig zerstreut. Er beteiligte sich überhaupt nicht an der Unterhaltung und schien immer auf etwas von draußen zu lauschen – auf das irritierende Klirren der straff gespannten Taue, die den hohlen Jiggermast herunterkamen, auf das gedämpfte Brüllen des Sturms in der Takelage, auf das Krachen und Brechen der See an unseren Decks und gegen unsere Eisenwände.

Wieder teilte ich seine Befürchtungen, obwohl ich zu diskret war, um ihn damals oder später allein nach seinen Problemen zu fragen. Um acht ging er wieder an Deck, um bis Mitternacht Wache zu halten, und als ich zu Bett ging, verwarf ich alle Vorahnungen und überlegte, wie viele Reisen er nach diesem plötzlichen Ansturm des Alters noch durchhalten würde.

Ich schlief schnell ein und erwachte um Mitternacht. Meine Lampe brannte noch, Conrads *Spiegel des Meeres* lag auf meiner Brust, wo es mir aus den Händen gefallen war. Ich hörte die Wachwechsel und war hellwach und las, als Mr. Pike durch die Sprengluke nach unten kam und durch meine offene Tür auf dem Weg zu seinem Zimmer meinen Flur entlangging.

In der Pause, die ich längst so gut gelernt hatte, wusste ich, dass er sich eine Zigarette drehte. Dann hörte ich ihn husten, wie immer, wenn die Zigarette angezündet wurde und der erste Zug des Rauchs seine Lungen spülte.

Um Viertel nach zwölf, mitten in Conrads wunderbarem Kapitel „Die Bürde", hörte ich Mr. Pike durch die Halle kommen.

Ich warf einen Blick über den Rand meines Buches und sah ihn vorbeigehen, in Seestiefeln, Ölzeug und Südwester. Er hatte unten Wache und schlief bei diesem ewig schlechten Wetter kaum, aber trotzdem ging er an Deck.

Ich las und wartete eine Stunde, aber er kam nicht zurück; und ich wusste, dass er irgendwo da oben in die Dunkelheit starrte. Ich zog mich vollständig an, in meiner schweren Sturmausrüstung, von Seestiefeln und Südwestern bis hin zum Schaffell unter meinem Ölzeugmantel. Am Fuß der Treppe bemerkte ich, dass Margarets Licht im Flur brannte. Ich spähte hinein – sie lässt ihre Tür offen, damit sie lüften kann – und sah sie lesen.

„Bin bloß nicht müde", versicherte sie mir.

Und ich glaube auch nicht, dass sie in meinem tiefsten Innern irgendwelche Befürchtungen hatte. Ich bin überzeugt, dass sie den Fehler des Samurai auch jetzt noch nicht kennt – falls es denn ein Fehler war. Wie sie sagte, war sie einfach nicht müde, obwohl man nicht sagen kann, auf welche geheimnisvolle Weise sie Mr. Pikes Besorgnis zwar wahrgenommen, aber nicht bemerkt haben mag.

Am oberen Ende der Treppe, als ich durch den winzigen Flur ging, um durch die Leetür des Kartenhauses hinauszugehen, warf ich einen Blick in den Kartenraum. Auf der Couch, auf dem Rücken liegend, den Kopf unbequem hoch, dachte ich, schlief Kapitän West. Der Raum war warm von der aufsteigenden Hitze der Kabine, sodass er ohne Decke dalag und bis auf Ölzeug und Stiefel vollständig bekleidet war. Er atmete leicht und gleichmäßig, und die schmalen, asketischen Linien seines Gesichts schienen im Licht der schwach gedämpften Lampe gemildert. Und dieser eine Blick gab mir all meine Gewissheit und mein Vertrauen in seine Weisheit zurück, sodass ich über mich selbst lachte, weil ich mein warmes Bett für einen eiskalten Ausflug an Deck verlassen hatte.

Unter dem Wettertuch am Heck fand ich Mr. Mellaire. Er war hellwach, aber nicht angespannt. Offenbar war es ihm nicht in den Sinn gekommen, über das Manöver des Schiffs am vorigen Nachmittag nachzudenken, geschweige denn es in Frage zu stellen.

„Der Sturm lässt nach", sagte er mir und winkte mit seiner behandschuhten Hand in Richtung eines sternenbesetzten Himmelsausschnitts, der kurz hinter den sich lichtenden Wolken sichtbar war.

Aber wo war Mr. Pike? Wusste der zweite Maat, dass er an Deck war? Ich betastete Mr. Mellaire, während wir uns nach achtern vorarbeiteten, entlang des verrückten Achterdecks zum Steuerrad. Ich sprach über die

Schlafschwierigkeiten bei stürmischem Wetter, sprach über die Unruhe und Schlaflosigkeit, die die heftigen Bewegungen des Schiffes bei mir verursachten, und stellte die Frage, wie sich schlechtes Wetter auf die Offiziere auswirkte.

„Als ich hochkam, bemerkte ich Kapitän West im Kartenraum, der wie ein Baby schlief", schloss ich.

Wir lehnten uns in den Windschatten des Kartenhauses und gingen nicht weiter.

„Vertrauen Sie darauf, dass wir genauso schlafen, Mr. Pathurst", lachte der zweite Maat. „Je schlechter das Wetter, desto mehr wird es von uns verlangt und desto tiefer schlafen wir. Ich bin tot, sobald mein Kopf das Kissen berührt. Mr. Pike braucht länger, weil er seine Zigarette immer zu Ende raucht, nachdem er ins Bett gegangen ist. Aber er raucht, während er sich auszieht, sodass er nicht länger als eine Minute braucht, um tot zu werden. Ich wette, er hat sich jetzt seit zehn Minuten nach zwölf nicht mehr bewegt."

Der zweite Maat konnte sich also nicht vorstellen, dass der erste überhaupt an Deck war. Ich ging nach unten, um mich zu vergewissern. In Mr. Pikes Zimmer brannte eine kleine Seelampe, und ich sah, dass seine Koje unbesetzt war. Ich ging zum großen Ofen im Esszimmer und wärmte mich auf, dann kam ich wieder an Deck. Ich ging nicht in die Nähe des Wettertuchs, wo Mr. Mellaire sich bestimmt aufhielt, sondern hielt mich im Windschatten des Achterdecks, erreichte die Brücke und ging nach vorn.

Ich hatte es nicht eilig und machte deshalb auf dieser kalten, nassen Fahrt oft Pause. Der Sturm brach los, denn immer wieder schimmerten die Sterne durch die dünner werdenden Sturmwolken. Auf dem Mittelschiffshaus war kein Mr. Pike. Ich überquerte es, gestochen von der eisigen Gischt, und erkundete vorsichtig das Dach des Vorderhauses, wo, wie ich wusste, bei so schlechtem Wetter der Ausguck postiert war. Ich war ihnen bis auf zwanzig Fuß nahe, als mir ein breiteres Licht des Sternenhimmels die Gestalten des Ausgucks, wer immer er auch war, und Mr. Pike Seite an Seite zeigte. Lange beobachtete ich sie, ohne meine Anwesenheit bekannt zu geben, und ich wusste, dass die Augen des alten Maat sich wie Bohrer in die windige Dunkelheit bohrten, die *Elsinore* von der donnernden, eisernen Küste trennte, die er zu finden suchte.

Als ich zum Achterdeck zurückkam, wurde ich von dem überraschten Herrn Mellaire erwischt.

„Ich dachte, Sie schlafen, Sir", schalt er.

„Ich bin zu unruhig“, erklärte ich. „Ich habe gelesen, bis meine Augen müde waren, und jetzt versuche ich, mich abzukühlen, damit ich eingekuschelt in meine Decken einschlafen kann.“

„Ich beneide Sie, Sir“, antwortete er. „Denken Sie daran! Sie verbringen die ganze Nacht so viel, dass Sie nicht schlafen können. Eines Tages, wenn ich jemals Glück habe, werde ich eine Reise wie diese als Passagier machen und alle Wachen unten haben. Denken Sie daran! Alle gesegneten Wachen unten! Und ich werde, wie Sie, Sir, einen japanischen Diener mitbringen und ihn dazu bringen, mich bei jedem Wachwechsel zu rufen, damit ich hellwach in den paar Minuten, bevor ich mich umdrehe und wieder einschlafe, mein Glück genießen kann.“

Wir lachten uns gute Nacht zu. Ein weiterer Blick in den Kartenraum zeigte mir, dass Kapitän West wie zuvor schlief. Er hatte sich im Großen und Ganzen nicht bewegt, obwohl sich sein ganzer Körper bei jeder Bewegung des Schiffes bewegte. Unten brannte Margarets Licht noch, aber ein Blick zeigte, dass sie schlief, ihr Buch aus den Händen gefallen, so wie es bei meinen Büchern so häufig der Fall war.

Und ich wunderte mich. Die Hälfte von uns Seelen auf der *Elsinore* schlief. Der Samurai schlief. Doch der alte Erste Maat, der eigentlich hätte schlafen sollen, hielt mit bitterer Miene Wache über das Vorschiff. War seine Angst berechtigt? Konnte sie berechtigt sein? Oder war es die Gereiztheit des Alters? Treibten wir dem Untergang entgegen? Oder war es nur ein alter Mann, der mitten in seiner Lebensaufgabe von Senilität niedergestreckt wurde?

Zu hellwach, um an Schlaf zu denken, machte ich es mir mit *The Mirror of the Sea* am Esstisch bequem. Ich zog auch nichts von meiner Sturmausrüstung aus, außer den nassen Fäustlingen, die ich ausgewrungen und zum Trocknen neben den Ofen gehängt hatte. Vier Glocken läuteten, dann sechs Glocken, und Mr. Pike war noch nicht nach unten zurückgekehrt. Als die Wachen um acht Glocken läuteten, wurde mir klar, was für eine harte Nacht der alte Maat durchgemacht hatte. Von acht vor zwölf war seine eigene Wache an Deck gewesen. Er hatte nun die vier Stunden der Wache des zweiten Maat hinter sich und begann seine eigene Wache, die bis acht Uhr morgens dauern würde – zwölf aufeinanderfolgende Stunden in einem Sturm am Kap Hoorn bei einem Quecksilberstand unter Null.

Als nächstes – denn ich war eingenickt – hörte ich laute Schreie über meinem Kopf, die sich auf dem Achterdeck wiederholten. Erst später erfuhr ich, dass es Mr. Pikes Befehl war, das Ruder festzumachen. Er wurde von vorne von den Männern weitergegeben, die er in Abständen auf der Brücke postiert hatte.

Als ich plötzlich erwachte, wusste ich nur, dass da oben etwas vor sich ging. Als ich meine dampfenden Handschuhe anzog und in meiner besten Kleidung die schwankenden Stufen hinaufeilte, hörte ich das Stampfen von Männern, die diesmal nicht zögerten. In der Halle des Kartenhauses hörte ich Mr. Pike, der vom Vorschiff aus schon die gesamte Länge der Brücke zurückgelegt hatte, rufen:

„Besan-Bracket! Locker, verdammt! Locker beim Laufen! Aber haltet eine Wende! Achtern, hier, alle! Springt! Schnell, wenn ihr nicht schwimmen wollt! Hereinkommen, Backbord-Bracket! Lasst ihn nicht entkommen! Lee-Bracket! – wenn ihr die Wende versäumt, spalte ich euch den Schädel! Schnell! Schnell! – Ist das Ruder hart umgedreht? Warum zum Teufel antwortest du nicht?"

All das hörte ich, als ich zur Leetür rannte und mich fragte, warum ich die Stimme des Samurai nicht hörte.

Dann, als ich an der Tür zum Kartenraum vorbeiging, sah ich ihn.

Er saß mit bleichem Gesicht und einem Seestiefel in der Hand auf der Couch und ich hätte schwören können, dass seine Hände zitterten. So viel sah ich, und im nächsten Moment war ich draußen an Deck.

Als ich gerade aus dem Licht kam, konnte ich zunächst nichts sehen, obwohl ich Männer an den Relingstangen und den Maat knurren und Befehle brüllen hörte. Aber ich kannte das Manöver. Mit einer schwachen Mannschaft, in der großen, schwungvollen See eines aufkommenden Sturms, mit Brechern und Zerstörungen im Windschatten, wurde die *Elsinore* herumgetragen. Wir waren die ganze Nacht unter Untermarssegeln und einem gerefften Focksegel gefahren. Mr. Pikes erste Aktion, nachdem er das Steuerrad hochgezogen hatte, war es gewesen, die Besanrahen auszurichten. Da der Winddruck achtern so nachließ, konnte das Heck leichter gegen den Wind schwingen, während der Winddruck auf den Focksegeln den Bug ausrichtete.

Aber es braucht Zeit, ein Schiff unter kurzer Plane auf hoher See zu tragen. Langsam, ganz langsam spürte ich, wie sich die Richtung des Windes an meiner Wange änderte. Der Mond, der anfangs schwach war, wurde immer heller, als die letzten Fetzen einer vorbeiziehenden Wolke vor ihm davonzogen. Vergeblich suchte ich nach irgendeinem Land.

„Großwaffen! – alle! – springt!", rief Mr. Pike, der selbst den Ansturm auf dem Achterdeck anführte. Und die Männer stürmten wirklich los. Noch nie in all den Monaten, in denen ich sie beobachtet hatte, hatte ich eine solche Energie und Schnelligkeit gesehen.

Ich ging zum Steuerrad, wo Tom Spink stand. Er bemerkte mich nicht. Er hielt das Leerlaufrad mit einer Hand und lehnte sich zur Seite hinaus, die

Augen starrten fasziniert ins Meer. Ich folgte seiner Richtung, zwischen dem Kartenhaus und den Wanten des Backbords hindurch und über ein Bergmeer, das im Mondlicht nur undeutlich zu erkennen war. Und dann sah ich es! Das Heck *der Elsinore* war gen Himmel geworfen, und jenseits des kalten Ozeans sah ich Land – schwarze Felsen und schneebedeckte Hänge und Klippen. Und auf dieses Land zu steuerte die *Elsinore , jetzt fast vor dem Wind.*

Aus dem Mittelschiffshaus drang das Knurren des Maat und das Geschrei der Matrosen. Sie zogen und zogen um ihr Leben. Dann kam Mr. Pike über das Achterdeck, sprang mit unglaublicher Geschwindigkeit und ließ sein Knurren vor sich her laufen.

„Lös das Steuer da! Was zum Teufel guckst du so? Ruhig es aus, wenn ich es dir sage. Das ist alles, was du tun musst!"

Von vorne ertönte ein Schrei, und ich wusste, dass Mr. Mellaire oben auf dem Vorderhaus war und die Vorderrahe bediente.

„Jetzt!" – von Mr. Pike. „Mehr Speichen! Ruhig! Ruhig! Und seien Sie bereit, sie zu kontrollieren!"

Er sprang wieder am Achterdeck entlang und rief nach Männern für die Besanhaken. Und die Männer erschienen, einige von seiner Wache, andere von der Wache des zweiten Maat, aus dem Schlaf aufgeschreckt – Männer ohne Mantel, Hut und Stiefel; Männer mit furchterfüllten Gesichtern, die aber nur darauf brannten, einmal den Befehlen des Mannes zu folgen, der es wusste und ihr elendes Leben vor dem elenden Tod retten konnte. Ja – und ich bemerkte den Koch mit den zarten Händen und Yatsuda, den Segelmacher, der mit seiner einen nicht gelähmten Hand zog. Alle Mann mussten mithelfen, um das Schiff zu retten, und alle wussten es. Sogar Sundry Buyers, der in seiner Dummheit nach achtern getrieben war, anstatt mit seinem eigenen Offizier vorn zu sein, verkniff es sich, umherzustarren und sich den Bauch zu drücken. Für den Augenblick zog er wie ein junger Mann von zwanzig Jahren.

Der Mond bedeckte sich wieder, und in der Dunkelheit drehte die *Elsinore* auf Steuerbordbug in den Wind. In ihrem Fall, nur mit Untermarssegeln , bedeutete dies, dass sie acht Punkte vom Wind entfernt lag, oder, um es an Land auszudrücken, im rechten Winkel zum Wind.

Mr. Pike war großartig, wunderbar. Sogar als die *Elsinore* sich gegen den Wind drehte, während die Rahen noch verspannt wurden, und während er das Verhalten des Schiffs und des Steuerrads beobachtete, befahl er zwischen seinen Befehlen an Tom Spink „Eine Speiche! Eine oder zwei Speichen! Noch eine! Ruhig! Halt sie! Locker!" den Männern oben, die Segel zu lösen. Ich hatte gedacht, dass wir gerettet wären, nachdem das Manöver des

Aufziehens geschafft war, aber dieses Setzen aller drei Obermarssegel überzeugte mich nicht.

Der Mond blieb verborgen, und in Lee war nichts zu sehen. Mit jedem Segel wurde die *Elsinore* immer weiter nach außen gedrückt, und ich erkannte, dass noch genügend Wind vorhanden war, obwohl der Sturm nachgelassen hatte oder gerade nachließ. Außerdem konnte ich unter dieser zusätzlichen Plane spüren, wie sich die *Elsinore* durch das Wasser bewegte. Pike schickte nun den maltesischen Cockney, um Tom Spink am Steuer zu helfen. Er selbst stellte sich neben die Sprengluke, von wo aus er die *Elsinore einschätzen* , nach Lee blicken und die Steuermänner im Auge behalten konnte.

„Voll und vorbei", war sein wiederholter Befehl. „Halten Sie sie gut voll – einen Rap voll; aber lassen Sie sie nicht wegfallen. Halten Sie sie fest und treiben Sie sie an."

Er nahm überhaupt keine Notiz von mir, obwohl ich auf meinem Weg in den Windschatten des Kartenhauses eine ganze Minute lang an seiner Schulter stand und ihm Gelegenheit gab, zu sprechen. Er wusste, dass ich da war, denn seine große Schulter streifte meinen Arm, als er schwankte und sich umdrehte, um den Steuermann in einem Atemzug zu warnen, sie hochzuhalten, aber voll zu halten. In einem solchen Moment hatte er weder Zeit noch Höflichkeit für einen Passagier.

Als ich mich hinter dem Kartenhaus versteckte, sah ich den Mond aufgehen. Er wurde immer heller, und ich sah das Land, genau in Lee von uns, keine dreihundert Meter entfernt. Es war ein grausamer Anblick – schwarzer Fels und bitterkalter Schnee, mit Klippen, die so senkrecht ragten, dass die *Elsinore* in tiefem Wasser neben ihnen hätte liegen können, mit großen Spalten und Rissen, und mit gewaltigen Wogen, die über die ganze Länge donnerten und spritzten.

Jetzt war mir unsere missliche Lage klar. Wir mussten die Bucht aus Land und Inseln, in die wir getrieben waren, durchqueren, und Meer und Wind wirkten direkt auf das Ufer. Der einzige Ausweg war, durch das Wasser zu fahren, schnell und hart, und das wurde mir klar, als Mr. Pike an uns vorbeisprang und zur Heckkante kam, wo ich ihn Mr. Mellaire zurufen hörte, er solle das Großsegel setzen.

Der zweite Maat hatte offensichtlich Zweifel, denn Mr. Pikes nächster Schrei war:

„Verdammtes Riff! Du wärst als Erster in der Hölle! Volles Großsegel! Alle Mann ans Steuer!"

Der Unterschied war sofort spürbar, als diese riesige Segeltuchbahn dem Wind entgegentrat. Die *Elsinore* hüpfte und zitterte förmlich, als sie sich in den Wind warf, und ich konnte fühlen, wie sie sich nach Luv wälzte, während sie gleichzeitig schneller vorwärts fuhr. Außerdem wurde sie von den Rollen und Böen nach unten gedrückt, bis ihre Leereling unterging und das Meer bis zu ihren Luken schäumte. Mr. Pike beobachtete sie wie ein Falke, und wie ein sicherer Tod beobachtete er den maltesischen Cockney und Tom Spink am Steuer.

„Landen Sie auf dem Lee-Bug!", ertönte ein Schrei vom Vorschiff, der von Mund zu Mund über die Brücke bis zum Achterdeck weitergetragen wurde.

Ich sah, wie Mr. Pike grimmig und sarkastisch mit dem Kopf nickte. Er hatte es bereits vom Achterdeck aus gesehen, und was er nicht gesehen hatte, hatte er erraten. Zwanzig Mal sah ich, wie er das Gewicht der Böen auf seiner Wange prüfte und mit seinem ganzen Verstand das Verhalten der *Elsinore studierte* . Und ich wusste, was in seinem Kopf vorging. Konnte sie tragen, was sie hatte? Konnte sie mehr tragen?

Kein Wunder, dass ich in diesem spannungsgeladenen Zeitablauf den Samurai vergessen hatte. Ich erinnerte mich auch nicht an ihn, bis die Tür des Kartenhauses aufschwang und ich ihn am Arm packte. Er hielt sich fest und schwankte neben mir, während er dieses grausame Bild aus Felsen und Schnee und sprudelnder Brandung betrachtete.

„Eine ordentliche Portion!", knurrte Mr. Pike. „Oder ich fresse dir das Herz aus. Gott verflucht sollst du sein, Tom Spink, du bist ein echter Farmerhund! Mach langsam! Mach langsam! Mach langsam mit ihr in die großen, verdammt! Lass sie nicht den Kopf abfallen! Ruhig! Wo zum Teufel hast du das Steuern gelernt? Auf welcher Kuhfarm bist du aufgewachsen?"

Hier sprang er mit seinen unglaublichen Sprüngen an uns vorbei.

„Es wäre gut, die Besan-Bramsegel zu setzen", hörte ich Kapitän West mit schwacher, zitternder Stimme murmeln. „Mr. Pathurst, würden Sie bitte Mr. Pike sagen, er solle die Besan-Bramsegel setzen?"

Und genau in diesem Augenblick ertönte Mr. Pikes Stimme aus dem Heck des Achterdecks:

»Mr. Mellaire! – die Besanbramsegel!«

Captain West ließ den Kopf hängen, bis sein Kinn auf seiner Brust ruhte, und murmelte so leise, dass ich mich vorbeugte, um es zu hören.

„Ein sehr guter Offizier", sagte er. „Ein ausgezeichneter Offizier. Mr. Pathurst, wenn Sie mir den Gefallen tun würden, würde ich gern hineingehen. Ich … ich habe meine Stiefel nicht an."

Die Muskelkraft bestand darin, die schwere Eisentür zu öffnen und sie bei den Stößen und Stößen offen zu halten. Das gelang mir; aber als ich Captain

West über die hohe Schwelle geholfen hatte, dankte er mir und verzichtete auf weitere Dienste. Und selbst da wusste ich noch nicht, dass er im Sterben lag.

Noch nie wurde ein Blackwood-Schiff so getrieben wie die *Elsinore* während der nächsten halben Stunde. Auch die Klüverklüver wurden gesetzt, und als sie in Fetzen abtauchte, wurde das Stagsegel am Fockmast gehisst. Vor dem Mittelschiffshaus wurde es durch die tosende See unbewohnbar. Mr. Mellaire klammerte sich mit der Hälfte der Mannschaft irgendwie oben am Mittelschiffshaus fest, während der Rest der Mannschaft mit uns in der relativen Sicherheit des Achterdecks war. Sogar Charles Davis, durchnässt und zitternd, klammerte sich neben mir an den Messingringgriff der Kartenhaustür.

So ein Segeln! Es war ein Wahnsinn aus Geschwindigkeit und Bewegung, denn die *Elsinore* fuhr über und durch und unter jenen riesigen Graubärten hindurch, die donnernd aufs Ufer zusteuerten. Es gab Momente, in denen Rollen und Böen gleichzeitig gegen sie arbeiteten, und ich hätte schwören können, dass die Enden ihrer Unterrahen über das Meer fegten.

Die Chance, dass wir uns losreißen konnten, war eins zu zehn. Alle wussten es, und alle wussten, dass wir nichts weiter tun konnten, als abzuwarten, was passiert. Und wir warteten schweigend. Die einzige Stimme war die des Maats, der ab und zu fluchte, drohte und Tom Spink und dem maltesischen Cockney am Steuerrad Befehle erteilte. Zwischendurch und die ganze Zeit über schätzte er die Böen ab, und immer hob er seine Augen zur Großbramrah. Er wollte noch dieses eine Segel setzen. Ein Dutzend Mal sah ich, wie er den Mund halb öffnete, um den Befehl zu geben, den er nicht zu geben wagte. Und so wie ich ihn beobachtete, beobachteten ihn alle. Hartnäckig, verbittert, mit sauertöpfischen Gesichtszügen und knurrendem Mund war er der einzige Mann, der Handlanger des Rennens, der Herr des Augenblicks. „Und wo“, dachte ich, „oh, wo war der Samurai?“

Eine Chance von 10? Es war eine von 100, als wir darum kämpften, den letzten kühnen Felszahn zu überwinden, der zwischen uns und dem offenen Meer ins Meer und den Sturm ragte. Wir waren so nah dran, dass ich sah, wie unsere weit taumelnden Segelrahen gegen die Felswand prallten. Wir waren so nah dran, nicht mehr als einen Kekswurf von seinem eisernen Stützpfeiler entfernt, dass ich schwören könnte, dass jeder von uns den Atem anhielt und darauf wartete, dass die Elsinore aufprallte, als wir in die letzte große Mulde zwischen zwei Meeren *sanken* .

Stattdessen fuhren wir frei. Und als wäre der Sturm in höchster Wut über unsere Flucht, verpasste er uns in diesem Moment den mächtigsten Schlag von allen. Der Maat spürte die gewaltige See kommen, denn er sprang ans Steuer, bevor der Sturm kam. Ich schaute nach vorn und sah, dass alles vorn von dem Berg Wasser verdeckt war, der an Bord fiel. Die *Elsinore* richtete sich nach dem Stoß wieder auf und tauchte wieder vor unseren Augen auf, von Reling zu Reling voll Wasser. Dann erfasste eine Böe ihre Segel und legte sie auf die Seite, wobei die Hälfte der enormen Last wieder nach außen gespült wurde.

Über die Brücke ertönte der Ruf „Mann über Bord!"

Ich warf einen Blick auf den Maat, der gerade das Steuerrad an die Steuermänner abgegeben hatte. Er schüttelte den Kopf, als sei er über so ein banales Ereignis verärgert, ging in die Ecke des Halbsteuerhauses und starrte auf die Küste, der er entkommen war, weiß und schwarz und kalt im Mondlicht.

Mr. Mellaire kam nach achtern und sie trafen sich neben mir im Windschatten des Kartenhauses.

„Alle Mann, Mr. Mellaire", sagte der Maat, „und nehmen Sie das Großsegel ab. Danach die Besan-Bramsegel."

„Jawohl, Sir", sagte der zweite.

„Wer war es?", fragte der Maat, als Mr. Mellaire sich abwandte.

„Boney – er war sowieso nichts wert", kam die Antwort.

Das war alles. Boney the Splinter war verschwunden, und alle Besatzungsmitglieder folgten Mr. Mellaires Befehl, das Großsegel einzuholen. Aber sie holten es nie ein, denn in diesem Moment begann es, aus den Liektauen zu wehen, und nach wenigen Augenblicken waren nur noch ein paar kurze, lattenförmige Streifen davon übrig.

„Besansegel!", befahl Mr. Pike. Dann bemerkte er zum ersten Mal, dass ich da war.

„Na, dann los", knurrte er. „Es hat sich nie richtig gesetzt. Ich wollte immer unbedingt den Segelmacher in die Finger kriegen, der es gemacht hat."

Auf meinem Weg nach unten wurde mir durch einen Blick in den Kartenraum klar, dass der Samurai einen Fehler begangen hatte - falls man das überhaupt einen nennen kann, denn niemand wird es je erfahren. Er lag in einem losen Haufen auf dem Boden und rollte mit jeder Rolle der *Elsinore* *hin und her* .

KAPITEL XXXIX.

Es gibt so viel, worüber man auf einmal schreiben könnte. Zunächst einmal Kapitän West. Sein Tod kam nicht ganz unerwartet. Margaret erzählt mir, dass sie von Beginn der Reise an – und sogar schon vorher – besorgt war. Aus diesem Grund änderte sie so abrupt ihre Pläne und begleitete ihren Vater.

Was wirklich passiert ist, wissen wir nicht, aber die einhellige Vermutung ist, dass es ein Herzinfarkt war. Und dennoch kam er nach dem Schlaganfall nicht an Deck? Oder könnte dem ersten Schlaganfall ein weiterer und tödlicher gefolgt sein, nachdem ich ihm durch die Tür hineingeholfen hatte? Und trotzdem habe ich nie gehört, dass einem Herzinfarkt Stunden zuvor eine Schwächung des Geistes vorausgegangen wäre. Kapitän Wests Verstand schien an jenem letzten Nachmittag, als er die Elsinore trug *und* begann, in Lee zu driften, völlig klar zu sein und muss es auch gewesen sein. In diesem Fall war es ein Fehler. Der Samurai machte einen Fehler und sein Herz zerbrach ihm, als er sich des Fehlers bewusst wurde.

Jedenfalls kommt Margaret der Gedanke an einen Fehler nie in den Sinn. Sie akzeptiert ganz selbstverständlich, dass das alles Teil des bevorstehenden Endes seiner Krankheit war. Und niemand wird sie je eines Besseren belehren. Weder Mr. Pike, Mr. Mellaire noch ich unter uns erwähnen auch nur ein Wort darüber, was so knapp an einer Katastrophe vorbeigegangen ist. Tatsächlich spricht Mr. Pike überhaupt nicht über die Sache. – Und andererseits, könnte es nicht etwas anderes als eine Herzkrankheit gewesen sein? Oder eine Herzkrankheit, die durch etwas anderes verkompliziert wurde, das seinen Verstand an jenem Nachmittag vor seinem Tod trübte? Nun, niemand weiß es, und ich für meinen Teil werde nicht einmal insgeheim über das Ereignis urteilen.

* * * * *

Am Mittag des Tages, als wir uns vor Feuerland zurückzogen, lag die *Elsinore* in völliger Windstille und den ganzen Nachmittag schaukelte sie, keine zwanzig Meilen vom Festland entfernt. Kapitän West wurde um vier Uhr beerdigt, und um acht Uhr abends übernahm Mr. Pike das Kommando und machte ein paar Bemerkungen zu beiden Wachen. Es waren Bemerkungen, die ihm direkt aus der Schulter kamen, oder, wie er sie nannte, „echte Nägel".

Unter anderem sagte er den Matrosen, dass sie einen neuen Chef hätten und dass sie sich wie nie zuvor an die Regeln halten würden. Bis zu diesem Zeitpunkt hätten sie in einem Hotel gefaulenzt, aber von nun an würden sie arbeiten.

„Auf dieser Nutte", sagte er abschließend, „wird es von nun an wie in alten Zeiten sein, als ein Mann am letzten Tag der Reise genauso sprang wie am ersten. Und Gott helfe dem Mann, der nicht springt. Das ist alles. Lösen Sie das Steuer und halten Sie Ausschau."

* * * * *

Und doch sind die Männer in einem furchtbar erbärmlichen Zustand. Ich weiß nicht, wie sie springen können. Eine weitere Woche mit Weststürmen, die sich mit kurzen Ruhephasen abwechseln, ist vergangen, sodass wir insgesamt sechs Wochen vor dem Kap Hoorn waren. Die Männer sind so schwach, dass sie keinen Mut mehr haben – nicht einmal die Gangster. Und sie haben solche Angst vor dem Maat, dass sie wirklich ihr Bestes tun, um zu springen, wenn er sie treibt, und er treibt sie die ganze Zeit. Mr. Mellaire schüttelt den Kopf.

„Warten Sie, bis sie wieder auf die Beine kommen und besseres Wetter haben", sagte er mir zu seiner Überraschung neulich Nachmittag. „Warten Sie, bis sie ausgetrocknet und ausgeruht sind, mehr geschlafen haben, ihre Wunden verheilt sind, mehr Fleisch auf den Knochen und mehr Mumm im Blut haben – dann lassen sie sich diese Schikane nicht mehr gefallen. Mr. Pike kann nicht begreifen, dass sich die Zeiten geändert haben, Sir, und dass sich die Gesetze geändert haben und dass sich die Menschen geändert haben. Er ist ein alter Mann, und ich weiß, wovon ich spreche."

„Sie meinen, Sie haben dem Gespräch der Männer zugehört?", erwiderte ich unbesonnen, und das unoffizierhafte Verhalten dieses Schiffsoffiziers machte mich wütend.

Der Schuss traf, denn blitzschnell verschwand der sanfte und freundliche Lichtfilm von der Oberfläche der Augen, und das beobachtende, furchterregende Etwas, das im Schädelinneren lauerte, schien mich beinahe anzuspringen, während der grausame Mundspalt immer dünner und grausamer wurde. Gleichzeitig zeichnete sich vor meinem inneren Auge grotesk das Bild eines Gehirns ab, das wild gegen die Hautschicht pulsierte, die den Schädelspalt unter dem tropfenden Südwestwind bedeckte. Dann beherrschte er sich, der Mundspalt entspannte sich, und der sanfte und freundliche Film legte sich wieder über die Augen.

„Ich meine, Sir", sagte er leise, „dass ich aus langjähriger Seefahrtserfahrung spreche. Die Zeiten haben sich geändert. Die alten Zeiten des Autofahrens sind vorbei. Und ich vertraue darauf, Mr. Pathurst, dass Sie mich in dieser Angelegenheit nicht missverstehen und das, was ich gesagt habe, auch nicht falsch interpretieren werden."

Obwohl das Gespräch zu anderen und ruhigeren Themen abdriftete, konnte ich die Tatsache nicht ignorieren, dass er nicht bestritten hatte, den

Gesprächen der Männer zugehört zu haben. Und doch ist er, wie Mr. Pike widerwillig zugibt, ein guter Seemann und zweiter Maat, abgesehen von seiner unheiligen Vertrautheit mit den Männern vorn – eine Vertrautheit, die selbst der chinesische Koch und der chinesische Steward als unseelisch und gefährlich verurteilen.

Auch wenn Männer wie die Gangster durch die Strapazen so zermürbt sind, dass sie kein rebellisches Herz mehr haben, gibt es drei der schwächsten Männer auf dem Vorschiff, die nicht sterben werden und so mutig sind wie eh und je. Es sind Andy Fay, Mulligan Jacobs und Charles Davis. Welche seltsame, abgrundtiefe Vitalität sie auszeichnet, ist jenseits aller Spekulationen. Natürlich hätte Charles Davis schon längst mit einem Sack Kohle zu seinen Füßen über Bord sein sollen. Und Andy Fay und Mulligan Jacobs sind und waren schon immer nur zerstörte und ausgemergelte Männer. Doch sie sind weitaus stärkere Männer als jene, die über Bord gegangen sind, und weitaus stärkere Männer als jene, die jetzt in absoluter körperlicher Hilflosigkeit in den feuchten Kojen des Vorschiffs liegen. Und diese beiden bitteren Flammen aus Fetzen von Dingen stehen all ihre Wachen durch und beantworten alle Anrufe für beide Wachen.

Ja, und die Hühner haben etwas von diesem Lebensmut in sich. Federlos, halb erfroren trotz des Ölofens, gelegentlich triefend bespritzt von der eisigen See, die durch ihr schieres Gewicht durch die Planen schlägt, ist dennoch kein einziges Huhn gestorben. Ist es eine Frage der Auswahl? Sind das die eisernen, die die Strapazen von Baltimore bis zum Kap Hoorn überlebt haben und in der Lage sind, alles zu überstehen? Und dann nimmt ein De Vries sie, rettet sie und findet aus ihnen die widerstandsfähigste Hühnerrasse auf dem Planeten! Und danach werde ich immer diese älteste Phrase unserer Sprache hinterfragen – „hühnerherzig". Gemessen an den Hühnern *von Elsinore* ist das eine Fehlbezeichnung.

Auch unsere drei Horn Gypsies, die Sturmbesucher mit den verträumten Topasaugen, sind nicht ohne Mumm. Obwohl sie vom Rest der Mannschaft aus abergläubischer Abscheu betrachtet werden und Fremde sind, weil sie kein Wort der Alltagssprache sprechen, sind sie dennoch gute Seeleute und stürzen sich immer als erste in jede Arbeit oder Gefahr. Sie haben Mr. Mellaires Wache übernommen und sind ganz getrennt von den anderen Matrosen. Und wenn es zu einer Verzögerung oder Wartezeit kommt und sie minutenlang nichts zu tun haben, drängen sie sich zusammen, stehen und schwanken, während sich das Deck hebt, und träumen mit diesen blassen Topasaugen ferne Träume von einem Land, da bin ich mir sicher, wo Mütter mit blassen Topasaugen und sandfarbenem Haar Söhne und Töchter zur Welt bringen, die sich in Bezug auf Topasaugen und sandfarbenes Haar reinrassig fortpflanzen.

Aber der Rest der Mannschaft! Nehmen wir den maltesischen Cockney. Er ist zu intelligent, zu sensibel und erfolgreich, um es auszuhalten. Er ist nur noch ein Schatten seiner selbst. Seine Wangen sind eingefallen. Unter seinen Augen liegen dunkle Ringe des Leidens, und seine Augen, in denen Latein und Englisch vermischt sind, sind tief eingesunken und brennen so hell, als stünden sie in Fieberflammen.

Tom Spink, ein hartgesottener Angelsachse und guter Seemann, der sich lange bewährt hat, ist seelisch völlig zerstört. Er jammert und ist ängstlich. Obwohl er noch immer seine Arbeit verrichtet, ist er so gebrochen, dass er keinen Stolz und keine Scham mehr hat.

„Ich werde nie wieder um das Kap Hoorn segeln, Sir“, begann er mir gegenüber, als ich ihm am Steuerrad einen guten Morgen wünschte. „Ich habe es schon einmal geschworen, aber diesmal meine ich es ernst. Nie wieder, Sir. Nie wieder.“

„Warum hast du es vorher geschworen?“, fragte ich.

„Es war auf der *Nahoma* , Sir, vor vier Jahren. Zweihundertdreißig Tage von Liverpool nach Frisco. Denken Sie mal darüber nach, Sir. Zweihundertdreißig Tage! Und wir waren mit Zement und Kreosot beladen, und das Kreosot löste sich. Wir begruben den Kapitän gleich hier vor der Küste. Die Vorräte gingen zur Neige. Die meisten von uns wären fast an Skorbut gestorben. Jeder einzelne von uns wurde ins Krankenhaus nach Frisco gekarrt. Es war die reine Hölle, Sir, das war es, und das zweihundertdreißig Tage lang.“

„Und doch sind Sie hier“, lachte ich, „und haben sich für eine weitere Reise nach Horn angemeldet.“

Und heute Morgen vertraute Tom Spink das folgende Buch an:

„Wenn wir doch nur den Zimmermann verloren hätten, Sir, statt Boney.“

Ich verstand zunächst nicht, was er meinte, aber dann fiel es mir wieder ein. Der Zimmermann war der Finne, der Jona, der Hexer, der dem Wind Streiche spielte und arme Seeleute schändlich ausnutzte.

* * * * *

Ja, und ich gestehe, dass ich dieses ewige Hin und Her des Großen Westwindes leid bin. Und wir sind auch nicht allein mit unserer Mühsal auf diesem öden Ozean. Kein Tag wird dünner, kein Tag hört auf, an dem wir keine Schiffe sehen, die wie wir westwärts fahren, beidrehen und versuchen, die dürftige Westrichtung beizubehalten, die sie besitzen. Und gelegentlich, wenn das Grau sich lichtet und hebt, sehen wir ein glückliches Schiff, das ostwärts fährt, vor ihm herläuft und die Meilen abspult. Gestern sah ich Mr.

Pike, wie er in wütendem Hass seine Faust gegen ein solches Schiff schüttelte, das keine Viertelmeile entfernt unverschämt an uns vorbeiflog.

Und die Männer springen. Mr. Pike steuert mit seinen klotzigen Fäusten, wie das Gesicht vieler Männer bezeugt. Sie sind so schwach und er ist so schrecklich, dass ich schwören könnte, er könnte jede Uhr im Alleingang schlagen. Ich kann nicht umhin festzustellen, dass Mr. Mellaire sich weigert, an diesem Fahren teilzunehmen. Doch ich weiß, dass er ein ausgebildeter Fahrer ist und dass er zu Beginn der Reise nicht abgeneigt war, zu fahren. Aber jetzt scheint er darauf aus zu sein, ein gutes Verhältnis zur Mannschaft zu pflegen. Ich wüsste gern, was Mr. Pike davon hält, denn er kann unmöglich blind sein für das, was vor sich geht; aber ich bin mir nur zu gut bewusst, was passieren würde, wenn ich die Frage aufwerfen würde. Er würde mich beleidigen, mir den Kopf abschlagen und sich drei Tage lang einem Seemannsgroll hingeben. Für Margaret und mich ist es in der Kabine und bei Tisch traurig und eintönig genug, ohne dass wir uns auch noch die Missbilligung des Maats zunutze machen müssen.

KAPITEL XL.

Ein weiterer brutaler Seefahrer-Aberglaube bestätigt. Von jetzt an und für immer werden diese Schwachköpfe von uns glauben, dass Finnen Jonas sind. Wir befinden uns westlich der Diego de Ramirez-Felsen und fahren mit zwölf Knoten nach Westen, mit einem Oststurm im Rücken. Und der Zimmermann ist weg. Sein Ableben und das Aufkommen des Ostwindes waren Zufall.

Als er mir gestern Morgen beim Anziehen half, fiel mir Wadas Ernst auf. Er schüttelte schwermütig den Kopf, als er mir die Neuigkeit mitteilte. Der Zimmermann wurde vermisst. Das Schiff war überall nach ihm abgesucht worden. Es gab einfach keinen Zimmermann.

„Was denkt der Steward?", fragte ich. „Was denkt Louis? – und Yatsuda?"

„Die Matrosen töten den Zimmermann ganz bestimmt", war die Antwort. „Ein ganz schlimmes Schiff. Ganz schlimme Herzen. Immer dasselbe Schwein, immer derselbe Hund. Immer töten. Immer töten. Und jetzt töten alle. Verstehen Sie."

Der alte Verwalter, der in seiner Speisekammer arbeitete, grinste mich an, als ich die Angelegenheit erwähnte.

„Sie machen sich über mich lustig, ich mach sie fertig", sagte er rachsüchtig. „Vielleicht bringen sie mich um, aber ich bringe auch welche um."

Er warf seinen Mantel zurück, und ich sah, dass an seiner linken Körperseite ein schweres Fleischermesser befestigt war, das in einer Segeltuchscheide steckte, so dass der Griff griffbereit war. Er zog es hervor – es war volle zwei Fuß lang – und zerschnitt, um seine rasiermesserscharfe Schneide zu demonstrieren, ein Stück Zeitungspapier in viele Streifen.

„Hm!", lachte er sarkastisch. „Ich bin ein Schlitzohr, ein Affe, ein verdammter Narr, was? – nichts taugend, was? Alles verdammt noch mal verdorben. Ich bringe sie in Ordnung, und sie machen sich über mich lustig."

Und doch gibt es nicht den geringsten Hinweis auf ein Verbrechen. Niemand weiß, was mit dem Zimmermann passiert ist. Es gibt keine Hinweise, keine Spuren. Die Nacht war ruhig und schneereich. An Bord brach keine See. Ohne Zweifel ist der tollpatschige, großfüßige, zu groß gewachsene Junge über Bord gegangen und tot. Die Frage ist: Ist er von selbst über Bord gegangen oder wurde er über Bord geworfen?

Um acht Uhr begann Mr. Pike, die Wachen zu befragen. Er stand am Heck, ganz oben, lehnte sich an die Reling und blickte auf die Mannschaft hinunter, die sich unter ihm auf dem Hauptdeck versammelt hatte.

Er befragte einen Mann nach dem anderen, und jeder erzählte ihm eine Geschichte. Sie wussten nicht mehr darüber als wir – zumindest behaupteten sie das.

„Ich schätze, Sie werden mir als Nächstes vorwerfen, ich hätte diesen großen Blödmann mit meinen eigenen Händen über Bord geworfen", knurrte Mulligan Jacobs, als er befragt wurde. „Und vielleicht habe ich das auch getan, da ich so kräftig und wütend bin wie ein Stier."

Das Gesicht des Maat wurde immer abweisender und säuerlicher, aber ohne Kommentar ging er weiter zu John Hackey, dem Gangster aus San Francisco.

Es war eine unvergessliche Szene – der Maat auf dem hohen Platz, die Männer, mürrisch und teilnahmslos, darunter versammelt. Ein sanfter Schnee trieb senkrecht durch die windstille Luft, während die *Elsinore* mit hohlem Donnern ihrer Segel auf den ruhigen Wellen dahinrollte, so dass der Ozean mit langgezogenen, schaudernden Saug- und Schluchzergeräuschen an die Mündungen ihrer Speigatten schwappte. Und alle Männer wiegten sich im Gleichklang mit den Wellen, ihre Hände in Fäustlingen, ihre Füße in in Säcke gehüllten Seestiefeln, ihre Gesichter abgekämpft und krank. Und die drei Träumer mit den Topasaugen standen da und wiegten sich und träumten gemeinsam, ohne sich für Umgebung und Situation zu interessieren.

Und dann kam es – der Hauch von Ostwind. Der Maat bemerkte es als Erster. Ich sah, wie er zusammenzuckte und seine Wange dem kaum wahrnehmbaren Luftzug zuwandte. Dann spürte ich es. Er wartete noch eine Minute, bis er sich sicher war, und dann, den toten Zimmermann vergessen, platzte er mit Befehlen an das Steuerrad und die Mannschaft heraus. Und die Männer sprangen, obwohl der Aufstieg in die Höhe aufgrund ihrer Schwäche langsam und mühsam war; und als die Dichtungen von den Bramsegeln entfernt waren und die Männer an Deck die Rahen hissten und die Schoten wieder festmachten, ließen die Männer in der Höhe die Segel los.

Während diese Arbeiten fortgesetzt wurden und die Rahen verspannt wurden, begann die *Elsinore* mit dem Bug nach Westen zeigend durch das Wasser zu gleiten, bevor der erste günstige Wind seit anderthalb Monaten aufkam.

Langsam entwickelte sich die leichte Luft zu einer sanften Brise, während es die ganze Zeit stetig schneite. Das Barometer, das auf 28,80 gesunken war, fiel weiter und die Brise wurde immer stärker. Tom Spink, der auf dem Achterdeck an mir vorbeikam, um mir beim letzten, heiklen Trimmen der Besanrahen zu helfen, warf mir einen triumphierenden Blick zu. Der Aberglaube war bestätigt. Die Ereignisse hatten ihm recht gegeben. Mit dem

Abgang des Zimmermanns war günstiger Wind gekommen, den besagter Hexenmeister zweifellos in seiner Tasche mit Windtricks mitgenommen hatte.

Mr. Pike schritt auf und ab, rieb sich die Hände, die er zu verächtlich gerne mit Handschuhen bedeckte, kicherte und grinste vor sich hin, warf einen Blick auf die Spannung jedes Segels und warf verstohlene bewundernde Blicke nach achtern in das Grau des Schnees, aus dem der günstige Wind wehte. Er blieb sogar neben mir stehen, um einen Moment über die französischen Restaurants von San Francisco zu tratschen und darüber, wie dort die köstliche kalifornische Art, Wildente zuzubereiten, entstanden ist.

„Wirf sie durchs Feuer", skandierte er. „So geht das – wirf sie durchs Feuer – einen heißen Ofen, sechzehn Minuten – ich nehme meinen vierzehn auf die Sekunde genau – und quetsche die Kadaver."

Gegen Mittag hatte es aufgehört zu schneien und wir dümpelten vor einer steifen Brise dahin. Um drei Uhr nachmittags liefen wir vor einem aufkommenden Sturm. Wir rasten über einen wilden Ozean, denn die steigende See, die von Osten her aufkam, wälzte sich in den West End Drift und kämpfte und rammte die riesige südwestliche Dünung nieder. Und der große, grinsende Trottel eines finnischen Zimmermanns, der bereits als Nahrung für Fische und Vögel diente, lag irgendwo achtern im eiskalten Gestell und Antrieb.

Machen Sie einen Kurs nach Westen! Wir rissen es über diese sich verengenden Längengrade an der Südspitze des Planeten, wo eine Meile zwei zählt. Und Mr. Pike, der auf seine gebogenen Bramrahen starrte, schwor, dass sie ihn um alles in der Welt wegtragen könnten, bevor er auch nur einen Zoll Segeltuch lockerte. Und er tat noch mehr. Er setzte das riesige Crojack, das größte aller Segel, und forderte Gott oder Satan heraus, eine Naht davon oder alle Nähte zu öffnen.

Er konnte einfach nicht unter Deck gehen. Bei solch glückverheißenden Gelegenheiten gehörten ihm alle Wachen, und er schritt unaufhörlich auf dem Achterdeck umher, ohne dass er sich dabei noch im Alter zu fühlen brauchte. Margaret und ich waren bei ihm im Kartenraum, als er das Barometer laut auf 28,55 herunterjagte und weiter fiel. Und wir waren in seiner Nähe, auf dem Achterdeck, als er an einem nach Osten fahrenden Limettensaft-Schiff vorbeifuhr, das unter Obermarssegeln beigelegt war. Wir waren nur einen Kekswurf entfernt, und er sprang an den Wanten auf die Reling, tanzte einen Kriegstanz, schwenkte seinen freien Arm und schrie den verschiedenen in Öl gekleideten Gestalten auf dem Achterdeck des fremden Schiffes seine Verachtung und Freude über ihre Niederlage zu.

Durch die stockfinstere Nacht fuhren wir weiter. Die Mannschaft war zu Tode erschrocken, und während der beiden Wachen suchte ich vergeblich nach Tom Spink, um ihn zu fragen, ob seiner Meinung nach der Zimmermann achtern die Sacköffnung weit geöffnet und alle seine Tricks durchgezogen hätte. Zum ersten Mal sah ich, dass der Steward besorgt war.

„Zu viel", sagte er mir mit bedrohlich rollendem Kopf. „Zu viel Segel, verdammt noch mal, verdammt. Bald, ziemlich schnell, alles vorbei. Verstehst du."

„Sie reden davon, die Ostrichtung runterzufahren", gluckste Mr. Pike mir zu, als wir uns an die Reling klammerten, um nicht wegzufahren und uns Rippen und Nacken zu brechen. „Also, das hier ist, als würde man die Westrichtung runterfahren, falls jemand in einem Go-Devil ankommt und Sie danach fragt."

Es war eine elende, herrliche Nacht. Schlaf war unmöglich – zumindest für mich. Und es gab nicht einmal den Trost der Wärme. Irgendetwas war mit dem großen Kajütofen nicht in Ordnung, vermutlich aufgrund unseres wilden Rennens, und der Steward war gezwungen, das Feuer ausgehen zu lassen. So bekommen wir einen Vorgeschmack auf die Härte des Vorschiffs, obwohl in unserem Fall alles trocken ist und nicht matschig oder schwimmend. Die Petroleumöfen in unseren Kabinen brannten, aber meine stank so sehr, dass ich die Kälte vorzog.

In einem überladenen Hafenkatamaran zu segeln, ist das aufregendste, was sich ein Vielfraß nur wünschen kann. Aber auf die gleiche Weise in einem großen Schiff vor dem Kap Hoorn zu segeln, ist unglaublich und schrecklich. Der Große Westwind, der dem Oststurm direkt in die Zähne ging, wirbelte eine monströse Flutwelle auf. Zwei Männer schufteten am Steuerrad, das jede halbe Stunde zu zweit abgelöst wurde, und trotz der Kälte strömten ihnen die Schweißperlen schon lange bevor ihre halbstündige Schicht zu Ende war.

Mr. Pike gehört zu den ältesten Menschen. Seine Ausdauer ist erstaunlich. Immer und immer wieder, er hat das Achterdeck gehalten.

„Das hätte ich mir nie träumen lassen", erzählte er mir um Mitternacht, als die heftigen Böen vorbeifegten und wir darauf lauschten, wie unsere leichteren Masten hoch in die Luft geschleudert wurden und auf das Deck krachten. „Ich dachte, meine letzte wirbelnde Fahrt wäre vorbei. Und hier sind wir! Hier sind wir!

„Herrgott! Herrgott! Ich war dritter Maat auf der kleinen *Vampire*, bevor du geboren wurdest. Sechsundfünfzig Männer vor dem Mast, und der letzte von ihnen war ein Vollmatrose. Und es gab acht Jungs, und Bootsmänner, die Bootsmänner waren, und Segelmacher und Zimmerleute und Stewards und

Passagiere, um die Decks zu füllen. Und drei Steuermänner von uns und Kapitän Brown, das kleine Wunder. Er wog keinen Zentner, und er fuhr uns – er fuhr *uns*, drei Steuermänner, die von ihm gelernt haben, was Fahren ist.

„Von Anfang an ging es hart auf hart. In der ersten Stunde, in der wir die Männer aufs Meer brachten, haben wir unsere Knöchel verloren. Ich kann die zertrümmerten Gelenke noch zeigen. Jede Seekiste wurde aufgebrochen, jeder Seesack herausgeworfen und Whiskyflaschen, Schlagringe, Schleudern, Bowiemesser und Gewehre wurden armweise über Bord geworfen. Und als wir die Wachen aussuchten, legte jeder der sechsundfünfzig Männer sein Messer auf die Hauptluke und der Zimmermann brach die Spitze gerade ab. – Ja, und die kleine *Vampire* wog nur 800 Tonnen. Die *Elsinore* konnte sie auf ihrem Deck tragen. Aber sie war ein Schiff, ein richtiges Schiff, und das waren Männertage.“

Abgesehen von der Schlaflosigkeit machte Margaret das Fahren nichts aus, obwohl Mr. Mellaire andererseits zugab, dass er Bedenken hatte.

„Er hat mich wütend gemacht“, vertraute er mir an. „Es ist nicht richtig, einen Frachter so zu steuern. Das ist keine ballastierte Yacht. Es ist ein Kohleschiff. Ich weiß, was Steuern bedeutet, aber das war bei Schiffen der Fall, die zum Steuern gebaut wurden. Unsere Eisenkonstruktionen da oben halten das nicht aus. Mr. Pathurst, ich sage Ihnen offen, dass es ein Verbrechen ist, ein Mord, die *Elsinore* mit diesem Krötenheber zu steuern. Sie können es selbst sehen, Sir. Es ist ein Achtersegel. Es neigt nur dazu, das Heck abzuwerfen und den Bug dagegen zu heben. Und wenn das jemals passiert, Sir, wenn sie sich auch nur zwei Sekunden vom Steuerrad löst und kentert …“

„Und was dann?“, fragte ich, oder besser gesagt, schrie ich, denn bei diesem Sturm musste ich die ganze Unterhaltung nah an mein Ohr schreien.

Er zuckte mit den Schultern und sein ganzes Wesen sprach das unausgesprochene, unmissverständliche Wort aus: „Fertig.“

Heute Morgen um acht kämpften Margaret und ich uns zum Achterdeck hinauf. Und da war dieser unbezwingbare, eiserne alte Mann. Er hatte die ganze Nacht über das Deck nicht verlassen. Seine Augen leuchteten und er wirkte in Hochform. Er rieb sich die Hände, kicherte uns zur Begrüßung zu und schwelgte in Erinnerungen.

Flying Cloud, auf derselben Strecke in 24 Stunden 374 Meilen unter ihren Bramsegeln zurück. Das war Segeln. An diesem Tag brach sie den Rekord im Segel- und Dampfbetrieb.“

„Und wie hoch ist unser Durchschnitt, Mr. Pike?“, fragte Margaret, während ihr Blick auf das Hauptdeck gerichtet war, wo immer wieder eine Reling nach der anderen unter das Wasser tauchte und sich von Reling zu Reling füllte, nur um bei der nächsten Rolle wieder überzuschwappen und aufgenommen zu werden.

„Dreizehn ist seit gestern Nachmittag ein ordentlicher Durchschnitt", jubelte er. „In den Böen schafft sie ganze sechzehn, was für die *Elsinore schon ganz schön viel ist* ."

„Wenn ich die Kontrolle hätte, würde ich den Krokodil abnehmen", kritisierte Margaret.

„Das würde ich auch, das würde ich auch, Miss West", antwortete er, „wenn wir nicht schon sechs Wochen vom Kap Hoorn entfernt wären."

Sie ließ ihren Blick von Spiere zu Spiere in die Höhe schweifen, vorbei an den Spieren aus hohlem Stahl zu den hölzernen Säulen, die sich in den Böen bogen wie Böen in den Händen eines unsichtbaren Bogenschützen.

„Das sind bemerkenswert gute Holzstücke", war ihr Kommentar.

„Das können Sie wohl sagen, Miss West", stimmte er zu. „Ich hätte selbst nie geglaubt, dass sie das aushalten würden. Aber sehen Sie sie sich nur an! Sehen Sie sie sich nur an!"

Für die Männer gab es kein Frühstück. Dreimal war die Kombüse überschwemmt worden, und die Männer im überschwemmten Vorschiff begnügten sich mit Schiffszwieback und kaltem Pökelsalz. Achtern, bei uns, verbrühte sich der Steward zweimal, bevor es ihm gelang, auf einem Petroleumbrenner Kaffee zu kochen.

Gegen Mittag nahmen wir ein Schiff vor uns auf, einen Limettensaft-Schiff, das in die gleiche Richtung fuhr, mit Untermarssegeln und einem Obermarssegel. Der einzige Kurs, den es gesetzt hatte, war das Focksegel.

„Das Verhalten dieses Kapitäns ist schockierend", spottete Mr. Pike. „Er sollte vorsichtiger sein und an Gott, die Eigentümer, die Versicherer und das Handelsministerium denken."

Wir waren so schnell, dass wir das fremde Schiff in kürzester Zeit erreichten und an ihm vorbeifuhren. Mr. Pike benahm sich wie ein Junge, der gerade aus der Schule kommt. Er änderte unseren Kurs, sodass wir in hundert Metern Entfernung an ihm vorbeifuhren. Es war ein prächtiger Anblick, aber bei unserer Geschwindigkeit schien es, als stünde es still. Mr. Pike sprang auf die Reling und beleidigte die Leute auf seinem Achterdeck, indem er ihnen das Ende eines Seils hinstreckte und sie einlud, sich mitschleppen zu lassen.

Margaret schüttelte heimlich den Kopf, während sie auf unsere sich beugenden Königshöfe blickte, wurde aber auf frischer Tat von Mr. Pike ertappt, der ausrief:

„Drachen, die sie nicht tragen will, kann sie schleppen!“

Eine Stunde später holte ich Tom Spink ein, der gerade von seiner Schicht am Steuer abgelöst worden war und schwach vor Erschöpfung war.

„Was halten Sie jetzt von dem Zimmermann und seiner Trickkiste?“, fragte ich.

„Herrgott nochmal, es sollte der Kumpel sein, Sir“, war seine Antwort.

Bis fünf Uhr nachmittags hatten wir seit fünf Uhr des Vortages 314 Meilen zurückgelegt, das waren zwei Meilen über einen Durchschnitt von dreizehn Knoten in vierundzwanzig aufeinanderfolgenden Stunden.

„Nehmen wir jetzt Kapitän Brown von der kleinen *Vampire* “, grinste Mr. Pike, denn unser Segeln machte ihn gutmütig. „Er ließ nie nach, bis ihm die Drachen und die Segel um die Ohren waren. Und wenn sie am schlimmsten aufgeblasen wurde und wir halbwegs eingeholt waren, legte er sich für ein Nickerchen hin und sagte zu uns: ‚Ruft mich, wenn sie sich beruhigt.‘ Ja, und ich werde nie die Nacht vergessen, als ich ihn anrief und ihm sagte, dass alles auf den Häusern abgetrieben war und dass zwei der Boote nach achtern getrieben worden waren und als Brennholz gegen die Bruchkante der Kabine geworfen wurden. ‚Sehr gut, Mr. Pike‘, sagt er, klimpert mit den Augen und dreht sich um, um wieder einzuschlafen. ‚Sehr gut, Mr. Pike‘, sagt er. ‚Passen Sie auf sie auf. Und Mr. Pike …‘ „Ja, Sir“, sagte ich. „Rufen Sie mich an, Mr. Pike, wenn die Ankerwinde Anzeichen zeigt, nach achtern zu kommen.“ Das hat er gesagt, genau das, und im nächsten Moment, verdammt, hat er geschnarcht.“

＊ ＊ ＊ ＊ ＊

Es ist jetzt Mitternacht, und ich bin geschickt in meine Koje gezwängt und kann nicht schlafen. Ich schreibe diese Zeilen mit fliegenden Bleistiftstrichen auf meinen Block. Und ich werde nicht mehr schreiben, das schwöre ich, bis dieser Sturm vorbei ist oder wir ins Jenseits geweht werden.

KAPITEL XLI.

Die Tage sind vergangen und ich habe meinen Entschluss gebrochen; denn hier sitze ich wieder und schreibe, während die *Elsinore* über ein prächtiges, rauchiges, staubiges Meer dahinrauscht. Aber ich habe zwei Gründe, mein Wort zu brechen. Erstens, und das ist nicht so wichtig, hatten wir heute Morgen eine richtige Morgendämmerung. Das Grau des Meeres zeigte ein gestreiftes Blau und die Wolkenmassen waren tatsächlich von einer echten und wahrhaftigen Sonne mit rosa Spitzen versehen.

Zweitens, und das ist das Wichtigste, *wir haben das Horn umrundet* ! Wir befinden uns nördlich der 50 im Pazifik, auf 80,49 Längengrad, mit Cape Pillar und der Magellanstraße bereits südlich von uns, und wir bewegen uns nordnordwestlich. *Wir haben das Horn umrundet* ! Die tiefgreifende Bedeutung davon kann nur jemand verstehen, der schon einmal von Ost nach West durch den Wind gewirbelt wurde. Ob hoch oder tief, nichts kann uns aufhalten. Kein Schiff nördlich der 50 wurde jemals zurückgeweht. Von jetzt an ist es ein Kinderspiel, und Seattle scheint plötzlich ganz nah.

Die gesamte Schiffsbesatzung, mit Ausnahme von Margaret, ist besser gelaunt. Sie ist ruhig und ein wenig niedergeschlagen, obwohl sie alles andere als anfällig für die Verschwendung von Kummer ist. In ihrer robusten, vitalen Philosophie ist Gott immer im Himmel. Ich würde sie als lediglich unterwürfig, sanft und zärtlich beschreiben. Und sie ist sehr wehmütig, wenn sie sanfte Rücksichtnahme und Zärtlichkeit von mir erhält. Sie ist schließlich die echte Frau. Sie will die Kraft, die der Mann zu geben hat, und ich schmeichle mir, dass ich zehnmal stärker bin als zu Beginn der Reise, weil ich tausendmal menschlicher bin, seit ich die Bücher zum Teufel geschickt habe und begonnen habe, in der menschlichen Männlichkeit des Mannes zu schwelgen, der eine Frau liebt und geliebt wird.

Zurück zur Schiffsbesatzung. Die Umrundung des Kap Hoorn, das immer bessere Wetter, die Erleichterung von Mühsal, Arbeit und Gefahr, die Aussicht auf die Tropen und den milden Südostpassat – all diese Faktoren tragen dazu bei, dass unsere Männer wieder auf die Beine kommen. Die Temperatur ist bereits so weit gesunken, dass die Männer beginnen, ihre überschüssige Kleidung abzulegen, und sie wickeln ihre Seestiefel nicht mehr in Sackleinen. Gestern Abend, während der zweiten Hundewache, hörte ich einen Mann tatsächlich singen.

Der Steward hat das riesige Hackmesser weggelegt und sich so entspannt, dass er sich gelegentlich nüchtern mit Possum vergnügt. Wadas Gesicht ist nicht mehr so ernst und Louis' Oxford-Akzent ist wohlklingender denn je. Mulligan Jacobs und Andy Fay sind noch immer dieselben giftigen Skorpione wie immer. Die drei Gangster haben mit ihrer Clique erneut ihre

Tyrannei geltend gemacht und alle Schwächlinge und Gebrechlichen im Vorschiff verprügelt. Charles Davis weigert sich entschieden zu sterben, obwohl selbst Mr. Pike sich wundert, wie er all die Wochen vor dem Kap Hoorn in diesem nassen und eiskalten Raum aus Eisen überlebt hat, obwohl er ein genaues Wissen darüber hat, was Menschen aushalten können und was nicht.

Wie hätte Nietzsche mit seinem ewigen Slogan „Seien Sie hart! Seien Sie hart!" an Mr. Pike seine Freude gehabt!

Und – oh! – Larry wurde ein Zahn gezogen. Einige Tage lang litt er unter heftigen Zahnschmerzen und ging nach achtern zum Maat, um Linderung zu finden. Mr. Pike weigerte sich, mit der „neumodischen" Zange im Medizinschrank herumzuspielen. Er benutzte einen billigen Nagel und einen Hammer auf die gute alte Art, mit der er aufgewachsen war. Ich kann das bestätigen. Ich habe gesehen, wie es gemacht wurde. Ein Hammerschlag und der Zahn war draußen, während Larry herumsprang und seinen Kiefer hielt. Es ist ein Wunder, dass er nicht gebrochen war. Aber Mr. Pike behauptet, er habe mit dieser Methode Hunderte von Zähnen gezogen und nie einen Kieferbruch erlebt. Außerdem behauptet er, er sei einmal mit einem Kapitän gesegelt, der sich jeden Sonntagmorgen rasierte und nie ein Rasiermesser oder eine andere Schneide an sein Gesicht hielt. Was er laut Mr. Pike benutzte, war eine brennende Kerze und ein feuchtes Handtuch. Ein weiterer Kandidat für Nietzsches Unsterbliche, die hart sind!

Was Mr. Pike selbst betrifft, so ist er der temperamentvollste und fitteste Mann an Bord. Die Fahrt, der er die *Elsinore unterzog*, war ein Kinderspiel. Er reibt sich noch immer die Hände und kichert, wenn er daran zurückdenkt.

„Hm!", sagte er zu mir und meinte damit die Mannschaft. „Ich habe ihnen eine Kostprobe von echtem, altmodischem Segeln gegeben. Diesen Mist werden sie nie vergessen – zumindest diejenigen, die nicht einen Sack Kohle über Bord nehmen, bevor wir den Hafen erreichen."

„Sie meinen, wir werden mehr Seebestattungen durchführen?", fragte ich.

Er drehte sich direkt zu mir um und sah mir fünf lange Sekunden lang direkt in die Augen.

„Hm!", antwortete er und drehte sich auf dem Absatz um. „Bei dieser Nutte ist noch lange nicht Schluss."

Er übernimmt immer noch die Wache seines Maat, abwechselnd mit Mr. Mellaire, denn er ist fest davon überzeugt, dass es vorn keinen Mann gibt, der geeignet wäre, die Wache eines zweiten Maat zu übernehmen. Außerdem hat er seine alte Unterkunft behalten. Vielleicht aus Rücksicht auf Margaret; denn ich habe erfahren, dass es unveränderlicher Brauch ist, dass der Maat die Unterkunft des Kapitäns einnimmt, wenn dieser stirbt. Mr. Mellaire isst also immer noch allein im großen Achterzimmer, wie er es seit dem Tod des Zimmermanns getan hat, und schläft wie zuvor mit Nancy im Mittelschiff.

KAPITEL XLII.

Mr. Mellaire hatte recht. Die Männer wollten sich nicht treiben lassen, als die *Elsinore* in günstigere Breitengrade vordrang. Mr. Pike hatte recht. Die Hölle hatte noch nicht begonnen zu brodeln. Aber jetzt brodelt es, und die Männer sind über Bord, ohne auch nur die Freundlichkeit eines Sacks Kohle vor ihren Füßen zu haben. Und doch haben die Männer, obwohl sie bereit dafür waren, den Ärger nicht heraufbeschworen. Es war Mr. Mellaire. Oder vielmehr war es Ditman Olansen, der Norweger mit den schielenden Augen. Vielleicht war es Possum. Auf jeden Fall war es ein Unfall, bei dem die verschiedenen Namen, darunter Possum, ihre jeweiligen Rollen spielten.

Um am Anfang zu beginnen. Zwei Wochen sind vergangen, seit wir die 50 überschritten haben, und wir sind jetzt auf 37 – dem gleichen Breitengrad wie San Francisco, oder, um genau zu sein, wir sind so weit südlich des Äquators wie San Francisco nördlich davon. Der Aufruhr brach gestern Morgen kurz nach neun Uhr aus, und Possum löste eine Kette von Ereignissen aus, die in einer regelrechten Meuterei gipfelten. Es war Mr. Mellaires Wache, und er stand auf der Brücke, direkt unter dem Besanmast, und gab Sundry Buyers Anweisungen, die zusammen mit Arthur Deacon und dem Maltese Cockney oben Takelarbeiten durchführten.

Machen Sie sich ein Bild und betrachten Sie die Situation in ihrer ganzen Lächerlichkeit. Mr. Pike kam mit dem Thermometer in der Hand über die Brücke zurück, nachdem er die Temperatur der Kohle im vorderen Laderaum gemessen hatte. Ditman Olansen schwang sich gerade in die Besanmarse, als er mit mehreren Seilwindungen über der Schulter nach oben ging. Außerdem war am Ende dieses Seils irgendwie ein beträchtlicher Block befestigt, der vielleicht zehn Pfund wog. Possum lief frei herum und tollte im Hühnerstall auf dem Dach des Mittschiffshauses herum. Und die Hühner, federlos, aber unbezwingbar, genossen das mildere Wetter, während sie nach dem Getreide und dem Grieß pickten, den der Steward gerade in ihren Futtertrog gelegt hatte. Die Plane, die ihren Stall bedeckte, war seit mehreren Tagen abgenommen worden.

Nun sehen Sie genau hin. Ich stehe am Heck, lehne mich an die Reling und beobachte, wie Ditman Olansen mit seiner schweren Last nach oben schwingt. Mr. Pike, der nach achtern geht, ist gerade an Mr. Mellaire vorbeigekommen. Possum, der die Hühner wegen des Wetters in Horn und der Plane seit vielen Wochen nicht gesehen hat, macht gerade wieder Bekanntschaft mit ihnen und untersucht sie mit seiner scharfen Nase. Und ein Hühnerschnabel, ebenso scharf, wenn auch anders, trifft Possums Nase, die ebenso empfindlich wie scharf ist.

Wenn ich es mir recht überlege, kann ich wohl sagen, dass es genau diese Henne war, die die Meuterei angezettelt hat. Die Männer, gut gelenkt von Mr. Pike, waren bereit für eine Explosion, und Possum und die Henne legten den Grundstein dafür.

Possum fiel rückwärts vom Stall weg und stieß einen wilden Schrei des Schmerzes und der Empörung aus. Dies erregte Ditman Olansens Aufmerksamkeit. Er hielt inne und reckte den Hals, um nachzusehen, und in diesem Moment der Unachtsamkeit entglitt ihm der Block, den er trug, zusammen mit den mehreren Seilwindungen um seine Schulter. Beide Kameraden sprangen zur Seite, um sich zu befreien. Das Seil, das fest mit dem Block verbunden war und ihm folgte, peitschte wie eine schwarze Schlange umher, und obwohl der Block von Mr. Mellaire wegfiel, riss die Seilschlaufe ihm die Mütze vom Kopf.

Mr. Pike hatte oben bereits angefangen zu fluchen, als ihm die schreckliche Spalte in Mr. Mellaires Kopf auffiel. Da war sie, für alle Welt lesbar, und Mr. Pikes und meine Augen waren die einzigen, die sie lesen konnten. Das spärliche Haar auf dem Kopf des zweiten Maat verbarg die Spalte überhaupt nicht. Sie begann unsichtbar im dickeren Haar über den Ohren und war über die ganze Kopfkuppe nackt sichtbar.

Mr. Pike blieb die Flut der Beschimpfungen Ditman Olansens im Hals stecken. Im Augenblick war er nur in der Lage, wie versteinert auf den riesigen Spalt zu starren, der an beiden Enden von einem Schopf grauen Haars gesäumt war. Er war in einem Traum, in Trance, seine großen Hände verkrampften sich unbewusst und starrten auf das unverkennbare Zeichen, mit dem er eines Tages den Mörder von Captain Somers identifizieren wollte. Und in diesem Moment erinnerte ich mich daran, wie er einmal erklärt hatte, er würde eines Tages seine Finger in dieses Zeichen stecken.

Immer noch wie in einem Traum bewegte er sich langsam, die rechte Hand wie eine Kralle ausgestreckt und die Finger nach unten gezogen, und näherte sich dem zweiten Maat, offensichtlich mit der Absicht, seine Finger in den Spalt zu stoßen und das darunter pulsierende Gehirnleben unter der dünnen Hautschicht zu zerkratzen und zu zerreißen.

Der zweite Maat ging rückwärts die Brücke entlang, und Mr. Pike schien teilweise wieder zu sich zu kommen. Sein ausgestreckter Arm fiel herab, und er hielt inne.

„Ich kenne Sie“, sagte er mit einer seltsamen, zittrigen Stimme, in der sich Alter und Leidenschaft vermischten. „Vor achtzehn Jahren wurden Sie auf der *Cyrus Thompson von der Plakette geworfen* . Sie sank, nachdem Sie auf dem Beiboot lagen und Ihre Stöcke verloren hatten. Sie waren im einzigen Boot, das gerettet werden konnte. Vor elf Jahren wurde Kapitän Somers auf der

Jason Harrison in San Francisco von seinem zweiten Maat zu Tode geprügelt. Dieser zweite Maat hatte die *Cyrus Thompson überlebt* . Diesem zweiten Maat war von einem verrückten Seemann der Schädel gespalten worden. Ihr Schädel ist gespalten. Der Name dieses zweiten Maat war Sidney Waltham. Und wenn Sie nicht Sidney Waltham sind …"

An diesem Punkt tat Mr. Mellaire, oder besser gesagt Sidney Waltham, trotz seiner fünfzig Jahre, was nur ein Seemann tun konnte. Er stürzte seitlich über die Brückenreling, verfing sich am Fahrwerk am Besanmast und landete sanft auf seinen Füßen auf Luke Nummer Drei. Und er blieb nicht stehen. Er rannte über die Luke und sprang durch die Tür seines Zimmers im Mittelschiff.

Mr. Pikes Leidenschaft muss so tief gewesen sein, dass er wie ein Schlafwandler innehielt, sich mit dem Handrücken die Augen rieb und aufzuwachen schien.

Aber der Zweite Maat war nicht in seine Kabine gerannt, um Schutz zu suchen. Im nächsten Moment tauchte er mit einer Smith & Wesson Kaliber 32 in der Hand auf und begann sofort zu schießen.

Mr. Pike war wieder ganz er selbst, und ich sah, wie er merklich innehielt und sich zwischen den beiden Impulsen entschied, die ihn quälten. Der eine war, über das Brückengeländer zu springen und auf den Mann zuzuspringen, der auf ihn geschossen hatte; der andere war, zurückzuweichen. Er zog sich zurück. Und als er achtern die schmale Brücke entlangsprang, begann die Meuterei. Arthur Deacon beugte sich vom Besanmast hinaus und schleuderte einen stählernen Marlspieker auf den fliehenden Maat. Das Ding blitzte im Sonnenlicht, als es herabstürzte. Es verfehlte Mr. Pike um sechs Meter und spießte Possum beinahe auf, der aus Angst vor Schusswaffen wild nach achtern rannte und ki-yi-te. Es geschah, dass die scharfe Spitze des Marlspiekers auf den Holzboden der Brücke traf und die Planken mit solcher Kraft durchbohrte, dass sie, nachdem sie zum Stillstand gekommen war, mehrere Sekunden lang heftig vibrierte.

Ich gestehe, dass ich nicht das Geringste von dem mitbekommen habe, was in den nächsten Minuten geschah. So sehr ich es auch im Nachhinein zusammensetzen mag, ich weiß, dass mir vieles entgangen ist. Ich weiß, dass die Männer oben im Besan an Deck hinabstiegen, aber ich habe sie nie hinabsteigen sehen. Ich weiß, dass der zweite Maat die Kammern seines Revolvers leerte, aber ich habe nicht alle Schüsse gehört. Ich weiß, dass Lars Johnson das Steuerrad verließ und auf seinem gebrochenen Bein, das erneut gebrochen und noch nicht richtig verheilt war, hinkte und huschte über das Achterdeck, die Leiter hinunter und nach vorn. Ich weiß, dass er auf seinem kranken Bein hinkte und huschte; ich weiß, dass ich ihn gesehen haben muss;

und doch schwöre ich, dass ich nicht den Eindruck habe, ihn gesehen zu haben.

Ich weiß, dass ich das Getrappel von Männern auf dem Hauptdeck vorn hörte. Und ich weiß, dass ich sah, wie Mr. Pike hinter dem Stahlmast Schutz suchte. Und als der zweite Maat für seinen letzten Schuss nach Backbord auf Luke Nummer Drei manövrierte, sah ich, wie Mr. Pike um die Ecke des Kartenhauses nach Steuerbord duckte und durch die Sprengluke nach achtern und unten flüchtete. Und ich hörte diesen letzten vergeblichen Schuss und auch die Kugel, als sie von der Ecke des Kartenhauses mit den Stahlwänden abprallte.

Ich selbst bewegte mich nicht. Ich war zu sehr daran interessiert, zuzusehen. Vielleicht lag es an mangelnder Geistesgegenwart oder daran, dass ich es nicht gewohnt war, bei Szenen mit rascher Handlung aktiv mitzuwirken; jedenfalls behielt ich meine Position am Ende des Achterdecks bei und sah zu. Ich war die einzige Person auf dem Achterdeck, als die Meuternden, angeführt vom zweiten Maat und den Gangstern, es stürmten. Ich sah, wie sie die Leiter hinaufkletterten, und es kam mir nie in den Sinn, ihnen Widerstand zu leisten. Und das war auch gut so, denn ich wäre für meine Mühen getötet worden und hätte sie niemals aufhalten können.

Ich war allein auf dem Achterdeck, und die Männer waren ganz verblüfft, keinen Feind in Sicht zu haben. Als Bert Rhine vorbeiging, erhob er sich halb im Schritt, als wolle er mich mit dem spitzen Messer, das er in der rechten Hand trug, erstechen; dann – und ich weiß, dass ich seine Einschätzung richtig eingeschätzt habe – tat er mich wenig schmeichelhaft als unwichtig ab und rannte weiter.

Genau hier war ich von dem Mangel an klarem Denken auf allen Seiten beeindruckt. Die Besatzung des Schiffes war so spontan in Meuterei ausgebrochen, dass sie selbst während des Handelns benommen und verwirrt war. In den Monaten seit unserer Abreise aus Baltimore beispielsweise hatte es keinen Moment gegeben, weder bei Tag noch bei Nacht, selbst wenn die Vorspanntakelungen angebracht waren, in dem nicht ein Mann am Steuer gestanden hätte. Sie waren so daran gewöhnt, dass sie beim Anblick des verlassenen Steuerrads vor Entsetzen erschraken. Sie hielten einen Augenblick inne, um es anzustarren. Dann schickte Bert Rhine mit einem schnellen Wort und einer Geste den Italiener Guido Bombini um die Rückseite des Halbsteuerhauses herum. Die Tatsache, dass er die Runde vollendete, war der Beweis, dass niemand dort war.

Auch in der schnellen Flut der Ereignisse muss ich gestehen, dass ich nur wenig gesehen habe. Ich war mir bewusst, dass weitere Männer die Leiter hinaufkletterten und das Achterdeck erreichten, aber ich hatte keine Augen für sie. Ich beobachtete die blutrünstige Gruppe achtern in der Nähe des

Steuerrads und bemerkte das Wichtigste, nämlich dass es Bert Rhine, der Gangster, und nicht der zweite Maat war, der Befehle gab und gehorchte.

Er winkte dem Juden Isaac Chantz zu, der zuvor auf der Reise von O'Sullivan verwundet worden war, und Chantz ging voran zur Steuerbordtür des Kartenhauses. Während dies in blitzschnellen Sekundenbruchteilen vor sich ging, inspizierte Bert Rhine vorsichtig die Lazarette durch die offene Sprengluke.

Isaac Chantz riss die Tür des Kartenhauses auf, die nach außen schwang. Es ging wirklich alles so schnell! Als er die Eisentür aufriss, blitzte ein zwei Fuß langes Hackmesser am Ende einer verdorrten, gelben Hand hervor und traf ihn. Es verfehlte Kopf und Hals, traf ihn aber oben auf der linken Schulter.

Alle Männer wichen zurück, und der Jude taumelte zur Reling, wobei er mit der rechten Hand seine Wunde umklammerte. Zwischen seinen Fingern konnte ich dunkles Blut sehen. Bert Rhine unterbrach seine Inspektion der Sprengluke und stürzte sich mit dem zweiten Maat, der immer noch seine leere Smith & Wesson bei sich trug, in das Gedränge vor der Tür des Kartenhauses.

O weiser, kluger, vorsichtiger alter chinesischer Steward! Er kam nicht heraus. Die Tür schwang leer hin und her im Rhythmus der *Elsinore* , und niemand wusste, was der Steward mit dem schweren Hackmesser in der Hand nicht direkt dahinter lauerte. Und während sie zögerten und auf die Öffnung starrten, die sich mit dem Schwingen der Tür abwechselnd schloss und öffnete, brach die Sprengluke zwischen Kartenhaus und Steuerrad auf. Es war Mr. Pike mit seinem automatischen 44er-Colt.

Es wurden Schüsse abgefeuert, nicht von ihm. Ich weiß, dass ich sie gehört habe, wie „Rothaarige" an einem alten 4. Juli; aber ich weiß nicht, wer sie abgefeuert hat. Alles war Chaos und Verwirrung. Es wurden viele Schüsse abgefeuert, und durch den Tumult hörte ich die wiederholten, monotonen Explosionen aus dem 44er Colt.

Ich sah, wie der Italiener Mike Cipriani sich wild an den Bauch griff und langsam auf das Deck sank. Shorty, der japanische Mischling, der Clown, der am Rande des Kampfes tanzte und grinste, führte mit einer letzten Grimasse und einem hysterischen Kichern den Rückzug über das Achterdeck und die Achterleiter hinunter. Nie zuvor hatte ich ein besseres Beispiel für die Psychologie des Mobs gesehen. Shorty, der geistig labilste der Individuen, aus denen dieser Mob bestand, beschleunigte durch seine eigene Instabilität den Rückzug, dem sich der Mob anschloss. Als er vor dem gleichmäßigen Abfeuern der automatischen Waffe in der Hand des Maat zusammenbrach, brachen im selben Moment die anderen mit ihm zusammen. Er war am wenigsten ausgeglichen, aber sein Gleichgewicht war das Gleichgewicht von allen.

Chantz, der stark blutete, war einer der ersten, die Shorty auf den Fersen waren. Ich sah, wie Nosey Murphy lange genug innehielt, um sein Messer nach dem Maat zu werfen. Das Geschoss ging daneben, traf mit einem metallischen Klirren die Messingspitze einer der Speichen des Steuerrads der *Elsinore* und schepperte auf dem Deck. Der zweite Maat mit seinem leeren Revolver und Bert Rhine mit seinem Messer in der Scheide flohen Seite an Seite an mir vorbei.

Mr. Pike kam aus der Sprengluke und streckte mit einem ungerichteten Schuss Bill Quigley, einen der „Maurer", nieder, der mir vor die Füße fiel. Der letzte Mann, der das Achterdeck verließ, war der Malteser Cockney. Oben auf der Leiter hielt er inne und blickte zurück zu Mr. Pike, der mit der Automatik in beiden Händen sorgfältig zielte. Der Malteser Cockney ignorierte die Leiter und sprang durch die Luft auf das Hauptdeck. Aber der Colt klickte nur. Es war die letzte Kugel darin, die Bill Quigley niedergestreckt hatte.

Und die Kacke gehörte uns.

Die Ereignisse drängten sich noch immer so dicht aufeinander, dass mir vieles entging. Ich sah den Steward, streitlustig und vorsichtig, sein langes Messer zum Hieb bereit, aus dem Kartenhaus kommen. Margaret folgte ihm, und hinter ihr kam Wada, der mein automatisches Gewehr von Winchester Kaliber .22 trug. Wie er mir später erzählte, hatte er es auf ihre Anweisung heraufgebracht.

Mr. Pike warf gerade einen kühlen, hastigen Blick auf seinen Colt, um zu sehen, ob die Patrone klemmte oder leer war, als Margaret ihn nach dem Kurs fragte.

„Beim Wind", rief er ihr zu, als er nach vorn sprang. „Leg das Ruder fest nach oben, sonst sind wir alle zurückgefallen."

Ach! – als Freisoldat und Gefolgsmann der Rasse konnte er seine Treue zu dem Schiff unter seinem Kommando nicht aufgeben. Die Härte all seiner jahrelangen eisernen Ausbildung war dort offensichtlich. Während die Meuterei sich ausbreitete und der Tod im Anmarsch war, konnte er sein Schützling, das Schiff, die *Elsinore*, nicht vergessen, das gefühllose Gewebe aus Stahl, Hanf und gewebter Baumwolle, das für ihn eine herrliche Persönlichkeit war.

Margaret winkte Wada in meine Richtung, während sie zum Steuer lief. Als Mr. Pike die Ecke des Kartenhauses passierte, ertönte gleichzeitig ein Knall aus der Mitte des Schiffes und das Klirren einer Kugel gegen die Stahlwand.

Ich sah den Mann, der den Schuss abgefeuert hatte. Es war der Cowboy, Steve Roberts.

Der Maat duckte sich hinter den schützenden Jiggermast und während er sich duckte, griff er mit der linken Hand in die Seitentasche seines Mantels, so dass er, als er wieder in Deckung war, ein frisches Magazin mit Patronen herausholte. Das leere Magazin fiel aufs Deck, das geladene Magazin rutschte in den hohlen Griff und er konnte noch acht weitere Schüsse abfeuern.

Wada übergab mir das kleine automatische Gewehr, während ich noch immer unter der Wetterplane am Rande des Achterdecks stand.

„Alles fertig“, sagte er. „Entfernen Sie die Sicherung.“

„Hol dir Roberts“, rief mir Mr. Pike zu. „Er ist der beste Schütze vorn. Wenn du ihn nicht erwischen kannst, jage ihm trotzdem die Furcht Gottes ein.“

Es war das erste Mal, dass ich ein menschliches Ziel hatte, und ich kann hier und jetzt sagen, dass ich überzeugt bin, gegen das Jagdfieber immun zu sein. Da stand er vor mir, keine dreißig Meter entfernt, im Gang zwischen der Tür zu Davis' Zimmer und der Steuerbordreling, und bereitete einen weiteren Schuss auf Mr. Pike vor.

Beim ersten Mal muss ich Steve Roberts verfehlt haben, aber ich kam ihm so nahe, dass er zusammenzuckte. Im nächsten Augenblick hatte er mich entdeckt und richtete seinen Revolver auf mich. Aber er hatte keine Chance. Meine kleine automatische Waffe feuerte so schnell, wie ich mit meinem Zeigefinger den Abzug kitzeln konnte. Der erste Schuss des Cowboys ging an mir vorbei, weil meine Kugel ankam, bevor er sein Ziel erreicht hatte. Er schwankte und taumelte nach hinten, aber die Kugeln – zehn an der Zahl – strömten aus der Mündung meiner Winchester wie Wasser aus einem Gartenschlauch. Es war ein Bleistrahl, den ich auf ihn abfeuerte. Ich werde nie wissen, wie oft ich ihn traf, aber ich bin überzeugt, dass, nachdem er seinen langen, taumelnden Fall begonnen hatte, mindestens drei weitere Kugeln ihn trafen, bevor er auf dem Deck aufschlug. Und während er ziellos und mechanisch fiel, damals vom Tod geschlagen, schaffte er es noch zweimal, seine Waffe abzufeuern.

Und nachdem er auf dem Deck aufschlug, bewegte er sich nicht mehr. Ich glaube, er starb in der Luft.

Als ich mein Gewehr hochhielt und auf das plötzlich verlassene Hauptdeck blickte, spürte ich Wadas Berührung an meinem Arm. Ich schaute hin. In seiner Hand hielt er ein Dutzend kleiner, rauchfreier Patronen mit weicher Spitze und Kaliber .22. Er wollte, dass ich nachlud. Ich legte die Sicherung ein, öffnete das Magazin und neigte das Gewehr, damit er die neuen Patronen von selbst in Position gleiten lassen konnte.

„Hol noch etwas", sagte ich ihm.

Kaum war er aufgebrochen, um seinen Auftrag zu erledigen, sorgte Bill Quigley, der zu meinen Füßen lag, für Ablenkung. Ich zuckte zusammen – ja, und ich gestehe freimütig, dass ich schrie – vor Schreck und Überraschung, als ich spürte, wie seine Pfoten meine Knöchel umklammerten und seine Zähne sich um meine Wade schlossen.

Mr. Pike kam mir zu Hilfe. Jetzt verstehe ich die westliche Übertreibung, „auf die Höhe zu kommen". Der Maat schien keinen Kontakt mit dem Deck zu haben. Ich hatte den Eindruck, als sei er durch die Luft auf mich zugeflogen, neben mir gelandet und hätte im selben Moment mit einem seiner großen Füße nach außen getreten. Bill Quigley wurde von mir weggekickt und im nächsten Moment flog er über Bord. Es war ein sauberer Wurf. Er berührte die Reling nicht einmal.

Ob Mike Cipriani, der bis dahin in rasender Aufregung gelegen hatte, nach achtern kroch, um sich in Sicherheit zu bringen, oder ob er Margaret am Steuerrad Schaden zufügen wollte, werden wir nie erfahren; denn er bekam keine Gelegenheit, seine Absicht zu zeigen. So schnell Mr. Pike mit seinen gewaltigen Sprüngen das Deck überqueren konnte, so schnell war auch der Italiener in der Luft und folgte Bill Quigley über Bord.

Dem Maat entging mit seinen Adleraugen nichts, als er das Achterdeck entlang zurückging. Auf dem Hauptdeck war niemand zu sehen. Sogar der Ausguck hatte das Vorschiff verlassen, und die *Elsinore* , gesteuert von Margaret, glitt mit zwei gemächlichen Knoten durch die ruhige See. Mr. Pike fürchtete einen Schuss aus dem Hinterhalt, und erst nach einer minutenlangen Untersuchung steckte er seine Pistole in die Seitentasche seiner Jacke und knurrte nach vorn:

„Kommt raus, ihr Ratten! Zeigt eure hässlichen Fratzen! Ich will mit euch reden!"

Guido Bombini, der friedliche Absichten gestikulierte und offensichtlich von Bert Rhine hinausgedrängt wurde, war der erste, der erschien. Als man bemerkte, dass Mr. Pike nicht feuerte, begannen die übrigen in Sichtweite zu tröpfeln. Dies ging so weiter, bis alle da waren, außer dem Koch, den beiden Segelmachern und dem zweiten Maat. Die letzten, die herauskamen, waren Tom Spink, der Junge Buckwheat und Herman Lunkenheimer, der gutmütige, aber einfältige Deutsche; und diese drei kamen erst nach wiederholten Drohungen von Bert Rhine heraus, der mit Nosey Murphy und Kid Twist offensichtlich das Kommando hatte. Außerdem schmeichelte Guido Bombini ihm wie ein treuer Hund.

„Das reicht – bleiben Sie stehen", befahl Mr. Pike, als die Mannschaft nebeneinander an Steuerbord und Backbord der Luke Nummer Drei verteilt war.

Es war eine beeindruckende Szene. *Meuterei auf hoher See* ! Dieser Satz, den ich als Junge von meinen Marryatts und Coopers gelernt hatte, kam mir wieder in den Sinn. Das war es – Meuterei auf hoher See im Jahr 1913 – und ich war Teil davon, ein dem Untergang geweihter Blonder, dessen Schicksal mit dem der dem Untergang geweihten, aber vornehmen Blonden verbunden war, und ich hatte bereits einen Mann getötet.

Mr. Pike, alt und unbezwingbar, auf dem hohen Posten, stützte seinen Arm auf die Reling, als das Achterdeck brach, und blickte auf die Meuterer hinab, von denen ich wetten würde, dass sie noch nie zuvor eine Meuterei veranstaltet hatten. Da waren die drei Gangster und ehemaligen Knastbrüder, die alles andere als Seeleute waren, aber dennoch die Kontrolle über diese Angelegenheit hatten, die ganz im Sinne der Seefahrt war. Mit ihnen war der italienische Jagdhund Bombini und neben ihnen waren so seltsam gemischte Männer wie Anton Sorensen, Lars Jacobsen, Frank Fitzgibbon und Richard Giller – außerdem Arthur Deacon, der weiße Sklavenhändler, John Hackey, der Gangster aus San Francisco, der maltesische Cockney und Tony, der selbstmörderische Grieche.

Mir fielen die drei Fremden auf, die sich aneinander drängten und abseits von den anderen standen, während sie sich träge hin und her wiegten und mit ihren blassen Topasaugen träumten. Und da war der Faun, stocktaub, aber aufmerksam, und bemühte sich, zu verstehen, was vor sich ging. Ja, und Mulligan Jacobs und Andy Fay standen verbittert und eifrig Seite an Seite, und Ditman Olansen stand mit stechenden Augen, als ob ihn eine gewisse Bitterkeit angezogen hätte, hinter ihnen, und sein Kopf tauchte zwischen ihren Köpfen auf. Am weitesten vorgerückt von allen war Charles Davis, der Mann, der eigentlich schon längst tot sein sollte, und sein Gesicht mit seiner wachsartigen Blässe bildete einen verblüffenden Kontrast zu den verwitterten Gesichtern der anderen.

Ich blickte zurück zu Margaret, die kühl das Steuer übernahm, und sie lächelte mich an, und Liebe war in ihren Augen - auch sie gehörte der aussterbenden und herrschaftlichen Rasse der Blondinen an, ihr Platz war der hohe Rang, ihr Erbe war die Herrschaft und Befehlsgewalt und Beherrschung der dummen Niedrigen ihrer Art und des Haufens und der Brut der dunkel pigmentierten Rassen.

„Wo ist Sidney Waltham?", knurrte der Maat. „Ich will ihn. Bringt ihn raus. Und danach geht der Rest von euch Dreckskerlen wieder an die Arbeit, oder Gott sei euch gnädig."

Die Männer bewegten sich ruhelos und schlurften mit den Füßen über das Deck.

„Sidney Waltham, ich will dich – komm raus!", rief Mr. Pike und wandte sich hinter ihnen an den Mörder des Kapitäns, unter dem er einst gesegelt war.

Der unglaubliche alte Held! Es kam ihm nie in den Sinn, dass er nicht der Herr des Pöbels unter ihm war. Er hatte nur eine Idee, eine leidenschaftliche Idee, und das war sein Verlangen nach Rache an dem Mörder seines alten Kapitäns.

„Du alter Knacker!", knurrte Mulligan Jacobs zurück.

„Halt die Klappe, Mulligan!", war Bert Rhines Befehl, woraufhin er einen giftigen Blick des Krüppels erntete.

„Oh, ho, mein Herzchen", grinste Mr. Pike höhnisch über den Gangster. „Ich werde mich um Ihren Fall kümmern, keine Angst. In der Zwischenzeit, und zwar sofort, holen Sie den Hund raus."

Daraufhin ignorierte er den Anführer der Meuternden und begann zu rufen: „Waltham, du Hund, komm raus! Komm raus, du hinterhältiger Köter! Komm raus!"

Noch ein Verrückter , schoss mir durch den Kopf; noch ein Verrückter, der Sklave einer einzigen Idee. In seiner persönlichen Rachsucht vergisst er die Meuterei, seine Treue zum Schiff.

Aber tat er das? Selbst als er vergaß und seinen Herzenswunsch, nämlich das Leben des zweiten Maat, herbeirief, hob sich sein aufmerksames Seemannsauge ohne Absicht, mechanisch, um das Ziehen der Segel zu bemerken und wanderte von Segel zu Segel. Daraufhin, so erinnert, kehrte er zu seiner Treue zurück.

„Und?", knurrte er Bert Rhine an. „Geh und geh nach vorn, bevor ich auf dich spucke, du Abschaum und Elendsviertel. Ich gebe dir und den anderen Ratten zwei Minuten, um wieder ihren Dienst zu verrichten."

Und der Anführer und seine beiden Gangsterkollegen lachten ihr seltsames, stummes Lachen.

„Ich schätze, du wirst dir zuerst unser Gespräch anhören, alter Gaul", erwiderte Bert Rhine. „— Davis, steh jetzt auf und zeig, was für ein Spieler du bist. Bekomm keine kalten Füße. Spuck es Foxy Grandpa aus und erzähl ihm, was los ist."

„Sie verdammter Seerechtsanwalt!", knurrte Mr. Pike, als Davis den Mund öffnete, um zu sprechen.

Bert Rhine zuckte die Achseln, drehte sich halb auf dem Absatz um, als wolle er gehen, und sagte ruhig:

„Na ja, wenn du nicht reden willst …“

Herr Pike räumte einen Punkt ein.

„Weiter!“, knurrte er. „Spuck den Dreck aus deinem System, Davis; aber vergiss eines nicht: Du wirst dafür bezahlen, und zwar tief in die Tasche greifen. Weiter!“

Der Seerechtsanwalt räusperte sich vorbereitend.

„Zunächst einmal habe ich damit nichts zu tun“, begann er.

„Ich bin ein kranker Mann und sollte jetzt in meiner Koje liegen. Ich bin nicht in der Lage, auf den Beinen zu stehen. Aber sie haben mich gebeten, sie in Rechtsfragen zu beraten, und ich habe sie beraten –“

„Und was ist das Gesetz?“, unterbrach ihn Mr. Pike.

Aber Davis ließ sich nicht einschüchtern.

„Das Gesetz besagt, dass, wenn die Offiziere unfähig sind, die Mannschaft friedlich die Führung übernehmen und das Schiff in den Hafen bringen kann. Das ist alles Gesetz und in den Aufzeichnungen festgehalten. Da war die *Abyssinia* im Jahr 1892, als der Kapitän an Fieber starb und die Kameraden anfingen zu trinken –“

„Weiter!“, unterbrach ihn Mr. Pike. „Ich will Ihre Vorladungen nicht. Was wollen Sie? Spucken Sie es aus.“

„Also – und ich spreche als Außenstehender, als kranker Mann außer Dienst, der gebeten wurde zu sprechen – also, der Punkt ist, dass unser Kapitän ein guter war, aber er ist weg. Unser Maat ist gewalttätig und trachtet dem zweiten Maat nach dem Leben. Das ist uns egal. Wir wollen mit unserem Leben in den Hafen. Und unser Leben ist in Gefahr. Wir haben niemanden verletzt. Sie haben das ganze Blutvergießen verursacht. Sie haben zwei Männer erschossen und getötet und über Bord geworfen, wie Zeugen vor Gericht aussagen werden. Und da ist Roberts, auch tot, und auf dem Weg zu den Haien – und wofür? Weil er sich gegen einen mörderischen und tödlichen Angriff verteidigt hat, wie jeder Mann bezeugen kann, und die Wahrheit sagt, die ganze Wahrheit und nichts als die Wahrheit, so wahr mir Gott helfe – ist das nicht richtig, Männer?“

Von vielen erklang ein verwirrtes, zustimmendes Gemurmel.

„Sie wollen meinen Job, was?“ Mr. Pike grinste. „Und was haben Sie mit mir vor?“

„Wir kümmern uns um Sie, bis wir Sie den Behörden übergeben", antwortete Davis prompt. „Wahrscheinlich können Sie auf Unzurechnungsfähigkeit plädieren und glimpflich davonkommen."

In diesem Augenblick spürte ich eine Bewegung an meiner Schulter. Es war Margaret, bewaffnet mit dem langen Messer des Verwalters, den sie ans Steuer gesetzt hatte.

„Sie müssen noch einmal raten, Davis", sagte Mr. Pike. „Ich habe nichts mehr mit Ihnen zu tun. Ich werde mit der Truppe reden. Ich gebe Ihnen nur zwei Minuten, um sich zu entscheiden, und ich werde Ihnen sagen, was Sie tun können. Sie haben nur zwei Möglichkeiten. Sie übergeben mir den zweiten Maat und gehen zurück an Ihren Dienst und nehmen, was Ihnen zusteht, oder Sie gehen mit den Streifen für lange Haftstrafen ins Gefängnis. Sie haben zwei Minuten. Die Jungs, die ins Gefängnis wollen, können stehen bleiben, wo sie sind. Die Jungs, die nicht ins Gefängnis wollen und bereit sind, treu zu arbeiten, können direkt hier aufs Achterdeck zu mir zurückkommen. Zwei Minuten, und Sie können die Klappe halten, während Sie überlegen, was es wird."

Er drehte den Kopf zu mir und sagte mit gedämpfter Stimme: „Halte die Knallpistole bereit für Ärger. Und zögere nicht. Schlag ihnen die rein – den Schweinen, die glauben, sie könnten uns so einen miesen Deal auftischen."

Buckwheat machte den ersten Schritt, aber so zögerlich, dass er nicht über ein Anspannen der Beine und ein Vorwärtsschwingen der Schultern hinauskam. Trotzdem reichte es aus, um Herman Lunkenheimer in Bewegung zu setzen, der seinen Fuß ausstreckte und selbstbewusst nach hinten zu gehen begann. Kid Twist holte ihn mit einem einzigen Sprung ein, und Kid Twist, sein Handgelenk von hinten unter der Kehle des Deutschen, sein Knie in den Rücken des Deutschen gedrückt, bog den Mann nach hinten und hielt ihn fest. Gerade als das Gewehr an meine Schulter kam, zog der Hund Bombini sein Messer direkt unter Kid Twists Handgelenk hindurch über die nach oben gestreckte Kehle des Mannes.

In diesem Augenblick hörte ich Mr. Pikes „Verpiss ihn!" und drückte ab; und ausgerechnet die Kugel verfehlte das Ziel und traf den Faun, der zurücktaumelte, sich auf die Luke setzte und zu husten begann. Und selbst während er hustete, versuchte er mit schmerzerfüllten Augen zu verstehen, was er vorhatte.

Kein anderer Mann rührte sich. Herman Lunkenheimer, der von Kid Twist befreit worden war, sank auf das Deck. Und ich schoss auch nicht noch einmal. Kid Twist stand wieder an der Seite von Bert Rhine und Guido Bombini schmeichelte ihm.

Bert Rhine lächelte tatsächlich sichtlich.

„Hat noch jemand von euch Lust, achtern zu promenieren?“, fragte er mit samtiger Stimme.

„Zwei Minuten vor“, erklärte Mr. Pike.

„Und was wirst du dagegen tun, Opa?“, höhnte Bert Rhine.

Blitzschnell war die große automatische Waffe aus der Tasche des Kameraden und er schoss, so schnell er den Abzug betätigen konnte, während alle anderen in Deckung gingen. Aber wie er mir schon lange gesagt hatte, war er kein Schütze und konnte die Waffe nur aus kurzer Entfernung effektiv einsetzen – vorzugsweise von der Mündung in den Bauch.

Während wir auf das Hauptdeck starrten, das bis auf den toten Cowboy auf seinem Rücken und den Faun, der immer noch auf der Luke saß und hustete, verlassen war, stürzten über der vorderen Kante des Mittschiffshauses viele Männer herbei.

„Schieß!“, schrie Margaret hinter mir.

„Nicht!“, brüllte Mr. Pike mich an.

Als ich aufhörte, hatte ich das Gewehr an der Schulter. Louis, der Koch, führte den Ansturm über das Dach des Hauses und die Brücke nach achtern zu uns. Hinter ihm kamen in einer Reihe und ohne Zeit zu verlieren die japanischen Segelmacher, Henry, der Schiffsschuljunge, und der andere Junge, Buckwheat. Tom Spink bildete die Nachhut. Als er die Leiter des Mittelschiffshauses hochstieg, musste ihn jemand von unten am Bein gepackt haben, um ihn zurückzuzerren. Wir sahen die Hälfte von ihm und wussten, dass er sich wehrte und um sich trat. Er kam abrupt frei, erreichte in einer Woge das Dach des Hauses und raste die Brücke nach achtern entlang, bis er Buckwheat einholte und mit ihm zusammenstieß, der aus Angst schrie, ein Meuterer hätte ihn erwischt.

KAPITEL XLIII.

Wir, die wir achtern sind, belagert in der Höhe, sind zahlenmäßig stärker, als ich es mir bis jetzt erträumt habe, nachdem ich gerade die Schiffszählung beendet habe. Natürlich sind Margaret, Mr. Pike und ich getrennt. Wir allein repräsentieren die herrschende Klasse. Mit uns sind Diener und Leibeigene, die ihrem Salz treu sind und sich an uns orientieren und auf uns bauen, um Führung und Leben zu finden.

Ich wähle meine Worte mit Bedacht. Tom Spink und Buckwheat sind Leibeigene und sonst nichts. Henry, der Schiffsschuljunge, nimmt eine ungewöhnliche Klassifizierung ein. Er gehört zu unserer Art, aber man kann ihn kaum als Kadett unserer Art bezeichnen. Eines Tages wird er sich für uns entscheiden und ein Maat oder Kapitän werden, aber in der Zwischenzeit spricht natürlich seine Vergangenheit gegen ihn. Er ist ein Kandidat, der aus der Klasse der Leibeigenen in unsere Klasse aufsteigt. Außerdem ist er nur ein Jugendlicher, das Eisen seiner Vererbung ist noch nicht geprüft und bewiesen.

Wada, Louis und der Steward sind Bedienstete asiatischer Abstammung. Dasselbe gilt für die beiden japanischen Segelmacher – sie sind kaum Bedienstete, nicht einmal Sklaven, sondern etwas dazwischen.

Insgesamt sind wir also achtern in der Zitadelle elf Mann. Aber unsere Gefolgsleute sind zu knechts- und leibeigene Kämpfer, um Angriffskämpfer zu sein. Sie werden uns helfen, die Anhöhe gegen alle Angriffe zu verteidigen, aber sie sind nicht in der Lage, sich uns bei einem Angriff am anderen Ende des Schiffes anzuschließen. Sie werden wie in die Enge getriebene Ratten kämpfen, um ihr Leben zu retten, aber sie werden nicht wie Tiger auf den Feind losgehen. Tom Spink ist treu, aber mutlos. Buckwheat gehört hoffnungslos zu den dummen Niederträchtigen. Henry hat sich seine Sporen noch nicht verdient. Auf unserer Seite bleiben Margaret, Mr. Pike und ich. Der Rest wird die Mauer des Achterdecks halten und dort bis zum Tod kämpfen, aber bei einem Ausfall kann man sich nicht auf sie verlassen.

Am anderen Ende des Schiffes – und ich kann die Liste auch gleich aufzählen – stehen: der zweite Maat, der entweder Mellaire oder Waltham heißen soll, ein starker Mann unserer eigenen Rasse, aber ein Abtrünniger; die drei Gangster, Killer und Schakale Bert Rhine, Nosey Murphy und Kid Twist; der maltesische Cockney und Tony, der verrückte Grieche; Frank Fitzgibbon und Richard Giller, die Überlebenden des Trios der „Maurer"; Anton Sorensen und Lars Jacobsen, dumme skandinavische Matrosen; Ditman Olansen, der schielende Berserker; John Hackey und Arthur Deacon, jeweils Gangster und Sklavenhändler; Shorty, der Clown gemischter Abstammung;

Guido Bombini, der italienische Jagdhund; Andy Fay und Mulligan Jacobs, die Bittersten; die drei topasäugigen Träumer, die nicht einzuordnen sind; Isaac Chantz, der verwundete Jude; Bob, der zu groß geratene Trottel; der schwachsinnige, lungenverletzte Faun, Nancy und Sundry Buyers, die beiden hoffnungslosen, hilflosen Bootsleute, und schließlich der Seerechtsanwalt Charles Davis.

Das macht 27 gegen uns elf. Aber es gibt auch Männer, die sehr bösartig sind. Auch sie haben ihre Leibeigenen und Bravos. Guido Bombini und Isaac Chantz sind ganz sicher Bravos. Und Schwächlinge wie Sorensen, Jacobsen und Bob können nichts anderes sein als Sklaven der Männer, die die Gangsterclique bilden.

Ich habe nicht erzählt, was gestern passiert ist, nachdem Mr. Pike seine Automatik entladen und das Deck geräumt hatte. Das Achterdeck gehörte zweifellos uns, und es bestand keine Möglichkeit, dass die Meuternden uns am helllichten Tag angreifen würden. Margaret war in Begleitung von Wada nach unten gegangen, um sich um die Sicherheit der Backbord- und Steuerbordtüren zu kümmern, die von der Kabine direkt auf dem Hauptdeck aus zugänglich sind. Diese sind noch immer kalfatert und innen fest verschlossen, so wie sie es seit Beginn der Passage um Kap Hoorn waren.

Mr. Pike setzte einen der Segelmacher ans Steuerrad, und der Steward, der abgelöst wurde und nach unten ging, wurde nach Backbord gezogen, wo das Patentlog, das achtern geschleppt wurde, festgemacht wurde. Margaret hatte ihm sein Messer zurückgegeben, und er trug es in der Hand, als seine Aufmerksamkeit nach achtern auf unser Kielwasser gelenkt wurde. Mike Cipriani und Bill Quigley hatten es geschafft, die träge dahintreibende Logleine zu fangen, und klammerten sich daran fest. Die *Elsinore* bewegte sich gerade schnell genug, um sie an der Oberfläche zu halten, anstatt sie unter Wasser zu ziehen. Über und um sie herum kreisten neugierige und hungrige Albatrosse, Kaphühner und Mollyhawks. Gerade als ich einen Blick auf die Situation erhaschen konnte, stürzte sich einer der großen Vögel, mindestens drei Meter lang und mit einem zehn Zoll langen Schnabel vorn, auf den Italiener. Er ließ mit einer Hand los und schlug mit seinem Messer nach dem Vogel. Federn flogen, und der Albatros, der durch den Schlag abgelenkt wurde, fiel unbeholfen ins Wasser.

Ganz methodisch, wie es seine Tagesarbeit war, schlug der Steward mit seinem Messer zu und verfing sich zwischen der Stahlkante und der Reling. Sofort begannen die Verwundeten, die nicht mehr durch den zwei Knoten starken Vortrieb der *Elsinore getragen* wurden, zu schwimmen und zu zappeln. Die kreisenden Heerscharen riesiger Seevögel stürzten sich auf sie und schlugen mit ihren fleischfressenden Schnäbeln auf ihre Köpfe, Schultern und Arme ein. Ein lautes Kreischen und Krächzen erhob sich von den geflügelten Raubtieren, die nach dem lebendigen Fleisch kämpften. Und doch war ich irgendwie nicht besonders schockiert. Dies waren die Männer, die ich gesehen hatte, wie sie den Hai ausweideten und über Bord warfen und vor Freude schrien, als sie zusahen, wie er von seinen Artgenossen bei lebendigem Leib verschlungen wurde. Sie hatten ein brutales, grausames Spiel mit den Dingen des Lebens gespielt, und die Dinge des Lebens spielten nun dasselbe brutale, grausame Spiel mit ihnen. Wie diejenigen, die durch das Schwert auferstehen, durch das Schwert umkommen, so starben auch diese beiden Männer, die ein grausames Leben geführt hatten, grausam.

„Na ja", kommentierte Mr. Pike, „wir haben zwei Säcke richtig gute Kohle gespart."

* * * * *

Unsere Lage könnte sicherlich noch schlimmer sein. Wir kochen auf dem Kohlenofen und auf den Ölbrennern. Wir haben Bedienstete, die für uns kochen und servieren. Und, was am wichtigsten ist: Wir verfügen über alle Lebensmittel auf der *Elsinore*.

Mr. Pike macht keinen Fehler. Als er erkennt, dass wir mit unserer Truppe die Menge am anderen Ende des Schiffes nicht überrumpeln können, akzeptiert er die Belagerung, die, wie er sagt, darin besteht, dass die Belagerten alle Lebensmittelvorräte zurückhalten, während die Belagerer am Rande einer Hungersnot stehen.

„Lasst die Hunde verhungern", knurrt er. „Lasst sie verhungern, bis sie nach achtern kriechen und unsere Schuhe lecken. Vielleicht glauben Sie, der Brauch, die Vorräte nach achtern zu tragen, sei einfach so entstanden. Aber das ist nicht der Fall. Bevor Sie und ich geboren wurden, war er seit langem etabliert und wurde mit harten Bedingungen begründet. Sie wussten, was sie taten, die alten Kerle, als sie das Essen in die Backskiste legten."

Louis sagt, dass in der Kombüse nicht mehr als drei Tage regulärer Vorrat vorhanden sind; dass das Fass Schiffszwieback im Vorschiff bald leer sein wird; und dass unsere Hühner, die sie letzte Nacht vom Dach des Mittelschiffs gestohlen haben, nicht mehr als einen zusätzlichen Tagesvorrat ausmachen. Kurz gesagt, wir sind davon überzeugt, dass die Männer im äußersten Fall innerhalb einer Woche bereit sein werden, über eine Kapitulation zu sprechen.

Wir segeln nicht mehr. In der Dunkelheit der letzten Nacht hörten wir hilflos zu, wie die Männer die Fallen der Vorsegel lösten und die Rahen auf der Fahrt zu Boden gingen. Auf Befehl von Mr. Pike schoss ich blind und viele Male in die Dunkelheit, aber ohne Ergebnis, außer dass wir die Kugeln der Gegenschüsse gegen das Kartenhaus schlagen hörten. Heute haben wir also nicht einmal einen Mann am Steuer. Die *Elsinore* treibt träge auf einer trägen

See, und wir halten regelmäßig Wache im Schutz des Kartenhauses und des Jiggermastes. Mr. Pike sagt, es sei die faulste Zeit, die er auf der ganzen Reise hatte.

Ich wechsle die Wachen mit ihm, obwohl es im Dienst nicht viel zu tun gibt, außer tagsüber mit dem Gewehr in der Hand hinter dem Jiggermast zu stehen und nachts am Heck des Achterdecks zu lauern. Hinter dem Kartenhaus, bereit, einen Angriff abzuwehren, steht meine Wache aus vier Männern: Tom Spink, Wada, Buckwheat und Louis. Henry, die beiden japanischen Segelmacher und der alte Steward bilden Mr. Pikes Wache.

Er hat den Befehl, dass sich niemand von vorn zeigen darf. Als heute also der zweite Maat an der Ecke des Mittelschiffs erschien, ließ ich ihn mit dem Aufprall meiner Kugel gegen die Eisenwand, einen Fuß von seinem Kopf entfernt, einen schnellen Sprung zurück machen. Charles Davis versuchte dasselbe Spiel und wurde ähnlich angeregt.

Außerdem hat Mr. Pike heute Abend nach Einbruch der Dunkelheit Flaschenzüge am ersten Abschnitt der Brücke angebracht, sie aus ihrer Position gehoben und auf das Achterdeck herabgelassen. Ebenso hat er die Leiter am Ende des Achterdecks hochgezogen, die zum Hauptdeck hinunterführt. Die Männer werden ein wenig klettern müssen, wenn sie sich jemals dazu entschließen, uns zu überfallen.

Ich schreibe dies hier unten in meine Uhr. Ich habe um acht Uhr meinen Dienst beendet und gehe um Mitternacht an Deck, um bis morgen früh um vier zu bleiben. Wada schüttelt den Kopf und sagt, die Blackwood Company sollte uns die im Voraus bezahlte Erste-Klasse-Passage zurückerstatten. Wir arbeiten an unserer Passage, behauptet er.

Margaret nimmt das Abenteuer mit Freude an. Es ist das erste Mal, dass sie eine Meuterei erlebt, aber sie ist eine so durch und durch Seefrau, dass sie wie ein alter Hase im Spiel wirkt. Sie überlässt das Deck dem Maat und mir, erkennt aber immer noch seine Führung an, hat unten das Kommando übernommen und kümmert sich vollständig um die Kantine, das Kochen und die Schlafgelegenheiten. Wir behalten immer noch unsere alten Quartiere, und sie hat die Neuankömmlinge im großen Achterraum mit Decken aus der Vorratskammer gebettet.

In gewisser Weise ist die Meuterei aus Sicht ihres persönlichen Wohlergehens das Beste, was ihr passieren konnte. Sie hat dadurch ihre Gedanken von ihrem Vater abgelenkt und ihre wachen Stunden mit Arbeit ausgefüllt. Als ich heute Nachmittag über der offenen Sprengluke stand, hörte ich ihr Lachen wie in alten Zeiten, als sie den Atlantik herunterkam. Ja, und sie summt leise Liedfetzen, während sie arbeitet. In der zweiten Hundewache an diesem Abend, nachdem Mr. Pike mit dem Abendessen fertig war und sich zu uns aufs Achterdeck gesellte, sagte sie ihm, wenn er nicht bald seinen Grammophon neu aufrüsten würde, würde sie anfangen, Klavier zu spielen. Der Grund für ihre Ankündigung war die psychologische Wirkung, die solche ausgelassenen Geräusche auf die hungernden Meuterer haben würden.

∗ ∗ ∗ ∗ ∗

Die Tage vergehen, und nichts von Bedeutung geschieht. Wir kommen nirgendwo hin. Die *Elsinore* rollt ohne Stabilisierung ihrer Segel leer dahin und treibt auf einem verrückten Kurs. Manchmal liegt sie mit dem Bug im Wind, und manchmal direkt davor; aber immer kreist sie vage und zögerlich, um woanders hinzukommen als dort, wo sie ist. Als Beispiel: Heute Morgen bei Tagesanbruch kam sie in den Wind, als ob sie zu wenden versuchte. Im Laufe einer halben Stunde arbeitete sie sich ab, bis der Wind direkt querab stand. Nach einer weiteren halben Stunde war sie wieder im Wind. Erst am Abend gelang es ihr, den Wind auf Backbord zu bekommen; aber als es ihr gelang, gab sie sofort nach, vollendete den Kreis in einer Stunde und begann wieder mit ihrer morgendlichen Taktik, in den Wind zu kommen.

Und wir können nichts tun, außer das Achterdeck gegen den Angriff zu verteidigen, der nie erfolgt. Mr. Pike nimmt, mehr aus Gewohnheit als aus anderen Gründen, seine regelmäßigen Beobachtungen vor und ermittelt die Position *der Elsinore* . Heute Mittag war sie acht Meilen östlich von ihrer gestrigen Position, doch die heutige Position war in der Länge nur eine Meile von der Position vor vier Tagen entfernt. Andererseits bewegt sie sich unweigerlich mit einer Geschwindigkeit von sieben oder acht Meilen pro Tag nach Norden.

Oben bietet die *Elsinore* einen traurigen Anblick. Alles ist durcheinander und durcheinander. Die Segel sind aufgerollt und liegen in einem heillosen Durcheinander an den Rahen, und viele lose Enden schaukeln bei jeder Drehung düster hin und her. Die einzige lose Rah ist die Großrah. Zum Glück sind Wind und Wellengang mild, sonst würde das Eisenwerk weggetragen und die Meuternden würden das riesige Ding aus Stahl um ihre Ohren finden.

Eines können wir nicht verstehen. Eine Woche ist vergangen und die Männer zeigen keine Anzeichen, dass sie durch Hunger gefügig geworden sind. Wiederholt und vergeblich hat Mr. Pike die Leute achtern bei uns befragt. Alle, vom Koch bis zu Buckwheat, schwören, dass sie nichts von Lebensmitteln vorn wissen, außer dem kleinen Vorrat in der Kombüse und dem Fass Schiffszwieback im Vorschiff. Doch es ist ganz offensichtlich, dass die Leute vorn nicht verhungern. Wir sehen den Rauch vom Herd in der Kombüse und können nur schlussfolgern, dass sie etwas zu kochen haben.

Zweimal hat Bert Rhine versucht, einen Waffenstillstand zu erreichen, aber beide Male wurde seine weiße Flagge, sobald sie über dem Rand des Mittelschiffs auftauchte, von Mr. Pike beschossen. Das letzte Mal geschah dies vor zwei Tagen. Mr. Pike hat die Absicht, sie gründlich auszuhungern, bis sie sich unterwerfen, aber jetzt beginnt er, sich über ihre mysteriösen Nahrungsvorräte Sorgen zu machen.

Mr. Pike ist nicht ganz er selbst. Er ist, das weiß ich ohne jeden Zweifel, besessen von dem Gedanken, sich an dem zweiten Maat zu rächen. Bei verschiedenen Gelegenheiten bin ich ihm jetzt unerwartet begegnet und habe ihn mit grimmiger Miene vor sich hin murmeln sehen oder seine großen, viereckigen Fäuste ballen und wieder öffnen und mit den Zähnen knirschen sehen. Sein Gespräch dreht sich ständig um die Möglichkeit eines nächtlichen Angriffs von vorn, und er befragt Tom Spink und Louis ständig nach ihren Vorstellungen, wo die verschiedenen Männer schlafen könnten – wobei es immer darum geht: *Wo schläft der zweite Maat wahrscheinlich?*

Spätestens gestern Nachmittag lieferte er mir den eindeutigsten Beweis seiner Besessenheit. Es war vier Uhr, der Beginn der ersten Hundewache, und er hatte mich gerade abgelöst. Wir sind so nachlässig geworden, dass wir jetzt am helllichten Tag an der offenen Kante des Achterdecks stehen. Niemand schießt auf uns, und gelegentlich streckt Shorty über das Dach des Vorschiffs seinen Kopf in die Höhe und grinst oder schneidet uns Grimassen. In solchen Momenten studiert Mr. Pike Shortys Gesichtszüge durch das Teleskop, um Anzeichen von Hunger zu erkennen. Doch er gibt traurig zu, dass Shorty aufgeplustert aussieht.

Aber zurück zum Thema. Mr. Pike hatte mich gestern Nachmittag gerade abgelöst, als der zweite Maat auf das Vorschiff kletterte und bis vor die Augen der *Elsinore schlenderte*, wo er stehen blieb und über Bord blickte.

„Versuchen Sie es", sagte Mr. Pike.

Es war ein Weitschuss und ich zielte langsam und vorsichtig, als er meinen Arm berührte.

„Nein, das tue ich nicht", sagte er.

Ich ließ das kleine Gewehr sinken und sah ihn fragend an.

„Du könntest ihn schlagen", erklärte er. „Und ich will ihn für mich."

* * * * *

Das Leben ist nie so, wie wir es erwarten. Unsere gesamte Reise von Baltimore nach Süden zum Kap Hoorn und um das Kap Hoorn herum war von Gewalt und Tod geprägt. Und jetzt, wo sie in offener Meuterei gipfelte, gibt es keine Gewalt mehr, geschweige denn Tod. Wir bleiben achtern unter uns, und die Meuternden bleiben vorn unter sich. Es gibt keine Härte mehr, kein Knurren und Gebrüll von Befehlen; und bei diesem schönen Wetter herrscht ein allgemeines Fest.

Achtern spielen Mr. Pike und Margaret abwechselnd mit Grammophon und Klavier; und vorn macht eine vollwertige „Foo-Foo"-Band, obwohl wir sie nicht sehen können, den größten Teil des Tages und der Nacht schrecklich. Ein quietschendes Akkordeon, das laut Tom Spink Eigentum von Mike Cipriani war, wird von Guido Bombini gespielt, der das Tempo vorgibt und der Anführer des Foo-Foo zu sein scheint. Es gibt zwei Mundharmonikas mit gebrochenen Rohrblättern. Jemand spielt eine Maultrommel. Dann gibt es selbstgemachte Querpfeifen und Pfeifen und Trommeln, mit Papier überzogene Kämme, improvisierte Dreiecke und Knochen aus den Rippen von Pökelpferden, wie sie von schwarzen Minnesängern verwendet werden.

Die ganze Mannschaft scheint die Band zu bilden und wie eine Horde Affen, die sich an einem rauen Rhythmus erfreuen, betonen sie den Takt, indem sie auf Kerosinkanister, Bratpfannen und alle möglichen metallischen oder hallenden Dinge hämmern. Irgendein Genie hat eine Leine an der Klöppelglocke des Schiffs auf dem Vorschiff befestigt und lässt sie bei den großen Foo-Foo-Krisen schrecklich scheppern, obwohl man Bombini ihn gelegentlich streng tadeln hören kann. Und um dem Ganzen die Krone aufzusetzen, pumpt die Nebelhornmaschine in den seltsamsten Momenten und imitiert eine große Bassgeige.

Und das ist Meuterei auf hoher See! Fast jede Stunde meiner Deckwachen höre ich diesen höllischen Lärm und werde von dem Verlangen getrieben, mich Mr. Pike bei einem Nachtangriff anzuschließen und diese rebellischen und unharmonischen Sklaven zur Arbeit zu zwingen.

Dennoch sind sie nicht völlig unharmonisch. Guido Bombini hat eine respektable, wenn auch ungeschulte Tenorstimme und hat mich mit einer Vielfalt an Stücken überrascht, nicht nur von Verdi, sondern auch von Wagner und Massenet. Bert Rhine und seine Leute sind voller Ragtime-Kram, und eine Phrase, die die Fantasie aller erregt hat und die sie ständig herausbrüllen, ist: „ *Es ist ein Bär! Es ist ein Bär! Es ist ein Bär!* " Heute Morgen hat Nancy, offensichtlich sehr dazu gedrängt, eine traurige Interpretation von „ *Flying Cloud" gegeben* . Ja, und in der zweiten Hundewache gestern Abend haben unsere drei topasäugigen Träumer ein seltsam süßes und trauriges Volkslied gesungen.

Und das ist Meuterei! Während ich das hier schreibe, kann ich es kaum glauben. Doch ich weiß, dass Mr. Pike über meinem Kopf Wache hält. Ich höre das schrille Gelächter des Stewards und von Louis über einen alten chinesischen Witz. Wada und die Segelmacher unterhalten sich in der Speisekammer über japanische Politik, das weiß ich. Und von der anderen

Seite der Kabine, durch die schmalen Gänge, höre ich Margaret leise summen, als sie zu Bett geht.

Doch alle Zweifel verschwinden beim Glockenschlag von acht, wenn ich an Deck gehe, um Mr. Pike abzulösen, der noch einen Moment für ein „Gam", wie er es nennt, verweilt.

„Sagen Sie", sagte er vertraulich, „Sie und ich können die ganze Bande ausmerzen. Wir brauchen uns nur nach vorn zu schleichen und loszulaufen. Sobald wir anfangen, hochzuschießen, wird die Hälfte von ihnen nach achtern rennen – Hummer wie Nancy, Sundry Buyers, Jacobsen, Bob, Shorty und die drei Schiffbrüchigen zum Beispiel. Und während sie das tun und unsere Truppe auf dem Achterdeck sie einholt, können Sie und ich ein ziemlich großes Loch in sie reißen, das übrig bleibt. Was meinen Sie dazu?"

Ich zögerte und dachte an Margaret.

„Also, sagen wir", drängte er, „wenn ich erst einmal in das Vorschiff gesprungen wäre, aus nächster Nähe, würde ich sofort loslegen, blim-blam-blim, so schnell ich kann, und diese Gangster, einen Bombini, einen Sheeny, einen Deacon, einen Cockney, einen Mulligan Jacobs und … einen … Waltham festnageln."

„Das wären dann neun", lächelte ich. „Du hast nur acht Schüsse in deinem Colt."

Mr. Pike dachte einen Moment nach und überarbeitete dann seine Liste. „Na gut", stimmte er zu, „ich schätze, ich muss Jacobs gehen lassen. Was meinst du? Bist du dabei?"

Ich zögerte noch immer, doch bevor ich sprechen konnte, kam er mir zuvor und behielt seine Treue.

„Nein, das können Sie nicht, Mr. Pathurst. Wenn sie uns beide mit etwas Glück erwischen … Nein, wir bleiben einfach achtern und warten, bis sie ausgehungert sind … Aber woher sie ihr Essen bekommen, ist mir ein Rätsel. Vorne ist sie so kahl wie ein Knochen, wie es jedes anständige Schiff sein sollte, und doch sehen Sie sie sich an, sie sind wie Schweinefett. Und eigentlich hätten sie schon vor einer Woche aufhören sollen zu essen."

KAPITEL XLIV.

Ja, es ist ganz sicher Meuterei. Als Buckwheat heute Morgen bei einem Regenschauer Wasser von den Führern des Kartenhauses holte, geriet er in Gefahr und wurde von einem langen, glücklichen Revolverschuss von vorn an der Schulter getroffen. Die Kugel war kleinkalibrig und verschossen, bevor sie ihn erreichte, so dass er nicht mehr als eine Fleischwunde davontrug, obwohl er weitermachte, als würde er sterben, bis Mr. Pike seinen Lärm dämpfte, indem er ihm die Ohren zuhielt.

Ich möchte Mr. Pike nicht als meinen Chirurgen haben. Er tastete mit seinem kleinen Finger, der viel zu groß für die Öffnung war, nach der Kugel, und während er mit der anderen Hand drohte, ihm einen weiteren Ohrfeigen zu verpassen, riss er mit seinem kleinen Finger das Bleikügelchen heraus. Dann schickte er den Jungen nach unten, wo Margaret ihn mit Antiseptika und Verbänden versorgte.

Ich sehe sie so selten, dass eine halbe Stunde allein mit ihr heutzutage ein Abenteuer ist. Sie ist von morgens bis abends damit beschäftigt, ihr Haus in Ordnung zu halten. Während ich dies schreibe, kann ich durch meine offene Tür hören, wie sie den Männern im Hinterzimmer die Leviten liest. Sie hat überall Unterwäsche aus der Spülkiste verteilt und befiehlt ihnen, ein Bad im frisch aufgefangenen Regenwasser zu nehmen. Und um sicherzugehen, dass sie die Sache gründlich angehen, hat sie Louis und dem Steward befohlen, die Aktion zu überwachen. Außerdem hat sie ihnen verboten, im Hinterzimmer Pfeife zu rauchen. Und um dem Ganzen die Krone aufzusetzen, sollen sie Wände, Decke, alles schrubben und dann morgen früh mit dem Streichen beginnen. All das überzeugt mich beinahe davon, dass es keine Meuterei gibt und dass ich sie mir eingebildet habe.

Aber nein. Ich höre Buckwheat heulen und fragen, wie er in seinem verwundeten Zustand ein Bad nehmen kann. Ich warte und lausche Margarets Urteil. Und ich werde auch nicht enttäuscht. Tom Spink und Henry werden mit der Aufgabe betraut, und Buckwheat wird gründlich geschrubbt.

* * * * *

Die Meuterer verhungern nicht. Heute haben sie Albatrosse gefischt. Wenige Minuten, nachdem sie den ersten gefangen hatten, wurde sein Kadaver über Bord geworfen. Mr. Pike betrachtete ihn durch sein Seeglas, und ich hörte ihn die Zähne zusammenbeißen, als er sich vergewisserte, dass es sich nicht nur um Federn und Haut, sondern um den ganzen Kadaver handelte. Sie hatten nur die Flügelknochen mitgenommen, um daraus Pfeifenstiele zu machen. Die Schlussfolgerung war offensichtlich: *Verhungernde Menschen würden ihr Fleisch nicht auf diese Weise wegwerfen* .

Aber woher bekommen sie ihre Nahrung? Das ist ein Seemannsrätsel für sich, obwohl ich es vielleicht nicht so sehen würde, wenn es nicht Mr. Pike gäbe.

„Ich denke und denke, bis mein Gehirn völlig erschöpft ist", erzählt er mir, „und trotzdem kann ich nichts herausfinden. Ich kenne jeden Zoll des *Elsinore* und weiß, dass es da vorn keine Unze Futter gibt, und trotzdem essen sie! Ich habe die Backskiste renoviert. So weit ich es erkennen kann, fehlt nichts. Woher bekommen sie es dann? Das ist es, was ich wissen möchte. Woher bekommen sie es?"

Ich weiß, dass er heute Morgen mit dem Steward und dem Koch Stunden in der Backstube verbracht hat, um die Listen der Baltimore-Agenten zu überprüfen und abzuhaken. Und ich weiß, dass sie alle drei schweißgebadet und ratlos aus der Backstube kamen. Der Steward hat die Hypothese aufgestellt, dass erstens noch Vorräte von der vorherigen Reise oder von vorherigen Reisen übriggeblieben seien und dass zweitens der Diebstahl dieser Vorräte während der Nachtwachen stattgefunden haben muss, als Mr. Pike unten an der Reihe war.

Auf jeden Fall nimmt sich der Kumpel das Essensmysterium fast ebenso zu Herzen wie die beharrliche und nahe Existenz von Sidney Waltham.

Ich beginne, die Bedeutung von Wache und Wache zu verstehen. Zunächst verbringe ich zwölf Stunden an Deck und von jeder der vierundzwanzig Stunden etwas mehr. Einen guten Teil der verbleibenden zwölf verbringe ich mit Essen, An- und Ausziehen und mit Margaret. Infolgedessen habe ich das Gefühl, mehr Schlaf zu brauchen, als ich bekomme. Ich lese jetzt kaum noch. Sobald mein Kopf das Kissen berührt, schlafe ich ein. Oh, ich schlafe wie ein Baby, esse wie ein Erdarbeiter und habe seit Jahren kein solches körperliches Wohlbefinden mehr genossen. Ich habe gestern Abend versucht, George Moore zu lesen und war schrecklich gelangweilt. Er mag ein Realist sein, aber ich behaupte feierlich, dass er die Realität auf seinem engen, kleinen Archipel des behüteten Lebens nicht kennt. Wenn er nur eine Reise um das Kap herumfahren könnte, wäre er doppelt so gut im Schreiben.

Und Mr. Pike hat praktisch sein gesamtes 69-jähriges Leben lang Wache und Wache gehalten, wobei viele Uhren in Uhren übergegangen sind. Und doch ist er aus Eisen. Ich bin überzeugt, dass er mich in einem Kampf mit ihm wie Stroh zerschmettern würde. Er ist wirklich ein Wunderkind und, soweit es die heutige Zeit betrifft, ein Anachronismus.

Der Faun ist trotz meiner unglücklichen Kugel nicht tot. Henry behauptete, er habe ihn gestern kurz gesehen. Heute habe ich ihn selbst gesehen. Er kam an die Ecke des Mittelschiffs und blickte wehmütig nach achtern auf das Achterdeck, angestrengt und begierig, zu verstehen. Auf die gleiche Weise habe ich Possum oft gesehen, wie er mich anstarrte.

Mir ist gerade aufgefallen, dass von unseren acht Anhängern fünf Asiaten sind und nur drei unserer eigenen Rasse angehören. Irgendwie erinnert mich das an Indien und an Clive und Hastings.

Und das schöne Wetter bleibt, und wir fragen uns, wie lange es wohl dauern wird, bis unsere Meuterer ihre geheimnisvolle Nahrung aufessen und ausgehungert wieder an die Arbeit gehen können.

Wir sind fast genau westlich von Valparaiso und knapp 1.000 Meilen von der Westküste Südamerikas entfernt. Die leichten Nordwinde, die von Nordost nach West wechseln, würden uns laut Mr. Pike gut nach Valparaiso bringen, wenn wir auf der Elsinore nur Segel hätten . Da sie aber segellos ist, treibt sie im Kreis herum und kommt nur durch die leichte Norddrift jeden Tag irgendwohin.

* * * * *

Mr. Pike ist außer sich. In den letzten zwei Tagen hat er immer mehr Selbstbeherrschung gezeigt, nur weil er Rache an seinem zweiten Maat nehmen wollte. Es ist nicht die Meuterei, so lästig sie auch ist und ihn hilflos macht; es ist die Anwesenheit des Mörders seines alten und bewunderten Kapitäns, Captain Somers.

Der Maat grinst über die Meuterei, nennt sie einen Kinderspiel, spricht hämisch davon, wie sein Lohn steigt, und bedauert, dass er nicht an Land ist, wo er mit der Rückversicherung spekulieren könnte. Aber der Anblick von Sidney Waltham, wie er ruhig vom Vorschiff aus aufs Meer und den Himmel blickt oder rittlings auf dem anderen Ende des Bugspriets sitzt und nach Haien angelt, macht ihn wahnsinnig. Gestern, als er kam, um mich abzulösen, lieh er sich mein Gewehr und ließ einen Strom kleiner Schrotkugeln auf den zweiten Maat los, der kaltblütig seine Leine festmachte, bevor er an Bord kletterte. Natürlich war die Chance nur eins zu hundert, dass Mr. Pike ihn getroffen haben könnte, aber Sidney Waltham wollte diese Chance nicht herbeiführen.

Und doch ist es nicht wie eine Meuterei – nicht wie die konventionelle Meuterei, die ich als Junge miterlebt habe und die in der Seemannsliteratur zum Klassiker geworden ist. Es gibt keinen Nahkampf, kein Kanonendonner und kein Mündungsfeuer, keine Matrosen, die Grog trinken, keine brennenden Streichhölzer, die über offene Pulvermagazine gehalten werden. Himmel! – es gibt nicht ein einziges Mündungsfeuer und kein Pulvermagazin an Bord. Und was Grog angeht, hat seit Baltimore kein einziger Mann etwas getrunken.

Nun, es ist schließlich Meuterei. Daran werde ich nie wieder zweifeln. Es mag eine Meuterei auf einem Kohlenfrachter im Jahr 1913 gewesen sein, mit Schwachköpfen, Schwachköpfen und Kriminellen als Meuternden; aber jedenfalls ist es eine Meuterei, und zumindest die Zahl der Todesopfer erinnert an die alten Zeiten. Denn seit ich das letzte Mal Gelegenheit hatte, dieses Logbuch zu schreiben, ist einiges geschehen. Übrigens bin ich jetzt auch der Verwalter des offiziellen Logbuchs *der Elsinore , bei dieser Arbeit hilft mir Margaret.*

Und ich hätte wissen müssen, dass es passieren würde. Gestern um vier Uhr morgens löste ich Mr. Pike ab. Als ich ihn im Dunkeln an der Heckklappe erreichte, musste ich zweimal mit ihm sprechen, um ihn auf meine Anwesenheit aufmerksam zu machen. Und dann grunzte er nur geistesabwesend zur Bestätigung.

Im nächsten Moment strahlte er und war wieder er selbst, nur dass er zu heiter war. Er gab sich Mühe. Ich spürte das, war aber auf das, was folgte, nicht vorbereitet.

„Ich bin gleich zurück", sagte er, während er sein Bein über das Geländer legte und sich leicht und schnell in die Dunkelheit hinabließ.

Ich konnte nichts tun. Schreien oder der Versuch, mit ihm zu reden, hätte nur die Aufmerksamkeit der Meuterer erregt. Ich hörte, wie seine Füße auf das Deck darunter aufschlugen, als er losließ. Sofort rannte er nach vorn. Er war nicht sehr vorsichtig. Ich schwöre, dass ich bis zum Mittelschiff das schleppende Geräusch seiner Füße hörte. Dann hörte es auf, und das war alles.

Ich wiederhole. Das war alles. Kein Laut kam von vorn. Ich hielt Wache bis zum Tagesanbruch. Ich hielt Wache, bis Margaret mit ihrem fröhlichen „Wie geht es der Nacht, tapferer Seemann?" an Deck kam. Ich hielt die nächste Wache (die eigentlich dem Maat hätte gehören sollen) bis Mittag und aß Frühstück und Mittagessen hinter dem schützenden Jiggermast. Und ich hielt den ganzen Nachmittag Wache, und während der beiden Hundewachen wurde mir mein Abendessen ebenfalls an Deck serviert.

Und das war alles. Nichts geschah. Der Kocher in der Kombüse rauchte dreimal und kündigte damit an, dass drei Mahlzeiten gekocht worden waren. Shorty schnitt mir wie üblich über den Rand des Vorschiffs hinweg Grimassen. Der maltesische Cockney fing einen Albatros. Es gab einige Aufregung, als Tony der Grieche einen Hai am Klüverbaum an der Angel hatte, der so groß war, dass ein halbes Dutzend an der Leine hing und ihn nicht an Land ziehen konnte. Aber ich konnte weder Mr. Pike noch den Abtrünnigen Sidney Waltham zu Gesicht bekommen.

Kurz gesagt, es war ein fauler, ruhiger Tag mit Sonnenschein und sanfter Brise. Es gab keine Ahnung, was mit dem Maat geschehen war. War er ein Gefangener? War er schon über Bord? Warum gab es keine Schüsse? Er hatte seine große Automatik. Es ist unvorstellbar, dass er sie nicht mindestens einmal benutzt hat. Margaret und ich diskutierten die Angelegenheit, bis wir ziemlich müde waren, kamen aber zu keinem Ergebnis.

Sie ist eine echte Tochter der Rasse. Am Ende der zweiten Hundewache bestand sie, bewaffnet mit dem Revolver ihres Vaters, darauf, die erste Nachtwache zu übernehmen. Ich einigte mich mit dem Unvermeidlichen, indem ich Wada mein Bett auf dem Deck im Schutz des Oberlichts der Kabine direkt vor dem Jiggermast machen ließ. Henry, die beiden Segelmacher und der Steward, unterschiedlich ausgerüstet mit Messern und Knüppeln, waren entlang der Heckkante postiert.

Und genau hier möchte ich meine erste Kritik an der modernen Meuterei äußern. Auf Schiffen wie der *Elsinore* gibt es nicht genug Waffen für alle. Die einzigen Feuerwaffen, die sich jetzt achtern befinden, sind Kapitän Wests 38er Colt-Revolver und mein 22er Winchester-Automatikgewehr. Der alte Steward, der eine Vorliebe fürs Hacken und Zerhacken hat, hat sein langes Messer und ein Fleischerbeil. Henry hat zusätzlich zu seinem Messer eine kurze Eisenstange. Louis setzt trotz einer äußerst blutigen Sammlung von Fleischermessern und einem großen Schürhaken sein Vertrauen in heißes Wasser und sorgt dafür, dass auf dem Kajütenofen immer zwei Kessel brodeln. Buckwheat, der wegen seiner Verletzung ein paar Nächte lang die ganze Nacht zu Hause bleiben muss, pflegt ein Beil.

Der Rest unserer Gefolgsleute hat Messer und Keulen, obwohl Yatsuda, der erste Segelmacher, eine Handaxt trägt und Uchino, der zweite Segelmacher, im Schlaf oder im Wachzustand immer einen Klauenhammer bei sich trägt. Tom Spink hat eine Harpune. Wada jedoch ist das Genie. Mit Hilfe des Kajütofens hat er eine scharfe Eisenspitze hergestellt und sie an einer Stange befestigt. Morgen beabsichtigt er, mehr davon für die anderen Männer herzustellen.

Es ist jedoch ziemlich schaurig, über die schreckliche Auswahl an Hieb-, Stich- und Hiebwaffen zu spekulieren, mit denen sich die Meuternden in der Schreinerei ausrüsten können. Sollte es jemals zu einem Angriff auf das Achterdeck kommen, werden die Überlebenden ein merkwürdiges Durcheinander von Wunden zu versorgen haben. Übrigens, so gut ich mein kleines Gewehr beherrsche, könnte kein Mann das Achterdeck bei Tageslicht erreichen. Wenn sie uns jedoch überfallen, werden sie uns bei Nacht überfallen, und dann wird mein Gewehr wertlos sein. Dann wird es

Schlag auf Schlag, Mann gegen Mann, geben, und die stärksten Körper und Arme werden gewinnen.

Aber nein. Mir ist gerade etwas eingefallen. Wir werden für jeden nächtlichen Ansturm bereit sein. Ich werde mir ein Beispiel an der modernen Kriegsführung nehmen und ihnen nicht nur zeigen, dass wir die Besten sind (ein Lieblingsspruch des Kameraden), sondern auch, *warum* wir die Besten sind. Es ist ganz einfach – Nachtbeleuchtung. Während ich schreibe, arbeite ich die Idee aus – Benzin, Wergkugeln, Zündhütchen und Schießpulver aus ein paar Patronen, Feuerwerkskörper und Leuchtfackeln in Blau, Rot und Grün, flache Metallbehälter für das explosive und brennbare Zeug; und eine abzugartige Vorrichtung, mit der man durch Ziehen an einer Schnur die Zündhütchen im Schießpulver explodieren lässt und das benzingetränkte Werg und die Leuchtfackeln und Kerzen in Brand setzt. Es wird Hirn und Muskelkraft gegen bloße Muskelkraft sein.

* * * * *

Ich habe den ganzen Tag wie ein Trojaner geschuftet und die Idee ist verwirklicht. Margaret half mir mit Vorschlägen und Tom Spink übernahm die Matrosenarbeit. Über uns, vom Jiggermast, verlaufen die Stahlstags, die die drei Jigger-Trysegel tragen, hoch über die Heckkante und über das Hauptdeck zum Besanmast. Über jeden Stag wurde eine leichte Leine geworfen und wiederholt herumgeworfen, um einen nicht rutschenden Knoten zu bilden. Tom Spink wartete bis es dunkel wurde, dann ging er nach oben und befestigte lose Ringe aus steifem Draht um die Stage unterhalb der Knoten. Außerdem legte er Hebezeuge an und befestigte dauerhafte Befestigungen mit den Gleitringen. Und außerdem liegt zwischen Ringen und Befestigungen ein lockerer Strang von fünfzehn Metern leichter Leine.

Das ist die Idee: Jede Nacht werden wir nach Einbruch der Dunkelheit unsere drei mit brennbaren Stoffen beladenen Metallwaschbecken an die Stagsegel hieven. Die Anordnung ist so, dass beim ersten Alarm eines Ansturms durch Ziehen einer Schnur der Auslöser betätigt wird, der das Pulver entzündet, und derselbe Zug betätigt eine Auslösevorrichtung, die die Ringe an den Stahlstagen nach unten gleiten lässt. Natürlich hängen an den Ringen die Scheinwerfer, und wenn sie fünfzehn Meter an den Stagsegeln entlang gelaufen sind, werden sie durch die Leinen automatisch zum Stillstand gebracht. Dann wird das gesamte Hauptdeck zwischen dem Achterdeck und dem Besanmast mit Licht überflutet, während wir in relativer Dunkelheit sind.

Natürlich werden wir jeden Morgen vor Tagesanbruch all diese Geräte auf das Deck lassen, damit die Männer vorn nicht erraten, was wir im Schilde führen oder besser gesagt, was wir auf den Stagsegeln haben. Schon heute weckte das wenige von unserer Ausrüstung, das stehen bleiben muss, ihre

Neugier. Ein Kopf nach dem anderen tauchte über der Kante des Vorschiffs auf, während sie spähten und spähten und versuchten, herauszufinden, was wir vorhatten. Ich ertappe mich dabei, dass ich mich fast auf einen Angriff freue, um zu sehen, wie das Gerät funktioniert.

KAPITEL XLV.

Und was mit Mr. Pike passiert ist, bleibt ein Rätsel. Und was ist eigentlich mit dem zweiten Maat passiert? In den letzten drei Tagen haben wir die Meuternden mit eigenen Augen gezählt. Wir haben jeden Mann gesehen, mit der einzigen Ausnahme von Mr. Mellaire oder Sidney Waltham, wie ich ihn wohl korrekt nennen muss. Er ist nicht aufgetaucht – taucht nicht auf; und wir können nur spekulieren und Vermutungen anstellen.

In den letzten drei Tagen sind verschiedene interessante Dinge geschehen. Margaret steht mit mir Tag und Nacht Wache, rund um die Uhr, denn es gibt keinen unserer Gefolgsleute, dem wir die Verantwortung für eine Wache anvertrauen könnten. Obwohl es zu einer Meuterei kommt und wir in der Höhe belagert werden, ist das Wetter so mild und unsere Männer werden so wenig gebraucht, dass sie nachlässig geworden sind und hinter dem Kartenhaus schlafen, wenn sie an Deck Wache haben. Es passiert nie etwas, und wie echte Seeleute werden sie fett und faul. Ich habe sogar Louis, den Steward, und Wada des Nickerchens schuldig gesprochen. Tatsächlich ist der Schiffsschuljunge Henry der einzige, der nie einen Rückfall hatte.

Oh ja, und ich habe Tom Spink gestern eine Tracht Prügel verpasst. Seit dem Verschwinden des Maat hatte er wenig Vertrauen in mich und zeigte vage Anzeichen von Unverschämtheit und Gehorsamsverweigerung. Sowohl Margaret als auch ich hatten es unabhängig voneinander bemerkt. Vorgestern haben wir darüber gesprochen.

„Er ist ein guter Seemann, aber schwach", sagte sie. „Wenn wir ihn weitermachen lassen, wird er den Rest anstecken."

„Also gut, ich werde ihn in die Hand nehmen", verkündete ich tapfer.

„Das wirst du müssen", ermutigte sie ihn. „Sei hart. Sei hart. Du musst hart sein."

Diejenigen, die in den hohen Positionen sitzen, müssen hart sein, doch ich habe festgestellt, dass es schwer ist, hart zu sein. Zum Beispiel war es ziemlich einfach, Steve Roberts niederzuschlagen, als er gerade dabei war, auf mich zu schießen. Doch es ist äußerst schwierig, mit einem dämlichen Gefolgsmann wie Tom Spink hart zu sein – insbesondere, wenn es ihm immer wieder um ein Haar gelingt, ausreichend zu provozieren. Vierundzwanzig Stunden nach meinem Gespräch mit Margaret war ich wie auf heißen Kohlen, um es mit ihm auszutragen, doch anstatt es mit ihm auszutragen, hätte ich lieber gesehen, wie die Bande von der anderen Seite aus den Haufen stürmt.

Nicht an einem Tag kann ein Anfänger lernen, die knurrende Unmittelbarkeit der Beherrschung eines Mr. Pike oder die ruhige, stumme

Beherrschung eines Captain West anzuwenden. Die Situation war wirklich peinlich. Ich war nicht im Umgang mit Menschen ausgebildet, und Tom Spink wusste das auf seine alberne Art. Auf seine alberne Art war er auch entmutigt durch den Verlust des Maat. Obwohl er den Maat fürchtete, hatte er sich darauf verlassen, dass der Maat ihn heil oder wenigstens lebend durchbringen würde. Auf mich ist er nicht angewiesen. Welche Chance hatten der Gentleman- Passagier und die Tochter des Kapitäns gegen die Gang vorn? So muss er gedacht haben, und durch diese Denkweise wurde er verzweifelt und hoffnungslos.

Nachdem Margaret mir gesagt hatte, ich solle hart sein, beobachtete ich Tom Spink mit Adleraugen, und er muss meine Haltung gespürt haben, denn er hütete sich sorgfältig davor, zu weit zu gehen, während er die ganze Zeit kurz davor stand, zu weit zu gehen. Ja, und es war klar, dass Buckwheat zusah, um zu erfahren, was aus dieser verschleierten Widerspenstigkeit werden würde. Unseren scharfäugigen Asiaten entging die Situation übrigens nicht, und ich weiß, dass ich Louis mehrmals dabei ertappte, wie er fast an die Beleidigung grenzte, mir Ratschläge zu geben. Aber er kannte seinen Platz und schaffte es, den Mund zu halten.

Und schließlich machte sich Tom Spink gestern, während ich Wache hielt, die Schuld daran, Tabaksaft auf das Deck zu spucken.

Man muss verstehen, dass eine solche Tat auf See ein ebenso schweres Vergehen darstellt wie Gotteslästerung auf kirchlicher Ebene.

Es war Margaret, die zu meinem Posten am Jiggermast kam und mir erzählte, was geschehen war. Und sie war es, die mein Gewehr nahm und mich ablöste, sodass ich nach achtern gehen konnte.

Da war die Angriffsstelle, und da war Tom Spink, in dessen Wange ein Pfund quoll.

„Hier, hol dir einen Wischmopp und wisch das auf", befahl ich in meinem schärfsten Ton.

Tom Spink rollte bloß seinen Pfund mit der Zunge und betrachtete mich mit höhnischer Nachdenklichkeit. Ich bin sicher, er war nicht mehr überrascht als ich über die Unmittelbarkeit dessen, was folgte. Meine Faust schoss wie ein Pfeil aus einem gespannten Bogen, und Tom Spink taumelte zurück, stolperte gegen die Ecke der mit einer Plane bedeckten Echolotmaschine und fiel ausgestreckt auf das Deck. Er versuchte, sich zu wehren, aber ich folgte ihm und gab ihm keine Chance, sich zu stellen oder sich von der Überraschung meines ersten Angriffs zu erholen.

Nun ist es so, dass ich seit meiner Kindheit niemanden mehr mit bloßer Faust geschlagen habe, und ich gebe offen zu, dass ich die Tracht Prügel, die ich dem armen Tom Spink verpasste, genossen habe. Ja, und bei dem schnellen Spiel auf dem Deck erhaschte ich einen Blick auf Margaret. Sie war aus dem Schutz des Mastes getreten und schaute von der Ecke des Kartenhauses aus zu. Ja, und mehr noch: sie schaute mit kühlem, abschätzendem Blick zu.

Oh, das war alles wirklich grotesk, das ist klar. Aber eine Meuterei auf hoher See im Jahr 1913 ist auch grotesk. Hier gab es keine Schlachten zwischen gepanzerten Rittern um die Gunst einer Dame, sondern nur die Tracht Prügel für einen Dummkopf, der auf das Deck eines Kohlenfrachters gespuckt hatte. Trotzdem verlieh die Tatsache, dass meine Dame zusah, meinem Unternehmen noch mehr Schwung und verlieh meinen Schlägen zweifellos mehr Geschwindigkeit und Wucht und dem unglücklichen Matrosen mindestens ein halbes Dutzend zusätzliche Schläge.

Ja, der Mensch ist seltsam und wunderbar geschaffen. Wenn ich jetzt nüchtern über die Sache nachdenke, wird mir klar, dass es im Wesentlichen derselbe Geist war, mit dem ich es genossen habe, Tom Spink zu verprügeln, mit dem ich in der Vergangenheit auch geistige Wettkämpfe genossen habe, bei denen ich kluge Gegner mit Epigrammen übertrumpft habe. In dem einen Fall erweist sich einer als geistiger Top-Hund, im anderen als Muskel-Top-Hund. Whistler und Wilde waren genauso intellektuelle Tyrannen, wie ich gestern Morgen ein physischer Tyrann war, als ich Tom Spink so lange schlug, bis er sich hinlegte und liegen blieb.

Und meine Knöchel sind wund und geschwollen. Ich höre für einen Moment auf zu schreiben, um sie anzusehen und zu hoffen, dass sie nicht dauerhaft geschwollen bleiben.

Tom Spink nahm seine Disziplinarmaßnahmen jedenfalls ernst und versprach, zur Arbeit zu kommen und brav zu sein.

„Sir!", donnerte ich ihn an, ganz in Mr. Pikes blutrünstigster Art.

„Sir", murmelte er mit blutenden Lippen. „Ja, Sir, ich werde es aufwischen, Sir. Ja, Sir."

Ich konnte es kaum unterdrücken, ihm ins Gesicht zu lachen, so lächerlich war das Ganze. Aber ich schaffte es, so hochmütig, streng und wild wie möglich auszusehen, während ich die Deckreinigung beaufsichtigte. Das Komischste an der ganzen Sache war, dass ich Tom Spink wohl das Pfund in den Hals gestopft habe, denn er würgte und schluckte die ganze Zeit, während er wischte und schrubbte.

Die Atmosphäre achtern war seitdem wunderbar klar. Tom Spink befolgt beim Sprung alle Befehle und Buckwheat springt mit gleicher Geschwindigkeit. Was die fünf Asiaten betrifft, so habe ich das Gefühl, dass sie hinter mir kräftiger sind, nachdem ich Meisterhaftigkeit bewiesen habe. Indem ich einem Mann ins Gesicht schlage, glaube ich wirklich, dass ich unsere vereinte Stärke verdoppelt habe. Und es besteht keine Notwendigkeit, einen der anderen zu schlagen. Die Asiaten sind eifrig und willig. Henry ist ein echter Kadett seiner Art, Buckwheat wird Tom Spinks Führung folgen und Tom Spink, ein echter angelsächsischer Bauer, wird Buckwheat durch die Schläge noch besser führen.

* * * * *

Zwei Tage sind vergangen und zwei bemerkenswerte Dinge sind geschehen. Die Männer scheinen ihre mysteriösen Nahrungsvorräte bald aufgebraucht zu haben und wir haben unseren ersten Waffenstillstand geschlossen.

Durch das Fernglas konnte ich beobachten, dass sie keine Kadaver der Mollyhawks mehr über Bord werfen, die sie gerade fangen. Das bedeutet, dass sie begonnen haben, die zähen und unappetitlichen Tiere zu fressen, obwohl das natürlich nicht bedeutet, dass sie ihre anderen Vorräte vollständig aufgebraucht haben.

Es war Margaret, die mit ihrem Seemannsblick das fallende Barometer und die am Himmel treibenden Dinge im Blick hatte und mich auf einen bevorstehenden Sturm aufmerksam machte.

„Sobald die See steigt", sagte sie, „wird die lose Großrah und der ganze Rest des Oberdecks auf das Deck fallen."

So kam es, dass ich die weiße Flagge zu einem Gespräch hisste. Bert Rhine und Charles Davis kamen hinter das Mittelschiff, und während wir redeten, blickten viele Gesichter über die vordere Kante des Hauses, und viele Gestalten tauchten auf beiden Seiten des Hauses auf dem Deck auf.

„Na, bist du müde?", war Bert Rhines unverschämte Begrüßung. „Können wir irgendwas für dich tun?"

„Ja, das gibt es", antwortete ich scharf. „Sie können Ihre Köpfe retten, so dass, wenn Sie wieder zur Arbeit zurückkehren, noch genug von Ihnen übrig sind, um die Arbeit zu erledigen."

„Wenn Sie drohen …", begann Charles Davis, wurde jedoch durch einen finsteren Blick des Gangsters zum Schweigen gebracht.

„Also, was ist denn?", wollte Bert Rhine wissen. „Husten Sie es sich von der Seele."

„Es ist zu Ihrem Besten", war meine Antwort. „Es kommt zu einem Sturm, und all die ausgerollten Segel oben werden die Rahen auf Ihre Köpfe fallen lassen. Hier, achtern, sind wir sicher. Sie sind diejenigen, die Risiken eingehen, und es liegt an Ihnen, Ihre Leute nach oben zu bringen und alles schnell und ordentlich zu machen.“

„Und wenn nicht?“, höhnte der Gangster.

„Na, Sie werden es ja riskieren, das ist alles“, antwortete ich gleichgültig. „Ich möchte Sie nur darauf aufmerksam machen, dass eine dieser Stahlrahen mit dem Rücken nach vorne das Dach Ihres Vorschiffs durchbohren wird, als wäre es eine Eierschale.“

Bert Rhine sah Charles Davis zur Bestätigung an und dieser nickte.

„Wir reden zuerst darüber“, verkündete der Gangster.

„Und ich gebe Ihnen zehn Minuten“, erwiderte ich. „Wenn Sie nach zehn Minuten noch nicht angefangen haben, es zu begreifen, ist es zu spät. Ich werde jedem Mann, der sich zeigt, eine Kugel in den Leib jagen.“

„Na gut, wir reden darüber.“

Als sie zurückgingen, rief ich:

"Einen Moment."

Sie blieben stehen und drehten sich um.

„Was haben Sie Mr. Pike angetan?“, fragte ich.

Sogar der teilnahmslose Bert Rhine konnte seine Überraschung nicht ganz verbergen.

„Und was haben Sie mit Mr. Mellaire gemacht?“, erwiderte er. „Sagen Sie es uns, und wir sagen es Ihnen.“

Ich bin überzeugt, dass seine Überraschung echt ist. Offenbar haben die Meuternden uns für das Verschwinden des zweiten Maat gehalten, so wie wir sie für das Verschwinden des ersten Maat gehalten haben. Je länger ich darüber nachdenke, desto mehr scheint mir der Vorschlag der Kilkenny Cats ein Fall gegenseitiger Vernichtung der beiden Maaten zu sein.

„Noch etwas“, sagte ich schnell. „Woher bekommen Sie Ihr Essen?“

Bert Rhine lachte eines seiner stillen Lachen; Charles Davis nahm einen geheimnisvollen und überlegenen Gesichtsausdruck an und Shorty, der aus der Ecke des Hauses ins Blickfeld sprang, tanzte einen Triumphtanz.

Ich zog meine Uhr heraus.

„Denken Sie daran“, sagte ich, „Sie haben zehn Minuten, um anzufangen.“

Sie drehten um und gingen nach vorn, und bevor die zehn Minuten um waren, waren alle Mann oben und verstauten die Segel. Die ganze Zeit über kam ein Wind aus Nordwesten auf. Die altbekannten Harfenklänge eines aufkommenden Sturms klangen an der Takelage entlang, und die Männer waren, wie ich fest glaube, aus Mangel an Übung, besonders langsam bei ihrer Arbeit.

„Es wäre besser, wenn die Ober- und Untermarssegel so gesetzt würden, dass wir beidrehen können", schlug Margaret vor. „Das wird sie stabilisieren und es für uns angenehmer machen."

Ich habe die Idee aufgegriffen und verbessert.

„Wir sollten lieber die oberen und unteren Marssegel setzen, damit wir das Schiff steuern können", rief ich dem Gangster zu, der vom Dach des Mittschiffshauses aus den Männern wie ein Maat Befehle erteilte.

Er dachte über die Idee nach und gab dann die entsprechenden Befehle, obwohl es der maltesische Cockney war, der mit Nancy und verschiedenen Käufern unter ihm die Befehle ausführte.

Ich befahl Tom Spink, das Steuerrad zu bedienen, und gab ihm den Kurs an, der laut Steuerkompass genau nach Osten führte. Dadurch kam der Wind von Backbord, so dass die *Elsinore* bei einer leichten Brise durch das Wasser zu gleiten begann. Und genau im Osten, weniger als tausend Meilen entfernt, lagen die Küste Südamerikas und der Hafen von Valparaiso.

Seltsamerweise hatte keiner unserer Meuterer etwas dagegen, und als wir nach Einbruch der Dunkelheit in einem heftigen Sturm dahinrasten, schickte ich meine eigenen Männer auf das Deck des Kartenhauses, um die Dichtungen vom Besansegel zu entfernen. Dies war das einzige Segel, das wir setzen und trimmen und in jeder Hinsicht kontrollieren konnten. Es stimmt, dass die Besansegel nach Horns Praxis immer noch achtern am Achterdeck befestigt waren. Aber während wir die Besansegel so trimmen konnten, lagen die Segel selbst, ob gesetzt oder eingerollt, in den Händen der Leute am Vorschiff.

Margaret, die neben mir in der Dunkelheit beim Aufbrechen des Achterdecks stand, legte ihre Hand mit einem warmen Druck in meine, während unsere beiden kleinen Uhren den Besangurt hochschaukelten und wir beide den Atem anhielten, um die zusätzliche Geschwindigkeit der Elsinore zu *spüren* .

„Ich wollte nie einen Seemann heiraten", sagte sie. „Und ich dachte, ich wäre in den Händen eines Landsmannes wie dir sicher. Und doch bist du hier, mit all dem Zeug des Meeres in dir, und rennst ostwärts in Richtung Hafen. Als nächstes, schätze ich, sehe ich dich mit einem Sextanten draußen, wie du die Sonne fotografierst oder Sterne beobachtest."

KAPITEL XLVI.

Vier weitere Tage sind vergangen; der Sturm hat sich gelegt; wir sind nicht mehr als 350 Meilen von Valparaiso entfernt; und die *Elsinore* schlingert - diesmal aufgrund meiner Sturheit und mir - im Wind, bewegt sich bei leichter Brise und stündlicher Abdrift nirgendwohin.

Auf dem Höhepunkt der Böen, während der drei Tage und Nächte des Sturms, erreichten wir acht oder sogar neun Knoten. Was mich störte, war die Duldung meines Programms durch die Meuterer. Sie waren in einfachen geografischen Fragen vernünftig genug, um zu wissen, was ich tat. Sie hatten die Kontrolle über die Segel und erlaubten mir dennoch, zur südamerikanischen Küste zu segeln.

Mehr noch, als der Sturm am Morgen des dritten Tages nachließ, gingen sie tatsächlich in die Lüfte, setzten Bramsegel, Royals und Skysegel und richteten die Rahen auf die Brise von der Seite aus. Das war zu viel für den sächsischen Charakter in mir, woraufhin ich die *Elsinore* vor dem Wind drehte, sie darauf holte und das Steuer festmachte. Margaret und ich sind uns in der Hypothese einig, dass ihr Plan darin besteht, an Land zu fahren, bis Land gesichtet wird, und dann werden sie in den Booten desertieren.

„Aber wir wollen nicht, dass sie desertieren", verkündet sie mit blitzenden Augen. „Wir sind auf dem Weg nach Seattle. Sie müssen ihren Dienst wieder aufnehmen. Und zwar bald, denn sie beginnen zu verhungern."

„Achtung, es gibt keinen Navigator", widerspreche ich.

Sofort lässt sie mich mit ihrer Verachtung verdorren.

„Sie, ein Meister der Bücher, sollten bei all Ihrem Seemannsblut in der Lage sein, die Theorie der Navigation zu verstehen, während ich mit den Fingern schnippe. Denken Sie außerdem daran, dass ich die Seemannschaft vermitteln kann. Jeder spießige Bauer kann in einem sechsmonatigen Paukkurs an einer beliebigen Seehafen-Navigationsschule die Prüfung für seine Navigatorenprüfung bestehen. Das bedeutet sechs Stunden für Sie. Und weniger. Wenn Sie nach einer Stunde Lesen und einer Stunde Übung mit dem Sextanten keine Breitengradmessung durchführen und berechnen können, mache ich das für Sie."

„Du meinst, du weißt es?"

Sie schüttelte den Kopf.

„Ich meine, mit dem wenigen, was ich weiß, kann ich lernen, einen Meridianblick und seine Wirkungsweise kennenzulernen. Ich meine, ich kann das innerhalb von zwei Stunden lernen."

Seltsamerweise kam der Sturm, nachdem er zu einer leichten Brise abgeebbt war, in einer Art Nachschlag wieder auf. Man kann sich vorstellen, wie unsere Ausrüstung zerschlug, zerschellte und zerriss, als die Segel nicht getrimmt waren und flatterten. Alle Männer vorn waren in Panik.

„Trimmen Sie die Rahen!", rief ich Bert Rhine zu, der, von Charles Davis und dem maltesischen Cockney beratend unterstützt, tatsächlich direkt unter mich auf das Hauptdeck kam, um trotz des Tumults in der Höhe mitzuhören.

„Lauf weiter, dann musst du nicht trimmen", rief der Gangster zu mir hoch.

„Sie wollen an Land, was?" Ich warf mich auf ihn. „Sie werden hungrig, was? Nun, Sie werden in tausend Jahren weder an Land noch sonst etwas kommen, wenn Sie erst einmal Ihren ganzen Korb an Deck gestapelt haben."

Ich habe vergessen zu erwähnen, dass dies gestern Mittag geschah.

„Was wirst du tun, wenn wir kürzen?", unterbrach ihn Charles Davis.

„Laufen Sie vor die Küste", antwortete ich, „und bringen Sie Ihre Bande aufs offene Meer, wo sie ausgehungert wieder in den Dienst zurückkehren wird."

„Wir rollen das Boot zusammen und lassen Sie beidrehen", schlug der Gangster vor.

Ich schüttelte den Kopf und hielt mein Gewehr hoch. „Dafür müssen Sie nach oben gehen, und der erste Mann, der in die Wanten kommt, bekommt das hier."

„Dann kann sie von uns aus zur Hölle fahren", sagte er mit nachdrücklicher Entschiedenheit.

Und genau in diesem Moment wurde die Vorbramrah weggerissen – zum Glück, da der Bug in eine Wellenmulde gesunken war – und als der langsame, verwirrte und verwickelte Abstieg abgeschlossen war, lag der große Stock quer über den Trümmern beider Schanzkleider und jenem Teil der Brücke zwischen dem Fockmast und dem Bug.

Bert Rhine hörte den Schaden, konnte ihn aber nicht sehen. Er sah mich herausfordernd an und sagte höhnisch:

„Möchtest du, dass noch etwas runterkommt?"

Es hätte nicht passender passieren können. Die Backbordstrebe und gleich darauf die Steuerbordstrebe der Crojack-Rah wurden weggerissen. Dies war der große, unterste Mast am Besanmast, und als das riesige Stahlteil wild hin und her schwang, drehten sich der Gangster und seine Gefolgsleute um, duckten sich und sahen nach oben, um zu sehen. Als nächstes zerbrach der Hals des Fachwerks, an dem es schwenkte. Sofort rissen die Lifte und die unteren Toppsegelschoten auseinander, und mit einer Neigung des Schiffes nach vorn und hinten kippte der Mast um und krachte auf das Deck der Luke Nummer Drei, wobei dieser Teil der Brücke beim Einsturz zerstört wurde.

All das war neu für den Gangster – ebenso wie für mich – aber Charles Davis und der maltesische Cockney hatten die Situation genau durchschaut.

„Geht hervor!", rief ich sarkastisch. Und alle drei duckten sich und wichen zurück, während sie nach oben spähten, um zu sehen, welcher neue Balken da auf sie niederdonnerte.

Das Untermarssegel, dessen Schoten durch den Fall der Crojack-Rah zerrissen waren, riss sich aus den Liektauen und wirbelte in Lee davon. Es verursachte einen solchen Lärm, dass man gut und gerne erwarten konnte, dass die Rah es davonträgt. Da mir dieser Zusammenbruch unserer schönen Ausrüstung völlig neu war, war ich durchaus darauf vorbereitet, dass das passieren würde.

Der Gangsterboss, kein Seemann, aber nach Monaten auf See intelligent und nervlich stark genug, um die Gefahr zu erkennen, drehte den Kopf und sah zu mir auf. Und ich muss ihm zugutehalten, dass er sich Zeit ließ, während unsere ganze Ausrüstung da oben in Trümmern zu liegen schien.

„Ich schätze, wir werden die Höfe kürzen", kapitulierte er.

„Ich sollte lieber die Himmelssegel und die Royals abnehmen", sagte Margaret mir ins Ohr.

„Wenn du schon dabei bist, nimm auch die Skysails und Royals!", rief ich nach unten. „Und mach die Dichtungen ordentlich!"

Sowohl Charles Davis als auch dem maltesischen Cockney war die Erleichterung deutlich anzusehen, als sie meine Worte hörten, und auf ein Nicken des Gangsters hin rannten sie los, um den Befehl auszuführen.

Während der gesamten Reise hat unsere Mannschaft nie so energisch reagiert. Und energisch war es auch nötig, um unsere Ausrüstung zu retten. So schnitten sie mit ihren Messern die Reste des Besansegels ab und lösten das Großsegel aus seinen Liektauen.

Der erste Verstoß gegen unsere Abmachung betraf das Groß-Untermarssegel. Dieses versuchten sie einzurollen. Das Wegtragen des Crojacks und das Wegblasen des Besan-Untermarssegels gaben mir die Freiheit, zu sehen und zu zielen, und als die winzigen Signale meines Gewehrs durch die Leinwand zu spucken und gegen den Stahl der Rah zu spucken begannen, hörten die Männer, die daran entlang aufgereiht waren, auf, die Dichtungen zu passieren. Ich winkte Bert Rhine zu, der mich begrüßte und befahl, das Segel wieder zu setzen und die Rah zu trimmen.

„Was bringt es, aufs offene Meer hinauszufahren?", fragte ich Margaret, als die Drachen festgezogen und alle Rahen auf den Wind ausgerichtet waren. „Dreihundertfünfzig Meilen vom Festland entfernt sind, was den Hunger betrifft, so gut wie dreiundfünfzighundert."

Anstatt also mit hoher Geschwindigkeit durch das Wasser in Richtung tiefes Meer zu fahren, drehte ich die *Elsinore* auf Steuerbordbug, mit nicht mehr als einer Abdrift nach Westen und Süden.

Aber unsere tapferen Meuterer machten uns noch in derselben Nacht fertig. In der Dunkelheit konnten wir die Arbeit oben hören, als Rahen heruntergelassen, Schoten losgelassen und Segel hochgezogen und gelockert wurden. Ich versuchte ein paar Schüsse, und meine einzige Belohnung war das Heulen und Knarren von Seilen in den Seilrollen und ein ebenso willkürliches Revolverfeuer.

Es ist eine höchst merkwürdige Situation. Wir von oben sind Meister der Steuerung der *Elsinore* , während die am Vorschiff die Motoren beherrschen. Das einzige Segel, das ganz uns gehört, ist das Bespannsegel. Sie kontrollieren absolut jedes Segel auf dem Fock- und Großsegel – Schoten, Fallen, Schot- und Unterlieksleinen, Spannleinen und Niederholer. Wir kontrollieren die Spannleinen am Besan, obwohl sie die Segel am Besansegel kontrollieren. Margaret und ich können übrigens nicht verstehen, warum sie nicht in jeder dunklen Nacht hoch hinausgehen und die Besanspannen an den Rahenden durchtrennen. Wir sind überzeugt, dass das nur Faulheit ist, was das verhindert. Denn wenn sie die Spannleinen durchtrennen würden, die nach achtern in unsere Hände führen, wären sie gezwungen, auf irgendeine Weise neue Spannleinen am Vorschiff anzubringen, sonst würde der Besanmast beim Rollen von jeder Spiere befreit werden.

Und dennoch ist die Meuterei, die wir ertragen müssen, lächerlich und grotesk. Es hat nie eine Meuterei wie diese gegeben. Sie verstößt gegen alle Normen und Präzedenzfälle. Bei den alten klassischen Meutereien, die es lange vorher gab und die wie Tiger angegriffen haben, hätten die Seeleute über das Achterdeck stürmen und die meisten von uns töten müssen, oder die meisten von ihnen selbst hätten getötet werden sollen.

Deshalb spotte ich über unsere tapferen Meuterer und empfehle ausgebildete Krankenschwestern für sie, ganz in der Art von Mr. Pike. Aber Margaret schüttelt den Kopf und beharrt darauf, dass die menschliche Natur nun einmal die menschliche Natur ist und dass sich die menschliche Natur unter ähnlichen Umständen ähnlich ausdrücken wird. Kurz gesagt, sie verweist auf die Zahl der Todesfälle, die bereits eingetreten sind, und erklärt, dass wir in einer dunklen Nacht, früher oder später, wenn der Hunger groß genug ist, unsere Schurken nach achtern stürmen sehen werden.

Und in der Zwischenzeit gleicht es, abgesehen von der Anspannung und der unablässigen Wachsamkeit, die nur Margaret und ich aufrechterhalten, eher einem leichten Abenteuer, eher einer Seite aus einem Liebesroman mit glücklichem Ende.

Es ist sicherlich Romantik, wachsam und wachsam für einen Mann und eine Frau, die sich lieben, sich gegenseitig die Wache zu überlassen. Jede solche Ablösung ist ein unvergesslicher Liebesabschnitt. Niemals gab es ein Werben wie dieses – die gemurmelten Vermutungen von Wind und Wetter, die geflüsterten Ratschläge, die geküssten Befehle in den Handflächen, die gewagten Berührungen der Dunkelheit.

Oh, wahrlich, ich habe den Büchern seit Beginn dieser Reise oft gesagt, sie sollen sich zum Teufel scheren. Und doch stehen die Bücher im Hintergrund meines Rassenlebens. Ich bin, was ich bin, aus zehntausend Generationen meiner Art. Darüber gibt es keine Diskussion. Und doch besteht meine Mitternachtsphilosophie den Test meiner Rasse. Ich muss meine Bücher aus den zehntausend Generationen ausgewählt haben, aus denen ich bestehe. Ich habe einen Mann getötet – Steve Roberts. Als sterbender Blonder ohne Alphabet hätte ich dies unbeirrt tun sollen. Als sterbender Blonder mit Alphabet plus dem Inhalt des Philosophierens aller Philosophen in meinem Gehirn habe ich denselben Mann mit derselben Unbeirrbarkeit getötet. Die Kultur hat mich nicht entmannt. Ich bin völlig unberührt. Sie war Teil der Tagesarbeit, und meine Art war immer ein Tagelöhner, der seine Tagesarbeit verrichtete, was auch immer es sein mochte, in großem Abenteuer oder langweiliger Plackerei, und sie tat es immer.

Ich würde nie darum bitten, die Zeit oder die Ereignisse zurückzudrehen. Ich würde Steve Roberts unter denselben Umständen ganz selbstverständlich wieder töten. Wenn ich sage, dass mich das Geschehen nicht berührt, meine ich das nicht ganz so. Ich bin betroffen. Ich bin mir bewusst, dass mein Geist von einem nüchternen Hochgefühl der Leistungsfähigkeit erfüllt ist. Ich habe etwas getan, das getan werden musste, so wie jeder Mensch im Laufe seiner täglichen Arbeit das tut, was getan werden muss.

Ja, ich bin ein sterblicher Blonder und ein Mann, und ich sitze an der Spitze und unterwerfe die Dummen meinem Willen; und ich bin ein Liebhaber, ich liebe eine königliche Frau meiner eigenen sterblichen Rasse, und gemeinsam bekleiden wir den hohen Posten der Regierung und des Kommandos, und wir werden ihn bekleiden, bis unsere Art von der Erde verschwunden ist.

KAPITEL XLVII.

Margaret hatte recht. Die Meuterei verstößt nicht gegen Normen und Präzedenzfälle. Wir haben seit Tagen und Nächten alle Hände voll zu tun. Ditman Olansen, der schielende Berserker, wurde von Wada getötet, und der Schuljunge, der einzige Kadett unserer Art, ist mit dem vorgeschriebenen Sack Kohle zu seinen Füßen über Bord gegangen. Das Achterdeck wurde überstürzt. Meine erhellende Erfindung hat sich als Erfolg erwiesen. Die Männer werden hungrig, und wir sitzen immer noch hoch oben im Kommando.

Zunächst der Angriff auf das Achterdeck vor zwei Nächten, während Margarets Wache. Nein, zuerst habe ich eine weitere Erfindung gemacht. Mit Hilfe des alten Stewards, der sich, wie es sich für einen Chinesen gehört, gut mit Feuerwerk auskennt, und mit den Materialien, die ich von unseren Signalraketen und Feuerwerksraketen erhielt, habe ich ein halbes Dutzend Bomben hergestellt. Ich glaube nicht, dass sie wirklich tödlich sind, und ich weiß, dass unsere improvisierten Zündschnüre langsamer sind als unsere Reise derzeit; aber trotzdem haben die Bomben ihren Zweck erfüllt, wie Sie sehen werden.

Und nun zum Versuch, das Achterdeck zu stürmen. Der Angriff fand unter Margarets Wache von Mitternacht bis vier Uhr morgens statt. Ich schlief auf dem Deck neben dem Oberlicht der Kabine und war ganz in ihrer Nähe, als ihr Revolver losging und immer wieder losging.

Mein erster Sprung galt den Auslöseleinen an meinen Beleuchtungskörpern. Die Zünd- und Auslösevorrichtungen funktionierten geschickt. Ich zog an zwei der Auslöseleinen, und zwei der Vorrichtungen explodierten in Licht und Lärm und liefen gleichzeitig automatisch die Jigger-Try-Segelstags hinunter und landeten automatisch am Ende ihrer Leinen. Die Beleuchtung war augenblicklich und prächtig. Henry, die beiden Segelmacher und der Steward — mindestens drei von ihnen, da bin ich mir sicher, aus dem Tiefschlaf erwacht — liefen zu uns entlang der Heckkante. Wir hatten alle Vorteile, denn wir waren im Dunkeln, während sich unsere Feinde im Licht hinter ihnen abzeichneten.

Aber so viel Licht! Das Pulver knisterte, zischte und spritzte und verschüttete das überschüssige Benzin aus den brennenden Wergkugeln, so dass Feuerströme auf das darunterliegende Hauptdeck herabtropften. Und aus dem Material der Signalfackeln tropfte rotes, blaues und grünes Licht.

Es gab keinen großen Kampf, denn die Meuternden waren von unserem Feuerwerk schockiert. Margaret feuerte ihren Revolver wahllos ab, während ich mein Gewehr für jeden hielt, der das Achterdeck erreichte. Aber der

Angriff verebbte so schnell, wie er gekommen war. Ich sah, wie Margaret einen Mann überfuhr, der von der Backbordreling aus das Achterdeck erklomm, und im nächsten Moment sah ich, wie Wada wie ein Büffel losrannte, ihm mit dem Speer, den er selbst gebaut hatte, in die Brust stieß und den Enterer nach hinten und zu Boden warf.

Das war alles. Der Rest zog sich auf dem Weg nach vorn zurück, während die drei Dreisegel, die am Fuß der Stagsegel neben dem Besan aufgerollt und durch das tropfende Benzin in Brand gesetzt worden waren, in Flammen aufgingen und vollständig ausbrannten, ohne den Rest des Schiffes in Brand zu setzen. Das ist eine der Vorzüge eines Schiffes mit Stahlmasten und Stahlstagsegeln.

Und auf dem Deck unter uns lag, zusammengekrümmt und verdreht, das Gesicht so verborgen, dass wir ihn nicht identifizieren konnten, der Mann, den Wada mit einer Speerspitze durchbohrt hatte.

Und nun komme ich zu einer Phase des Abenteuers, die mir neu ist. Ich habe sie in den Büchern nie gefunden. Kurz gesagt, es ist Nachlässigkeit gepaart mit Faulheit oder umgekehrt. Ich hatte zwei meiner Scheinwerfer verbraucht. Nur einer war noch da. Eine Stunde später, überzeugt von der Bewegung der Männer achtern auf dem Deck, ließ ich den dritten und letzten los und ließ sie mit seinem Glanz nach vorn huschen. Ob sie das Achterdeck angriffen, um zu erfahren, ob ich meine Scheinwerfer aufgebraucht hatte oder nicht, oder ob sie versuchten, Ditman Olansen zu retten, werden wir nie erfahren. Der Punkt ist: Sie kamen nach achtern; sie wurden durch meinen Scheinwerfer zum Rückzug gezwungen; und es war mein letzter Scheinwerfer. Und doch begann ich nicht sofort, neue herzustellen. Das war Nachlässigkeit. Es war Faulheit. Und ich riskierte unser Leben, vielleicht, wenn Sie so wollen, aufgrund der psychologischen Vermutung, dass ich unsere Meuterer davon überzeugt hatte, dass wir einen unerschöpflichen Vorrat an Scheinwerfern in Reserve hatten.

Den Rest von Margarets Wache, die ich mit ihr teilte, verlief ungestört. Um vier bestand ich darauf, dass sie nach unten ging und sich schlafen legte, aber sie willigte ein und nahm mein eigenes Bett hinter dem Oberlicht.

Bei Tagesanbruch konnte ich die Leiche erkennen, die noch immer so dalag, wie ich sie zuletzt gesehen hatte. Um sieben Uhr, vor dem Frühstück und während Margaret noch schlief, schickte ich die beiden Jungen, Henry und Buckwheat, hinunter zur Leiche. Ich stand über ihnen an der Reling, das Gewehr in der Hand und bereit. Aber von vorne kam kein Lebenszeichen; und die Jungen drehten den Norweger mit den schielenden Augen gemeinsam um, damit wir ihn erkennen konnten, trugen ihn zur Reling und stießen ihn steif hinüber und ins Meer. Wadas Speerstoß war völlig durch ihn hindurchgegangen.

Doch noch vor Ablauf von vierundzwanzig Stunden glichen die Meuternden die Rechnung ansehnlich aus. Sie haben es mehr als ausgeglichen, denn wir sind so wenige, dass wir uns den Verlust eines einzigen nicht so sehr leisten können wie sie. Zunächst einmal – und das hatte ich erwartet und wofür ich meine Bomben vorbereitet hatte – schlichen sich einige Männer nach achtern und versteckten sich unter dem Überhang des Achterdecks, während Margaret und ich im Schutz des Jiggermastes ein Deckfrühstück einnahmen. Buckwheat sah sie kommen und schrie Alarm, aber es war zu spät. Es gab keinen direkten Weg, sie herauszuholen. In dem Moment, als ich meinen Kopf über die Reling streckte, um auf sie zu schießen, wusste ich, dass sie mit allen Vorteilen auf mich schießen würden. Sie waren versteckt. Ich musste mich ausklinken.

Zwei Stahltüren, fest verschlossen und gegen die Kap-Horn-See abgedichtet, öffneten sich unter dem Überhang des Achterdecks von der Kabine zum Hauptdeck. Die Männer begannen, diese Türen mit Vorschlaghämmern zu attackieren, während der Rest der Mannschaft, geschützt durch das Mittelschiff, zeigte, dass es für den Ansturm bereit war, als die Türen eingeschlagen wurden.

Drinnen bewachte der Steward eine Tür mit seinem Hackmesser, während Wada mit seinem Speer die andere Tür bewachte. Und obwohl ich sie zu diesem Dienst abgeschickt hatte, war ich auch nicht untätig. Hinter dem Jiggermast zündete ich die Zündschnur einer meiner improvisierten Bomben. Als sie gut knisterte, rannte ich über das Achterdeck zur Bruchstelle und warf die Bombe auf das darunterliegende Hauptdeck, während ich gleichzeitig versuchte, sie unter den Überhang zu werfen, wo die Männer gegen die Backbordtür hämmerten. Aber dieser Versuch wurde durch mehrere Revolverschüsse von den Gangways mittschiffs abgelenkt und vergeblich. Man *wird* nervös, wenn Kugeln mit weicher Spitze um einen herumtuckern. Infolgedessen rollte die Bombe auf dem offenen Deck herum.

Trotzdem hatten sich die Illuminatoren mit meinem Feuerwerk den Respekt der Meuterer verdient. Das Knistern und Zischen der Zündschnur war ihnen zu viel, und sie rannten wie rennende Kaninchen unter dem Deck hervor nach vorn. Ich weiß, ich hätte mit meinem Gewehr ein paar Bomben zünden können, wenn ich nicht damit beschäftigt gewesen wäre, die Zündschnur einer zweiten Bombe anzuzünden. Margaret schaffte drei wilde Schüsse mit ihrem Revolver, und das Deck wurde sofort von vorne mit verstreutem Revolverfeuer übersät.

Da ich vorausschauend war (und faul, denn ich habe gelernt, dass es Zeit und Arbeit kostet, selbstgemachte Bomben herzustellen), klemmte ich das stromführende Ende der Zündschnur in meiner Hand ab. Aber die

Zündschnur der ersten Bombe, die auf dem Hauptdeck herumrollte, glühte einfach weiter; und während ich wartete, beschloss ich, meine übrigen Zündschnüre zu kürzen. Jeder der Männer, die flohen, hätte, wenn er den Mut gehabt hätte, die Zündschnur abklemmen oder die Bombe über Bord werfen können, oder, noch besser, er hätte sie auf dem Achterdeck unter uns hochwerfen können.

Es dauerte volle fünf Minuten, bis die Zündschnur langsam durchgebrannt war, und als die Bombe dann tatsächlich hochging, war es eine herbe Enttäuschung. Ich schwöre, man hätte sich darauf setzen können, ohne dass einem das mehr als einen Nervenzusammenbruch zugefügt worden wäre. Und doch hat die Einschüchterungswirkung ihre Wirkung gezeigt. Die Männer haben sich seitdem nicht mehr unter den Überhang des Achterdecks gewagt.

Dass die Meuternden knapp an Nahrung wurden, war offensichtlich. Die *Elsinore* trieb an diesem Morgen segellos umher, ein Spiel von Wind und Wellen; und die Bande warf viele Leinen über Bord, um Mollyhawks und Albatrosse zu fangen. Oh, ich machte den hungrigen Fischern mit meinem Gewehr zu schaffen. Kein Mann konnte sich nach vorn zeigen, ohne dass eine Kugel gefährlich nahe an das Eisenwerk schlug. Und trotzdem fingen sie Vögel – allerdings nicht ohne Gefahr für sich selbst und nicht ohne zahlreiche Verluste an Vögeln durch mein Gewehr.

Ihre Vorgehensweise bestand darin, Haken und Köder aus der Deckung heraus über die Reling zu werfen und die Leinen langsam auszugeben, während der leichte Seitenwind von Rumpf, Masten und Takelage der *Elsinore* sie durchs Wasser trieb. Wenn ein Vogel am Haken hatte, zogen sie, immer noch aus der Deckung heraus, die Leine ein, bis er längsseits lag. Das war der heikle Moment. Der Haken, nichts weiter als ein hohles und spitzwinkliges Dreieck aus Kupferblech, das am Ende der Leine auf einem Stück Brett schwamm, hielt den Vogel fest, indem er dessen gebogene Schnabel in den spitzen Winkel einklemmte. In dem Moment, in dem die Leine locker wurde, wurde der Vogel losgelassen. Längsseits lag also folgendes Problem: den Vogel aus dem Wasser zu heben, gerade an der Seite des Schiffes hinauf, ohne ihn auch nur einmal zu verklemmen, zu lockern und zu entspannen. Bei dem Versuch, dies aus der Deckung heraus zu tun, verloren sie den Vogel ausnahmslos.

Sie entwickelten eine Methode. Als der Vogel neben uns lag, ließen mehrere Männer mit Revolvern auf mich los, während ein Mann, der die Leine einholte und straff hielt, zur Reling sprang und den Vogel schnell hoch und über Bord hob. Ich weiß, dass mir dieses Revolverfeuer aus großer Entfernung ernsthaft zu schaffen machte. Man kann nicht anders, als zu erschrecken, wenn der Tod in Form eines herumfliegenden Bleistücks die

Reling neben einem oder den Mast über seinem Kopf trifft oder in einem Querschläger von den Stahlwanten abprallt. Trotzdem gelang es mir mit meinem Gewehr, die ungeschützten Männer an der Reling so zu belästigen, dass sie jeden zweiten gefangenen Vogel verloren. Und 26 Männer benötigen alle 24 Stunden eine bestimmte Menge Albatrosse und Mollyhawks, während sie nur bei Tageslicht fischen können.

Im Laufe des Tages verbesserte ich meine Blockadetaktik. Als die *Elsinore* im Wind stand und auf Achterkurs ging, stellte ich fest, dass ich ihren Bug abwerfen konnte, indem ich das Steuerrad scharf in die eine oder andere Richtung drehte. Als sie dann so weit abgedreht war, dass der Wind quer stand, konnte ich durch Umdrehen des Steuerrads in die entgegengesetzte Richtung ihre Wucht ausnutzen und sie direkt vor den Wind bringen. Dadurch wurden alle holzbewehrten Dreiecke der Vogelschlingen an ihren Seiten entlang nach achtern gezogen.

Beim ersten Mal war ich auf sie vorbereitet. Mit Haken und Senkern an unseren eigenen Leinen achtern warfen wir neun ihrer Leinen hinaus, packten sie, nahmen sie gefangen und rissen sie ab. Aber beim nächsten Mal – so langsam ist die Bewegung eines so großen Schiffes – zogen die Meuterer alle ihre Leinen sicher an Bord, bevor sie achtern in Schlagdistanz zu meinen Enterhaken kamen.

Trotzdem verbesserte ich mich. Solange ich die *Elsinore* vor dem Wind hielt, konnten sie nicht fischen. Ich probierte es aus. Sobald ich sie vor dem Wind hatte, konnte ich sie mit Hilfe eines Besansegels mit Flügeln und geduldiger und vorsichtiger Steuerung vor dem Wind halten. Das tat ich, indem einer meiner Männer stündlich einen anderen am Steuer ablöste. Als Folge kam das Fischen zum Stillstand.

Margaret hielt die erste Hundewache von vier bis sechs. Henry stand am Steuer. Wada und Louis kochten unten auf dem großen Kohlenofen und den Ölbrennern das Abendessen. Ich war gerade von unten heraufgekommen und stand neben der Echolotmaschine, keine halben Meter von Henry am Steuer entfernt. Ein seltsames Geräusch aus dem Ventilator musste mich angezogen haben, denn ich starrte gerade darauf, als es passierte.

Aber zuerst der Ventilator. Dies ist ein Stahlschacht, der aus dem kohleführenden Bauch des Schiffes unter der Backskiste nach oben führt und über die Achterwand des Kartenhauses in die Außenwelt führt. Tatsächlich nimmt er die hohle Innenseite der Doppelwände der Achterwand des Kartenhauses ein. Seine Öffnung auf Kopfhöhe ist mit Eisenstangen abgeschirmt, die so eng beieinanderliegen, dass sich keine ausgewachsene Ratte dazwischenzwängen kann. Außerdem steuert diese Öffnung das Steuerrad, das knapp fünf Meter entfernt und direkt gegenüber der Sprengluke liegt. Ein Meuterer, der zwischen der Kohle und dem Deck des unteren Laderaums entlangkroch, war den Ventilatorschacht hochgeklettert und konnte durch die Schlitze zwischen den Stangen zielen.

Fast gleichzeitig sah ich den Rauch aufsteigen und hörte den Knall. Ich hörte ein Grunzen von Henry und als ich den Kopf drehte, sah ich, wie er sich an die Speichen klammerte und das Rad eine halbe Umdrehung drehte, während er auf das Deck sank. Es muss ein Glückstreffer gewesen sein. Der Junge hatte einen Herzdurchschuss oder einen Durchschuss ganz in der Nähe des Herzens – für Obduktionen haben wir auf der *Elsinore keine Zeit*.

Tom Spink und der zweite Segelmacher, Uchino, sprangen an Henrys Seite. Der Revolver feuerte weiter durch die Lüftungsschlitze und die Kugeln schlugen in die Vorderseite des halben Steuerhauses um sie herum ein. Glücklicherweise wurden sie nicht getroffen und rannten sofort außer Reichweite. Der Junge zitterte ein paar Sekunden lang und blieb dann stehen; und ein weiterer Kadett dieser aussterbenden Rasse starb, während er seine Tagesarbeit am Steuer der *Elsinore* vor der Westküste Südamerikas verrichtete, die mit einer Ladung Kohle von Baltimore nach Seattle unterwegs war.

KAPITEL XLVIII.

Die Situation ist hoffnungslos grotesk. Wir von oben haben das Kommando über die Verpflegung der *Elsinore* , aber die Meuterer haben ihr Steuerwerk erobert. Das heißt, sie haben es erobert, ohne es in ihren Besitz zu bringen. Sie können nicht steuern, und wir auch nicht. Das Achterdeck, das ist der hohe Platz, gehört uns. Das Steuerrad ist auf dem Achterdeck, aber wir können es nicht berühren. Von dieser Schlitzöffnung im Lüftungsschacht aus können sie jeden Mann niederschießen, der sich dem Steuerrad nähert. Und mit der Stahlwand des Kartenhauses als Schutzschild verlachen sie uns wie von einem Kommandoturm aus.

Ich habe einen Plan, aber es lohnt sich nicht, ihn in die Tat umzusetzen, wenn er nicht unbedingt erforderlich ist. In der Dunkelheit der Nacht wäre es ein einfacher Trick, das Steuergetriebe von der kurzen Pinne am Ruderkopf zu trennen und dann durch Umrüsten der Preventer-Takeln von beiden Seiten des Achterdecks weit genug nach vorn zu steuern, um außerhalb der Reichweite des Ventilators zu sein.

Inzwischen treibt die *Elsinore bei diesem schönen Wetter* so, wie sie Schlagseite hat, oder wie sie durch die Seitenneigung und die Wellenbewegung des Meeres Schlagseite hat. Und sie kann durchaus treiben. Die Meuterer sollen verhungern. Sie kommen am besten über den Magen zur Besinnung.

* * * * *

Und wozu hat man Verstand, wenn nicht zum Gebrauch? Ich breche den Männern ihre hungrigen Herzen. Auf seine Art macht das großen Spaß. Die Mollyhawks und Albatrosse sind der *Elsinore nach ihrer Art* aus ihren eigenen Breitengraden gefolgt. Das bedeutet, dass es nur eine begrenzte Anzahl von ihnen gibt und dass ihre Zahl nicht aufgestockt wird. Syllogismus: Hauptprämisse: eine bestimmte und begrenzte Menge Vogelfleisch; Nebenprämisse: Die einzige Nahrung, die die Meuternden jetzt haben, ist Vogelfleisch; Schlussfolgerung: Vernichten Sie die verfügbare Nahrung und die Meuternden werden gezwungen sein, ihren Dienst wieder aufzunehmen.

Ich habe nach dieser Logik gehandelt. Ich begann versuchsweise damit, kleine Stücke fetten Schweinefleischs und Krusten von altem Brot über Bord zu werfen. Als die Vögel zum Festmahl herabkamen, erschoss ich sie. Jeder Kadaver, der so auf der Meeresoberfläche trieb, war für die Meuternden viel weniger Fleisch.

Aber ich habe die Methode verbessert. Gestern habe ich den Medizinschrank überholt und meine fetten Schweine- und Brotstücke mit dem Inhalt jeder Flasche versetzt, die ein Etikett mit Totenkopf und gekreuzten Knochen trug. Ich habe der Mischung sogar noch Rattengift beigefügt, um sie noch tödlicher zu machen – und zwar auf Anraten des Verwalters.

Und heute, siehe, ist kein Vogel mehr am Himmel. Zwar haben die Meuterer gestern, als ich mein Spiel spielte, ein paar Vögel gefangen, aber jetzt sind die übrigen weg, und das wird wohl die letzte Nahrung für die Männer vorn sein, bis sie ihren Dienst wieder aufnehmen.

Ja, es ist grotesk. Es ist ein Spiel für Jungs. Es liest sich wie Midshipman Easy, wie Frank Mildmay, wie Frank Reade Jr., und doch geht es meiner Meinung nach um Leben und Tod. Ich habe gerade die Zahl unserer Toten seit Beginn der Reise durchgesehen.

Zuerst war da Christian Jespersen, der von O'Sullivan getötet wurde, als dieser Verrückte versuchte, Andy Fays Seestiefel über Bord zu werfen. Dann wurde O'Sullivan von diesem ehrenwerten Mann mit einem stählernen Marlspieker erschlagen, weil er Charles Davis' Schlaf störte. Als nächstes wurde Petro Marinkovich, kurz bevor wir die Passage durch das Horn begannen, zweifellos von der Gangsterclique ermordet. Ihm wurde mit Messern das Leben ausgestochen und sein Kadaver an Deck liegen gelassen, damit wir ihn finden und begraben konnten. Und der Samurai, Kapitän West, starb einen plötzlichen, wenn auch nicht gewaltsamen Tod, wenn auch inmitten aller elementaren Gewalt, als Mr. Pike die *Elsinore* vor der Leeküste des Horns mit den Händen festhielt. Und Boney the Splinter, der uns folgte, wurde über Bord gespült und ertrank, als wir die das Meer aufschlitzende Felszunge passierten, wo die Südspitze des Kontinents in die stürmische Wut der Antarktis biss. und der großfüßige, tollpatschige junge finnische Zimmermann, der von seinen Kameraden, die glaubten, die Finnen hätten die Kontrolle über den Wind, wie ein Jona über Bord geworfen wurde; und Mike Cipriani und Bill Quigley, Rome und Ireland, die auf dem Achterdeck abgeschossen und von Mr. Pike lebendig über Bord geworfen wurden, der noch immer lebte und sich an der Logleine festklammerte und vom Steward losgeschnitten wurde, um bei lebendigem Leib von Großschnabelalbatrossen, Mollyhawks und Kaphühnern mit rußigem Gefieder gefressen zu werden; Steve Roberts, ein ehemaliger Cowboy, der von mir erschossen wurde, als er versuchte, mich zu erschießen; Herman Lunkenheimer, dem vor uns allen von dem Jagdhund Bombini die Kehle durchgeschnitten wurde, während Kid Twist seine Kehle von hinten straffte; die beiden Kameraden, Mr. Pike und Mr. Mellaire, die sich gegenseitig in einem zweifellos unbeobachteten Kampf epischen Ausmaßes vernichteten; Ditman Olansen wurde von Wada mit einem Speer durchbohrt, als er wie Berserker an der Spitze der Meuternden angriff, um das Achterdeck zu stürmen; und schließlich schoss Henry, der Kadett des untergehenden Hauses, im Zuge seiner Tagesarbeit vom Ventilatorschacht aus auf das Steuerrad.

Nein. Wenn ich mir die Aufzählung der Toten vorstelle, die ich gerade gemacht habe, wird mir klar, dass wir hier kein Spiel für Jungs spielen. Wir haben ein Drittel von uns verloren, und die blutigsten Schlachten der Geschichte haben selten einen so hohen Prozentsatz an Todesopfern erreicht. Vierzehn von uns sind über Bord gegangen, und wer kann das Ende vorhersagen?

Dennoch sind wir hier, Meister der Materie, Abenteurer im Mikroorganischen, Planetenwäger, Sonnenanalysierer, Sternenvagabunden, Götterträumer, ausgestattet mit der menschlichen Weisheit aller Zeiten, und doch, um es mit Mr. Pike zu sagen, um es auf den Punkt zu bringen, sind wir ein Haufen primitiver Bestien, die bestialisch kämpfen, bestialisch töten, bestialisch Nahrung und Wasser, Luft für unsere Lungen, einen trockenen Raum über der Tiefe und mit Haut bedeckte und unversehrte Kadaver jagen. Und über diese Menagerie von Bestien herrschen Margaret und ich, mit unseren Asiaten unter uns, als Platzhirsche. Wir sind alle Hunde – daran führt kein Weg vorbei. Und wir, die Hellhäutigen, durch den Samen unserer Vorfahren Herrscher in der Höhe, werden über den Rest der Hunde Platzhirsche bleiben. Oh, es gibt Stoff in Hülle und Fülle für die Gedanken jedes Philosophen auf einem meuternden Windjammer in diesem Jahr des Herrn 1913.

∗ ∗ ∗ ∗ ∗

Henry war der vierzehnte von uns, der in die dunkle, salzige See hinausging. Und an einem Tag hat er sich gerächt, denn zwei der Meuterer sind ihm gefolgt. Der Steward machte mich auf das Geschehen aufmerksam. Er berührte meinen Arm halb hinter seinem Dienerkörper, während er sich an den Männern ergötzte, die zwei Leichen über Bord hievten. Mit Kohle beschwert, sanken sie sofort, so dass wir sie nicht identifizieren konnten.

„Sie haben gekämpft“, sagte ich. „Es ist gut, dass sie untereinander kämpfen.“

Aber der alte Chinese grinste nur und schüttelte den Kopf.

„Sie glauben nicht, dass sie gekämpft haben?“, fragte ich.

„Kein Kampf. Sie fressen den Seebarsch und den Albatros; der Seebarsch und der Albatros fressen das fette Schweinefleisch; zwei Männer sterben, viele Männer sind schwer krank, darauf können Sie wetten, verdammt, ich bin sehr froh. Ich bin gerettet.“

Und ich glaube, er hatte recht. Während ich damit beschäftigt war, die Seevögel zu ködern, fingen die Meuterer sie, und mit Sicherheit fingen sie einige, die von meinen verschiedenen Giften gefressen hatten.

Die beiden Vergifteten sind gestern über Bord gegangen. Seitdem haben wir die Volkszählung durchgeführt. Nur zwei Männer sind nicht aufgetaucht, und zwar Bob, der fette und zu groß geratene, schwache Junge, und ausgerechnet der Faun. Es scheint mein Schicksal zu sein, dass ich den Faun vernichten musste – den armen, gequälten Faun, immer willig und eifrig, immer darauf bedacht, zu gefallen. In all dem steckt ein Wahnsinn des Pechs. Warum konnten die beiden Toten nicht Charles Davis und Tony the Greek gewesen sein? Oder Bert Rhine und Kid Twist? Oder Bombini und Andy Fay? Ja, und in meinem Herzen weiß ich, dass ich mich besser gefühlt hätte, wenn es Isaac Chantz und Arthur Deacon oder Nancy und Sundry Buyers oder Shorty und Larry gewesen wären.

* * * * *

Der Steward hat mir gerade einen respektvollen Rat gegeben.

„Das nächste Mal, wenn wir ihn wie Henry über Bord werfen, ist es viel besser, wir verwenden altes Eisen."

„Gehen Sie zu wenig Kohle?", fragte ich.

Er nickte zustimmend. „Wir verbrauchen beim Kochen sehr viel Kohle, und wenn der gegenwärtige Vorrat aufgebraucht ist, müssen wir eine Schottwand durchschneiden, um an die Ladung zu kommen."

KAPITEL XLIX.

Die Lage wird immer angespannter. Es gibt keine Seevögel mehr und die Meuternden hungern. Gestern habe ich mit Bert Rhine gesprochen. Heute habe ich wieder mit ihm gesprochen und er wird das kleine Gespräch, das wir heute Morgen hatten, bestimmt nie vergessen.

Zunächst hörte ich gestern Abend um fünf Uhr seine Stimme durch die Schlitze des Ventilators in der hinteren Wand des Kartenhauses. Ich stand an der Ecke des Hauses, ganz außer Reichweite, und antwortete ihm.

„Hunger bekommen?", höhnte ich. „Ich will dir sagen, was es zum Abendessen gibt. Ich war gerade unten und habe mir die Vorbereitungen angesehen. Und jetzt hör zu: Erst Kaviar auf Toast, dann Muschelbrühe, Rahmhummer, Lammkoteletts aus der Dose mit französischen Erbsen – du weißt schon, die Erbsen, die auf der Zunge zergehen, kalifornischer Spargel mit Mayonnaise und – oh, ich habe vergessen, Bratkartoffeln und kaltes Schweinefleisch mit Bohnen zu erwähnen, Pfirsichkuchen und Kaffee, echten Kaffee. Macht dich das nicht hungrig nach deiner East Side? Und denk mal an das kostenlose Mittagessen, das gerade in tausend Kneipen im guten alten New York verschwendet wird."

Ich hatte ihm die Wahrheit gesagt. Das Abendessen, das ich beschrieben hatte (natürlich hauptsächlich aus Dosen und Flaschen), war das Abendessen, das wir essen sollten.

„Hör auf damit", schnauzte er. „Ich möchte mit *dir übers Geschäft reden* ."

„Bis auf den Punkt", spottete ich. „Also gut, wann werden Sie und der Rest Ihrer Ratten sich denn umdrehen?"

„Hör auf damit", wiederholte er. „Ich habe dich jetzt da, wo ich dich haben will. Glaub mir, ich sage es dir ganz offen. Ich sage dir nicht wie, aber ich habe dich unter meiner Fuchtel. Wenn ich dich fertigmache, wirst du zusammenbrechen."

„Die Hölle ist voll von eingebildeten Ratten wie dir", erwiderte ich, obwohl ich nie geglaubt hätte, wie bald er sich in der Hölle winden würde, die ihn erwartete.

„Vergiss es", antwortete er höhnisch. „Ich habe dich da, wo ich dich haben will. Ich sage es dir nur, das ist alles."

„Entschuldigen Sie", antwortete ich, „wenn ich Ihnen sage, dass ich aus Missouri komme. Das müssen Sie *mir zeigen* ."

Und während ich so sprach, kam mir der Gedanke, wie ich natürlich nach Ausdrücken aus seinem eigenen Vokabular suchte, um mich ihm verständlich zu machen. Die Situation war bestialisch, da sechzehn unserer Leute bereits in die Dunkelheit gegangen waren; und die Ausdrücke, die ich zwangsläufig verwendete, waren Ausdrücke der Bestialität. Und ich dachte auch an mich, der ich so gezwungen war, die Träume der Utopisten, die Visionen der Dichter, die Königsgedanken der Königsdenker in einer Diskussion mit diesem gereiften Produkt des New Yorker Infernos abzutun. Mit ihm musste ich in den elementaren Begriffen von Leben und Tod, von Nahrung und Wasser, von Brutalität und Grausamkeit sprechen.

„Ich überlasse Ihnen die Wahl", fuhr er fort. „Geben Sie jetzt nach, und Ihnen wird nichts passieren, keinem von Ihnen."

„Und wenn nicht?", wagte ich unbekümmert zu fragen.

„Du wirst bereuen, dass du überhaupt geboren wurdest. Du bist kein Weichei, du hast da ein Mädchen, das an dir klebt. Es ist an der Zeit, dass du an sie denkst. Du bist kein ganzer Mischling. Verstehst du, was ich meine?"

Ja, ich habe es verstanden; und irgendwie blitzte in meinem Kopf eine Vision von allem auf, was ich je über die Belagerung der Gesandtschaften in Peking gelesen und gehört hatte, und von den Plänen der weißen Männer für ihre Frauen, falls die gelben Horden die letzten Verteidigungslinien durchbrechen sollten. Ja, und der alte Verwalter hat es verstanden; denn ich sah seine schwarzen Augen mörderisch in ihren schmalen, schrägen Schlitzen funkeln. Er wusste, was der Gangster damit sagen wollte.

„Verstehst du, was ich meine?", wiederholte der Gangster.

Und ich kannte Zorn. Nicht gewöhnlichen Zorn, sondern kalten Zorn. Und ich sah eine Vision des hohen Ortes, von dem aus wir im Laufe der Jahrhunderte in allen Ländern und auf allen Meeren geherrscht hatten. Ich sah meinesgleichen, unsere Frauen mit uns, in hoffnungslosen Hoffnungen und verlorenen Bemühungen, eingepfercht in Bergfestungen, verrottet in Dschungelfestungen, bis auf den letzten auf den Decks schwankender Schiffe abgeschlachtet. Und immer, unsere Frauen mit uns, hätten wir über die Tiere geherrscht. Wir könnten sterben, unsere Frauen mit uns; aber lebend hatten wir geherrscht. Es war eine königliche Vision, die ich erblickte. Ja, und in ihrem Purpur begriff ich die Ethik, die der Stoff war, aus dem sie gebaut war. Es war das heilige Vertrauen des Samens, das Vermächtnis der Pflicht, das von allen Vorfahren weitergegeben wurde.

Und ich loderte noch kälter. Es war keine blutrünstige, brutale Wut. Es war intellektuell. Es basierte auf Konzepten und Geschichte; es war die Philosophie des Handelns der Starken und des Stolzes der Starken auf ihre eigene Stärke. Jetzt kannte ich endlich Nietzsche. Ich kannte die Richtigkeit der Bücher, die Beziehung zwischen hohem Denken und hohem Verhalten, die Umwandlung mitternächtlicher Gedanken in Taten an einem hohen Ort auf dem Achterdeck eines Kohlenfrachters im Jahr 1913, meine Frau neben mir, meine Vorfahren hinter mir, meine schielenden Diener unter mir, die Tiere unter mir und unter meiner Ferse. Gott! Ich fühlte mich königlich. Ich kannte endlich die Bedeutung des Königtums.

Meine Wut war weiß und kalt. Diese unterirdische Ratte von einem elenden Menschen kroch durch die Eingeweide des Schiffes, um mich und die Meinen zu bedrohen! Eine Ratte im Schutz eines Astlochs, die ein so tierisches Geräusch machte, wie es nur eine Ratte je gemacht hat! Und in diesem Geist antwortete ich dem Gangster.

„Wenn du im helllichten Tageslicht auf dem Bauch über das offene Deck kriechst wie ein gelber Köter, der gehorsam geleckt wurde, und wenn du durch jede deiner Handlungen zeigst, dass es dir gefällt und du es gerne tust, dann, und erst dann, werde ich mit dir reden."

Danach schrie er mir die nächsten zehn Minuten durch die Schlitze im Ventilator alles an, was er konnte. Aber ich antwortete nicht. Ich hörte zu, und ich hörte kalt zu, und während ich zuhörte, wurde mir klar, warum die Engländer vor vielen Jahren in Indien ihre meuternden Sepoys aus den Kanonen geblasen hatten.

* * * * *

Und als ich heute Morgen sah, wie der Steward mit einem 20-Liter-Ballon Schwefelsäure kämpfte, hätte ich nie geglaubt, welchen Zweck er damit beabsichtigte.

In der Zwischenzeit dachte ich mir einen anderen Weg aus, um diesen tödlichen Lüftungsschacht zu überwinden. Der Plan war so einfach, dass ich mich schämte, nicht gleich zu Beginn darauf gekommen zu sein. Die Schlitzöffnung war klein. Zwei Mehlsäcke in einem Holzrahmen, die an Seilen direkt über dem Dach des Kartenhauses aufgehängt waren, würden die Öffnung wirksam abdecken und jegliches Revolverfeuer abhalten.

Gedachtes, getanes. Tom Spink und Louis waren mit mir oben auf dem Kartenhaus und bereiteten sich gerade darauf vor, das Mehl hinabzulassen, als wir eine Stimme aus dem Schacht hörten.

„Wer ist jetzt da drin?", fragte ich. „Sprich lauter."

„Ich gebe dir eine letzte Chance", antwortete Bert Rhine.

Und genau in diesem Moment kam der Verwalter um die Ecke des Hauses. In seiner Hand trug er einen großen verzinkten Eimer, und ich dachte beiläufig, er sei gekommen, um Regenwasser aus den Fässern zu holen. Noch während ich daran dachte, machte er mit dem Eimer einen ausladenden Halbkreis und schwappte den Inhalt in die Öffnung des Ventilators. Und

noch während die Flüssigkeit durch die Luft flog, wusste ich, was es war –
unverdünnte Schwefelsäure, zwei Gallonen davon aus dem Glasballon.

Der Gangster muss das flüssige Feuer ins Gesicht und in die Augen
bekommen haben. Und im Schmerzschock muss er alle Griffe losgelassen
haben und auf die Kohle am Boden des Schachts gefallen sein. Seine
Schmerzensschreie und -schreie waren schrecklich und ich musste an die
verhungernden Ratten denken, die in den ersten Monaten der Reise in
demselben Schacht gequiekt hatten. Das war widerlich. Ich ziehe es vor,
wenn Menschen sauber und einfach getötet werden.

Die Qualen des Elenden wurden mir erst richtig bewusst, als der Verwalter,
dessen nackte Unterarme von den Spritzern der Lüftungslamellen bespritzt
waren, plötzlich die Säure durch seine straffe, ganze Haut spürte und wie
verrückt auf das Wasserfass in der Ecke des Hauses zustürmte. Und Bert
Rhine, der stille Mann mit dem lautlosen Lachen, der dort unten auf der
Kohle schrie, musste die Säure in seinen Augen ertragen!

Wir bedeckten die Öffnung des Ventilators mit unserem Mehlgerät; die
Schreie von unten verstummten, als das Opfer offensichtlich von seinen
Kameraden nach vorn über die Kohle geschleift wurde; und dennoch muss
ich gestehen, dass es ein elender Vormittag war. Wie Carlyle sagte: „Der Tod
ist leicht; alle Menschen müssen sterben"; aber zwei Gallonen
hochkonzentrierte Schwefelsäure mitten ins Gesicht zu bekommen, ist etwas
ganz anderes und viel Schrecklicheres, als einfach zu sterben.
Glücklicherweise war Margaret zu diesem Zeitpunkt unten, und nach ein
paar Minuten, in denen ich mein Gleichgewicht wiedergefunden hatte,
drängte ich alle unsere Leute und schwor, ihr das Geschehene
vorzuenthalten.

* * * * *

Na ja, und wir haben unsere Revanche bekommen. Gestern, nach der
Tragödie mit dem Ventilator, gab es immer wieder Geräusche unter dem
Kabinenboden oder Deck. Wir hörten sie unter dem Esstisch, unter der
Speisekammer des Stewards, unter Margarets Kabine.

Dieses Deck ist mit Holz verkleidet, unter dem Holz befindet sich jedoch
Eisen oder vielmehr Stahl, aus dem ganz *Elsinore* gebaut ist.

Margaret und ich gingen, gefolgt von Louis, Wada und dem Steward, von
Ort zu Ort, wo immer man das Geräusch von Klopfen und von Kaltmeißeln
auf Eisen hörte. Das Klopfen schien von überall her zu kommen; aber wir
schlossen daraus, dass die Konzentration, die notwendig ist, um eine
Öffnung zu schaffen, die groß genug für den Körper eines Mannes ist,
unsere Aufmerksamkeit unweigerlich auf diese Stelle lenken würde. Und, wie
Margaret sagte:

„Wenn es ihnen gelingt, durchzubrechen, müssen sie mit dem Kopf voran auftauchen. Und welche Chance hätten sie dann gegen uns?"

Also löste ich Buckwheat von seinem Deckdienst ab und setzte ihn als Wache auf dem Kabinenboden ein, damit er während Margarets Wachen vom Steward abgelöst würde.

Am späten Nachmittag, nach gewaltigem Hämmern und Klirren an zwanzig Stellen, verstummte der Lärm. Weder in der ersten und zweiten Hundewache noch in der ersten Nachtwache war der Lärm wieder zu hören. Als ich um Mitternacht das Kommando über das Achterdeck übernahm, löste Buckwheat den Steward bei der Wache über dem Kabinenboden ab; und als ich mich beim Brechen des Achterdecks an die Reling lehnte, während meine vier Stunden langsam dahinzogen, befürchtete ich am allerwenigsten eine Gefahr aus der Kabine – besonders, wenn ich an den 7,8-Liter-Eimer mit Rohschwefelsäure dachte, der für den ersten Kopf bereitstand, der durch eine noch nicht gebohrte Öffnung im Boden auftauchen könnte. Unsere Gauner vorn konnten das Achterdeck erklimmen oder vom Besanmast hochklettern, um zu schaukeln und auf unsere Köpfe herabzusteigen; aber wie sie durch den Boden in uns eindringen konnten, war mir ein Rätsel.

Aber sie sind tatsächlich eingedrungen. Ein modernes Schiff ist eine komplexe Angelegenheit. Wie hätte ich die Art der Invasion erraten sollen?

Es war zwei Uhr morgens, und eine Stunde lang hatte ich mir den Kopf zerbrochen, als ich den Rauch beobachtete, der aus dem Achterschiff des Vorderhauses aufstieg, und mich fragte, warum die Meuternden zu so einer unchristlichen Zeit die Hilfsmaschine so stark aufdrehen ließen. Die Hilfsmaschine war während der gesamten Reise nicht einmal benutzt worden. Vier Glockenschläge hatten gerade stattgefunden, und ich lehnte mich an die Reling am Heck, als ich von achtern ein gewaltiges Husten und Würgen hörte. Dann rannte Wada über das Deck auf mich zu.

„Große Probleme mit Buckwheat", platzte er heraus. „Mach schnell."

Ich schob ihm mein Gewehr zu und ließ ihn Wache halten, während ich um das Kartenhaus rannte. Ein brennendes Streichholz in Tom Spinks Händen wies mir den Weg. Zwischen der Sprengluke und dem Steuerrad saß Buckwheat, schaukelte hin und her, rang Hände und fuchtelte mit den Armen, Tränen des Schmerzes strömten aus seinen Augen. Mein erster Gedanke war, dass er sich auf irgendeine dumme Weise die Säure in die Augen bekommen hatte. Aber die schreckliche Art, wie er hustete und würgte, hätte mich schnell eines Besseren belehrt, wenn Louis sich nicht über seinen Sprenggefährten gebeugt und einen erschrockenen Ausruf ausgestoßen hätte.

Ich gesellte mich zu ihm, und ein Hauch der Luft, die von unten heraufkam, ließ mich den Atem anhalten und nach Luft schnappen. Ich hatte Schwefel eingeatmet. In diesem Augenblick vergaß ich die *Elsinore* , die Meuternden vorn, alles bis auf eines.

Das Nächste, woran ich mich erinnere, ist, dass ich die Sprengleiter hinuntergeklettert bin und benommen im großen Achterraum umhertaumelte, während die Schwefeldämpfe meine Lungen reizten und mich erwürgten. Im schwachen Licht einer Seelaterne sah ich den alten Steward auf Händen und Knien, hustend und nach Luft schnappend, während er Yatsuda, den ersten Segelmacher, wachrüttelte. Uchino, der zweite Segelmacher, noch immer im Schlaf erwürgt.

Mir kam der Gedanke, dass die Luft in Bodennähe besser sein könnte, und ich bewies es, als ich mich auf Hände und Knie fallen ließ. Mit einem schnellen Ruck rollte ich Uchino aus seinen Decken, wickelte die Decken um Kopf, Gesicht und Mund, stand auf und rannte nach vorn in den Flur. Nach ein paar Kollisionen mit dem Holzwerk ließ ich mich wieder auf den Boden fallen und ordnete die Decken neu, so dass ich, während mein Mund bedeckt blieb, eine dicke Schicht über meine Augen ziehen oder zurückziehen konnte.

Die Qual der Dämpfe war schon schlimm genug, aber die wirkliche Qual war der Schwindel, unter dem ich litt. Ich stolperte in die Speisekammer des Stewards und wieder hinaus, verpasste den Quergang, stolperte durch die nächste Steuerbordöffnung in den langen Gang und wurde durch einen heftigen Zusammenstoß mit dem Esstisch vornübergebeugt.

Aber ich hatte mich orientiert. Ich tastete mich um den Tisch herum und stieß mir den größten Teil des giftigen Atems gegen den rundbäuchigen Ofen, kam in die Querhalle und ging nach Steuerbord. Hier, am Fuß der Treppe zum Kartenraum, gelangte ich in die Halle, die nach achtern führte. Meine eigene Lage schien mir inzwischen so ernst, dass ich, ohne Rücksicht auf eine Kollision, mit großen Sprüngen nach achtern lief.

Margarets Tür stand offen. Ich stürzte in ihr Zimmer. In dem Moment, als ich die dicke Decke von meinen Augen zog, wusste ich, dass ich blind war und eine Ahnung davon hatte, was Bert Rhine erlitten haben musste. Oh, der unerträgliche Biss des Schwefels in meinen Lungen, Nasenlöchern, Augen und meinem Gehirn! Im Zimmer brannte kein Licht. Ich konnte nur ersticken und nach vorne zu Margarets Bett stolpern, auf dem ich zusammenbrach.

Sie war nicht da. Ich tastete mich um und spürte nur die warme Mulde, die ihr Körper in der Unterdecke hinterlassen hatte. Selbst in meiner Qual und Hilflosigkeit war mir die Intimität dieser Wärme, die ihr Körper hinterlassen hatte, sehr lieb. Angesichts des Sauerstoffmangels in meinen Lungen (aufgrund der Decken), der Schmerzen des Schwefels und des tödlichen Schwindels in meinem Gehirn hatte ich das Gefühl, ich könnte gut dort aufhören, wo das Leinen meine Hand wärmte.

Vielleicht hätte ich aufgehört, wenn ich nicht ein schreckliches Husten aus dem Flur gehört hätte. Es war ein neues Leben für mich. Ich fiel vom Bett auf den Boden und schaffte es, mich wieder aufzurichten, bis ich den Flur erreichte, wo ich erneut fiel. Danach kroch ich auf Händen und Knien zum Fuß der Treppe. Ich stützte mich am Treppenpfosten ab und lauschte. In meiner Nähe bewegte sich etwas und würgte. Ich fiel darauf und fand in meinen Armen all die Weichheit von Margaret.

Wie soll ich diesen Kampf die Treppe hinauf beschreiben? Es war ein Kreuzigungskampf, ein jahrhundertelanger Albtraum der Qual. Immer wieder, wenn mein Bewusstsein verschwamm, war ich versucht, alle Anstrengungen einzustellen und mich in die tiefste Dunkelheit hinabzusenken. Ich kämpfte mich Schritt für Schritt vor. Margaret war jetzt völlig bewusstlos, und ich hob ihren Körper Schritt für Schritt hoch oder zog ihn mehrere Stufen auf einmal, fiel mit ihm und wieder zurück und verlor viel von dem, was ich so mühsam gewonnen hatte. Und doch erinnere ich mich aus all dem daran: Ihr warmer, weicher Körper war das Liebste auf der Welt – viel lieber als das schöne Land, an das ich mich vage erinnerte, als alle Bücher und alle Menschen, die ich je gekannt hatte, als das Deck darüber, mit seiner süßen, reinen Luft, die sanft unter dem kühlen Sternenhimmel wehte.

Wenn ich zurückdenke, ist mir eines klar: Der Gedanke, sie dort zurückzulassen und mich selbst zu retten, kam mir nie in den Sinn. Der einzige Ort für mich war der, wo sie war.

Wahrlich, was ich schreibe, scheint absurd und haarsträubend; doch während jener langen Minuten auf der Treppe zum Kartenraum war es nicht absurd. Man muss den Tod für ein paar Jahrhunderte solcher Qualen kosten, bevor man die Genehmigung für haarsträubende Passagen erhält.

Und während ich gegen mein schreiendes Fleisch und mein taumelndes Gehirn ankämpfte und den Weg nach oben kletterte, betete ich ein Gebet: dass die Kartenhaustüren draußen auf dem Achterdeck nicht geschlossen sein mögen. In diesem einen Punkt lagen Leben und Tod. Gab es achtern irgendein Geschöpf meiner Geschöpfe, das genug gesunden Menschenverstand und Voraussicht besaß, um auf die Idee zu kommen, diese Türen zu öffnen? Wie sehr sehnte ich mich danach, dass ein Mann, ein bewährter Handlanger wie Mr. Pike, auf dem Achterdeck war! Tatsächlich waren meine Männer, mit Ausnahme von Tom Spink und Buckwheat, Asiaten.

Ich erreichte das Ende der Treppe, war aber schon zu weit weg, um aufzustehen. Auch konnte ich mich nicht auf den Knien aufrichten. Ich kroch wie jedes vierbeinige Tier – nein, ich schlängelte mich wie eine Schlange auf dem Boden empor. Es waren nur noch ein paar Meter bis zur Tür. Auf diesen paar Metern starb ich zwanzig Mal, aber jedes Mal ertrug ich die Qual der Wiederauferstehung und schleppte Margaret mit mir. Manchmal konnte ich sie mit all meiner Kraft nicht bewegen, und ich lag bei ihr und hustete und würgte mich durch, bis ich wieder auferstand.

Und die Tür war offen. Die Türen an Steuerbord und Backbord waren beide offen; und als die *Elsinore* einen Luftzug durch die Kartenhaushalle rollen ließ, füllten sich meine Lungen mit reiner, kühler Luft. Als ich mich über die hohe Schwelle schob und Margaret hinter mir herzog, hörte ich aus großer Entfernung die Schreie der Männer und die Schüsse von Gewehren und Revolvern. Und bevor ich in der Dunkelheit ohnmächtig wurde, starrte ich auf der Seite, mein Schmerz war so unerträglich geworden, dass er seine eigene Betäubung bewirkt hatte, und sah wie in einem Traum und in der Ferne die scharfe Silhouette der Achterreling, dunkle Gestalten, die schnitten und stießen und schlugen, und dahinter den Besanmast, hell erleuchtet von unseren Scheinwerfern.

* * * * *

Nun, die Meuterer schafften es nicht, das Achterdeck zu erobern. Meine fünf Asiaten und zwei Weißen hatten die Zitadelle gehalten, während Margaret und ich bewusstlos nebeneinander lagen.

Die ganze Angelegenheit war sehr einfach. Moderne Quarantänemaßnahmen auf See verlangen, dass Schiffe kein Ungeziefer transportieren, das selbst Pestüberträger ist. Im Hilfsmaschinenbereich des Vorderhauses befindet sich eine komplette Entgasungsanlage. Die Meuterer mussten lediglich die Rohre achtern über die Kohle legen und befestigen, ein Loch durch das Doppeldeck aus Stahl und Holz unter der Kajüte meißeln, sie anschließen und mit dem Pumpen beginnen. Buckwheat war eingeschlafen und von den erstickenden Schwefeldämpfen aufgeweckt worden. Wir oben waren von unseren Schurken wie Ratten ausgeräuchert worden.

Es war Wada, der eine der Türen geöffnet hatte. Der alte Verwalter hatte die andere geöffnet. Gemeinsam hatten sie versucht, die Treppe hinabzusteigen, waren aber von den Dämpfen zurückgedrängt worden. Dann hatten sie sich in den Kampf gestürzt, um den Ansturm von vorne abzuwehren.

Margaret und ich sind uns einig, dass übermäßig eingeatmeter Schwefel die Lunge schmerzt. Erst jetzt, nach einem Dutzend Stunden, können wir wieder einigermaßen wohltuend atmen. Aber meine Lunge schmerzte noch nicht so sehr, dass ich ihr nicht hätte erzählen können, was sie mir bedeutet. Und doch ist sie nur eine Frau – das sage ich ihr. Ich sage ihr, dass es mindestens siebenhundertfünfzig Millionen zweibeinige, langhaarige, sanfte, weichleibige, weibliche Menschen wie sie auf dem Planeten gibt und dass sie von der Unermesslichkeit der Zahl ihres Geschlechts und ihrer Art wirklich überwältigt wird. Aber ich sage ihr noch etwas mehr. Ich sage ihr, dass sie von allen die Einzige ist. Und, noch besser, für mich selbst und für mich selbst glaube ich es. Ich weiß es. Der letzte kleinste Teil von mir und mein ganzes Ich verkünden es.

Liebe *ist* wunderbar. Sie ist das ewige und wunderbare Erstaunen. Oh, glauben Sie mir, ich kenne die alte, harte wissenschaftliche Methode, Liebe abzuwägen, zu berechnen und zu klassifizieren. Für das nachdenkliche Auge des Philosophen – ja, und des Futuristen – ist sie eine abgrundtiefe Torheit, ein kosmischer Trick und Witz. Aber wenn man solche intellektuellen Fleischtöpfe aufgibt und ein bloßer Mensch und ein männlicher Mensch wird, kurz gesagt, ein Liebhaber, dann kann man nur noch dem Zwang des Seins nachgeben und seine Arme um die Liebe schlingen und sie näher an sich halten, als sein eigenes Herz ihm nahe ist. Dies ist der Gipfel seines Lebens und des Lebens des Menschen. Höher als dies kann kein Mensch steigen. Die Philosophen schuften und kämpfen auf Maulwurfshügelgipfeln weit unten. Wer nicht geliebt hat, hat nicht die ultimative Süße des Lebens gekostet. Ich weiß es. Ich liebe Margaret, eine Frau. Sie ist begehrenswert.

KAPITEL L.

In den letzten 24 Stunden ist viel passiert. Zunächst hätten wir gestern Abend bei der zweiten Hundewache fast den Steward verloren. Durch die Schlitze im Ventilator stieß ein Mann ein Messer in die Mehlsäcke und schnitt sie von oben bis unten auf. Im Dunkeln ergoss sich das Mehl unbemerkt auf das Deck.

Natürlich konnte der Mann hinter ihm nicht durch die leeren Säcke sehen, aber er schoss aus kürzester Distanz blind auf den Steward, der dabei schlampig die Absätze seiner Pantoffeln hinter sich herzog. Glücklicherweise war es ein Fehlschuss, aber der Schuss war so knapp, dass seine Wange und sein Hals von Pulverkörnern verbrannt wurden.

Um sechs Uhr in der ersten Wache gab es eine weitere Überraschung. Tom Spink kam zu mir, wo ich am vorderen Ende des Achterdecks Wache stand. Seine Stimme zitterte, als er sprach.

„Um Gottes Willen, Sir, sie sind gekommen", sagte er.

„Wer?", fragte ich scharf.

„Sie", plapperte er. „Die, die von der Horn an Bord kommen, Sir, die drei ertrunkenen Matrosen. Sie sind da, achtern, Sir, alle drei, und stehen in einer Reihe am Steuer."

"Wie sind Sie dort hin gekommen?"

„Da es Hexenmeister waren, sind sie geflogen, Sir. Sie haben ihn nicht an sich vorbeifliegen sehen, oder, Sir?"

„Nein", gab ich zu. „Sie sind nie an mir vorbeigegangen."

Der arme Tom Spink stöhnte.

„Aber da oben sind Leinen, an denen sie vom Besansegel zum Jigger wechseln könnten", fügte ich hinzu. „Schicken Sie mir Wada."

Als dieser mich ablöste, ging ich nach achtern. Und da standen in einer Reihe unsere drei hellhaarigen Sturmwaisen mit den Topasaugen. Im Licht einer Zielscheibe, die Louis auf sie richtete, wirkten ihre Augen nie ähnlicher als die Augen großer Katzen. Und, Himmel, sie schnurrten! Zumindest klangen die unartikulierten Geräusche, die sie machten, mehr wie Schnurren als alles andere. Dass diese Geräusche Freundlichkeit bedeuteten, war sehr deutlich. Außerdem streckten sie ihre Hände mit den Handflächen nach oben aus, ein unmissverständliches Zeichen des Friedens. Jeder zog nacheinander seine Mütze und legte meine Hand für einen Moment auf seinen Kopf. Ohne Zweifel bedeutete dies ihr Angebot der Treue, ihre Akzeptanz von mir als Meister.

Ich nickte. Männern, die wie Katzen schnurrten, konnte man nichts sagen, und Zeichensprache war im Licht der Zielscheibe ziemlich schwierig. Tom Spink stöhnte protestierend, als ich Louis befahl, sie nach unten zu bringen und ihnen Decken zu geben.

Ich machte ihnen das Schlafzeichen, und sie nickten dankbar, zögerten, zeigten dann auf ihren Mund und rieben sich den Bauch.

„Ertrunkene essen nicht", lachte ich zu Tom Spink. „Geh runter und beobachte sie. Gib ihnen so viel zu essen, Louis, wie sie wollen. Das ist ein gutes Zeichen dafür, dass die Rationen draußen knapp sind."

Nach einer halben Stunde war Tom Spink zurück.

„Und, haben sie gegessen?", fragte ich ihn.

Aber er war nicht überzeugt. Allein die Menge, die sie gegessen hatten, war verdächtig, und außerdem hatte er von einer Art Geist gehört, der auf Friedhöfen Leichen fraß. Daher, so schloss er, war bloßes Nichtessen kein Test für einen Geist.

Das dritte wichtige Ereignis ereignete sich heute Morgen um sieben Uhr. Die Meuterer riefen zu einem Waffenstillstand auf, und als Nosey Murphy, der maltesische Cockney, und der unvermeidliche Charles Davis unter mir auf dem Hauptdeck standen, waren ihre Gesichter hager und eingefallen. Die Hungersnot war mein großer Verbündeter gewesen. Und tatsächlich fühlte ich mich sehr stark, als ich mit Margaret neben mir auf dem hohen Platz des Achterdecks auf die hungrigen Elenden herabblickte. Noch nie war die Ungleichheit der Zahl vorn und hinten geringer gewesen als jetzt. Die drei Deserteure, zu unseren eigenen neun hinzugerechnet, machten uns zwölf, während die Meuterer, nach Abzug von Ditman Olansen, Bob und dem Faun, nur noch eine gerade Zahl ausmachten. Und von diesen musste Bert Rhine sicherlich in einer schlechten Verfassung sein, während es viele Schwächlinge gab, wie Sundry Buyers, Nancy, Larry und Lars Jacobsen.

„Also, was willst du?", fragte ich. „Ich habe nicht viel Zeit zu verlieren. Das Frühstück steht schon bereit."

Charles Davis wollte sprechen, aber ich brachte ihn zum Schweigen.

„Von Ihnen will ich nichts wissen, Davis. Zumindest nicht jetzt. Später, wenn ich in dem Gerichtssaal bin, mit dem Sie mich die halbe Reise lang belästigt haben, kommen Sie an die Reihe zu sprechen. Und wenn es soweit ist, vergessen Sie nicht, dass ich ein paar Worte zu sagen habe."

Er begann erneut, wurde dieses Mal jedoch von Nosey Murphy gestoppt.

„Ach, halt die Klappe, Davis", schnauzte der Gangster, „oder ich halte die Klappe für dich." Er sah zu mir auf. „Wir wollen wieder an die Arbeit, das ist es, was wir wollen."

„Das ist nicht die Art, danach zu fragen", antwortete ich.

„Sir", fügte er hastig hinzu.

„Das ist besser", kommentierte ich.

„Oh mein Gott, Sir, lassen Sie sie nicht nach achtern kommen", murmelte Tom Spink hastig in mein Ohr. „Das wäre unser aller Ende. Und selbst wenn sie Sie und den Rest nicht kriegen würden, würden sie mich in einer dunklen Nacht durch die Gegend werfen. Sie werden mir nie verzeihen, Sir, dass ich mich der Nachhut angeschlossen habe."

Ich ignorierte die Unterbrechung und sprach den Gangster an.

„Es gibt nichts Besseres, als zur Arbeit zu gehen, wenn man es so sehr will, wie es scheint. Nehmen wir an, alle Mann setzen Segel, nur um gute Absichten zu zeigen."

„Wir möchten zuerst essen, Sir", wandte er ein.

„Ich möchte Sie zuerst in See stechen sehen", war meine Antwort. „Und Sie können mir auch gleich klarmachen, dass an Bord dieses Schiffes kommt, was mir gefällt." – Ich hätte fast „Nutte" gesagt.

Der neugierige Murphy zögerte und wandte sich ratsuchend an den maltesischen Cockney. Dieser überlegte, als wolle er das Ausmaß seiner Schwäche abschätzen, während er in die Höhe auf die Arbeit starrte, die vor ihm lag. Schließlich nickte er.

„In Ordnung, Sir", sagte der Gangster. „Wir machen es … aber kann nicht in der Küche etwas gekocht werden, während wir es machen?"

Ich schüttelte den Kopf.

„Das habe ich nicht im Sinn gehabt und ich habe auch nicht vor, meine Meinung jetzt zu ändern. Wenn jedes Segel gestreckt und jede Rah abgespannt ist und das ganze Durcheinander an Ausrüstung aufgeräumt ist, wird Essen für eine gute Mahlzeit serviert. Sie brauchen sich weder um den Besan noch um die Besanspanner zu kümmern. Wir werden Ihnen die Arbeit um einiges erleichtern."

Tatsächlich zeigten sie, als sie in die Höhe kletterten, wie erbärmlich schwach sie waren. Manche waren zu schwach, um in die Höhe zu steigen. Der arme Sundry Buyers drückte sich ständig den Bauch, während er sich an den Deckspillen abmühte; und Nancys Gesicht war nie so verzweifelt wie damals, als er dem Befehl des Malteser-Cockneys gehorchte und hinaufging, um das Besansegel zu lösen.

Nebenbei muss ich noch ein wunderbares Wunder erwähnen, das sich vor unseren Augen abspielte. Sie hissten die Besan-Obermarssegel-Rah mit Hilfe einer der patentierten Deckspillen. Obwohl sie den Gang umgekehrt hatten, um die Tragkraft zu verdoppeln, hatten sie es schwer. Lars Jacobsen hinkte auf seinem zweimal gebrochenen Bein und mit ihm waren Sundry Buyers, Tony the Greek, Bombini und Mulligan Jacobs. Nosey Murphy hielt die Wende.

Als sie vor lauter Erschöpfung anhielten, fiel Murphys Blick zufällig auf Charles Davis, den einzigen Mann, der seit Beginn der Reise nicht gearbeitet hatte und auch jetzt nicht arbeitete.

„Hilf mit, Davis", rief der Gangster.

Margaret gurgelte leises Lachen in mein Ohr, als sie verstand, was die Episode betraf.

Der Seerechtsanwalt sah den anderen erstaunt an, bevor er antwortete:

"Ich denke nicht."

Nachdem er Sundry Buyers mit einem Wink signalisiert hatte, abzubiegen, richtete Murphy sich auf, ging dicht an Davis heran und sagte dann ganz leise:

"Ich denke ja."

Das war alles. Eine Weile lang sprach keiner. Davis schien die Sache gründlich zu überdenken. Die Männer am Ankerspill keuchten, ruhten sich aus und schauten zu – alle außer Bombini, der über das Deck schlich, bis er neben Murphy stand.

Unter solchen Umständen war die Entscheidung von Charles Davis absolut richtig, obwohl er selbst dann einen Kompromiss anbot.

„Ich werde an der Reihe bleiben", bot er an.

„Sie werden an einer dieser Spillstangen hängen bleiben", sagte Murphy.

Der Seerechtsanwalt machte keinen Fehler. Er wusste mit absoluter Sicherheit, dass er zwischen Leben und Tod wählen musste, und er humpelte zur Ankerwinde und fand seinen Platz. Und als die Arbeit begann und er sich mühsam im engen Kreis drehte, lachten Margaret und ich schamlos und laut unsere Zustimmung. Und unsere eigenen Männer schlichen sich nach vorn am Achterdeck entlang, um hinunterzuschauen und Charles Davis bei der Arbeit zu beobachten.

All das muss dem neugierigen Murphy gefallen haben, denn während er die Kurve hielt und die Spule nach unten zog, behielt er Davis kritisch im Auge.

„Mehr Saft, Davis!", befahl er mit abrupter Schärfe.

Und Davis verstärkte erschrocken sichtlich seine Anstrengungen.

Das war zu viel für unsere Kameraden, die, Asiaten und alle, mit Lachen und Händeklatschen applaudierten. Und was konnte ich tun? Es war ein Festtag, und unsere treuen Kameraden verdienten eine kleine Belohnung in Form von Unterhaltung. Also ignorierte ich den Verstoß gegen die Disziplin und die Kotetikette, indem ich mit Margaret nach achtern schlenderte.

Am Steuer saß einer unserer Sturmtruppen. Ich nahm Kurs nach Osten, nach Valparaiso, und schickte den Steward hinunter, um genügend Nahrung für eine ordentliche Mahlzeit für die Meuternden heraufzubringen.

„Wann bekommen wir unser nächstes Fressen, Sir?", fragte der neugierige Murphy, als der Steward ihm die Vorräte vom Achterdeck herunter servierte.

„Mittags", antwortete ich. „Und solange es dir und deiner Bande gut geht, bekommst du dreimal am Tag etwas zu essen. Deine Wachen kannst du dir frei aussuchen. Aber die Arbeit auf dem Schiff muss erledigt werden, und zwar richtig. Wenn das nicht der Fall ist, wird es kein Essen mehr geben. Das reicht. Geh jetzt nach vorn."

„Noch etwas, Sir", sagte er rasch. „Bert Rhine geht es furchtbar schlecht. Er kann nichts sehen, Sir. Es sieht aus, als würde er sein Gesicht verlieren. Er kann nicht schlafen. Er stöhnt die ganze Zeit."

* * * * *

Es war ein arbeitsreicher Tag. Ich suchte aus dem Medikamentenschrank Dinge für den Gangster aus, der an den Säureverbrennungen erkrankt war, und als ich herausfand, dass Murphy mit einer Injektionsspritze umgehen konnte, vertraute ich ihm eine an.

Außerdem habe ich mit dem Sextanten geübt und glaube, ich habe die Sonne mittags ziemlich genau eingefangen und die Beobachtung richtig berechnet. Aber das ist Breitengrad und vergleichsweise einfach. Längengrad ist schwieriger. Aber ich lese darüber nach.

Den ganzen Nachmittag trieb ein sanfter Nordwind die *Elsinore* mit fünf Knoten durchs Wasser, und unser Kurs ging nach Osten, aufs Land zu, auf die Wohnstätten der Menschen, auf die Gesetze und Ordnung, die Menschen erlassen, wenn sie sich zu Gruppen zusammenschließen. Sobald wir in Valparaiso sind und die Polizeiflagge weht, werden sich die Küstenbehörden um unsere Meuterer kümmern.

Außerdem habe ich unsere Wachen achtern neu eingeteilt, um die drei Sturmbesucher aufzuteilen. Margaret übernahm einen Wachposten, zusammen mit den beiden Segelmachern Tom Spink und Louis. Louis ist halb weiß und durch und durch vertrauenswürdig, so dass er zu jeder Zeit, ob an Deck oder unter Deck, die Aufgabe hat, den Mann mit den Topasaugen nie aus den Augen zu lassen.

In meiner Wache sind der Steward, Buckwheat, Wada und die beiden anderen mit den Topasaugen. Einer von ihnen wird Wada zurechtgewiesen, und der andere wird zum Steward ernannt. Wir gehen kein Risiko ein. Immer, Tag und Nacht, im Dienst oder außer Dienst, wird einer unserer bewährten Männer auf diese Sturmfremden aufpassen.

* * * * *

Ja, und ich habe die fremden Männer gestern Abend ausprobiert. Es war nach einer Besprechung mit Margaret. Sie war sich sicher, und ich stimmte ihr zu, dass die Männer vorn nicht blindlings nachgeben, wenn wir sie als Gefangene nach Valparaiso bringen. Wie wir vorherzusehen versuchten, ist ihr Plan, die *Elsinore* in den Booten zu verlassen, sobald wir an Land sind. Und wenn man einige der verbitterten Wahnsinnigen vorn bedenkt, besteht eine große Chance, dass sie die Stahlwände *der Elsinore durchbohren* und sie versenken, bevor sie die Boote besteigen. Denn die Versenkung eines Schiffes ist sicherlich eine ebenso alte Praxis wie Meuterei auf hoher See.

So kam es, dass ich um ein Uhr morgens unsere Fremden ausprobierte. Zwei von ihnen nahm ich mit nach vorn bei dem Überfall auf die kleinen Boote. Einen ließ ich neben Margaret zurück, die das Achterdeck bewachte. Auf der anderen Seite von ihm stand der Steward mit seinem großen Hackmesser. Durch Zeichen hatte ich ihm und seinen beiden Kameraden, die mich nach vorn begleiten sollten, klar gemacht, dass er beim ersten Anzeichen von Verrat getötet würde. Und nicht nur versprach der alte Steward mit nachdrücklichen und unmissverständlichen Zeichen, die Hinrichtung durchzuführen, sondern wir waren alle davon überzeugt, dass er dieser Aufgabe freudig entgegensah.

Mit Margaret verließ ich auch Buckwheat und Tom Spink. Wada, die beiden Segelmacher, Louis und die beiden mit den Topasaugen begleiteten mich. Außer Kampfwaffen waren wir mit Äxten bewaffnet. Wir überquerten unbemerkt das Hauptdeck, erreichten die Brücke über das Mittelschiff und gelangten über die Brücke auf das Dach des Vorschiffs. Hier waren die ersten Boote, an denen wir zu arbeiten begannen; aber zuerst rief ich den Ausguck vom Vorschiff her.

Es war Mulligan Jacobs. Er bahnte sich seinen Weg über die zerstörte Brücke, auf der noch immer die Vorbramrah lag, und kam furchtlos auf mich zu, so unerbittlich und verbittert wie immer.

„Jacobs", flüsterte ich, „du wirst hier bei mir bleiben, bis wir mit dem Zerschmettern der Boote fertig sind. Hast du das verstanden?"

„Als ob es mich erschrecken könnte", knurrte er allzu laut. „Gehen Sie von mir aus weiter. Ich kenne Ihr Spiel. Und ich kenne das Spiel der Höllenmaden unter unseren Füßen in dieser Minute. Sie sind es, die in den Booten desertieren. Sie sind es, die die Boote zerschmettern und Ausrüstung und Mannschaft einsperren werden."

„Pssst", mischte ich mich vergeblich ein.

„Was soll's?", fuhr er so laut wie immer fort. „Sie schlafen mit vollen Bäuchen. Die einzige Nachtwache, die wir halten, ist die des Ausgucks. Sogar Rhine schläft. Ein paar Nadelstöße haben seinem ewigen Stöhnen ein Ende gesetzt. Machen Sie weiter mit Ihrer Arbeit. Zerschmettern Sie die Boote. Mir ist das egal. Ich weiß, dass mir mein krummer Rücken mehr wert ist als die Hälse des Abschaums der Welt dort unten."

„Wenn Sie das so empfinden, warum sind Sie dann nicht zu uns gekommen?", fragte ich.

„Weil ich dich nicht besser mag als sie und nicht halb so sehr. Sie sind das, was du und deine Väter aus ihnen gemacht haben. Und wer zum Teufel bist du und deine Väter? Räuber der menschlichen Arbeit. Ich mag sie nicht. Ich mag dich und deine Väter überhaupt nicht. Nur mich selbst mag ich und meinen krummen Rücken, das ist ein lebender Beweis, dass es keinen Gott gibt und macht Browning zu einem Lügner."

„Kommen Sie jetzt zu uns", drängte ich ihn, da ich seiner Stimmung entgegenkam. „Das ist schonender für Ihren Rücken."

„Zur Hölle mit Ihnen", war seine Antwort. „Machen Sie weiter und zerschmettern Sie die Boote. Sie können einige von ihnen hängen. Aber mich können Sie mit dem Gesetz nicht anfassen. Ich bin ein verkrüppeltes Geschöpf der Umstände, zu schwach, um die Hand gegen irgendjemanden zu erheben – eine Feder, die von der stürmischen Streitlust von Männern mit starkem Rücken und hirnlosem Kopf herumgewirbelt wird."

„Wie Sie möchten", sagte ich.

„Ich kann nicht anders, als zu gefallen", erwiderte er, „weil ich bin, was ich bin, und so geschaffen für den kleinen Blitz zwischen den Dunkelheiten, die die Menschen Leben nennen. Warum sollte ich nun kein Schmetterling sein, oder ein fettes Schwein in einem vollen Trog, oder ein ganz normaler

Sterblicher mit geradem Rücken und Frauen, die mich lieben? Mach weiter
und zerschmettere die Boote. Spiele die Hölle, so gut du kannst. Wie ich
wirst du in der Dunkelheit enden. Und deine Dunkelheit wird – so dunkel
sein wie meine."

„Ein voller Bauch gibt dir deine Energie zurück", höhnte ich.

„Mit leerem Magen verwandelt sich der Saft meiner Abneigung in Säure.
Mach weiter und zerschmettere die Boote."

„Wessen Idee war der Schwefel?", fragte ich.

„Ich verrate dir nicht den Mann, aber ich habe ihn beneidet, bis sich
herausstellte, dass es nicht klappte. Und wessen Idee war es, Rhein die
Schwefelsäure ins Gesicht zu gießen? Er wird dasselbe Gesicht verlieren, so
wie es sich ablöst."

„Das werde ich Ihnen auch nicht sagen", sagte ich. „Aber ich werde Ihnen
sagen, dass ich froh bin, dass die Idee nicht von mir kam."

„Na ja", murmelte er kryptisch, „auf verschiedenen Schiffen gelten
unterschiedliche Gebräuche, wie der Koch sagte, als er nach vorn ging, um
die Besansegelschot loszumachen."

Erst als die Arbeit getan war und ich wieder auf dem Achterdeck war, hatte
ich Zeit, die Bedeutung dieser letzten Figur in Bezug auf das Meer zu
verstehen. Mulligan Jacobs hätte ein Künstler werden können, ein
philosophischer Dichter, wäre er nicht krumm und mit einem krummen
Rücken geboren worden.

Und wir zerschmetterten die Boote. Mit Äxten und Vorschlaghämmern war
das eine leichtere Aufgabe, als ich es mir vorgestellt hatte. Auf den Dächern
beider Häuser hinterließen wir Massen von zersplitterten Wrackteilen der
Boote, wobei die mit den Topasaugen am energischsten arbeiteten; und wir
erreichten das Achterdeck, ohne dass ein Schuss abgefeuert wurde. Das
Vorschiff drehte sich natürlich bei unserem Lärm nach außen, machte aber
keinen Versuch, uns zu behindern.

Und genau hier erhebe ich eine weitere Beschwerde gegen die
Seeromanautoren. Eine Gruppe von zwanzig Männern vorn, allesamt
verzweifelt, mit verzweifelten Taten hinter sich, und Gefängnis und Galgen,
die ihnen in wenigen Tagen bevorstehen, hätten gerade erst anfangen sollen
zu kämpfen. Und doch taten diese zwanzig Männer nichts, während wir ihre
letzte Chance zur Flucht zerstörten.

„Aber wo haben sie das Essen her?", fragte mich der Steward hinterher.

Diese Frage hat er mir jeden Tag gestellt, seit Mr. Pike sich zum ersten Mal
den Kopf darüber zerbrochen hat. Ich frage mich, ob Mulligan Jacobs mir

die Frage gestellt hätte, wenn ich sie ihm gestellt hätte. Jedenfalls wird diese Frage vor Gericht in Valparaiso beantwortet werden. In der Zwischenzeit werde ich wohl zulassen, dass der Steward sie mir täglich stellt.

„Das ist Mord und Meuterei auf hoher See", sagte ich ihnen heute Morgen, als sie geschlossen nach achtern kamen, um sich über die Zerstörung der Boote zu beschweren und mich nach meinen Absichten zu erkundigen.

Und als ich vom Heck des Achterdecks auf die armen Kerle herabblickte, die dort oben standen, war die Vision meiner Art mit all ihrer verrückten, gewalttätigen und meisterhaften Vergangenheit in meinem Gedächtnis präsent. Seit unserer Abreise aus Baltimore hatten bereits drei andere Männer, Kapitäne, diesen hohen Platz eingenommen und waren ihrer Wege gegangen – die Samurai, Mr. Pike und Mr. Mellaire. Ich stand hier, der Vierte, kein Seemann, nur ein Kapitän durch das Blut meiner Vorfahren; und die Arbeit der *Elsinore* in der Welt ging weiter.

Bert Rhine stand mit bandagiertem Kopf und Gesicht unter mir und ich empfand ein Kribbeln des Respekts für ihn. Auch er war auf eine unterirdische, ghettomäßige Art Herr über seine Ratten. Nosey Murphy und Kid Twist standen Schulter an Schulter mit ihrem geschlagenen Gangsterführer. Aufgrund seiner schrecklichen Verletzung wollte er so schnell wie möglich Land und Ärzte finden. Er zog es vor, sein Glück vor Gericht zu versuchen, anstatt sein Leben oder vielleicht sein Augenlicht zu verlieren.

Die Mannschaft war gespalten und Isaac Chantz, der Jude, mit seiner verletzten Schulter und dem Buckel, schien den Aufstand gegen die Gangster anzuführen. Seine Wunde hätte ihn vor jedem Gericht verurteilen können und das wusste er auch. Neben ihm und an seinen Schultern drängten sich die Malteser Cockneys, Andy Fay, Arthur Deacon, Frank Fitzgibbon, Richard Giller und John Hackey.

In einer anderen Gruppe, die immer noch den Gangstern treu war, befanden sich Männer wie Shorty, Sorensen, Lars Jacobsen und Larry. Charles Davis war in der Gangstergruppe prominent vertreten. Eine vierte Gruppe bestand aus Sundry Buyers, Nancy und Tony the Greek. Diese Gruppe war ausgesprochen neutral. Und schließlich stand Mulligan Jacobs, ganz allein und ohne Zugehörigkeit, da – ich stelle mir vor, er lauschte den fernen Echos alter Ungerechtigkeiten und spürte, da bin ich sicher, den Biss der glühenden Eisenhaken in seinem Gehirn.

„Was haben Sie mit uns vor, Sir?", wollte Isaac Chantz von mir wissen und forderte damit die Gangster heraus, die das Reden übernehmen sollten.

Bert Rhine taumelte wütend in Richtung des Klangs der Stimme des Juden. Chantz' Anhänger kamen näher an ihn heran.

„Euch einsperren", antwortete ich von oben. „Und es wird euch allen so schwer fallen, wie ich es nur kann."

„Vielleicht tun Sie es, vielleicht aber auch nicht", erwiderte der Jude.

„Halt die Klappe, Chantz!", befahl Bert Rhine.

„Und du wirst deins kriegen, du Itaker", knurrte Chantz, „auch wenn ich es selbst tun muss."

Ich fürchte, ich bin nicht so erfolgreich als der Mann der Tat, für den ich so stolz bin. Denn so neugierig und interessiert beobachtete ich das sich vor mir bewegende Drama, dass ich die Tragödie, in der es gipfelte, im ersten Moment nicht erkannte.

„Bombini!", sagte Bert Rhine.

Seine Stimme war gebieterisch. Es war der Befehl eines Herrn an einen Hund, der bei Fuß war. Bombini antwortete. Er zog sein Messer und ging auf den Juden zu. Doch aus den Kehlen derer, die den Juden umgaben, erklang ein tiefes Grollen, tierisch *und* bedrohlich.

Bombini zögerte und blickte über die Schulter zurück zum Anführer, dessen Gesicht er wegen der Verbände nicht sehen konnte und von dem er wusste, dass er ihn nicht sehen konnte.

„Es ist eine gute Tat – tun Sie es, Bombini", ermutigte Charles Davis.

„Halt die Klappe, Davis!", ertönte es aus Bert Rhines Verband.

Kid Twist zog einen Revolver, stieß Bombini die Mündung zuerst in die Seite und ging dann auf die Männer um den Juden zu.

Tatsächlich empfand ich einen kurzen Anflug von Mitleid mit dem Italiener. Er war zwischen den Mühlsteinen gefangen. „Bombini, steck den Juden fest", befahl Bert Rhine.

Der Italiener trat einen Schritt vor, und Schulter an Schulter auf beiden Seiten traten Kid Twist und Nosey Murphy mit ihm vor.

„Ich kann ihn nicht sehen", fuhr Bert Rhine fort, „aber bei Gott, ich werde ihn sehen!"

Und während er sprach, riss er mit einer einzigen, männlichen Bewegung die Verbände ab. Der Schmerz, den er dafür aufbringen musste, ist unermesslich. Ich sah das Entsetzen in seinem Gesicht, aber die Beschreibung davon übersteigt die Grenzen meines Englisch. Ich war mir bewusst, dass Margaret an meiner Schulter nach Luft schnappte und schauderte.

„Bombini! – steck ihn fest“, wiederholte der Gangster. „Und steck jeden fest, der ein Kläffchen macht. Murphy! Pass auf, dass Bombini seine Arbeit macht.“

Murphy hatte das Messer gezückt und auf den Rücken des Bravo gerichtet. Kid Twist deckte die Gruppe des Juden mit seinem Revolver. Und die drei rückten vor.

In diesem Moment kam ich plötzlich wieder zu mir und ging vom Traum zur Tat über.

„Bombini!“, sagte ich scharf.

Er hielt inne und blickte auf.

„Bleiben Sie, wo Sie sind“, befahl ich, „bis ich mit Ihnen geredet habe. – Chantz! Lassen Sie sich nicht täuschen. Rhine ist der Chef vorn. Sie befolgen seine Befehle … bis wir in Valparaiso sind; dann werden Sie Ihr Glück versuchen, zusammen mit ihm im Gefängnis. In der Zwischenzeit gilt, was Rhine sagt. Beherzigen Sie das und machen Sie es sich klar. Ich stehe hinter Rhine, bis die Polizei an Bord kommt. – Bombini! Tun Sie, was Rhine Ihnen sagt. Ich werde den Mann erschießen, der versucht, Sie aufzuhalten. – Deacon! Halten Sie sich von Chantz fern. Gehen Sie rüber zum Pfeifengeländer.“

Alle wussten, wie viel Blei mein automatisches Gewehr abfeuern konnte, und Arthur Deacon wusste das. Er zögerte kaum einen Augenblick, dann gehorchte er.

„Fitzgibbon! – Giller! – Hackey!“ rief ich wiederum und man gehorchte. „Fay!“ rief ich zweimal, bevor die Antwort kam.

Isaac Chantz stand allein und Bombini zeigte nun Eifer.

„Chantz!“, sagte ich. „Meinen Sie nicht, es wäre gesünder, rüber an die Querpfeife zu gehen und brav zu sein?“

Er überlegte nicht viele Sekunden, steckte sein Messer wieder ein und gehorchte.

Der Geruch von Macht! Ich war geneigt, mich von der Literatur überwältigen zu lassen und den Schurken eine Standpauke zu halten; aber Gott sei Dank hatte ich genügend Proportion und Gleichgewicht, um mich zurückzuhalten.

„Rhein!“, sagte ich.

Er drehte sein vernarbtes Gesicht zu mir hoch und blinzelte, um etwas sehen zu können.

„Solange Chantz Ihre Befehle entgegennimmt, lassen Sie ihn in Ruhe. Wir werden jede Hand brauchen, um das Schiff in Ordnung zu bringen. Und was Sie betrifft: Schicken Sie Murphy in einer halben Stunde nach achtern, und ich gebe ihm das Beste, was die Hausapotheke hergibt. Das ist alles. Gehen Sie nach vorn."

Und sie schlurften davon, geschlagen und entmutigt.

„Aber dieser Mann – sein Gesicht – was ist mit ihm passiert?", fragte Margaret mich.

Es ist traurig, eine Liebe mit Lügen zu beenden. Noch trauriger ist es, eine Liebe mit Lügen zu beginnen. Ich hatte versucht, dieses Ereignis vor Margaret zu verheimlichen, und es war mir nicht gelungen. Es ließ sich nicht länger verbergen, außer durch Lügen; und so erzählte ich ihr die Wahrheit, erzählte ihr, wie und warum der alte Verwalter, der die Weißen und ihre Sitten kannte, dem Gangster das Gesicht mit Schwefelsäure bespritzt hatte.

* * * * *

Es gibt nicht mehr viel zu schreiben. Die Meuterei der *Elsinore* ist vorbei. Die gespaltene Mannschaft wird von den Gangstern beherrscht, die ebenso darauf aus sind, ihren Anführer in den Hafen zu bringen, wie ich darauf aus bin, sie alle ins Gefängnis zu bringen. Die erste Etappe der Reise der *Elsinore* neigt sich dem Ende zu. In höchstens zwei Tagen werden wir mit unserer derzeitigen Fahrt Valparaiso erreichen. Und dann wird die *Elsinore zu Beginn einer neuen Reise* nach Seattle aufbrechen.

* * * * *

Eine Sache muss ich noch schreiben, dann ist dieses seltsame Logbuch einer seltsamen Kreuzfahrt vollständig. Es geschah erst letzte Nacht. Ich bin noch ganz frisch davon und bin ganz aufgeregt, weil es so viel verspricht.

Margaret und ich verbrachten die letzte Stunde der zweiten Hundewache zusammen an der Heckklappe. Es war wieder einmal schön zu spüren, wie die *Elsinore* dem Druck des Windes auf ihre Plane nachgab und wie sie bei ruhiger See wieder durch das Wasser glitt und rutschte.

Im Dunkeln verborgen, in den Armen des anderen, sprachen wir über Liebe und Liebespläne. Und ich schäme mich nicht, zuzugeben, dass ich ganz für die Unmittelbarkeit war. In Valparaiso angekommen, so meinte ich, würden wir die *Elsinore* mit frischer Mannschaft und Offizieren ausstatten und sie auf die Reise schicken. Was uns betrifft, würden uns Dampfer und schnelle Reisen schnell nach Hause bringen. Außerdem war Valparaiso ein Ort, an dem man Dinge wie Lizenzen und Geistliche bekam, und wir würden heiraten, bevor wir die Schnelldampfer nach Hause nahmen.

Aber Margaret blieb hartnäckig. Die Wests hätten immer zu ihren Schiffen gestanden, beharrte sie; hätten ihre Schiffe immer in die vorgesehenen Häfen gebracht oder seien bei dem Untergang mit ihnen untergegangen. Die *Elsinore* war von Baltimore aus nach Seattle aufgebrochen, mit den Wests an Bord. Die *Elsinore* würde in Valparaiso mit neuen Offizieren und Mannschaften ausgerüstet werden, und die *Elsinore* würde mit einem West an Bord in Seattle ankommen.

„Aber denk nach, mein Herz", wandte ich ein. „Die Reise wird Monate dauern. Denk daran, was Henley gesagt hat: ‚Jeder Kuss, den wir bekommen oder geben, lässt uns weniger Leben übrig.'"

Sie presste ihre Lippen auf meine.

„Wir küssen uns", sagte sie.

Aber ich war dumm.

* * * * *

„Oh, die mühseligen, mühseligen Monate", beschwerte ich mich. „Du liebes Dummerchen", gurgelte sie. „Verstehst du das denn nicht?"

„Soviel ich weiß, sind es von Valparaiso nach Seattle viele tausend Meilen", antwortete ich.

„Das wirst du nicht verstehen", entgegnete sie herausfordernd.

„Ich bin ein Narr", gab ich zu. „Ich bin mir nur einer Sache bewusst: Ich will dich. Ich will dich."

„Du bist ein Schatz, aber du bist sehr, sehr dumm", sagte sie, und während sie sprach, ergriff sie meine Hand und drückte die Handfläche an ihre Wange. „Was fühlst du?", fragte sie.

„Heiße Wangen – die heißesten Wangen."

„Ich werde rot, wenn ich an das denke, was ich aufgrund Ihrer Dummheit sagen muss", erklärte sie. „Sie haben bereits gesagt, dass es in Valparaiso Dinge wie Lizenzen und Pfarrer gibt … und … und, nun ja …"

„Sie meinen...?", stammelte ich.

„Genau das", bestätigte sie.

„Die Flitterwochen sollen auf der *Elsinore* von Valparaiso bis nach Seattle stattfinden?", plapperte ich weiter.

„Die vielen tausend Meilen, die mühsamen, mühsamen Monate", neckte sie mit meiner eigenen Betonung, bis ich ihr Necken mit meinen Lippen erstickte.